Bildungsräume

Christoph Igel (Hrsg.)

Bildungsräume

Proceedings der 25. Jahrestagung der
Gesellschaft für Medien in der Wissenschaft

5. bis 8. September 2017 in Chemnitz

unter Mitarbeit von Maren Braubach

Waxmann 2017
Münster • New York

Bibliografische Informationen der Deutschen Nationalbibliothek
Die Deutsche Nationalbibliothek verzeichnet diese Publikation in
der Deutschen Nationalbibliografie; detaillierte bibliografische
Daten sind im Internet über http://dnb.d-nb.de abrufbar.

Medien in der Wissenschaft, Band 72

ISSN 1434-3436
ISBN 978-3-8309-3720-3
ISBN-A 10.978.38309/37203

Der Volltext ist online unter www.waxmann.com/buch3720 abrufbar.

© Waxmann Verlag GmbH, 2017
www.waxmann.com
info@waxmann.com

Umschlaggestaltung: Pleßmann Design, Ascheberg
Umschlagfoto: © Marius Masalar – unsplash.com
Satz: Stoddart Satz- und Layoutservice, Münster
Druck: CPI Books GmbH, Leck

Gedruckt auf alterungsbeständigem Papier,
säurefrei gemäß ISO 9706

Printed in Germany
Alle Rechte vorbehalten. Nachdruck, auch auszugsweise, verboten.
Kein Teil dieses Werkes darf ohne schriftliche Genehmigung des
Verlages in irgendeiner Form reproduziert oder unter Verwendung
elektronischer Systeme verarbeitet, vervielfältigt oder verbreitet werden.

Inhalt

Editorial 9

1. Digitaler Bildungsraum Hochschule

Sandra Schön, Martin Ebner, Martin Schön, Maria Haas
Digitalisierung ist konsequent eingesetzt ein pädagogischer Mehrwert
für das Studium: Thesen zur Verschmelzung von analogem und
digitalem Lernen auf der Grundlage von neun Fallstudien 11

Annika Jokiaho, Birgit May
Hindernisse für die Nutzung von E-Learning an
Hochschulen: Aktueller Forschungsstand 20

Sandra Hofhues, Mandy Schiefner-Rohs
Vom Labor zum medialen Bildungsraum:
Hochschul- und Mediendidaktik nach Bologna 32

Matthias Haack, Thomas Jambor
Implementierung von realitätsnahen, elektrotechnischen
Problemstellungen in mathematische Vorkurse 44

Antje Müller, Janna Macholdt
Entwicklungen begleiten: Neue Bildungsräume zur Verbindung von
Theorie und Praxis in einer Vorlesung 57

Julian Dehne, Ulrike Lucke, Mandy Schiefner-Rohs
Digitale Medien und forschungsorientiertes Lehren und Lernen –
empirische Einblicke in Projekte und Lehrkonzepte 71

Jana Riedel, Thomas Köhler
Digitalisierte Hochschulbildung: Status Quo der akademischen
Bildung in Sachsen 84

Inske Preißler, Birga Stender
K.L.A.U.S. „Klausurvorbereitungs-App unterstützt Studierende" –
per Smartphone-App gegen hohe Durchfallquoten 90

Sebastian Krieg, Armin Egetenmeier, Ulrike Maier, Axel Löffler
Der Weg zum digitalen Bildungs(t)raum –
Durch digitale Aufgaben neue Lernumgebungen schaffen 96

Michael S. Feurstein
Erklärvideos von Studierenden und ihr Einsatz
in der Hochschullehre 103

Sónia Hetzner, Claudia Schmidt, Katja Sesselmann, Stefanie Zepf
Pimp your lecture: Erfolgreiche Ansätze zur Unterstützung
der Digitalisierung der Lehre an der Friedrich-Alexander-
Universität Erlangen-Nürnberg 110

Gabriele Irle, Johannes Moskaliuk
Was macht Lernen mit digitalen Medien in der Hochschule
erfolgreich: Eine Einladung zum Perspektivenwechsel 116

2. Digitaler Bildungsraum Praxis

Dorit Günther
Vom Lerninhalt zum Exponat – Museumsräume als Impulsgeber
für die aneignungsförderliche Gestaltung von virtuellen Lernräumen 120

Marco Rüth
Mobiles Lernen sichtbar machen: Potenziale von mobilem
Eye-Tracking für die Gestaltung lernwirksamer Lernräume 133

Christian Rudloff
Inverted-Classroom-Modell im Fach Bewegung und Sport in der
Primarstufenausbildung an der Pädagogischen Hochschule Wien.
Eine Design-Based Research-Studie in der Lehrveranstaltung
„Leichtathletik" 140

3. Kollaboration und Netzwerke

Anne Mock, Daniel Bodemer
Getting To Know Each Other: Group Awareness unterstütztes
Lernen in Communities und Netzwerken 147

Wolfgang Golubski, Oliver Arnold, Frank Grimm
Das DIADEM-Modell – Ein Netzwerk didaktischer
Bausteine auf Basis digitaler Medien 159

Elske Ammenwerth, Werner O. Hackl, Michael Felderer, Alexander Hörbst
Gruppendiskurse im virtuellen Lernraum:
Förderung und Evaluierung der Critical Inquiry 170

4. OER und Digitale Medien

Bettina Höllerbauer, Martin Ebner, Sandra Schön, Maria Haas
Didaktisches Re-Design von Open Educational Resources:
Vom MOOC zum offenen Unterrichtssetting für den Schulkontext 177

Alexander Tillmann, Jana Niemeyer, Detlef Krömker
Einfluss von Vorerfahrungen und Persönlichkeitsmerkmalen
auf das Lernen mit eLectures 190

Felix Saurbier
Lernen mit Videos: Das TIB AV-Portal als Repositorium
für offene Lernressourcen 202

5. Kompetenzen und E-Assessments

Michael Eichhorn, Ralph Müller, Alexander Tillmann
Entwicklung eines Kompetenzrasters zur Erfassung der
„Digitalen Kompetenz" von Hochschullehrenden 209

Claudia Bremer, Ingo Antony
Einsatz digitaler Medien für den lernerzentrierten Unterricht:
Konzeption und Evaluation der Lehrerfortbildung „Lernkompetenz
entwickeln, individuell fördern" 220

Norbert Pengel, Andreas Thor, Peter Seifert, Heinz-Werner Wollersheim
Digitalisierte Hochschuldidaktik: Technologische Infrastrukturen
für kompetenzorientierte E-Assessments 232

6. Poster und Demos

Petra Bauer, Jasmin Bastian, Thomas Peterseil, Tim Riplinger
MINE. Mobile Learning in Higher Education 239

Nicole Labitzke, Anna Heym, Daniel Bayer
Lehrideen vernetzen – ein Kooperationsprojekt der Hochschule Mainz
und der Johannes Gutenberg-Universität Mainz 241

Tilman-Mathies Klar, Bernard Robben, Bardo Herzig, Heidi Schelhowe
Interaktionsdesign in Bildungsräumen für reflexive Erfahrung am
Beispiel einer interaktiven Schwarminstallation 244

Daniel Klug, Elke Schlote
Entwicklung einer Web-Applikation zur Analyse von audio-visuellen
Medienangeboten im Schulunterricht 246

Tobias Hasenberg, Manuel Wagener
Virtuelles Möglichkeitsdesign für die universitäre
Lehrer*innenbildung – ViDe SCOPE 249

Autorinnen und Autoren 252

General Chair.. 265

Steering Committee 265

Reviewer 265

Gesellschaft für Medien in der Wissenschaft (GMW)................................. 267

Editorial

Bildung und Qualifizierung findet in Räumen statt. Ob virtuell, hybrid, physisch, ob in Schule und Hochschule, zu Hause oder in Unternehmen, ob in Städten oder ländlichen Regionen. Die Einbettung von Bildung in Unterschiedlichkeiten des Raums beeinflusst und limitiert – ähnlich der Einbettung von Bildung in die Bedingungen der Zeit – seit jeher das Lehren und Lernen von Menschen. Heute und künftig tragen digitale Innovationen in der Bildung jedoch dazu bei, diese traditionellen Grenzen zu verändern, mitunter aufzulösen und neue Möglichkeiten des Lernens mit Technologien, digitalen Medien und dem Internet zu eröffnen.

Die nun vorliegenden Proceedings der GMW-Jahrestagung 2017 fokussieren mit dem Titel „Bildungsräume" die Potenziale, Grenzen und Möglichkeiten von Bildungstechnologien und E-Learning in formalen, informellen und nonformalen Bildungsprozessen in ihrer bestehenden und zukünftigen Vielfalt. In Beiträgen aus Forschung, Entwicklung und Innovation sowie mit Fokus auf die Praxis von Bildung und Qualifizierung werden aktuelle Themen zur digitalen Transformation von Studium und Lehre, Forschung und Entwicklung, Management und Services sowie Wissens- und Technologietransfer dargestellt. Von besonderem Interesse ist dabei die Betrachtung pädagogischer, psychologischer, soziologischer, organisatorischer und informationell-kommunikativer Bedingungsfaktoren.

Neben der Hochschule, in der die GMW traditionell ihren Schwerpunkt hat, wurden bei der 25. Jahrestagung der Gesellschaft für Medien in der Wissenschaft weitere Bildungsräume wie Schulen, Unternehmen, urbane und ländliche Räume adressiert. Einreichungen zu dem Call for Papers erfolgten für Workshops (Pre-Conferences), als Langbeiträge auf Basis sehr weit fortgeschrittener oder bereits abgeschlossener Arbeiten bzw. als Kurzbeiträge, die laufende oder sich in Vorbereitung befindliche Projekte umfassen. Die Autorinnen und Autoren der Beiträge verfolgten dabei das Ziel, neue wissenschaftliche Erkenntnisse, Praxiserfahrungen, theoretische Arbeiten, konzeptionelle Überlegungen und empirische Ergebnisse für ein Fachpublikum aufzubereiten und vorzustellen.

Ein 12-köpfiges Steering Committee mit Wissenschaftlerinnen und Wissenschaftlern aus den Bildungswissenschaften, der Psychologie, der Informatik und Künstlichen Intelligenz sowie den Informations- und Kommunikationswissenschaften sowie mehr als 40 Reviewer aus Deutschland, Österreich und der Schweiz trugen mit einem double-blind Peer-Review-Verfahren dazu bei, dass die für eine wissenschaftliche Konferenz erforderliche Sorgfalt und der Anspruch der Veranstalter der GMW-Jahrestagung 2017 an die bestmögliche Qualität von Inhalt und Form gewährleistet wurde. Ihnen allen gilt mein Dank

Editorial

für ihr außerordentliches Engagement in der Sache und für die kollegiale, von Vertrauen und Wertschätzung geprägte Zusammenarbeit.

Im Ergebnis liegen nunmehr vor: 4 Workshops (Pre-Conferences) mit Beiträgen zu den Themen: Learning Analytics, Open Educational Resources, Game-based Learning und E-Portfolios. 8 Sessions mit 24 Beiträgen, strukturiert in diese Schwerpunkte: Digitaler Bildungsraum Hochschule, OER und Digitale Medien, Digitaler Bildungsraum Praxis, Kollaboration und Netzwerke, Kompetenzen und E-Assessments. 3 Posters und 2 Demos zu ausgewählten Themen des technologie-unterstützten Lehrens und Lernens: Mobile Learning und Vernetzung zwischen Hochschulen. Die Ablehnungsquote gemittelt über alle Kategorien lag bei 35 Prozent.

Die 25. Jahrestagung der Gesellschaft für Medien in der Wissenschaft wurde gemeinsam mit der 15. e-Learning Fachtagung Informatik der Fachgruppe E-Learning der Gesellschaft für Informatik (GI) geplant und realisiert. Eine herausfordernde Aufgabe für die Veranstalter der vom 5. bis 8. September in Chemnitz durchgeführten Europäischen Fachkonferenz „Bildungsräume", das Deutsche Forschungszentrum für Künstliche Intelligenz (DFKI) und die Technische Universität Chemnitz. Gleichwohl eine lohnende Sache für alle beteiligten Wissenschaftsdisziplinen und Professionen, erfordert eine gemeinsame Veranstaltung nicht nur den Blick über den Tellerrand, sondern auch den ständigen Dialog und schärft das wechselseitige Verständnis für Historien, Kulturen, Prozesse und Zielstellungen.

Ich danke allen Autorinnen und Autoren für ihre Einreichungen sowie die mit diesen Proceedings nunmehr vorliegenden Beiträge zur GMW-Jahrestagung 2017. Danken möchte ich auch unserem Kollegen Professor Dr. Heinz-Werner Wollersheim, der als Mitglied des Steering Committee weit über das zu erwartende Maß hinaus sich für das Gelingen der Fachkonferenz eingebracht hat. Weiterhin Maren Braubach, die mit unermüdlichem Engagement und dem Blick für das Detail die GMW-Proceedings 2017 redaktionell betreute. Und abschließend gilt mein Dank dem Vorstand der Gesellschaft für Medien in der Wissenschaft für das entgegengebrachte Vertrauen bei der Übertragung der 25. Jahrestagung der GMW.

Berlin, im Juli 2017

Professor Dr. habil. Christoph Igel
Technische Universität Chemnitz
Deutsches Forschungszentrum für Künstliche Intelligenz DFKI

Sandra Schön, Martin Ebner, Martin Schön, Maria Haas

Digitalisierung ist konsequent eingesetzt ein pädagogischer Mehrwert für das Studium: Thesen zur Verschmelzung von analogem und digitalem Lernen auf der Grundlage von neun Fallstudien

Zusammenfassung

Viele Jahre war der Einsatz von computergestütztem Lehren und Lernen an (tragbare) Computer gebunden. Ob digitale Hilfsmittel, z.B. Laptop und Video-Projektor, zum Einsatz kamen, war deutlich erkennbar. Spätestens mit dem ubiquitären Internet und den Smartphones in den Taschen der Studierenden ist diese Grenzziehung zwischen sog. „analoger", d.h. herkömmlicher Präsenzlehre, sowie dem „digitalen", d.h. dem computergestützten Lehren und Lernen, vermutlich sogar obsolet. Die Digitalisierung verändert auf unterschiedliche Weise die Lehre. Im Papier wird die These aufgestellt, dass dabei digitale und sogenannte analoge Aspekte immer mehr miteinander verschmelzen. Besonderheiten von verschmolzenen Lern- und Lehrformaten wurden in einem Arbeitspapier, das für das Hochschulforum Digitalisierung erstellt wurde, herausgearbeitet. Im Beitrag werden neun Fallstudien skizziert und ihre Besonderheiten verglichen. Daraus werden Thesen über die Charakteristik von verschmolzenen Lern- und Lehrformaten abgeleitet.

1 Einleitung: Wie verändert Digitalisierung die Lehre? – Vier Perspektiven

Lernen, Unterricht und Lehre an Hochschulen hat sich durch die Digitalisierung auf unterschiedliche Weise verändert: Digitalisierung verändert grundlegend die Arbeitsbedingungen (a) im Präsenzunterricht, (b) beim Selbststudium und beim Fernunterricht, (c) sie verändert die Rahmenbedingungen für das Studium an einer Hochschule sowie allgemein (d) die Lern- und Lehrmedien.

1.1 Veränderungen im Präsenzunterricht

Lehrende waren viele Jahrhunderte das zentrale Medium für den Unterricht. So sorgte schon die Einführung der schwarzen Schultafel für Aufruhr: Lehrende würden dann den Schüler/innen den Rücken zudrehen; nicht auszudenken, welche subversiven Entwicklungen dies unterstützen könnte (Wagner, 2004, bezugnehmend auf Petrat, 1979). Lehrende setzen mit zunehmender Elektrifizierung und Technologisierung auch Präsentationsmedien wie Projektoren für Dias, Folien und Filme ein. Selbst wenn sie heute noch nicht in jedem Hörsaal oder Seminarraum installiert sind, gehört der Einsatz digitaler Videoprojektoren (Beamer) bzw. von Computern in Form von Laptops oder Tablets mittlerweile zum Standard. Viele Jahre war der Einsatz von computergestütztem Lehren und Lernen in der Hochschullehre an (tragbare) Computer gebunden. Ob digitale Hilfsmittel, z.B. Laptop und Video-Projektor, zum Einsatz kamen, war auch deutlich erkennbar. Mit der Verbreitung der tragbaren Geräte wurden diese zunehmend jedoch auch Arbeitsgeräte für die Studierenden, die im Hörsaal Notizen tippten oder im Seminar Präsentationen am eigenen Gerät zeigten.

Mit dem mobilen Internet und der Verbreitung der Smartphones hat sich die Situation in den Hörsälen noch einmal deutlich gewandelt: Neue Formen der Kommunikation, Kollaboration, der Recherche sind möglich – und zwar von den persönlichen Geräten der Studierenden. Digitalisierung bedeutet aus diesem Blickwinkel v.a. eine Verbreitung und Verteilung der digitalen Hilfsmittel in der Studierendenschaft. Studierende können heute quasi nebenbei Begriffe und Themen im Internet recherchieren, Meinungen dazu von Personen außerhalb einholen. Und Lehrende können die persönlichen Geräte auch ganz bewusst im Lehrsetting integrieren, indem beispielsweise gemeinsam an einem Text geschrieben wird.

1.2 Veränderungen des Selbststudiums und des Fernunterrichts

Bei der Digitalisierung der Hochschullehre muss auch das Selbststudium bzw. der Fernunterricht in den Blick genommen werden; auch hier hat die Digitalisierung vieles grundsätzlich verändert (s. Zawacki-Richter, 2013). Wurden ab Mitte des 19. Jahrhunderts noch Lehrbriefe, teils sogar Tonträger, und ab Mitte des 20. Jahrhunderts mit dem Einsatz von Bildungsradio und -fernsehen große Hoffnungen verbunden, hat der Einsatz von Internettechnologie schließlich die Kommunikations- und Kooperationsmöglichkeiten trotz großer räumlicher Distanz ermöglicht und gleichzeitig die Angebote vervielfacht. Potentiell können weltweit onlinegestützte Lern- und Lehrangebote genutzt werden und zwar uneingeschränkt von allen. Digitalisierung bedeutet hier zudem eine deutliche Erweiterung der didaktischen Spielräume der Lehrenden im Hinblick auf Interaktion mit den Studierenden und Kollaborationsmöglichkeiten, z.B. gemeinsame Arbeiten, Videochats.

1.3 Veränderungen der Rahmenbedingungen für das Studium an einer Hochschule

Betrachtet man die Rahmenbedingungen aus Perspektive der Lehrenden und der Administration der Hochschulen hat die zunehmende Digitalisierung ihre Prozesse und Kommunikation ebenso deutlich beeinflusst. Studienverläufe werden nicht mehr papierbasiert mit Hilfe von „Scheinen", sondern von einem zentralen digitalen Verwaltungssystem erfasst und dokumentiert. Vorbereitung und Organisation der Lehre, z. B. Erstellung von Arbeitsunterlagen, Buchung der Räume oder Auswertung der Evaluation sind ohne Zuhilfenahme digitaler Arbeitsmittel undenkbar (vgl. Brahm & Jenert, 2013). Selbst das persönliche Gespräch von Betreuer/innen und Studierenden in der Abschlussphase findet häufig in Form digitaler Kommunikation – z. B. via E-Mail-Korrespondenz oder Videokonferenz statt.

Aus Perspektive der Studierenden, die nun dank ihrer mobilen Geräte und Internet stets verknüpft sind, beeinflusst die Digitalisierung zunächst auch ihre eigene Studienorganisation. So können Stundenpläne verwaltet, Treffen vereinbart oder auch die Auslastung der Hörsäle abgerufen werden. Gleichzeitig sorgt die Digitalisierung auch dafür, dass Online-Angebote der eigenen oder anderen Hochschulen genutzt werden können, sich also Alternativen zum Präsenzunterricht anbieten.

1.4 Veränderungen der Lern- und Lehrressourcen

Die Digitalisierung betrifft zentral die Lern- und Lehrressourcen an Hochschulen: So werden digitale Ressourcen in der Präsenzveranstaltung eingesetzt oder auch entsprechende Aufzeichnungen davon (Skripte, Vorlesungsaufzeichnungen) zur Verfügung gestellt. Die Digitalisierung bzw. die Möglichkeiten des Internets, z. B. das Online-Stellen von Materialien oder der Versand per E-Mail ist dabei praktisch – führt aber regelmäßig dazu, dass gegen das geltende Urheberrecht verstoßen wird, das der Verbreitung von digitalen Kopien Schranken setzt. Open Educational Resources (kurz OER, auf Deutsch offene Bildungsressourcen oder freie Bildungsmaterialien) sind hier eine Möglichkeit, mit Hilfe von sog. offenen Lizenzen (z. B. der CC-BY-Lizenz) die Weiterverwendung von Materialien zu ermöglichen (Ebner u. a., 2015). Digitale Lernressourcen verändern auch die Möglichkeiten der Lehre, wenn sie z. B. durch den Einsatz von Multimedia und Interaktivität – im Video können oft Dinge gezeigt werden, die in der Vorlesung oder im Lehrbuch nicht gezeigt werden können. Digitale Lernressourcen können auch hilfreiche Unterstützung durch Auswertung des Verhaltens der Lernenden bieten (Learning Analytics; s. Khalil & Ebner, 2015).

Die Digitalisierung wie sie hier aus vier Perspektiven beschrieben wurde, betrifft dabei nicht allein diese Aspekte; vielmehr ist sie Grundlage zahlreicher neuer Disziplinen, sie verändert in zahlreichen Disziplinen die Forschungsgegenstände und -methoden, in jedem Fachgebiet aber zumindest die Formen der Literaturrecherche, des wissenschaftlichen Diskurses und der Publikation. Nicht zuletzt an den Veränderungen in den hochschuleigenen Bibliotheken – kleinerer Buchbestand, weniger Leseräume und mehr Räume für gemeinsames Arbeiten, zeigt sich dieser Wandel.

1.5 These: Digitalisierung sorgt für die Auflösung von Grenzen von analogen und digitalen Lehraspekten

Spätestens mit dem ubiquitären Internet und Smartphones in den Hosentaschen der Studierenden ist auch die Grenzziehung zwischen sog. „analoger", d.h. herkömmlicher Präsenzlehre, sowie dem „digitalen", d.h. dem computergestützten Lehren und Lernen, schwierig: „Digitalisierung" erscheint aus dieser Perspektive heute in einigen Aspekten noch als etwas Neues, Fremdes, das sich aber zunehmend als integraler Bestandteil des Studiums gestaltet und gestalten wird. Es verschmilzt nicht nur zunehmend, sondern tritt damit auch als Besonderheit in den Hintergrund: Lehre und Studium wird zukünftig nicht ohne Digitalität denkbar sein, eine besonderer Betonung der Digitalität wird vermutlich überflüssig (vgl. Bachmann, Bertschinger & Miluska 2009).

Auch nach Kerres (2016) ist die „Digitalisierung der Bildung" darüber hinaus wie dargestellt nicht nur „eine Kurzformel für den zugrundeliegenden Transformationsprozess der Bildungsarbeit, der (...) die gesamte Wertschöpfung der Wissenserschließung und -kommunikation in den Blick nimmt".

2 Verschmelzung von digitalen und analogen Aspekten bei neuartigen Lern- und Lehrformaten

Welche neuen Möglichkeiten ergeben sich nun durch die umfassende Präsenz digitaler Technologien für die Lehre an Hochschulen, also v.a. durch das allgegenwärtige Internet und der Zugriff auf die mobilen Geräte der Studierenden?

Die Entwicklung zu solchen „verschmolzenen" Lehr- und Lernformaten kann dabei in zwei Richtungen erfolgen: Bislang rein digitale Lernangebote erfahren Verankerung für das Präsenzlehren und -lernen, z.B. wenn Online-Videos in Flipped-Classroom-Arrangements zur Vorbereitung für die Präsenzveranstaltung genutzt werden und die Wissensvertiefung dann in der Präsenzveranstaltung erfolgt. Umgekehrt werden Präsenzveranstaltungen mit digitalen Technologien, z.B. durch die Nutzung von Audience-Response-Systemen mit den Smartphones der Studierenden erweitert zu einem neuartigen Lehrformat (vgl. Abbildung 1).

Thesen zur Verschmelzung von analogem und digitalem Lernen

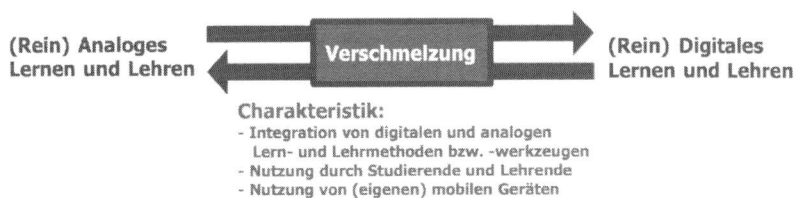

Abb. 1: Positionierung und Charakteristik der Verschmelzung von digitalen und analogen Lern-/Lehrformaten

Eine Verschmelzung von digitalen und analogen Lern- und Lehrformaten lässt sich beispielsweise beim Einsatz von den Smartphones bei Exkursionen feststellen: Die Dokumentation von Ausgrabungsorten oder städtebaulichen Besichtigungen mit Hilfe von ortbasierten Daten und Fotos sind ein solches Setting. Lehrveranstaltungen werden in sog. Flipped- bzw. Inverted-Szenarien regelrecht „auf den Kopf gestellt": Studierende werden angehalten, das neue Wissen mit Lernvideos anzueignen, damit die Präsenzphase für offene Fragen oder praktische Übungen genutzt werden kann.

3 Hintergrund und Vorgehen

Im Auftrag des Hochschulforum Digitalisierung wurde im Juni 2016 ein Arbeitspapier vorgelegt und später veröffentlicht (Schön, Ebner & Schön, 2016), das die Verschmelzung von digitalen und analogen Lehr- und Lernformaten genauer unter die Lupe genommen hat. Im Arbeitspapier, dessen Ergebnisse im Folgenden ausschnittsweise vorgestellt und zusammengefasst werden, lag der Fokus auf den Möglichkeiten der Lehr- und Lernformate, die durch das allgegenwärtige Internet und der Zugriff auf die mobilen Geräte der Studierenden entstehen.

Dazu wurden im April 2016 neben einer Literatur- und Projektrecherche neun Fallstudien zu solchermaßen „verschmolzenen" Lehr- und Lernangeboten erstellt und Interviews mit ausgewiesenen Fachleuten geführt; namentlich mit Dr.-Ing. habil. Ulrike Lucke (Universität Potsdam), Dr. Vera Gehlen-Baum (QualityMinds), Prof. (FH) Andreas Pester (Fachhochschule Kärnten) sowie Prof. Dr. Marcus Specht (Open Universiteit Nederland).

Exemplarisch geben neun Fallbeispiele Einblicke in Umsetzungen an Hochschulen: die Entwicklung und der Einsatz von „Backstage", einem Audience-Response-System der LMU München, die Erstellung von Lernvideos von Studierenden für Studierende im Rahmen der Veranstaltung Lineare Algebra II an der HFT Stuttgart, der Outdoor-Test im Fach Botanik an der Tierärztlichen

Hochschule Hannover, der „Blended MOOC" der RWTH Aachen und der Fayoum University (Ägypten) zu Teaching Methodologies, das peer-basiertes Feedbacksystem „Aurora" für Übungsaufgaben im Rahmen von Massenlehrveranstaltungen am Institut für Gestaltungs- und Wirkungsforschung der TU Wien, das mobile pervasive Spiel FreshUp für Studienanfänger/innen an der Universität Potsdam, die Hochschul-App der Universität Hohenheim, die Unterstützung des informellen Lernens mit dem NFC LearnTracker (eine App der Open Universiteit Nederland) sowie der Makerspace der Sächsischen Landesbibliothek (SLUB).

4 Die Fallstudien im Vergleich: Besonderheiten verschmolzener Lern-/Lehrformate

Neun Fallstudien wurden im Hinblick auf unterschiedliche Aspekte genauer verglichen, um Besonderheiten für diese Lern- und Lehrformat zu identifizieren. So wurde z.B. untersucht, welche Merkmale und Rahmenbedingungen charakteristisch sind. Wie in Tabelle 1 dargestellt, wurden so Argumente, wie sich Lehr- und Lernformate allgemein durch die Digitalisierung verändern können (z.B. in Wannemacher u.a., 2016) ausgewählt und für jede Fallstudie eine Einschätzung abgegeben (s. Tabelle 1).

Zusammenfassend ist für verschmolzene Lehr- und Lernformate aufbauend auf die Fallstudien davon auszugehen, dass
- es sich dabei häufig um ein von Lehrenden angeleitetes deduktives Lehrverfahren oder von den Lerner/innen geleitetes induktives Lehrverfahren handelt,
- die Studierenden dabei eine aktive bzw. aktivere Rolle haben,
- die Studierenden intensiver an der Lehrveranstaltung und ihrer Gestaltung partizipieren,
- das Lern- bzw. Lehrformat mehr Selbstregulation möglich und notwendig macht,
- sich die Rolle der Lehrenden hin zu Lernbegleiter/innen wandelt,
- sie durch größere Handlungs- oder Kompetenzorientierung gekennzeichnet sind,
- sie für den Lehrenden einen höheren Aufwand und höhere Verfügbarkeit bedeuten und
- sie (neue) Möglichkeiten des formativen Assessment bieten.

Tab. 1: Merkmale der Lehrformate bzw. -anwendungen in den beschriebenen Fallstudien zur Verschmelzung von digitalen und analogen Lehr- und Lernformaten.

Fallstudien	Aktivierung von Studierenden	Höhere Partizipation der Studierenden	Mehr Selbstregulation möglich und notwendig	Veränderung der Rolle der Lehrenden hin zu Lernbegleiter/innen	Größere Handlungs- o. Kompetenzorientierung	Höherer Aufwand und Verfügbarkeit der Lehrenden	Formatives Assessment
A. Backstage (LMU München)	■■	☐	■	■	☐	■	☐
B. Lernvideos (HFT Stuttgart)	■■	■■	■	■	■■	■	■■
C. Outdoor-Test (THH)	■■	■*	☐	n.a.	■■	■■	n.a.
D. Blended MOOC (RWTH)	■■	■■	■■	***	■	■■	■■
E. Aurora (TU Wien)	■■	■■	■	■■	■	■■	■■
F. FreshUP (Universität Potsdam)	■■	■	■■	■	■■	■	■
G. App (Universität Hohenheim)	■	■**	☐	n.a.	■	n.a.	n.a.
H. NFC Learntracker (OUNL)	■■	■■	■■	n.a.	■	n.a.	n.a.
I. SLUB Makerspace	■■	■■	■■	■■	■■	n.a.	■

Anmerkung: ☐ nicht vorhanden ■ z. T. möglich ■■ ausgeprägt * bei der Pilotdurchführung **Funktion „Lernorte" *** unklar, ob Veränderung n.a. bedeutet „nicht anwendbar"

Darüber hinaus werden im Arbeitspapier in Anlehnung an das 4-in-Balance-Modell von Kennisnet (ten Brummelhuis & van Amerongen, 2011) die Hintergründe von verschmolzenen Lehr- und Lernverfahren erörtert. Demnach werden im Arbeitspapier weitere Thesen für verschmolzenen Lehr- und Lernformate aufgestellt:

- Bei der Entwicklung und Einführung von verschmolzenen Lehr- und Lernformaten überwiegen didaktisch motivierte Lehr- und Lerninnovationen (gegenüber technischen Zielsetzungen).
- Mobile Geräte der Studierenden, WLAN und neu gestaltete Lernräume sind eine notwendige Infrastruktur.
- Bei den digitalen Bildungsressourcen kommen v.a. Eigenentwicklungen, eigene und externe Materialien zum Einsatz.

- Bei der Entwicklung und beim Einsatz der verschmolzenen Lehr- und Lernformate entwickeln die Lehrenden ihre didaktischen Kompetenzen, aber auch zusätzliches Wissen und Kompetenzen, z. B. zur Erstellung von Lernvideos; die Lernenden erweitern ihre Kompetenzen in Bezug auf selbstorganisiertes Lernen.

Schließlich zeigen die Fallstudien, dass die individuellen Entwicklungen ein Team voraussetzen und die Unterstützung von E-Learning-Verantwortlichen haben. Häufig arbeiten bereits in der Entwicklung Studierende mit.

5 Diskussion

Beim Vergleich der Fallstudien zeigt sich unter anderem, dass die Studierenden insgesamt eine aktive bzw. aktivere Rolle haben, intensiver bei der Lehrveranstaltung und ihrer Gestaltung partizipieren, das Lern- bzw. Lehrformat mehr Selbstregulation möglich und notwendig macht und sich die Rolle der Lehrenden hin zu Lernbegleiter/innen wandelt. Das weckt Hoffnungen, dass Digitalisierung *per se* für Veränderungen sorgt, wie sie häufig als wünschenswert formuliert werden. Die Studie hat jedoch nicht den Anspruch, das weite Feld vollständig zu erfassen: Ob die geschilderten Bedingungen, Wirkungen und die Gestaltung der Lehr- und Lernformate tatsächlich typisch sind, ist in weiteren Untersuchungen genauer zu betrachten. Die Ergebnisse wurden daher in Thesenform präsentiert.

Es erstaunt uns übrigens, wie wenig über das Lernverhalten von Studierenden und das Lehrverhalten von Lehrenden bekannt ist, auch zu den Entwicklungen rund um Digitalisierung. Es gibt hier nur wenige Versuche, systematisch in Längsschnittstudien Daten zu erfassen oder Quasi-Vollerhebungen (z. B. zum Einsatz von LMS) durchzuführen.

Literatur

Bachmann, G.; Bertschinger, A. & Miluska, J. (2009). E-Learning ade – tut Scheiden weh? In N. Apostolopolous, H. Hoffmann, V. Mansmann & A. Schwill (Hrsg.), *E-Learning 2009. Lernen im digitalen Zeitalter.* Berlin: Waxmann (S. 118-128).
Brahm, T. & Jenert, T. (2013). Planung und Organisation. Technologieeinsatz von der Bedarfsanalyse bis zur Evaluation. In M. Ebner & S. Schön (Hrsg.), *Lehrbuch für Lernen und Lehren mit Technologien (L3T)*, URL: http://l3t.eu/homepage/das-buch/ebook-2013/kapitel/o/id/132/name/planung-und-organisation, 16.05.2016.
Brummelhuis, A. & van Amerongen, M. (2011). *Four in Balance Monitor 2011. ICT in Dutch primary, secondary and vocational education.* Kennisnet. URL: http://downloads.kennisnet.nl/algemeen/Vier-in-balans-monitor-2011-Engelse-versie-internet.pdf, 15.04.2016.

Ebner, M. et al. (2015). *Ist-Analyse zu freien Bildungsmaterialien (OER). Die Situation von freien Bildungsmaterialien (OER) in Deutschland in den Bildungsbereichen Schule, Hochschule, berufliche Bildung und Weiterbildung im Juni 2015*. Norderstedt: Book on Demand. URL: http://o3r.eu.

Kerres, M. (2016). E-Learning vs. Digitalisierung der Bildung: Neues Label oder neues Paradigma? In A. Hohenstein & K. Wilbers (Hrsg.), *Handbuch E-Learning*, Köln: Fachverlag Deutscher Wirtschaftsdienst. 61. Ergänzungslieferung.

Khalil, M. & Ebner, M. (2015). Learning Analytics: Principles and Constraints. In *Proceedings of World Conference on Educational Multimedia, Hypermedia and Telecommunications 2015* (S. 1326-1336). Chesapeake, VA: AACE.

Petrat, G. (1979). *Schulunterricht*. München.

Schön, S.; Ebner, M. & Schön, M. (2016). *Verschmelzung von digitalen und analogen Lehr- und Lernformaten*. Arbeitspapier Nr. 25. Berlin: Hochschulforum Digitalisierung. URL: https://www.researchgate.net/publication/310796374_Verschmelzung_von_digitalen_und_analogen_Lehr-_und_Lernformaten.

Wagner, W.-R. (2004). *Medienkompetenz revisited*. München: kopaed.

Zawacki-Richter, O. (2013). Geschichte des Fernunterrichts. Vom brieflichen Unterricht zum gemeinsamen Lernen im Web 2.0. In M. Ebner & S. Schön (Hrsg.), *Lehrbuch für Lernen und Lehren mit Technologien (L3T)*, URL: http://l3t.eu/homepage/das-buch/ebook-2013/kapitel/o/id/125/name/geschichte-des-fernunterrichts, 16.05.2016.

Annika Jokiaho, Birgit May

Hindernisse für die Nutzung von E-Learning an Hochschulen: Aktueller Forschungsstand

Zusammenfassung

Obwohl E-Learning inzwischen als fester Bestandteil der Hochschullehre gilt und Lernmanagement-Systeme bereits seit Jahren im Einsatz sind, beschränkt sich die Nutzung häufig auf einfache Szenarien, wie das Hochladen von Materialien. Woran liegt es, dass die didaktischen Potentiale, die mithilfe von Lernmanagement-Systemen möglich sind, nach wie vor von den wenigsten Lehrenden in der Hochschullehre ausgeschöpft werden? Welche Erkenntnisse liefert die aktuelle Forschung hierzu? Welche Hindernisse und mögliche Gründe lassen sich aus Untersuchung ableiten? Dieser Beitrag stellt Ergebnisse aktueller Studien vor.

1 Ausgangslage

Die meisten Hochschulen setzen Lernmanagement-Systeme bereits seit Jahren zur Anreicherung der Präsenzlehre ein (Arbeitskreis E-Learning der ZKI, 2016; Gaebel et al., 2014) und haben eine zentrale Einrichtung für E-Learning (Gaebel et al., 2014; Seitz, 2011). Die Nutzung von E-Learning beschränkt sich allerdings in den meisten Fällen auf die Bereitstellung von Dokumenten (Handke & Schäfer, 2012; Kerres, Ojstersek, Preussler & Stratmann, 2009; Henning, 2015) oder zur Administration von Lerninhalten (Brown, Dehoney & Millichap, 2015). Die Potenziale von E-Learning werden nur von wenigen Lehrenden genutzt (Dahlstrom, Brooks & Bichsel, 2014). Kooperative und kollaborative Einsatzszenarien sind selten vorzufinden. Andererseits sollen die Hochschulen eine Vorreiterrolle hinsichtlich innovativer Lehr- und Lernszenarien übernehmen. Eine Reihe von Hindernisse scheinen allerdings, neue Lehr- und Lernformen in der Hochschulbildung zu verhindern (European Commission, 2014). Hier gibt es offensichtlich einen Widerspruch zwischen Wunsch und Realität. Häufig fehlt den Hochschulen eine strategische und politische Planung, die in letzter Zeit immer öfter unter dem Thema „Digitalisierung der Bildung" diskutiert wird. Nach Kerres (2016) ist die Digitalisierung der Bildung nicht mit der Einführung eines Lernmanagement-Systems vollzogen, sondern das ist erst der Anfang einer größeren Veränderung (Kerres, 2016).

Es gibt zahlreiche Studien, die sich allgemein mit dem Thema E-Learning an Hochschulen und Positionen hierzu beschäftigen (z. B. Babić, 2012; Gaebel et al., 2014; Liaw & Huang, 2013) beziehungsweise die Nutzung (z. B. Bowen, Chingos, Lack & Nygren, 2013; Taylor, Parker, Lenhart & Patten, 2011) oder die Nachhaltigkeit (z. B. McGill, Klobas & Renzo, 2014) untersuchen. Allerdings wird in diesen Arbeiten seltener auf die Gründe für mögliche Hürden eingegangen. Hindernisse aus studentischer Sicht sind beispielsweise bei Mahmodi und Ebrahimzade (2015) zu finden. Im deutschsprachigen Raum fehlt es bislang an empirischen Untersuchungen, die Hindernisse für die Nutzung von E-Learning an Hochschulen erforschen. Es ist allerdings wichtig, dass die Gründe für eine fehlende Ausschöpfung der didaktischen Potentiale von E-Learning analysiert werden. Hinweise auf Hindernissen in vorhandenen Studien können zu einem besseren Verständnis der eigenen Situation an der Hochschule führen. Bislang basieren Aussagen über Hindernisse in der deutschsprachigen Literatur auf Vermutungen anstelle von empirischen Belegen (z. B. Handke & Schäfer 2012; Kerres et al., 2009; Henning, 2015). Daher stellt dieser Beitrag Hindernisse aus einigen ausgewählten englischsprachigen Studien vor.

2 Methode

Mithilfe einer Literaturrecherche sowie einer Recherche in Fachzeitschriften wurde nach Hindernisse bei der Nutzung von E-Learning aus Sicht der Lehrende gesucht. Verwendete Stichworte bei der Suche nach Hindernisse waren *barriers*, *obstacles*, *pitfalls* und für E-Learning *online-teaching, e-learning sowie learning management system*. Die meisten vorhandenen Studien stammen aus den USA und hierzu gehören Studien von Allen & Seaman (2015), Bacow, Bowen, Guthrie, Lack & Long (2012), Baran (2011), Dahlstrom, Brooks und Bichsel (2014) sowie Lloyd, Byrne und McCoy (2012). Ergebnisse aus Australien sind bei Anderson (2012) zu finden, während Al-Azawei, Parslow und Lundqvist (2016) Hindernisse für den Einsatz von E-Learning an Hochschulen in Iran untersucht haben. Bisher liegen nur einzelne Ergebnisse aus Europa vor, wie beispielsweise Studien von Cabral, Pedro und Gonçalves (2012) sowie Moscinska und Rutkowski (2011). Beide Untersuchungen wurden an der eigenen Hochschule durchgeführt. Darüber hinaus existieren Studien von kommerziellen Anbietern, wie beispielsweise White (2016) aus England. Die Hindernisse wurden unter Verwendung von Anderson (2012) und Lloyd, Byrne und McCoy (2012) in die drei Bereiche (1) persönliche Faktoren, (2) institutionelle/organisatorische Faktoren sowie (3) technische Faktoren unterteilt. Zu den persönlichen Faktoren zählen alle Hindernisse, die von dem jeweiligen Individuum abhängen. Institutionelle beziehungsweise organisatorische Faktoren sind wiederum geprägt von der jeweiligen Institution, worauf die Lehrenden keinen direkten Einfluss haben. Die technischen Faktoren beziehen sich auf technische Gegebenheiten des Lernmanagement-Systems.

3 Ergebnisse

Dieser Abschnitt stellt die identifizierten Hindernisse im Zusammenhang mit der Nutzung von E-Learning an Hochschulen vor. Die vorgestellten Hindernisse dienen als mögliche Anhaltspunkte für die niedrigschwellige Nutzung von E-Learning aus Sicht der Lehrenden und lassen sich in drei Bereiche einteilen: persönliche sowie institutionelle beziehungsweise organisatorische Faktoren (s. Abbildung 1).

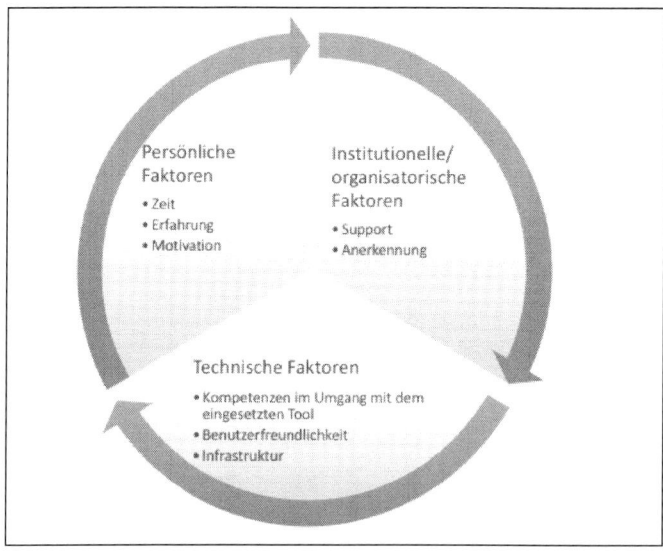

Abb. 1: Hindernisse für die Nutzung von E-Learning an Hochschulen

3.1 Persönliche Faktoren aus Sicht der Lehrenden

Bei den persönlichen Faktoren gibt es drei wesentliche Merkmale: Zeit, Erfahrung sowie Motivation. Diese drei Faktoren werden im Folgenden zwar einzeln erläutert, beeinflussen sich allerdings gegenseitig und sind daher nicht losgelöst voneinander zu sehen. Der Faktor *Zeit* hat einen Einfluss sowohl auf die Motivation und die Erfahrung, der Faktor *Erfahrung* hängt wiederum von der vorhandenen Zeit und Motivation ab. Der Faktor *Motivation* dagegen wird von der zur Verfügung stehender Zeit und vorhandenen Erfahrung beeinflusst.

Zeit
Der Faktor *Zeit* wurde in mehreren Studien erwähnt (z. B. Anderson, 2012; Baran, 2011; Lloyd, Byrne & McCoy, 2012; Shea, 2007). Insbesondere der zeitliche Mehraufwand wird als großes Hindernis empfunden (Baran, 2011; Lloyd, Byrne & McCoy, 2012). Der Zeitaufwand bezieht sich vor allem auf die Vorbereitung und Konzeption, die im Vergleich zu herkömmlichen Präsenzveranstaltungen wesentlicher zeitintensiver ist (Bacow et al., 2012; Baran, 2011). Anderson (2012) fand in seiner Studie an einer großen australischen Universität heraus, dass erfahrene Nutzer einen Vorteil in der Möglichkeit sehen ihre Zeit flexibler einteilen zu können als in Präsenzveranstaltungen. Dagegen betrachten weniger erfahrene Nutzer die benötigte Zeit für die Vorbereitung und für die Umsetzung öfter als problematisch (Anderson, 2012).

Der akademische Grad könnte auch eine Rolle bei der Beurteilung des Zeitaufwands spielen. In einer Untersuchung von 386 Lehrende an 36 Colleges im Nordosten von USA fand Shea (2007) heraus, dass Mitarbeiter mit einem höheren akademischen Grad (*assistant, associate* oder *full professor*) öfter Bedenken hatten, der Einsatz von E-Learning wäre mit einem erhöhten Zeitaufwand verbunden, als Lehrkräfte in Teilzeit oder im akademischen Mittelbau (Shea, 2007).

Erfahrung
Lehrende, die bislang wenig ausprobiert haben, scheinen weniger selbstbewusst zu sein und zweifeln an ihrer Fähigkeit effektiv in einer Online-Umgebung zu lehren. Befragte der Studie von Anderson (2012) meinten, dass die Erstellung von online Lernumgebungen zu viel Zeit in Anspruch nehmen würde, ohne jedoch je eigene Erfahrungen gemacht zu haben, die diese Befürchtungen bestätigen. Ein Teil dieser Befragten sehen auch einen Bedarf an zusätzlichen technischen Support (vgl. Anderson, 2012). In der Studie von Lloyd, Byrne und McCoy (2012) empfanden Lehrende mit wenigen Erfahrungen mit E-Learning die Hindernisse als größer im Vergleich zu Lehrenden mit viel Erfahrung (Lloyd, Byrne & McCoy, 2012).

Motivation
Ein weiterer persönlicher Faktor für den Einsatz von E-Learning im Allgemeinen ist die eigene Motivation. Einige der analysierten Studien nennen die Motivation beziehungsweise die fehlende Motivation explizit als Hindernis (Anderson, 2012; Baran, 2011). Darüber hinaus ist der Support ein wichtiger motivationaler Aspekt für Lehrende (Baran, 2011). Anderson (2012) fand in seiner Studie heraus, dass insbesondere Faktoren, die mit der Selbstwirksamkeitserwartung (*self-efficacy*) zusammenhängen, einen starken Einfluss auf die Motivation der

Lehrenden haben. Die Selbstwirksamkeitserwartung hängt wiederum mit den bisherigen Erfahrungen zusammen.

Es gibt Studien, die darauf hindeuten, dass das Alter und die Art des Beschäftigungsverhältnisses bei der Motivation eine Rolle spielen. In der Untersuchung von Shea (2007) hatten insbesondere jüngere akademische Mitarbeiter (<45 Jahre) Bedenken E-Learning wegen mangelnder Anerkennung in der eigenen Institution einzusetzen. Dagegen wurde die zeitliche Flexibilität, die der Einsatz von E-Learning in der Lehre ermöglicht, als größter motivierender Faktor identifiziert.

3.2 Institutionelle/organisatorische Faktoren aus Sicht der Lehrenden

Zu den institutionellen beziehungsweise organisatorischen Faktoren, die hinderlich sein können, gehören Support und Anerkennung.

Support
Die meisten Hochschulen bieten verschiedene Supportangebote für Lehrende an (Apostolopoulos, Grote & Hoffmann 2010; Handke & Schäfer, 2012; Gaebel et al., 2014). Insbesondere Schulungen sind ein wichtiger Aspekt des Supportangebots. Oftmals sind Lehrende der Meinung es gäbe zu wenige Schulungen, ohne sich allerdings im Klaren zu sein, welche Art von Schulung sie benötigen oder sich wünschen würden. Das Schulungsangebot sollte auf jeden Fall eine hohe Bandbreite an Themen sowie unterschiedliche Niveaus abdecken, von der Verwendung des Lernmanagement-Systems bis hin zu pädagogischen und konzeptionellen Aspekten (Anderson, 2012).

Nach Cabral, Pedro und Gonçalves (2012) scheint die Anzahl besuchter Schulungen ein entscheidender Faktor für den Nutzungsgrad des Lernmanagement-Systems zu sein. Kurse sind häufiger leer von Lehrenden, die an keiner Schulung teilgenommen haben. Lehrende, die drei oder mehr Schulungen besucht haben, setzen dagegen das Lernmanagement-System auf einem wesentlich höheren Niveau ein – sowohl didaktisch als auch technisch betrachtet.

Anerkennung
Die initiale Erstellung begleitender Kursmaterialien für eine Präsenzveranstaltung fordert viel Zeit von den Lehrenden. Fehlende Anerkennung (Anderson, 2012; Bacow et al., 2012) stellt eine Hürde für die Nutzung von Lernmanagement-Systemen dar. Daher schlagen Bacow et al. (2012) vor Anreize anzubieten, beispielsweise in Form von Stipendien oder Reduktion anderer Aufgaben. Monetäre Anreize helfen nur bedingt bei zeitlich überlasteten akademischen Mitarbeitern.

Eine fehlende oder nicht dem Aufwand gerechte Kompensation für die Mehrarbeit bezogen auf der Entwicklung von Online-Kursen, wurde in der Untersuchung von Shea (2007) als größtes Hindernis empfunden.

3.3 Technische Faktoren

Zu den technischen Faktoren zählen Kompetenzen im Umgang mit den eingesetzten Tools, Benutzerfreundlichkeit und Infrastruktur.

Kompetenzen im Umgang mit den eingesetzten Tools
Zu den technischen Faktoren gehören Kompetenzen im Umgang mit den eingesetzten Tools. Es besteht eine große Übereinstimmung in den verschiedenen Studien, dass vorhandene Kompetenzen der Lehrenden die Nutzung von E-Learning beeinflusst (vgl. Al-Azawei, Parslow & Lundqvist, 2016; Dahlstrom, Brooks & Bichsel, 2014).

Die Bandbreite der erforderlichen Computerkenntnisse für die Nutzung von Lernmanagement-Systemen in der Lehre ist sehr weit. Die grundlegenden Funktionen sind in der Regel das Hochladen von Dokumenten. Es gibt allerdings nahezu unendlich viele Alternativen, verschiedene Elemente in der Lehre einzusetzen und auf diese Weise die Möglichkeiten der Lernmanagement-Systeme auszureizen (Anderson, 2012). Dieses wiederum erfordert neben Kenntnisse über das Lernmanagement-System, Computerkenntnisse (Dahlstrom, Brooks & Bichsel, 2014), rechtliche Grundkenntnisse und didaktisches Wissen. So ist es wenig überraschend, dass viele Lehrende glauben ihre Lehre wäre effektiver, wenn sie mehr Fähigkeiten im Umgang mit dem Lernmanagement-System hätten (Dahlstrom, Brooks & Bichsel, 2014). Unerfahrene Nutzer haben häufiger Angst vor der Technologie an sich, Angst zu versagen oder Angst sich vor den Studierenden zu blamieren (Anderson, 2012).

Benutzerfreundlichkeit
Eine häufig genannte technische Hürde bei Lernmanagement-Systemen ist die fehlende Benutzerfreundlichkeit (Anderson, 2012; White, 2016; Moscinska & Rutkowski, 2011). Heutzutage sind viele Benutzer an die komfortable Bedienung sozialer Netzwerke gewohnt, wie beispielsweise Kommentare schreiben oder etwas zu liken. Der Umgang mit Lernmanagement-Systemen wird daher oft als umständlich empfunden (White, 2016).

Infrastruktur
Die vorhandene technische Infrastruktur hat einen erheblichen Einfluss auf den Einsatz von E-Learning. Hierzu zählt die Zuverlässigkeit der eingesetzten Tools

sowie der angebotene IT Support (Anderson, 2012; Bacow et al., 2012), aber auch eine stabile Internetverbindung (Al-Azawei, Parslow & Lundqvist, 2016).

4 Diskussion

Technische Faktoren stellen ein nicht zu unterschätzendes Hindernis dar (Anderson, 2012; Dahlstrom, Brooks & Bichsel, 2014). Dies ist insofern von Bedeutung, weil technische Faktoren auch bei der Nachhaltigkeit von E-Learning-Projekten eine wichtige Rolle spielen. McGill, Klobas und Renzi (2014) haben in einer Analyse von 64 empirischen Beiträgen diverse E-Learning-Initiativen untersucht und stellten dabei fest, dass die eingesetzten Technologien rechtzeitig aktualisiert werden und ständig auf den aktuellen Stand sein müssen. Darüber hinaus müssen die Technologien stabil laufen, um Nachhaltigkeit zu fördern. Eine zuverlässige Infrastruktur sowie Kompetenzen im Umgang mit den eingesetzten Tools sind notwendige Faktoren, während die Benutzerfreundlichkeit ein hinreichender Faktor für die Nutzung von E-Learning darstellt.

In der Delphistudie des MMB-Instituts (2016) wurden erstmalig E-Learning-Experten im deutschsprachigen Raum nach den wichtigsten Problemen und Hindernissen beim Einsatz von E-Learning befragt. Interessanterweise wurde hier die herkömmliche Lernkultur beziehungsweise die fehlende Offenheit der Entscheider als größtes Hindernis genannt, gefolgt von Entwicklungskosten und didaktischen Defiziten. Somit wurden weder die Technik noch die Finanzen als größtes Hindernis wahrgenommen.

Nach Lloyd, Byrne und McCoy (2012) könnte die vorhandene Erfahrung der Lehrenden ein Schlüssel sein, wenn es darum geht Hindernisse abzubauen. Dieser Aspekt wurde bisher in der Literatur vernachlässigt und müsste genauer überprüft werden.

5 Zusammenfassung und Ausblick

Dieser Beitrag stellt Ergebnisse aus aktuellen Studien hinsichtlich Barrieren bei der Nutzung von E-Learning beziehungsweise Lernmanagement-Systemen an Hochschulen dar. Zusammenfassend lässt sich Folgendes festhalten:
- Es sollte ein breites Spektrum von Weiterbildungsmaßnahmen für Lehrende angeboten werden (Al-Azawei, Parslow & Lundqvist, 2016; Anderson, 2012) vom Umgang mit dem Lernmanagement-System bis hin zu pädagogischen und konzeptionellen Inhalten. Vor allem wenig erfahrene Lehrende empfinden oft einen Mangel an Schulungen als hinderlich, um das Lernmanagement-System zu nutzen (Anderson, 2012). Hierfür sind An-

sätze zur Steigerung der Selbstwirksamkeit und Motivation erforderlich. Neben didaktischem und technischem Support sind Maßnahmen bezüglich Anerkennung der erbrachten Leistungen im Zusammenhang mit E-Learning von Bedeutung. Eine Möglichkeit wäre es Anreize für Lehrende innerhalb der eigenen Hochschule zu setzen, z. B. durch Deputatsreduktion während der Konzeption und Umsetzung der Online-Lehre anzubieten.
- Bei den meisten Lernmanagement-Systemen werden viele verschiedene Funktionalitäten in einer Oberfläche integriert. Das erhöht die Gefahr das System „aufzublähen" und die Benutzerfreundlichkeit leidet unter dem großen Funktionsumfang (Sneha & Nagaraja, 2013). Nichtsdestotrotz fehlen oftmals bei den gängigen Lernmanagement-Systemen diverse Funktionalitäten, die in sozialen Netzwerken vorhanden sind (White, 2016). Zudem sind bisher Funktionalitäten, die Gamification unterstützen, kaum implementiert (Broer & Breiter, 2015; White, 2016).
- In deutschen Hochschulen steht die Debatte hinsichtlich Strategien zur Digitalisierung erst am Anfang. Es gibt Initiativen auf Landesebene (z. B. Landesregierung NRW, 2016; Senat Hamburg, 2015; Hochschulnetzwerk Digitalisierung der Lehre in Baden-Württemberg, 2017) sowie das Hochschulforum für Digitalisierung (2016) auf Bundesebene, jedoch stehen viele Hochschulen diesbezüglich noch ganz am Anfang.

Die im Beitrag vorgestellten Hindernisse sowie deren Auswirkungen lassen sich im Überblick wie folgt zusammenfassen:

Zeitaufwand bei der Vorbereitung und Konzeption
- Wird als großer Mehraufwand bei Lehrenden empfunden.
- Wird bei unerfahrenen Lehrenden als problematisch eingestuft.
- Der akademische Grad scheint eine Rolle zu spielen.

Erfahrung
- Lehrende mit wenig Erfahrung sind oft weniger selbstbewusst und zweifeln an ihrer Fähigkeit, effektiv in einer Online-Umgebung zu lehren.

Motivation
- Faktoren, die mit der Selbstwirksamkeitserwartung (self-efficacy) zusammenhängen, haben einen starken Einfluss auf die Motivation der Lehrenden.
- Alter und Beschäftigungsverhältnis scheint eine Rolle zu spielen.

Support
- Lehrende nehmen oft einen Mangel an Schulungen wahr.
- Die Anzahl besuchter Schulungen ist ein entscheidender Faktor für den Nutzungsgrad des Lernmanagement-Systems.

Anerkennung
- Monetäre Anreize helfen nur bedingt.
- Eine dem Aufwand gerechte Kompensation für die zeitliche Mehrarbeit ist sinnvoll.

Kompetenzen im Umgang mit den eingesetzten Tools
- Oft glauben Lehrende ihre Lehre wäre effektiver, wenn sie mehr Fähigkeiten im Umgang mit Tools hätten.
- Unerfahrene Nutzer haben häufiger Angst zu versagen oder sich vor den Studierenden zu blamieren.

Benutzerfreundlichkeit
- Der Umgang mit Lernmanagement-Systemen wird oft als umständlich empfunden.

Infrastruktur
- Die Zuverlässigkeit der eingesetzten Tools sowie der angebotene IT Support spielt eine große Rolle.

Vorhandene Hindernisse sind häufig sehr unterschiedlicher Natur. Neben persönlichen Faktoren wie Zeit oder Motivation, spielen auch technische Faktoren eine Rolle. Diese Hindernisse können mithilfe entsprechender Supportstrukturen und Schulungsangeboten abgebaut werden. Hindernisse, die wiederum mit institutionellen Faktoren zusammenhängen, sind wesentlich schwieriger zu beseitigen. Nach Guthrie (2012) benötigen die institutionellen Aspekte mindestens genauso viel Aufmerksamkeit wie die technischen Herausforderungen. Die Hochschule benötigt eine Gesamtstrategie, die allerdings an den meisten deutschen Hochschulen noch fehlt. Die rasch voranschreitende Digitalisierung der Gesellschaft und die damit verbundene Digitalisierung der Bildung macht die Relevanz des Themas deutlich. Hochschulen müssen sich Gedanken über eine nachhaltige Verankerung digitalisierter Bildungsangebote machen. Künftig wird es um viel mehr als um die reine Nutzung von Lernmanagement-Systeme gehen (Kerres, 2016). Genau aus diesem Grund ist es wichtig Hindernisse hinsichtlich der Nutzung von Lernmanagement-Systemen abzubauen und sich dadurch besser auf künftige Herausforderungen im Zusammenhang mit der Digitalisierung der Bildung vorzubereiten.

Bisher gibt es noch zu wenig Forschung hinsichtlich eines erfolgreichen Abbaus von Hindernisse bei der Nutzung von E-Learning. In Folgearbeiten könnte die in diesem Artikel vorgestellten Hindernisse genauer empirisch untersucht werden. Darüber hinaus könnte die vorhandene Erfahrung der Lehrenden als wichtiger Faktor überprüft werden.

Literatur

Al-Azawei, A.; Parslow, P. & Lundqvist, K. (2016). Barriers and Opportunities of E-Learning Implementation in Iraq: A Case of Public Universities. *International Review of Research in Open and Distributed Learning, 17*(5), 126-146.

Allen, I. E. & Seamann, J. (2015). *Grade Level: Tracking Online Education in the United States*: http://www.onlinelearningsurvey.com/reports/gradelevel.pdf.

Anderson, C. (2012). *Barriers and enabler to teachers' adoption of online teaching at an Australian University.* Dissertation RMIT University. Online verfügbar: https://researchbank.rmit.edu.au/view/rmit:160215.

Apostolopoulos, N.; Grote, B. & Hoffmann, H. (2010). E-Learning-Support-Einrichtungen: Auslaufmodell oder integrative Antriebskräfte? In S. Mandel; M. Rutishauser, & E. Seiler Schiedt (Hrsg.), *Digitale Medien für Lehre und Forschung, Tagungsband der GMW-Jahrestagung 2010* (S. 83–94). Münster: Waxmann.

Arbeitskreis E-Learning der ZKI (Zentren für Kommunikation und Informationsverarbeitung in Lehre und Forschung e.V.). (2016). *ZKI LMS-Umfrage.* http://www.doodle.com/uyvcg2wz6s4bwv6v (09.07.2017).

Babić, S. (2012). Factors that Influence Academic Teacher's Acceptance of E-Learning Technology in Blended Learning Environment. In E. Pontes; A. Silva; A. Guelfi & S. T. Kofuji (Hrsg.), *E-Learning-Organizational Infrastructure and Tools for Specific Areas* (S. 776-781). InTech, DOI: 10.5772/28682.

Bacow, L. S.; Bowen, G. B.; Guthrie, K. M.; Lack, K. A. & Long, M. P. (2012). *Barriers to Adoption of Online Learning Systems in U.S. Higher Education.* New York: Ithaka.

Baran, E. (2011). *The transformation of online teaching practice: Tracing successful online teaching in higher education.* Dissertation Iowa State University.

Bowen, W.; Chingos, M.; Lack, K. & Nygren, T. (2013). Online Learning in Higher Education. *EducationNext, 13*(2), 59-64.

Broer, J. & Breiter, A. (2015). Potentials of Gamification in Learning Management Systems: A Qualitative Evaluation. In G. Conole, T. Klobučar, C. Rensing, J. Konert, & É. Lavoué, (Hrsg.), *Design for Teaching and Learning in a Networked World* (S. 389-394). Heidelberg: Springer.

Brown, M., Dehoney, J. & Millichap, N. (2015). The Next Generation Digital Learning Environment: https://net.educause.edu/ir/library/pdf/eli3035.pdf.

Cabral, P. B.; Pedro, N. & Gonçalves, A. M. (2012). LMS in Higher Education: Analysis of the Effect of a Critical Factor 'Faculty Training'. *World Academy of Science, Engineering and Technology, 6*, 571-576.

Dahlstrom, E.; Brooks, D. C. & Bichsel, J. (2014). *The Current Ecosystem of Learning Management Systems in Higher Education: Student, Faculty, and IT Perspectives.* Research report. Louisville, CO: ECAR: https://net.educause.edu/ir/library/pdf/ers1414.pdf.

European Commission (2014). *Report to the European Commission on New modes of learning and teaching in higher education.* European Union: Luxembourg

Gaebel, M.; Kupriyanova, V.; Morais, R. & Colucci, E. (2014). *E-Learning in European Higher Education Institutions.* Brussels: European University Association.

Guthrie, K. M. (2012). Barriers to the Adoption of Online Learning Systems. *EDUCAUSE Review, 47*(4), 50-51.

Handke, J. & Schäfer, A.-M. (2012). *E-Learning, E-Teaching und E-Assessment in der Hochschullehre*. München: Oldenbourg.

Henning, P. A. (2015). E-Learning 2015. Stand der Technik und neuste Trends. *HMD Praxis der Wirtschaftsinformatik, 52*(1), 132–143. doi 10.1365/s40702-014-0111-3.

Hochschulforum Digitalisierung (2016). *Das Hochschulforum ist eine Plattform zur Diskussion über die Digitalisierung von Hochschulen und Hochschullehre, getragen von CHE, HRK und Stifterverband*: https://hochschulforumdigitalisierung.de/ (09.07.2017).

Hochschulnetzwerk Digitalisierung der Lehre in Baden-Württemberg (2017). *Hochschulnetzwerk Digitalisierung der Lehre Baden-Württemberg*: https://www.hnd-bw.de/ (09.07.2017).

Kerres, M. (2016). E-Learning vs. Digitalisierung der Bildung: Neues Label oder neues Paradigma? In A. Hohenstein & K. Wilbers (Hrsg.), *Handbuch E-Learning*. Köln: Fachverlag Deutscher Wirtschaftsdienst. 61. Ergänzungslieferung.

Kerres, M., Ojstersek, N., Preussler, A., & Stratmann, J. (2009). E-Learning-Umgebungen in der Hochschule: Lehrplattformen und persönliche Lernumgebungen. In U. Dittler, J. Krameritsch, N. Nistor, C. Schwarz, & A. Thillosen (Hrsg.), *E-Learning: Eine Zwischenbilanz* (S. 101–116). Münster: Waxmann.

Landesregierung NRW (2016). *Lernen im digitalen Wandel*: https://www.bildungviernull.nrw/landnrw/de/home (09.07.2017).

Liaw, S.-S. & Huang, H.-M. (2013). Perceived satisfaction, perceived usefulness and interactive learning environments as predictors to self-regulation in e-learning environments. *Computers & Education 60*, 14–24.

Lloyd, S.; Byrne, M. & McCoy, T. (2012). Faculty-Perceived Barriers of Online Education. *MERLOT Journal of Online Learning and Teaching, 8*(1): http://jolt.merlot.org/vol8no1/lloyd_0312.pdf

Mahmodi, M., & Ebrahimzade, I. (2015). The Analysis of Iranian Students' Persistence in Online Education. *International Review of Research in Open and Distributed Learning, 16*(1), 98–119.

McGill, T. J.; Klobas, J. E. & Renzi, S. (2014). Critical success factors for the continuation of e-learning initiatives. *Internet and Higher Education 22*, 24–36.

MMB-Institut (2016). *Mobiles Lernen wird der Umsatzbringer No. 1. mmb Trendmonitor I/2016*: http://www.mmb-institut.de/mmb-monitor/trendmonitor/mmb-Trendmonitor_2016_I.pdf (09.07.2017).

Moscinska, K. & Rutkowski, J. (2011). Barriers to Introduction of e-learning: A Case Study. In *Proceedings of 2011 IEEE Global Engineering Education Conference (EDUCON)* 04-06 April 2011 – Princess Sumaya University for Technology in Amman, Jordan (S. 460-465).

Senat Hamburg (2016). *Digitalisierung der großen Stadt – Stadt Hamburg*. http://www.hamburg.de/digitalisierung/ (09.07.2017).

Seitz, K. (2011). *E-Learning Einrichtungen an deutschsprachigen Hochschulen*: http://blog.e-learning.tu-darmstadt.de/2011/08/02/e-learning-einrichtungen-an-deutschsprachigen-hochschulen/ (09.07.2017).

Shea, P. (2007). Bridges and Barriers to Teaching Online College Courses: A Study of Experienced Online Faculty in Thirty-Six Colleges. *Online Learning Consortium, 11*(2), 73–128.

Sneha J. M., & Nagaraja, G.S. (2013). Virtual Learning Environments – A Survey. *International Journal of Computer Trends and Technology (IJTT), 4*(6), 1705-1709.

Taylor, P.; Parker, K.; Lenhart, A. & Patten, E. (2011). *The Digital Revolution and Higher Education*: http://www.pewinternet.org/files/old-media/Files/Reports/2011/PIP-Online-Learning.pdf (09.07.2017).

White, E. (2016). *The LMS: Are we experiencing a sea-change*: http://saffroninteractive.com/saffron-interactive-launches-the-lms-are-we-experiencing-a-sea-change-white-paper/ (09.07.2017).

Sandra Hofhues, Mandy Schiefner-Rohs

Vom Labor zum medialen Bildungsraum: Hochschul- und Mediendidaktik nach Bologna

Zusammenfassung

Ausgangspunkt des vorliegenden Artikels ist die beobachtbare Renaissance von Laboren und Lernwerkstätten – auch in der Hochschul- und Mediendidaktik. Unter Rückgriff auf wissenschaftliche Artikel und Konzepte aus der Allgemeinen Didaktik, der Pädagogik und der Wissenschaftssoziologie wird hinterfragt, wie diese Renaissance zu erklären ist. Anhand eines Beispiels aus der Hochschul- und Mediendidaktik wird dann diskutiert, wie sich Verständnisse von Laboren auf deren interne Konzeption auswirken *können*. Abschließend steht die Positionsbestimmung von Hochschul- und Mediendidaktik nach Bologna mit der Frage im Fokus, unter welchen Bedingungen sich ein Labor zum medialen Bildungsraum entwickeln kann.

1 Beobachtungen zur Renaissance von Laboren und (Lern-) Werkstätten an Hochschulen

Hochschul- und mediendidaktische Innovationen sind davon abhängig, welche Rahmenbedingungen für ihre Implementierung bestehen und wie sie dann als *soziale* Innovationen von den hochschulischen Akteur*innen aufgenommen bzw. umgesetzt werden. Zu unterscheiden ist insbesondere danach, ob es sich um prinzipiell veränderliche Rahmenbedingungen oder um unveränderliche Rahmeneinflüsse infolge gesellschaftlicher, wirtschaftlicher oder technologischer Veränderungsprozesse handelt (vgl. Euler & Hahn, 2007). Zu ersteren sind Curricula zu zählen, die infolge der Hochschulstruktur-Reformen von Bologna und Lissabon einer wesentlichen Veränderung unterliegen. Zu letzteren zählen gesellschaftliche Einflüsse, wie sie aktuell im Kontext von Digitalisierung und Mediatisierung diskutiert werden (Kerres, 2016). Rahmeneinflüsse beeinflussen Hochschulentwicklungsprozesse folglich mittelbar, wie u. a. an extern attribuierten Erwartungen im Kontext hochschulischer Mediennutzung abzulesen ist. Rahmenbedingungen und Rahmeneinflüsse verändern Lehren und Lernen in Hochschulen dann beständig, nicht zuletzt durch die diversen Wellen bildungstechnologischer Entwicklung (Dittler, 2017).

Betrachtet man hochschulische Entwicklungen nach Bologna, verschiebt sich der Fokus von allgemeiner akademischer Bildung in Richtung hin zu (mehr)

Ausbildungs- bzw. Qualifizierungsanteilen an Hochschulen. Akademisches Lehren und Lernen selbst zielt unter dem Label des Shifts from Teaching to Learning auf Kompetenzorientierung und Learning Outcomes statt bloßer Inputorientierung ab. Interessant ist, dass sich beide Perspektiven im Kern ergänzen und in Fragen der Gestaltung von Bildungsräumen sachlich aufeinander bezogen sind. Besonders deutlich zeigt sich dies, wenn man einzelne Vermittlungsformate an Hochschulen auf den Prüfstand stellt und nach ihrem innovativen Charakter im o.g. Sinne fragt. Gerade die derzeit vielfach implementierten Lehr-Lernlabore ziehen die zweifelsohne normative (Forschungs-) Frage nach sich, unter welchen Bedingungen sich ein Labor zum (medialen) Bildungsraum entwickeln lässt und ob dies in den einzelnen hochschul- und mediendidaktischen Konzepten überhaupt vorgesehen ist.

So werden derzeit an vielen Hochschulen Labore oder Lernwerkstätten initiiert oder weiter ausgebaut, um Studierenden physische Orte für nachhaltige Lernprozesse zu bieten. Nicht selten steht die Implementierung im Zusammenhang mit analogen Medien (im Sinne von Material) und digitalen Medien (im Sinne von Methoden). Konzeptionell scheinen Labore Kreativität und neues Lernen zu versprechen. Auch deswegen stehen sie in der Hochschul- und Mediendidaktik als Profession nahezu unhinterfragt für *gute* Lehr-Lernräume. Dabei stellt sich der Diskurs um Labore und Werkstätten durchaus vielfältiger dar: Grundlegend ist sicherlich festzustellen, dass das Verständnis von Laboren und Lernwerkstätten nach Disziplinen und Fachkulturen variiert. Während Labore als Raum der Erkenntnisgewinnung in den Naturwissenschaften eine längere, wenngleich nicht lange Traditionen haben und der Einübung von Wissen und (technischen) Verfahren bzw. Methoden dienen, werden Lernwerkstätten in (schul-)pädagogischen Kontexten beispielsweise umgesetzt, um eine Art Begegnung zwischen pädagogischen Fachkräften und (potenziellen) Lernenden zu ermöglichen oder um Forschungsorientierung in der Lehre zu verankern. So existieren in der Lehrer*innenbildung schon lange Forschungswerkstätten, die dezidiert die Gestaltung (schulischer) Praxis im Sine von Schulentwicklung als Aufgabe beanspruchen.[1] Sie sind dementsprechend eher Bildungsgelegenheiten als physische Räume. Dennoch wird auch hier geschult: der Transfer pädagogischen Methodenrepertoires in die Praxis sowie individuelle Aneignungsprozesse (etwa von Lernmaterialien).

In ihren Zielstellungen sind sich die Laborkonzeptionen damit durchaus ähnlich: Sie dienen der tieferen Verarbeitung von Wissen und sie sollen fach- und methodenwissensbezogene Transferprozesse anstoßen. Dabei wirken Labore und Werkstätten augenscheinlich offener als sie tatsächlich sind: Anders als typische Zuschreibungen wie Kreativität, Experimentierlust und Innovation suggerieren, dienen Werkstätten wie Labore primär dem Verständnis von Lernen als

---

1 Prominentes Beispiel ist die Oldenburger Teamforschung, die konzeptionell in Forschungswerkstätten umgesetzt wird.

Training und Erwerb nachweislicher Qualifikationen oder (Fach-)Kompetenzen.[2] Erklärungsansätze hierfür finden sich vor allem in Bezugswissenschaften wie der Allgemeinen Didaktik, Pädagogik und Wissenschaftssoziologie.

2 Wieso Labore und (Lern-)Werkstätten? Erklärungsansätze aus der Allgemeinen Didaktik, Pädagogik und Wissenschaftssoziologie

Historisch waren Forschungsverständnisse und Vermittlungsformen an der Hochschule geprägt von Vorlesungen oder diskursorientierten Seminaren. Erst Anfang des 20. Jahrhunderts wurde im Zuge der Ver-Naturwissenschaftlichung der Universitäten das Labor für wissenschaftliche Erkenntnisprozesse zentral. Dann dauerte es Jahrzehnte, bis es u.a. durch forschungsorientiertes Lehren und Lernen an Bedeutung gewann und Labore in Lehrkonzeptionen von Disziplinen Einzug hielten, die nicht primär naturwissenschaftliche sind. So ist heute allen Laboren inhärent, dass darin „Untersuchungsobjekte ihrer ursprünglichen Existenzform gelöst und im Labor als Objekte neu konstituiert werden" (Knorr Cetina, 1988, S. 85-85). Der Umgang mit Materialien oder pädagogische Problemlöseprozesse hinsichtlich sozialer Konstellationen in der Realität (z.B. in Schülerlaboren) werden gleichermaßen adressiert. Darüber hinaus wird in Laboren meist in Zweckgemeinschaften oder in Gruppen geforscht.

Angesichts der Renaissance von Laboren und Lernwerkstätten an Hochschulen seit den 1990er Jahren ist allgemein zu fragen, *wie* und *warum* es zu diesem (weiteren) Perspektivwechsel gekommen ist. Denn erstaunlich ist, dass sich das Labor als Raumkonzeption heute durch viele Wissens- und Disziplinbereiche zieht und aus *einem* spezifischen Verständnis von Forschung in die Lehre verschiedener Disziplinen übertragen wird. Denn das Labor ist „zentraler Ort der Produktion wissenschaftlichen Wissens" (Mohn, 2008, S. 214). Es stellt „lokale Handlungskontexte dar, die in eingegrenzter Weise auf bestimmte Erzeugungsvorgänge spezialisiert sind" (Knorr Cetina, 1988, S. 84). Während Labore in den naturwissenschaftlich/technisch orientierten Fächern zur Form der Erkenntnisgewinnung eingerichtet werden, nehmen sie andere Disziplinen eher als symbolischen Code auf, um alternative Räume der Wissensaneignung zu schaffen. Folglich zeigen sich je nach Fach und Disziplin in Laboren unter-

---

2 Diese Ähnlichkeiten (oder auch Unterschiede) werden allerdings wenig adressiert und reflektiert; vielmehr wird mit den Laboren z.B. des Qualitätspakts Lehre (z.B. die LaborUniversität/Universität Leipzig, das Skills/Tierärztliche Hochschule Hannover), der Qualitätsoffensive Lehrerbildung (z.B. das Lehr-Lern-Forschungslabor/Universität Mainz, die Lehr-Lern-Labore/WWU Münster) oder im Kontext der OER-Förderlinie des BMBF (z.B. die OERlabs/Universität zu Köln und TU Kaiserslautern) die Hoffnung für Studierende verbunden, Lernerfahrungen abseits von instruktionsorientierten Massen-Lehrveranstaltungen zu machen.

schiedliche Grade der Materialisierung von Erkenntnissen, sich unterscheidende Forschungsmethoden sowie diverse Praktiken des Handelns und (oftmals) Übens:
- *Labore in den Naturwissenschaften*: In den Naturwissenschaften stehen physische oder jüngst virtuelle Labore im Fokus, wo in klar abgrenzten Szenarien Wissen eingeübt oder Erkenntnisse erzeugt werden. Für die Naturwissenschaften ist die Unterscheidung in Versuch und Experiment zentral: Obschon in beiden Fällen die Rahmenbedingungen kontrolliert und beschrieben werden, wird in Versuchen eher zur Nachahmung im Sinne von Training und in Experimenten eher zum offenen Problemlösen angeregt (weiterführend z. B. Funke & Zumbach, 2005). In Laboren materialisiert sich unter Laborbedingungen Realität, die dann wissenschaftlich dargestellt wird (Knorr Cetina, 1988, S. 87). Folglich ist auch die/der Laborleiter*in Teil der Wissenschaftsgemeinde und verbindet die Scientific Community mit dem Labor. Als prädestinierter Raum der Erkenntnisgewinnung prägen naturwissenschaftliche Labore unsere naiven und alltagsweltlichen Vorstellungen *über* Labore.
- *Labore in Ingenieurwissenschaften*: Naturwissenschaften und Ingenieurwissenschaften bringen ein ähnliches Verständnis von Laboren mit, wenngleich die Materialisierung von Wissen und Erkenntnissen in Form realer Produkte eher in Werkstätten eine Rolle spielt. So dienen Labore in den Materialwissenschaften oder dem Maschinenbau z. B. dazu, Materialeigenschaften herzustellen, zu testen und zu prüfen oder bauliche Entwürfe in iterativen Schritten umzusetzen. Was das ingenieurwissenschaftliche Labor vom naturwissenschaftlichen Labor unterscheidet, ist die Anforderung an *offenes* Problemlösen, wenn etwa Realität mit Methoden und (digitalen) Medien simuliert wird, sei es in den traditionellen Ingenieurwissenschaften oder der Informatik.
- *Labore in Design, Architektur und Kunst*: In künstlerischen Disziplinen spielt das Meister-Schüler-Prinzip nach wie vor eine große Rolle, sodass die Nachahmung von Methoden zur Erkenntnisgewinnung dem Üben im o. g. Sinne gleichkommt. Innerhalb künstlerischer Disziplinen hat zwar die Werkstatt eine längere Geschichte (Meister-Schüler-Verhältnis), das Labor übernimmt aber gerade in aktuellen Konzeptionen die Aufgabe, alternative Entwürfe herzustellen und auszuprobieren zu *können* – verbunden mit einem spezifischen Verständnis künstlerischer Forschung (Buck et al., 2015). Ein Labor wird daher oft als individuelles Atelier, Studio oder Werkraum konzipiert.
- *Labore in der Pädagogik*: In der Pädagogik finden sich vor allem Lehr-Lernlabore. An Hochschulen – insbesondere an naturwissenschaftlich-fachdidaktischen Lehrstühlen – werden etwa physische Klassenzimmer nachgeahmt, in denen Schüler*innen von angehenden Lehrer*innen das Unterrichten lernen (z. B. Ralle, 2015; Euler, 2009). Darüber hinaus haben

Lernwerkstätten Konjunktur (u.a. Brügelmann, 2013). Auch Forschungswerkstätten Schule(ntwicklung) reihen sich ein, um ein pädagogisches Forschungsverständnis einerseits und Anforderungen an Lehre und Qualifizierung andererseits in der Lehrer*innenbildung miteinander zu verbinden (z.B. Bastian et al., 2003).

Anders als etwa Vorlesungen und Seminare sind Labore und Werkstätten aber keine Synonyme für *konkrete* Interaktionsformen, sondern stehen dezidiert für einen symbolischen Raum, der für diverse Aneignungs- und damit Lernprozesse offen ist (vgl. Schiefner-Rohs & Hofhues, in Druck). „Das Labor, (...) ist ein theoretischer Begriff, der das Zusammenspiel von sozialen, sachlichen und zeitlichen Kontingenzen in ihrer Verräumlichung beobachtet." (Wansleben, 2007, S. 281) Er führt weiter aus, dass das Labor die entstehenden wissenschaftlichen Produkte oder Erkenntnisse nicht vorbestimmt, wohl aber die Selektion von wichtigem und unwichtigem Wissen und Erfahrungen ermöglicht. Für ihn ist das Labor folglich „die Bedingung der Möglichkeit von Erkenntnissen" (ebd., S. 281). Dementsprechend *kann* man Labore und Werkstätten als konkrete Räume an Hochschulen sehen, die fachlich ausgestaltet sind. Uns interessiert demgegenüber aber vielmehr, *wie* man Labore und Werkstätten als stellvertretende didaktische Entwicklung für eine normative Diskussion über akademisches Lehren und Lernen interpretieren kann. Zu fragen ist besonders danach, wie sich vorherrschende Interpretationen auf (vermeintlich) typische Umsetzungsformen von Laboren übertragen.

Daneben ist für unsere Perspektive aus der Hochschul- und Mediendidaktik relevant, dass innerhalb von Laboren Räume und Medien aufeinander bezogen sind. So gehört zu Laboren seit jeher die „Zeichensetzung" (Knorr Cetina, 1998, S. 92f.) mittels Abbildungen, Grafiken oder Videos und die Verwendung unterschiedlicher Medien und Medienformen dazu. Zur Positionsbestimmung der Hochschul- und Mediendidaktik spannt sich so unweigerlich ein Gefüge zwischen Raum- und Medienbezügen hier und Lehr-Lernvorstellungen dort auf. Darin wird nicht nur deutlich, welche disziplinären Verständnisse die Ausgestaltung der materiellen und/oder symbolischen Bildungsräume prägen. Genauso klar wird, dass der Labor- bzw. Werkstatt-Konzeption jeweils implizite Vorstellungen über Labore zugrunde liegen, deren Inhalt, zugehörige Methoden und (mögliches) Handeln erst und möglichst im Dialog zu bestimmen sind. Die Hochschul- und Mediendidaktik kann hier mit ihrem professionellen Wissen und Können zur fachbezogenen Reflexion, aber auch zur weiteren Erforschung jüngster Labor-Konzeptionen beitragen.

3 Jenseits naiver Alltagsvorstellungen: Labore und (Lern-) Werkstätten aus Sicht von Hochschul- und Mediendidaktik

Kommen je nach Fach/Disziplin implizite Verständnisse oder Alltagsbilder von Laboren in den Studienprogrammen und Hochschulen hinzu, ist nicht jedes Labor ein offener Experimentalraum. Es kommt auf die Form der Gestaltung dessen an, *was* in Laboren stattfindet und *wie* Wissen darin (nicht) vermittelt wird. Von Bedeutung könnte deshalb ein konzeptionelles „Reset" in Form eines Gedankenexperiments sein, um sich von gegenwärtigen Praxen von Laboren als Lerninnovation zu lösen und kritisch sowie unter Einbezug der Bezugsdisziplinen nach den dahinter liegenden Entwicklungstendenzen zu fragen. Was sich in der aktuellen Medien- und Hochschuldidaktik nämlich als „Labs" verfestigt, kann sich hinsichtlich der adressierten Kompetenzentwicklungsprozesse genauso unterscheiden wie die Ausgestaltung im pädagogisch-didaktischen Sinne und die Nutzung von (digitalen) Medien.

3.1 Welche Kompetenzen werden adressiert? Zum Unterschied von Versuch und Experiment im Labor

Zu unterscheiden ist zwischen Laboren als (physischen) Orten und dem Handeln darin. Von Bedeutung ist daher, wie die zu lösenden Probleme innerhalb von Laboren beschaffen sind und welche Problemlöse-Methoden in Laboren zur Anwendung kommen. Bleibt man im naturwissenschaftlichen Bild, ließe sich angesichts der zu lösenden Probleme grob in Versuch und Experiment differenzieren. Sowohl Versuch als auch Experiment finden in Laboren statt. In beiden Fällen ist auch die Vorstrukturierung der Arbeitsaufträge an Studierende wesentlich, wenngleich im Kern unterschiedlich: Während es im Versuch primär darum geht, ein naturwissenschaftliches Phänomen nachzuvollziehen und damit das Lernen als Nachahmen im Vordergrund steht, fokussiert das zunehmend auf die Sozialwissenschaften übertragene Experiment ‚das Neue': Man weiß am Anfang noch nicht genau, was herauskommen wird. Deshalb werden Problemlösungen vorwiegend unter kontrollierten Bedingungen angestrebt, wenngleich das Ergebnis offen sein kann (vgl. Wansleben, 2007). Beide Formen der Auseinandersetzung in Laboren machen deutlich, dass das Labor als Ort nicht so offen und voraussetzungslos ist, wie es dem Wort nach den Anschein hat, insbesondere wenn naturwissenschaftliche (Forschungs-)Labore in Lehr-Lernformate von Disziplinen übertragen werden, die genuin keine Laborhistorie aufweisen. Festhalten lässt sich jedoch, dass im Labor in Versuchen und Experimenten nahezu immer auf die Entwicklung von Fachkompetenzen abgezielt wird; meist geht es auch um methodisches Wissen und die Fähigkeit, erlerntes Wissen anzuwenden. Eher en passant werden soziale Kompetenzen sowie Persönlichkeitskompetenzen entwickelt, wenn gemeinsam geforscht wird und Ergebnisse präsentiert werden *müssen*. Es lässt sich daher nicht ohne weiteres festhalten, welche Kompetenzbereiche innerhalb von Laboren adressiert werden, vielmehr ist die Frage darauf zu richten, welche Kompetenzen im Zusammenhang mit dem Curriculum entwickelt werden *sollen* (Jenert, 2011). Schwierig sind ebenfalls die naturwissenschaftlich geprägten Alltagsverständnisse von Laboren. Denn aus Perspektive von Pädagogik/Didaktik ließen sich Unterschiede zwischen Laboren und Werkstätten genauer bestimmen (Brügelmann, 2013, S. 52-53): Labore seien demnach primär an Erkenntnissen orientiert und richteten sich auf die Gewinnung expliziten Wissens anhand konkreter Fragestellungen – Werkstätten seien demgegenüber stärker handlungs- und produktorientiert und, das ist zu ergänzen, auf die Entwicklung von Handlungskompetenzen ausgerichtet. Inwieweit hier offene Probleme gelöst werden (Funke & Zumbach, 2005) oder (mediale) Bildungsräume geschaffen werden, ist zu diskutieren.

3.2 Wie werden Labore in der (Medien-)Pädagogik gestaltet? Das Beispiel der OERlabs als physischer Ort und symbolischer Raum

Weil Labore und Werkstätten in der hochschul- und mediendidaktischen Praxis unterschiedlich konnotiert sind, zeigen wir im Folgenden anhand eines Gedankenexperiments für unser Beispiel der BMBF-geförderten OERlabs[3], wie sich Labore je nach Zielperspektive bei namensgleicher Benennung unterscheiden könnten:

- *OERlabs als physischer Ort zur Auseinandersetzung mit Fachwissen.* In der Lehrer*innenbildung, innerhalb derer die OERlabs primär angesiedelt sind, ist es weit verbreitet, angehenden Lehrer*innen schon in der Hochschule Möglichkeiten des Medieneinsatzes für Schule und Unterricht aufzuzeigen. Üblicherweise wird in klar abgegrenzten Szenarien darauf hingearbeitet, Lehre und Lernen durch (digitale) Medien als Werkzeuge besser zu machen (vgl. Petko, 2014). Nimmt man dieses in der Lehrer*innenbildung als Profession tief verankerte Verständnis von Mediendidaktik als Lehren und

---

3 Das BMBF-geförderte Verbundprojekt „OERlabs" (FKZ: 01PO16018a+b) verfolgt das Ziel, an den Universitäten Köln und Kaiserslautern alle hochschulischen Akteursgruppen zur Beschäftigung mit OER anzuregen und alle Aus- und Weiterbildner*innen sowie Studierende für den selbstverständlichen Umgang mit OER zu sensibilisieren. Dazu werden OERlabs initiiert, in denen Lehramtsstudierende mit Unterstützung von Studierenden medien- und sozialwissenschaftlicher Fächer und (de-)zentraler Einrichtungen der jeweiligen Universitäten OER dokumentieren, produzieren, verändern (remixen) und teilen. Ein Tutoring- bzw. Mentoringsystem wird etabliert, um eine langfristige Auseinandersetzung von Lehramtsstudierenden mit OER zu ermöglichen. Darüber hinaus werden „Runde Tische" unter der Schirmherrschaft der Prorektoren für Lehre und Studium eingerichtet.

Lernen mit Medien auf, müssten die OERlabs allem voran ein physischer Ort zur Einübung von Fachwissen sein. In einem Seminar geht es dann etwa darum, was OER als offene Bildungsressourcen sind, wie sich OER von anderen Unterrichtsmaterialien unterscheiden und welche Spezifika die Diskussion hinsichtlich Medienproduktion und Rechtslage aufweisen. Mit der Einübung von medienbezogenem Fachwissen zur Gestaltung von Schule und Unterricht geht die Entwicklung technisch-instrumenteller Medienkompetenzen einher. Am Ort wird exemplarisch und gemeinsam gelernt, welche digitalen Medien es gibt und wie sich diese mit Blick auf fachliche Unterrichtsziele einsetzen lassen. In den Seminaren kann auch handlungsorientiert gearbeitet werden; die Lösung einer konkreten Problemstellung steht aber im Vordergrund. Für die OER-Diskussion heißt das, dass Unterrichtsmaterialien vor allem produziert, weniger verändert werden und veränderte mediale Handlungspraktiken in Schule und Unterricht nur eingeschränkt angestoßen werden. Stattdessen wird eher die Thematisierung von Medienbildung in der Schule auf Basis eines aktuellen Phänomens angestrebt.

- *OERlabs als Orte der Begegnung*: Ebenso wie das Labor ein physischer Ort zur Auseinandersetzung mit Fachwissen sein kann, kann er ein ebensolcher Ort zur Begegnung von Akteur*innen der Lehrer*innenbildung werden. In den OERLabs können Studierende z. B. mit Lehrer*innen gemeinsam Handlungsperspektiven der Medienintegration in der Schule ausloten: für Lehramtsstudierende in Form ihres Studiums, für Lehrer*innen in Form von Weiterbildungsaktivitäten innerhalb ihres Unterrichtsfachs oder bzgl. OER. So ist aus der fachdidaktischen Lehrerfort- und -weiterbildung bekannt, dass Lehrende den Bezug zwischen aktuellen Phänomenen und der fachlichen Diskussionen schätzen. Dementsprechend sind OERlabs Werkstätten, in denen schulische Themen gesetzt werden und wechselseitig Praxiserfahrungen in die Hochschule, aber auch wissenschaftliche Erkenntnisse in die Schule diffundieren.
- *OERlabs als symbolischer Raum zur Aneignung und für offene Bildungspraktiken.* Versteht man die OERlabs eher als symbolischen Raum, gilt es diesen individuell und gemeinsam „mit Leben" zu füllen. So kann es sein, dass sich manche Lehrende und Studierende die OERlabs in der o.g. Weise aneignen, andere sie eher als Makerspace für gemeinsame Coding- oder Hacking-Aktivitäten im eher informationstechnischen Sinne verstehen und wieder andere darin den gesellschaftsbezogenen Diskurs über Digitalisierung und Mediatisierung suchen, weil entsprechende Räume zur theoretischen Auseinandersetzung mit Medien an Hochschulen fehlen (Grünberger et al., 2016). Für wieder andere schaffen OERlabs Raum für Weiterbildungsaktivitäten. Dementsprechend können die OERlabs neue Handlungspraktiken generieren und zu ihrer Beobachtung einladen. Hier klinkt sich auch die Perspektive der hochschul- und mediendidaktischen Forschung (wieder) ein: Insbesondere die Frage danach, was of-

fene Bildungspraktiken über Unterrichtsmaterialien hinaus sind, gilt im Fachdiskurs als unbeantwortet (Mayrberger & Hofhues, 2013).
- *OERlabs als Weiterbildungs- und Innovationsraum für Akteure des Third Space*: Darüber hinaus bieten die OERlabs Räume für Weiterbildungsaktivitäten der Third Space-Einrichtungen an Hochschulen (vgl. kritisch Salden, 2013). So erklärt sich zwar die historische Trennung von Lehre und Studium und der Weiterbildung von (Hochschul-)Mitarbeitenden. Speziell hinsichtlich digitaler Technologien und aktueller Medienkultur gewinnen aber Konzepte an Bedeutung, die diese Trennung sukzessive aufheben und gemeinsame Bildungsräume aller an Hochschule Beteiligter schaffen (vgl. Grünberger et al., 2016). OERlabs werden auf diese Weise zu geplanten Räumen für partizipative Hochschulentwicklung, an denen alle Akteur*innen von Hochschule teilhaben und wo sie mit- und voneinander lernen. OERlabs werden dann zum Code für einen Diskursraum, um unterschiedliche Gestaltungsebenen von Hochschule in Laborform zu integrieren und diverse Akteur*innen in hochschulische Gestaltungsprozesse ausgehend von der Didaktik einzubeziehen (vgl. Flechsig, 1975).

Allein die vier genannten Möglichkeiten zur Ausgestaltung der OERlabs deuten an, dass die Vorstellungen von Laboren für ihre interne Ausgestaltung zentral sind. Umso bedeutsamer ist es daher, sich auf die mit den Laboren verfolgten Ziele zu verständigen und diese dezidiert zu beschreiben. Dabei können Räume auch neu angeeignet werden und sich in symbolischer Hinsicht verändern. Es kommt daher nicht von ungefähr, dass wir im skizzierten Beispiel der OERlabs mit *verschiedenen* Perspektiven auf Labore starten. Einerseits knüpfen wir mit dem Labor- und Werkstattbegriff an gängige (vor allem fachdidaktisch geprägte) Verständnisse von Räumen in der Hochschule und Lehrer*innenbildung an. Andererseits zielen wir darauf ab, Möglichkeiten zur symbolischen Aneignung eines Raumes zu schaffen, der nicht wie Hörsäle präfiguriert ist. Auch in unserer Vorstellung von den OERlabs sind physische Orte zentral, aber anders als bisher dargestellt: Es handelt sich um „leere" Räume, die stets der neuen räumlichen Anordnung bedürfen. Dahinter steht ein individuellerer, gemeinsamerer und offener Aneignungsprozess, der sich somit vom Versuchsaufbau in den Naturwissenschaften unterscheidet. Auch Medien und Technologien sind moderat vorhanden. Sie stehen aber eher im Hinter- als im Vordergrund, um Aneignungspraktiken der Akteur*innen nicht übermäßig vorzubestimmen (Schiefner-Rohs & Hofhues, in Druck).

4 Vom Labor zum medialen Bildungsraum: Anmerkungen zur Hochschul- und Mediendidaktik nach Bologna

An die Beobachtungen zur Renaissance der Labore in der Hochschul- und Mediendidaktik schließt sich abschließend die Frage nach der Positionsbestimmung der damit verbundenen Disziplinen an: Wie könnte eine Hochschul- und Mediendidaktik nach Bologna aussehen, wenn sie die o.g. Entwicklungen aufgreift, stets aber auch nach ihrem disziplinären Kern fragt und sich auf Theorien und Konzepte aus der Allgemeinen Didaktik, Pädagogik und Wissenschaftssoziologie besinnt? Mehr noch: Welchen Beitrag kann die hochschul- und mediendidaktische Forschung dazu leisten, dass Konzepte in der Praxis weniger einseitig und weniger vor dem Hintergrund von Alltagskonzepten implementiert werden (in loser Anlehnung an Reinmann, 2017)?

Zunächst ist auch hier – wie bei allen anderen Fragen der Mediennutzung an der Hochschule – eine reflektierte Auseinandersetzung mit Begriffen und Konzepten sowie deren Horizonten von Nöten. Es gilt, die Trends in Richtung von „mehr" Laboren genauso kritisch zu betrachten wie die Hoffnungen auf „mehr" Medieneinsatz in der Lehre selbst (Schiefner-Rohs & Hofhues, in Druck). Hilfreich könnte sein, die Bedeutung des Laborbegriffs in den Fächern und Disziplinen zu rekonstruieren und dann danach zu fragen, wie sich Labore in das Gefüge der Disziplin, des Studiengangs und der Hochschule einfügen. Wichtig ist zweifelsohne auch, diese Diskussionen vor Initiierung der Labore anzustoßen – nicht erst danach.

Darüber hinaus bieten Allgemeine Didaktik und Pädagogik Erklärungsansätze, die angesichts der Zielperspektive akademischen Lehrens und Lernens an Hochschulen teilweise sogar ernüchternd sind: Nicht wenige von ihnen tragen dazu bei, dass Laborkonzepte in der Hochschul- und Mediendidaktik eher einseitig und vor dem Hintergrund einer Verschulungstendenz an Hochschulen unhinterfragt, trendbestimmt und euphorisch übernommen werden. Auch die Integration digitaler Medien wird oft eindimensional auf die Einübung von Fachwissen, die Kontrolle von Bedingungen und die (vermeintlich) bessere Lehrorganisation beschränkt. Hintergrund ist, dass mithilfe von digitalen Medien gewissermaßen unter Laborbedingungen Learning Outcomes gesteuert werden *sollen* – im Sinne von Effizienz und Effektivität akademischen Lehrens und Lernens oft ohne jegliche Elemente von Kreativität und Offenheit.

Wir halten es daher in hochschul- und mediendidaktischer Forschung und Praxis für wichtig, sich der *eigenen* Verständnisse von Laboren bewusst zu werden (z.B. hinsichtlich medialer Bildungsräume) und eine Diskussion darüber zuzulassen, wie Studierende eigentlich in den neu geschaffenen Laboren mit Themen, Problemen oder Methoden konfrontiert werden. Das Gedankenexperiment rund um die OERlabs fungierte als Beispiel, wie unterschiedlich Labore allein hier verstanden werden *können*. Schließlich dienen Labore im Allgemeinen und die OERlabs im Speziellen nicht nur dem Wissenserwerb, sondern (auch) der fachlichen Enkulturation (Wansleben, 2007, S. 282). Ist diese Reflexion über Lehre und praktische Entwicklungen im Studium nicht möglich, bleiben Labore und (Lern-)Werkstätten Ergebnis formaler Unterrichtsplanung. Sie werden in der Lehrpraxis zu weithin vorbestimmten Lernorten und bleiben hinter den kreativen Möglichkeiten medialer Bildungsräume zurück. Ein Schelm, wer hinter dieser Modeerscheinung in der Hochschul- und Mediendidaktik zudem die weitere Ver-Naturwissenschaftlichung akademischen Lehren und Lernens nach Bologna vermutet.

Literatur

Bastian, J.; Combe, A.; Hellmer, J.; Hellrung, M. & Merziger, P. (2003). Forschungswerkstatt Schulentwicklung. In A. Obolenski & H. Meyer (Hrsg.), *Forschendes Lernen* (S. 151-164). Bad Heilbrunn: Kinkhardt.
Brügelmann, H. (2013). Labor oder Werkstatt? In H. Coelen & B. Müller-Naendrup (Hrsg.), *Studieren in Lernwerkstätten* (S. 41-54). Wiesbaden: Springer.
Buck, C.; Hofhues, S. & Schindler, J. (2015). Künstlerische Forschung unter Bildungsperspektive. *Zeitschrift für Hochschulentwicklung, 10*(1), 53-77.
Dittler, U. (2017). Ein kurzer historischer Rückblick auf die bisherigen drei Wellen des E-Learning. In U. Dittler (Hrsg.), *E-Learning 4.0. Mobile Learning, Lernen mit Smart Devices und Lernen in sozialen Netzwerken* (S. 5-42). Berlin: De Gruyter.
Euler, M. (2009). Schülerlabore in Deutschland. *Praxis der Naturwissenschaften – Physik in der Schule, 58*(4), 5-9.
Euler, D. & Hahn, A. (2007). *Wirtschaftsdidaktik* (2. Auflage). Bern: Haupt.
Flechsig, K.-H. (1975). *Handlungsebenen der Hochschuldidaktik*. FernUni Hagen.
Funke, J. & Zumbach, J. (2005). Problemlösen. In H. Mandl & H. F. Friedrich (Hrsg.), *Handbuch Lernstrategien* (S. 206–220). Göttingen: Hogrefe.
Grünberger, N., Kuttner, C. & Lamm, H. (2016). Situiert. Partizipativ. Adaptiv. In J. Wachtler et al. (Hrsg.), *Digitale Medien. Zusammenarbeit in der Bildung* (S. 75-84). Münster: Waxmann.
Jenert, T. (2011). *Studienprogramme als didaktische Gestaltungs- und Untersuchungseinheit* (Dissertationsschrift). Bamberg: Difo.
Knorr Cetina, K. (1988). Das naturwissenschaftliche Labor als Ort der „Verdichtung" von Gesellschaft. *Zeitschrift für Soziologie, 17*(2), 85-101.
Kerres, M. (2016). E-Learning vs. Digitalisierung der Bildung. In A. Hohenstein & K. Wilbers (Hrsg.), *Handbuch E-Learning 61*. Köln: Fachverlag DWD.
Mayrberger, K. & Hofhues, S. (2013). Akademische Lehre braucht mehr „Open Educational Practices" für den Umgang mit „Open Educational Resources" – ein Plädoyer. *Zeitschrift für Hochschulentwicklung, 8*(4), 56–68.
Mohn, B.E. (2008). Im Denkstilvergleich entstanden: Die Kamera-Ethnographie. In B. Griesecke & E.-O. Graf (Hrsg.), *Ludwig Flecks vergleichende Erkenntnistheorie* (S. 211-234). Berlin: Parerga Verlag.

Petko, D. (2014). *Einführung in die Mediendidaktik*. Weinheim: Beltz.
Ralle, B. (2015). Schülerlabore im Spannungsfeld zwischen formaler und informeller Bildung Zukunft des Lernens. In G. Roth (Hrsg.), *Zukunft des Lernens.* (S. 35-48). Paderborn: Schöningh.
Reinmann, G. (2017). *Vom Eigensinn der Hochschuldidaktik*. Online verfügbar unter: http://gabi-reinmann.de/wp-content/uploads/2017/03/Vom-Eigensinn-der-Hochschuldidaktik.pdf (12.07.2017).
Schiefner-Rohs, M. & Hofhues, S. (in Druck). Prägende Kräfte. Medien und Technologie(n) an Hochschulen. In J. Othmer, A. Weich & K. Zickwolf (Hrsg.), *Medien, Bildung und Wissen in der Hochschule*. Springer: VS.
Salden, P. (2013). Der „Third Space" als Handlungsfeld in Hochschulen. In M. Barnat et al. (Hrsg.), *Junge Hochschul- und Mediendidaktik* (S. 27-36). Hamburg: ZHW.
Wansleben, L. (2007). Laborexplorationen. *Sozialwissenschaften und Berufspraxis, 30*(2), 2, 279-290.

Matthias Haack, Thomas Jambor

Implementierung von realitätsnahen, elektrotechnischen Problemstellungen in mathematische Vorkurse

Zusammenfassung

Ausgehend davon, dass der fehlende Bezug zur Realität, Inselwissen und mangelnde Studienerfolge zu den häufigsten Gründen für einen Abbruch zählen, wird im vorliegenden Beitrag ein Konzept samt Evaluationsergebnissen vorgestellt, welches diesen Faktoren entgegenwirken soll. Unter Verwendung von videographischem Material wird der Bezug zur Realität hergestellt und durch Aufgaben die Verwendung von Formeln und Methoden anwendungsbezogen demonstriert. Ziel des Lehrveranstaltungskonzeptes ist es die Einflussfaktoren für einen Studienabbruch zu reduzieren. Die ersten Evaluationsergebnisse weisen eine besondere Eignung für Studierende auf, die nach dem Erwerb der Hochschulzugangsberechtigung nicht direkt das Studium aufgenommen haben.

1 Einleitung

Bis 2010 ist die Zahl der Studentinnen und Studenten (SuS) in den Ingenieursfächern kontinuierlich gestiegen. 2011 lag die Zahl der SuS bei 19.000. Seitdem ist sie jedoch leicht rückläufig. Zum Wintersemester 2014/15 lag die Zahl nur noch bei 17.700 (Statistisches Bundesamt Wiesbaden, 2014). Demgegenüber stehen die Abbrecherquoten in den Ingenieursfächern an den Universitäten von 48% bzw. in den traditionellen Ingenieursfächern von 53%. „Elektrotechnik und Maschinenbau [verzeichnen] einen deutlichen Rückgang der hohen Abbruchquoten um 16 bzw. 17 Prozentpunkte. Im Maschinenbau liegt der Abbrecheranteil damit gegenwärtig bei 36%, in Elektrotechnik bei 37%" (Heublein et al., 2014). Trotz des Rückgangs bleibt u. E. ein Verbesserungsbedarf weiterhin bestehen.

Arbeitsmarktforscher prognostizieren einen ab Mitte der Zwanziger einsetzenden Mangel an Ingenieurinnen und Ingenieuren, welcher durch die demographische Struktur bedingt ist. „Berechnungen im Auftrag der Robert-Bosch-Stiftung zufolge sinkt die Zahl der Menschen im Kernerwerbsalter von 20 bis unter 65 Jahren bis zum Jahr 2030 um 6,1 Millionen oder gut 12 Prozent" (Giersberg, 2015).

Der zu erwartende Mangel an Ingenieurinnen und Ingenieuren einerseits und die Bestehens- und Abbrecherquoten an Universitäten andererseits, erfordern eine Verbesserung der Qualität der Lehrveranstaltungen.

2 Struktur und Inhalte der Veranstaltung „Mathematische Methoden der Elektrotechnik"

Die Erstsemesterveranstaltung „Mathematische Methoden der Elektrotechnik" (MMDE), welche durch die Autoren organisiert und umgesetzt wird, findet jedes Wintersemester bzw. Sommersemester statt und wird von rund 200 bzw. 70 Studierenden besucht. Die SuS der Bachelorstudiengänge Elektrotechnik und Informationstechnik, Mechatronik, Energietechnik und Technical Education mit Fachrichtung Elektrotechnik nehmen an dieser teil. Die Veranstaltung ist curricular in der Prüfungsordnung verankert und wiederholt die wesentlichen Inhalte der Schulmathematik. Die Pflichtveranstaltung MMDE dauert acht Tage, schließt an einen Vorkurs direkt an und liegt im ersten Semester noch vor dem Beginn der Vorlesungszeit. Sie endet mit einer unbenoteten Nachweisklausur.

Der zweiwöchige Vorkurs Mathematik geht den MMDE voraus. Der Vorkurs, an dem die Teilnahme freiwillig ist, liegt i. d. R. im vorausgehenden Semester. Neben den beiden mathematischen Veranstaltungen organisieren die Fachschaften für die SuS des ersten Semesters Orientierungseinheiten. Der Vorkurs, die MMDE und Orientierungseinheiten bilden das Gesamtkonzept der Studieneingangsphase.

Die Veranstaltung MMDE bestand in ihrer ursprünglichen Form aus einer 90-minütigen Vorlesung am Vormittag und einer anschließenden vierstündigen Gruppenübung. In der Vorlesung werden über eine PowerPoint-Präsentation Formeln und Rechenregeln sukzessiv vorgestellt und Aufgaben mit oder ohne Kontext vorgerechnet. Die SuS haben in der Vorlesung die Gelegenheit, Ansätze zum Lösen der Aufgaben zu finden. Die Lehrperson steht den Lernenden dabei beratend zur Seite. In den Gruppenübungen bearbeiten die SuS selbstständig in Einzel-, Partner- oder Gruppenarbeit Aufgabenblätter, welche thematisch auf das Vorlesungsthema vom Vormittag abgestimmt sind.

Die Veranstaltung MMDE wiederholt die wesentlichen mathematischen Inhalte, welche für den Erwerb der allgemeinen Hochschulreife in Niedersachsen angesetzt sind. Zusätzlich werden am letzten Tag die komplexen Zahlen eingeführt. Die Themen der acht Veranstaltungstermine sind: Elementare Rechenmethoden, Gleichungssysteme, Funktionen, Geometrie, Differentialrechnung, Integralrechnung, Vektorrechnung und Komplexe Zahlen.

3 Studienabbrecherinnen und Studienabbrecher

Derboven und Winker versuchen in einer Studie Konflikt-Faktoren für den Abbruch zu konstatieren und analysieren, Studienabbruchtypen zu definieren und Gestaltungsvorschläge zur Erhöhung der Studierbarkeit in ingenieurswissenschaftlichen (Teil-)Studiengängen zu entwickeln (Derboven/Winker, 2010). Folgende Studienabbruchtypen werden von ihnen identifiziert:
- Typ 1: Von der Stoffmenge überforderte Technikzentrierte (32%)
- Typ 2: Studienkompetente Technikengagierte (24%)
- Typ 3: Studienunerfahrene Orientierungslose (18%)
- Typ 4: Fachlich und sozial Überforderte (16%)
- Typ 5: Technikinteressierte Außenstehende (6%)
- Typ 6: Abstraktionskompetente Technikdistanzierte (4%)

Dabei kommen dem Typ 1 „von der Stoffmenge überforderte Technikzentrierte", die sich von der hohen und abstrakten Stoffmenge erschlagen fühlen, und Typ 2 „der studienkompetente Technikengagierte", der berufsrelevante Lehrinhalte und zusammenhängende Wissensgebiete vermisst, eine hohe Bedeutung zu, da sie 70% der Abbrecher ausmachen, die für ein technisches Studium geeignet erscheinen (Derboven/Winker, 2010).

Studienabbrecherinnen und Studienabbrecher des Typs 1 bringen teilweise umfangreiche technische Kenntnisse aus Praxiserfahrungen mit und haben die Absicht, ein Studium in diesem Bereich zu absolvieren. Sie haben ein ausgeprägtes Selbstbewusstsein und schätzen ihre Erfolgschancen aufgrund ihrer technischen Vorerfahrungen positiv ein. „Im Studium angekommen, fühlen sie sich von der hohen und abstrakten Stoffmenge erschlagen und wechseln oft an die Fachhochschule, um dort dasselbe Fach zu studieren" (Derboven/Winker, 2010).

Studienabbrecherinnen und Studienabbrecher des Typs 2 vermissen den Bezug zur Praxis. Sie kommen von der Schule meist mit guten Noten an die Universität, weisen in der Regel jedoch keine technisch-praktischen Erfahrungen auf. „Im Studium angekommen, vermissen sie berufsrelevante Lerninhalte und zusammenhängende Wissensgebiete. Die Formellastigkeit des Studiums entfremdet sie vom Studium" (Derboven/Winker, 2010). Nach ihrem Abbruch studieren sie meist ein anderes Fach.

4 Transfer in der Mathematik

Die Idee des Transfers, also die Darstellung und Anwendung von Ideen und Wissen in anderen Kontexten, ist der übergeordnete Gedanke des Konzepts. Die Dimensionen der Mathematik (Evans, 2002) sind:
- Freizeit
- akademische Mathematik

- berufliche Tätigkeiten
- andere Disziplinen

Evans nennt weitere sechs Punkte, welche bei Lernsituationen zur Förderung der Transferfähigkeit berücksichtigt werden müssen (Evans, 2002):
- Unterschiede und Gemeinsamkeiten unterschiedlicher Thematiken müssen in ihrer Struktur aufgezeigt werden.
- Durch Verallgemeinerung des Lösungsweges sollen Verknüpfungen zu anderen Themen hergestellt werden.
- Der Lehrende muss die Balance zwischen verallgemeinerten und speziellen Lösungsansätzen wahren.
- Anwendung des Lösungsweges in unterschiedlichen Kontexten.
- Lernenden müssen Muster in Lösungswegen zu verschiedenen Kontexten aufgezeigt werden.
- Mehrfache Wiederholung des mathematischen Problems.

Die Mathematik weist strukturelle Unterschiede in ihrem Auftreten in den Dimensionen auf. Während sie in der akademischen Mathematik in Form von Axiomen, Definitionen, Sätzen, Lemmata und Beweisen auftritt, nutzen andere akademische Disziplinen Mathematik als Hilfsmittel, um Sachverhalte und Probleme zu beschreiben, zu modellieren und zu lösen. Neben der Existenz von Mathematik in der Wissenschaft tritt sie in beruflichen Tätigkeiten häufig in Form von primary und secondary artefacts (Straesser, 2002) sowie unbewusst in der Freizeit auf.

5 Konzept der Implementierung

Ziel des im Folgenden vorgestellten Konzeptes ist, die Faktoren, welche ein Indikator für einen Studienabbruch sind, zu reduzieren. Hierfür ist die Entwicklung und Umsetzung eines Konzeptes zur Implementierung von realen elektrotechnischen Problemstellungen in die Vorlesung der Lehrveranstaltung MMDE vorgesehen. Die SuS des ersten Semesters werden mit viablen elektrotechnischen Phänomenen einerseits und Grundlagen der Mathematik andererseits multimedial konfrontiert.

5.1 Lehre für den Transfer

Das Konzept „Lehre für den Transfer" ist für Lehrveranstaltungen mit großer Teilnehmerzahl gedacht und lässt sich u. E. auf beliebige Fachbereiche übertragen. Im Folgenden werden die fünf Phasen (vgl. Abbildung 1) einer Sitzung beschrieben.

1. Phase **Alltag und Arbeit**: Ausgehend von der Analyse der Zielpersonen werden viable, komplexe Handlungsprodukte auf eine ansprechende Art und Weise präsentiert. Hierbei wird die intrinsische Motivation der SuS geweckt.

2. Phase **anwendungsspezifische Komponente**: Im Anschluss an das dargelegte Handlungsprodukt wird i. d. R. nur ein Ausschnitt von ihm fokussiert. Alle übrigen Komponenten werden als „Blackbox" betrachtet. Hierbei ist darauf zu achten, dass das betrachtete Teilsystem den Bedingungen nach Klafki (Tenberg, 2006), der Exemplarität, Gegenwartsbedeutung, Zukunftsbedeutung, Sachstruktur und Zugänglichkeit genügt.

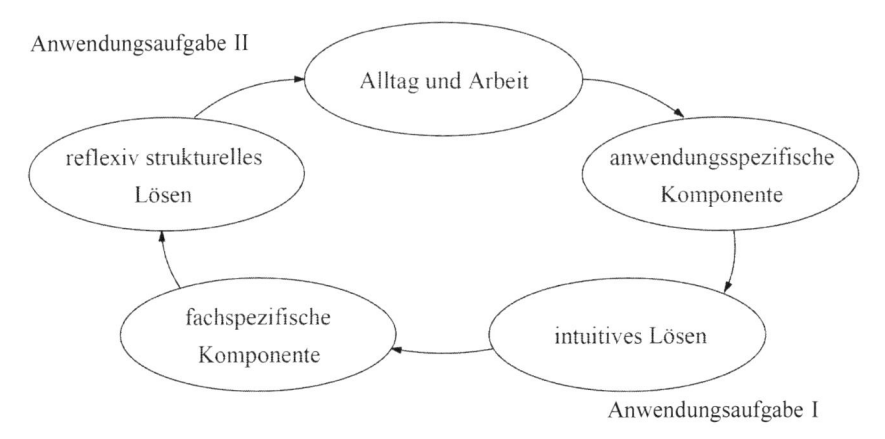

Abb. 1: Konzept: Lehre für den Transfer

3. Phase **intuitives Lösen**: Unter Berücksichtigung der Vorkenntnisse der Lernenden wird die Anwendungsaufgabe I (vgl. Abbildung 1) selbstständig von den SuS bearbeitet. Die Aufgabe ist so konzipiert, dass sie mit sehr großer Wahrscheinlichkeit mit dem vorhandenen Wissen intuitiv gelöst werden kann.

4. Phase **fachspezifische Komponente**: In dieser Phase führt die Lehrperson ihre reguläre Vorlesung durch. Die Anwendungsaufgabe I ist derart in einem Anforderungsniveau gestellt, dass ein nahtloser Übergang in diese Phase möglich ist.

5. Phase **reflexiv strukturelles Lösen**: Mit der Anwendungsaufgabe II (vgl. Abbildung 1), welche in dieser Phase präsentiert wird, schließt die vortragende Person die Sitzung ab. Die Aufgabe ist so gewählt, dass ein Bezug zum Handlungsprodukt hergestellt wird, die Problemstellung jedoch nur unter Einbeziehung der fachspezifischen Komponente strukturiert gelöst werden kann. Die SuS betrachten reflexiv die fachspezifische Komponente als eine Notwendigkeit.

5.2 Didaktische Überlegung

Als Einstieg in die Vorlesung ein kurzes Video (1. und 2. Phase) zu wählen, erscheint sinnvoll, da hierdurch die Aufmerksamkeit der Lernenden gewonnen wird. Da alle SuS sich für ein Studium mit großer Affinität zur Elektrotechnik entschieden haben, ist eine starke intrinsische Motivation zu erwarten, die Erläuterungen zum Handlungsprodukt im Video zu verfolgen. Das Handlungsprodukt in einem Video gegenüber Bildern in Präsentationen vorzustellen hat nach Mayer und Anderson den Vorteil, dass sie ansprechender und dynamisch sind. Gegenüber real vorhandenen Handlungsprodukten ist der Kostenfaktor ein entscheidendes Kriterium. Überdies ist die Effektivität im Gegensatz zu geschriebenen Erklärungen größer (Mayer/Anderson, 1991). Ferner enthalten die Filme keine schmückenden Sequenzen, welche nicht auf die Problemstellung bezogen sind. Hierdurch wird der Anspruch an die Lernenden geringgehalten (Schneider/Maida, 2015).

Exemplarisch zeigt Abbildung 2 drei Filmbilder aus dem Einstiegsvideo zum Thema elementarer Rechenmethoden. Im ersten Teil des Videos wird der Solarpark Brandenburg-Briest vorgestellt (1. Phase). Ein Bauleiter nennt technische und bauliche Größen und ordnet diese von ihrer Dimension ein. Daran anschließend folgt die Erläuterung der Solarzelle bzw. des photoelektrischen Effekts (2. Phase). Hierbei wird mit dem pn-Übergang, der Dotierung und dem elektrischen Feld auf den entstehenden Stromfluss geschlossen. Weiter werden Anwendungsmöglichkeiten wie in der Raumfahrt aufgezeigt.

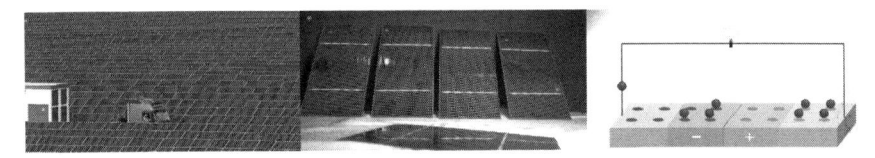

Abb. 2: Filmbilder zum Thema elementare Rechenmethoden

In der dritten Phase „intuitives Lösen" wird die intrinsische Motivation der SuS ausgenutzt. Zum einen können sie sich mit dem Handlungsprodukt identifizieren bzw. im ungünstigsten Fall nur begeistern, und zum anderen sind die Erläuterungen zur anwendungsspezifischen Komponente Wiederholung bzw. im ungünstigsten Fall neues Wissen, welches assimiliert werden kann. Bei der Anwendungsaufgabe I gibt die vortragende Person den SuS jedes Mal eine Minute Bedenkzeit, damit sich unter dem Gesichtspunkt der Binnendifferenzierung auch Lernende mit weniger Vorkenntnissen auf eine feste, ausreichende Zeit einstellen können, Lösungsansätze zu finden. Die SuS haben nach der Bedenkzeit das intrinsische Bedürfnis, ihre Gedanken und Ideen mitzuteilen, sodass eine rege Beteiligung entsteht. Die Lösung erarbeitet die Lehrperson unisono mit den Lernenden im fragend-entwickelnden Lehrformat.

Um persönliche Neigungen der Lernenden zu berücksichtigen, stammen die anwendungsbezogenen Komponenten aus unterschiedlichen Disziplinen des Lehrstuhls.

Die Anwendungsaufgabe I ist derart gestellt, dass sie zum einen von jedem und jeder Lernenden beantwortet werden kann und zum anderen einen fließenden Übergang in die vierte Phase „fachspezifische Komponente" ermöglicht. Die SuS erleben damit gleich zu Beginn der Vorlesung ein Erfolgserlebnis und entwickeln damit ein Vertrauen in die eigenen Fähigkeiten.

Die Anwendungsaufgabe II (5. Phase) ist so konzipiert, dass sie sich auf das Handlungsprodukt aus dem Einstiegsvideo bezieht und nur unter Verwendung der fachspezifischen Komponente gelöst werden kann. Hierbei wird selbstverständlich auch wie in der Anwendungsaufgabe I ein Bezug zur Praxis hergestellt und insbesondere die Notwendigkeit der fachspezifischen Komponente zur Lösung komplexer realer Problemstellungen dargelegt.

Beide Anwendungsaufgaben sind Transferaufgaben mit unterschiedlichem Anforderungsniveau. Im Hinblick auf die späteren beruflichen Tätigkeiten ist es notwendig, die fachliche Kompetenz derart zu fördern, dass SuS in der Lage sind, deklaratives, prozedurales und situatives Wissen sowie Qualifikationen auf ihnen unbekannte neue Problemstellungen anzuwenden. Hierbei kommt den Aspekten von EVANS eine besondere Bedeutung zu, welche im Gesamtkonzept berücksichtigt sind: Durch zwei verschiedene Aufgaben wird die gleiche fachspezifische Komponente in zwei verschiedenen Kontexten angesprochen. Die Lehrperson zeigt die Unterschiede und Gemeinsamkeiten auf, um den Lernenden die Struktur der Lösung aufzuzeigen. Die Verallgemeinerung des Lösungsweges findet in den Gruppenübungen statt. Hier werden auch Aufgaben der gleichen fachspezifischen Komponente in anderen Kontexten diskutiert. Während die Anwendungsaufgabe I von den Anforderungen geringgehalten ist und damit auch spezielle Lösungsansätze zulässt, wird in der Phase der fachspezifischen Komponente der Ansatz verallgemeinert und in der zweiten Aufgabe auch auf ein praktisches Problem angewandt. Damit wird am gleichen Handlungsprodukt sowohl ein allgemeiner als auch ein spezieller Lösungsansatz demonstriert. Den „secondary artefacts", welche bedingt durch die Phase der fachspezifischen Komponente auftreten, wird mit der Anwendungsaufgabe II entgegengewirkt. Die mehrfache Wiederholung der Aufgaben ist zeitlich bedingt in die Gruppenübungen ausgegliedert. Diesen kommt eine besondere Bedeutung zu, da „Wissen [...] nicht übertragen werden [kann]; es muss im Gehirn eines jeden Lernenden neu geschaffen werden" (Erpenbeck/Sauter, 2013). Insbesondere sind bei der Anwendungsaufgabe I spezielle Lösungsvorschläge in Form von „primary artefacts" der Lernenden zu erwarten, welche bereits praktische Erfahrungen gesammelt haben.

Ausgehend von den sechs Typen von Studienabbrechern wird den Gründen der Studienabbrecher vom Typ 1 und 2 entgegengewirkt, da durch die Anwendungsaufgabe I die Praxisbedeutung aufgezeigt wird. Überdies wird dem Inselwissen entgegengewirkt, da auch Zusammenhänge zu anderen Fachbereichen aufgezeigt werden.

Derboven und Winker definieren Konfliktfaktoren, welche zu einem Abbruch des Studiums führen. Tabelle 1 zeigt die ausgewerteten Konfliktfaktoren, wobei die Mittelwerte auf einer 5er-Skala von 1 = „hat mich nicht demotiviert/habe ich nicht erlebt" bis 5 = „hat mich sehr demotiviert" liegen.

Tab. 1: Konfliktfaktoren nach Geschlecht (Derboven/Winker, 2010)

Konfliktfaktor	Gesamt
Leistungsdruck	3,53
Formellastigkeit u. berufsirrelevante Inhalte	3,52
Mangelnde Betreuung	3,26
Mangelnde Studienerfolge	3,26
Unruhe in Vorlesungen	2,67
Orientierung an den Leistungsstarken	2,58
Ineffektive Lerngruppe	2,33
Gefühl der fehlenden Zugehörigkeit	2,16
Frauendiskriminierung	1,37

Während durch das vorgestellte Konzept den Studienabbrecherinnen und Studienabbrechern vom Typ 1 und 2 entgegengekommen wird, ist dem Typ 3 und 5 von Winker auch eine Eignung für das Studium attestiert worden (Derboven/Winker, 2010). Diesen Orientierungslosen und sich Ausgrenzenden wird mit der neu konzeptionierten Studieneingangsphase begegnet.

6 Evaluation

Im Folgenden wird zunächst das Evaluationsdesign zur Klärung der Fragestellung „In wie weit profitieren atypisch Studierende durch das Konzept Lehre für den Transfer?" kursorisch skizziert. Zu den atypisch Studierenden zählen all jene, welche nach dem Erwerb der Hochschulzugangsberechtigung nicht direkt das Studium aufgenommen haben (in Anlehnung an Engelke et al., 2017). Da rund ein Viertel atpische Studierende sind, kommt dieser Gruppe eine besondere Bedeutung zu. Anschließend folgt die Darstellung der Ergebnisse.

6.1 Evaluationsdesign

Zur Evaluation wurde ein nicht anonymer Fragebogen eingesetzt. Dieser gliedert sich in die Bereiche „Angaben zur Person und Studium", „Angaben zum höchsten Schulabschluss", „Angaben zum letzten Schulabschluss", „Angaben zur Ausbildung", „Angaben zur Berufstätigkeit", „Angaben zu vorausgehenden Hochschulsemestern", „Angaben zum Einstiegsvideo", „Angaben zu den Anwendungsaufgaben" sowie einem freien Textfeld für Lob und Kritik an den Einstiegsvideos und Anwendungsaufgaben. Der Fragebogen wurde in der letzten Vorlesungseinheit ausgeteilt.

6.2 Evaluationsergebnisse

Insgesamt wurden n=100 Bögen abgegeben. Da nicht alle vollständig ausgefüllt wurden, variiert die Grundgesamtheit.

6.2.1 Analyse der Teilnehmerinnen und Teilnehmer

Von den Befragten sind 93% männlich und 7% weiblich. Sie weisen ein Durchschnittsalter von $\mu=19{,}97$ Jahren ($\sigma=2{,}5$) auf. 50% der Befragten sind im Studiengang Elektrotechnik und Informationsverarbeitung, 33% in Mechatronik, 15% in Energietechnik und 2% in Technical Education eingeschrieben.

Hinsichtlich der Hochschulzugangsberechtigung geben 86% an, über eine allgemeine Hochschulreife zu verfügen. 5% der Befragten haben eine fachgebundene Hochschulreife und die restliche Kohorte hat diese im Studienkolleg bzw. im Ausland erworben. 78% der Befragten haben als letzte Schulform das allgemeine Gymnasium, 9% das berufliche Gymnasium, 4% das Berufskolleg, 1% die Gesamtschule und weitere 4% die Berufsschule besucht. Die restliche Kohorte war im Studienkolleg oder hat eine Schule außerhalb Deutschlands besucht. 74% der Befragten hatten Mathematik mit erhöhtem Anforderungsniveau (Leistungskurs).

Es wurden zudem n=22 atypische Studierende (22%) identifiziert. Berufstätigkeiten zwischen dem Erwerb der Berechtigung und der Aufnahme des Studiums bleiben unberücksichtigt. Von den atypischen SuS haben 82% die allgemeine Hochschulreife. 41% der atypischen SuS haben zuvor eine Ausbildung absolviert bzw. sind einer beruflichen Tätigkeit mit Affinität zur Elektrotechnik nachgegangen.

6.2.2 Ergebnisse der Einstiegsvideos

Zur Evaluation der Videos dienen die vier Items Motivationsfaktor, Eignung als Einstieg in die Vorlesung, Assimilation und Praxisbezug, welche auf einer 5er-Skala von „0=trifft gar nicht zu" bis „4=trifft voll zu" evaluiert wurden. Abbildung 2 zeigt die Ergebnisse.

Die Ergebnisse weisen deutlich positive Effekte in allen vier Items auf. Mehr als 80% der Befragten empfinden die Videos als geeignet für einen Einstieg in die Vorlesung. Ebenso viele sehen einen sinnvollen praktischen Bezug in den vorgestellten Handlungsprodukten. Das Item Assimilation weist im Vergleich eine breitere Streuung auf. Ursächlich dafür sind u. E. nach die unterschiedlichen Vorkenntnisse der SuS und die Vielfältigkeit der Handlungsprodukte. Dies könnte auch erklären, dass die atypisch Studierenden im Vergleich hier

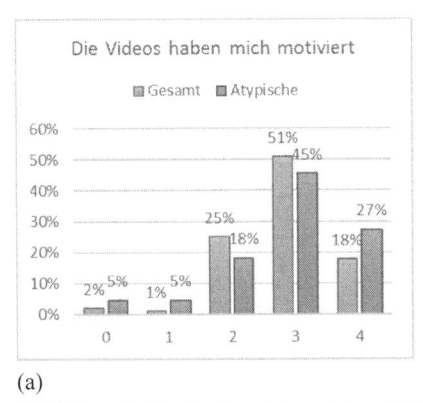

(a) (b)

Abbildung 3: Motivationsfaktor (a) und Eignung (b) als Einstieg in die Vorlesung

(c) (d)

Abbildung 4: Assimilation (c) und sinnvoller Praxisbezug (d) der Einstiegsvideos

keine deutlich bessere Bewertung abgeben. Die geringere Effektstärke bei der Motivation lässt sich u. E. auf den gewählten Lernkanal zurückführen.

6.2.3 Ergebnisse der Anwendungsaufgaben

Zur Evaluation der Anwendungsaufgaben dienen die drei Items Interessantheit, Sinnhaftigkeit und Schwierigkeitsgrad, welche auf einer 5er-Skala von „0=trifft gar nicht zu" bis „4=trifft voll zu" evaluiert wurden. Abbildung 3 zeigt die Ergebnisse.

Die Anwendungsaufgaben weisen in der Evaluation eine deutlich positive Bewertung auf. Insbesondere empfinden 95 % der atypisch Studierenden diese als sinnvoll. Knapp 60 % der Befragten geben an, dass diese interessanter seien als die Aufgaben ohne Anwendungskontext. Demgegenüber stehen 36 % der Befragten, die keinen Unterschied sehen. Dies könnte u. E. nach daran liegen, dass keine (positiven) Vorerfahrungen im Bereich Elektrotechnik vorhanden sind. Das Anforderungsniveau erscheint drei Vierteln der Befragten als angemessen. Die aypitschen SuS bewerten das Anforderungsniveau als schwieriger. Dies lässt sich u. E. auf den zeitlichen Versatz zwischen dem Zeitpunkt des Erwerbs der Hochschulzugangsberechtigung und der Aufnahme des Studiums zurückführen.

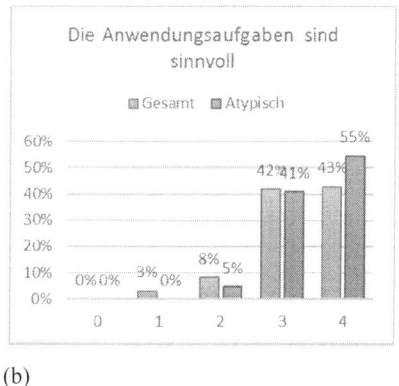

(a) (b)
Abbildung 5: Interessantheit (a) und Sinnhaftigkeit (b) der Anwendungsaufgaben

Implementierung von realitätsnahen, elektrotechnischen Problemstellungen

```
Die Anwendungsaufgaben sind
   vom Anforderungsniveau
        angemessen

        ■ Gesamt  ■ Atypisch

60%                    49% 45%
40%              27%        27%
             19%              23%
20%
      0% 0%  1% 5%
 0%
       0     1     2     3     4
```

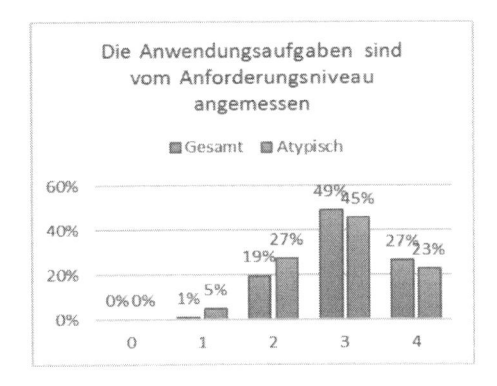

(c)
Abbildung 6: (c) Anforderungsniveau der Anwendungsaufgaben

7 Fazit

Die Evaluationsergebnisse weisen eine hohe Akzeptanz des vorgestellten Konzeptes bei allen Studierenden auf. Die atypisch Studierenden bewerten die Items Motivationsfaktor, Eignung und sinnvoller praktischer Bezug der Einstiegsvideos im Vergleich zur Gesamtheit besser. Inhaltlich fällt ihnen eine Assimilation des neu Erlernten nicht viel leichter als der Gesamtheit. Der Aufwand in der Vorbereitung für die Lehrperson auf die Lehrveranstaltung ändert sich im Vergleich zu einer traditionellen Vorlesung nicht. Der zeitliche Aufwand für den Zusammenschnitt des Videomaterials ist begrenzt, sofern auf fertiges Material zurückgegriffen wird. Die Anwendungsaufgaben empfinden die atypisch Studierenden einerseits deutlich sinnvoller, andererseits vom Anforderungsniveau als hoch. Die am Anfang des Kapitels gestellte Frage nach der dem Profit für die atypischen Studierenden durch das vorgestellte Konzept, lässt sich insoweit beantworten, dass Motivation und Interesse zwar gesteigert werden kann, jedoch die Aufgaben für sich nicht leichter zu lösen sind.

8 Ausblick

Das vorgestellte Konzept wird in den folgenden Semestern weiterhin durchgeführt und spezifischer evaluiert. Im Rahmen dessen soll u. a. die Frage geklärt werden, welche Studierenden von dem Konzept profitieren bzw. benachteiligt werden.

Überdies wurde bereits mit einer Adaption des Konzeptes auf einen Elektrotechnik-Vorkurs an der Leibniz Universität begonnen. Die Umsetzung und Evaluation wird im nächsten Semester fokussiert.

Literatur

Derboven, W. & Winker, G. (2010). *Tausend Formeln und dahinter keine Welt* http://www.bzh.bayern.de/?id=85&tx_ttnews[tt_news]=219 (10.07.2017)
Engelke J.; Müller U. & Röwert R. (2017). *Erfolgsgeheimnisse privater Hochschulen.* Gütersloh. CHE
Erpenbeck, J. & Sauter, W. (2013). *So werden wir lernen!.* Heidelberg: Springer
Evans, J. (2002). The transfer of mathematics learning from school to work not straightforward but not impossible either. In A. Bessot & J. Ridgway (Hrsg.), *Education for mathematics in the workplace.* New York, Boston, Dordrecht, London, Moskau: Kluwer Academic Publisher.
Giersberg, G. (2015): *Die verschwundene Lücke kommt wieder.* http://www.faz.net/aktuell/beruf-chance/arbeitswelt/bedarf-an-ingenieuren-in-deutschland-veraendertsich-13529808.html (10.07.2017).
Heublein, U.; Schmelzer, R.; Sommer, D. & Wank, J. (2014). *Die Entwicklung der Studienabbruchquote an den deutschen Hochschulen.* Hannover http://www.dzhw.eu/pdf/pub_fh/fh-201404.pdf (10.07.2017)
Mayer, R. & Maida, M. (1991): *Animations need narrations.* Santa Barbara New York, Springer
Schneider, M. & Maida M. (2015). *Gute Hochschullehre: Eine evidenzbasierte Orientierungshilfe.* Berlin, Heidelberg: Springer
Statistisches Bundesamt Wiesbaden (2014). *Schnellmeldungsergebnisse der Hochschulstatistik zu Studierenden und Studienanfänger/-innen.* https://www.destatis.de/DE/Publikationen/Thematisch/BildungForschungKultur/Hochschulen/SchnellmeldungWSvorlaeufig5213103148004.pdf?__blob=publicationFile (10.07.2017)
Straesser, R. (2002). Conclusion. In A. Bessot & J. Ridgway (Hrsg.), *Education for mathematics in the workplace.* New York, Boston, Dordrecht, London, Moskau: Kluwer Academics Publisher
Tenberg, R. (2006). *Didaktik lernfeldstrukturierten Unterrichts.* Bad Heilbrunn: Julius Klinkhardt Verlag

Antje Müller, Janna Macholdt

Entwicklungen begleiten: Neue Bildungsräume zur Verbindung von Theorie und Praxis in einer Vorlesung

Zusammenfassung

Wie kann die aktive und regelmäßige Beteiligung der Studierenden in einer Vorlesung ermöglicht werden? Ein Ansatz ist die Verbindung von Theorie und Praxis, die jedoch insbesondere im traditionellen Format der Vorlesung eine Herausforderung für Lehrende darstellt. E-Learning bietet hier unterschiedliche Möglichkeiten, um die Verknüpfung der beiden Bildungsräume Berufspraxis und Vorlesung zu realisieren. Um diese passgenau für die Disziplin und das Vorlesungsformat auszuwählen und einzusetzen, benötigen Lehrende professionelle Unterstützung. Im vorliegenden Beitrag wird am Beispiel einer Lehrveranstaltung im Fachgebiet Pflanzenbau aufgezeigt, wie ein E-Learning-Vorhaben durch Beratung und Coaching bei der Planung, Umsetzung und Auswertung von Hochschulseite begleitet werden kann.

Der Beitrag fokussiert daher zwei Ebenen des E-Learning-Einsatzes: Zum einen die Unterstützung der E-Learning-Implementierung durch ein Lehrcoaching, zum anderen das Zusammenführen verschiedener Lernorte durch digitale Medien in einer Vorlesung. Besonderer Fokus liegt in der Analyse dieser beiden Ebenen auf Entwicklungen, die in Bezug auf die Artefakte, die Lernergebnisse der Studierenden und durch Reflexionen im Coachingprozess stattfanden.

1 Einleitung und theoretischer Bezug

Lehrende sollen Lernerfolge auch in großen Studierendengruppen im Rahmen von Vorlesungen sichern. Dies stellt sie vor die Herausforderung im frontal geprägten Vortragssetting Studierende zu aktivieren sich einzubringen und den Transfer zur Praxis zu leisten, ohne die Vorteile einer Vorlesung aufzugeben. Die Vorteile des Bildungsraums Vorlesung liegen vor allem darin, „Learning about Research" zu vermitteln. Unter diesem Begriff fassen Reinmann und Schmohl (2016) Lehrformate zusammen, deren Ziel es ist, in der rezeptiven Auseinandersetzung zu Wissen über eine Disziplin, ihre Erkenntniswege und den aktuellen Stand der Forschung zu gelangen. Dennoch wird das an vielen Hochschulen weit verbreitete Format Vorlesung vielfach kritisiert, insbesondere von Studierenden (vgl. Apel, 1999, S. 11). Auch in einer aktuellen Studie zur Variabilität von Motivation in Vorlesungen bestätigen Dietrich et al. (2017):

„Dozenten können Studierende jederzeit ‚verlieren', wenn sie im Hörsaal vor ihnen stehen, aber sie können sie auch zurückholen."[1] Lehrende stehen daher vor der Gestaltungsaufgabe, in diesem traditionellen Bildungsraum „Learning about Research" rezeptiv zu vermitteln, aber dennoch die Studierenden stärker einzubeziehen, um sie nicht zu „verlieren". In Anlehnung an die Überlegungen von Schiefner-Rohs (2014) gilt es bei der Bildungsraumgestaltung auch die „Aneignung von medialen Bildungsräumen und die so entstehenden Denkräume" der Studierenden zu berücksichtigen. Dies impliziert, wie sich das Hineinwachsen in Handlungspraxen der spezifischen Disziplinen vollzieht und von Seiten der Hochschullehre bestmöglich unterstützt werden kann (vgl. ebd., S. 75).

E-Learning-Werkzeuge werden in dem folgenden Artikel als ein Lösungsweg skizziert, die oben genannten Aspekte in einem vorliegenden Praxisbeispiel zu lösen. E-Learning wird dabei als die Unterstützung von Lehr-, Lern- und Kommunikationsprozessen durch digitale Medien angesehen, die an der Hochschule typischerweise durch Learning Management Systeme realisiert werden. In diesem Artikel wird daher nun folgenden Fragen nachgegangen: Wie kann E-Learning unterschiedliche Bildungsräume – mit besonderer Berücksichtigung disziplinspezifischer Handlungspraxen – zusammenführen und welche Entwicklungen können dadurch ermöglicht werden?

Methodisch wird ein gestaltungs- bzw. entwicklungsorientierter Zugang gewählt. Ein solcher Bedarf an einer „nutzenorientierten Forschung" wird in bildungsnahen Wissenschaften in den letzten Jahren verstärkt diskutiert (vgl. z. B. Reinmann-Rothmeier & Kahlert, 2007). Es soll nicht nur die Wirksamkeit einzelner Maßnahmen, sondern der gesamte Entwicklungs- und Umsetzungsprozess eines didaktischen Entwurfs in den Blick genommen werden. Gestaltungsorientierte Ansätze der Bildungsforschung liegen in unterschiedlichen Ausprägungen beispielsweise von Moser (1978) Kahlert, (2005), dem Design-Based Research Collective (2003) oder Reinmann & Sesink (2013) vor. Die Vorzüge dieser und ähnlicher Ansätze sind nach Herzig (2014) einerseits in der Berücksichtigung der Phase der Gestaltung bzw. Entwicklung als Forschungsgegenstand zu sehen, andererseits in der praxisnahen Umsetzung, bestenfalls gemeinsam mit Dozierenden (vgl. ebd., S. 22).

In der Analyse der vorliegenden Lehrveranstaltung wird der Aspekt der Gestaltung bzw. Entwicklung näher betrachtet. „Entwicklung" kann mit Sesink (2015) in dreifacher Hinsicht bestimmt werden:

a) *Transitive Bedeutung von Entwicklung: Transitiv leitet sich aus dem* spätlateinischen Begriff „transitivus" ab, der mit „(in ein Objekt) hinübergehend" ins

---

[1] Forschungsmeldung zu Dietrich et al. (2017), URL verfügbar unter: http://www.uni-jena.de/Forschungsmeldungen/FM170303_MotivationLernen.html [07.03.2017]

Deutsche übersetzt wird.[2] *Er umfasst Entwicklung als Tätigkeit, bei der Subjekte etwas entwickeln, „das objekthaftes Resultat ihrer Tätigkeit ist."* (Sesink, 2015, S. 2)

b) Intransitive Bedeutung von Entwicklung: Das Antonym zu „transitiv" ist „intransitiv" und kann im Sinne von „nicht zielend" verstanden werden.[3] Sesink (2015) beschreibt dementsprechend: „Entwicklung als Ereignis und Geschehen" in Bezug auf „die Adressaten pädagogischer Tätigkeit" (ebd., S. 2).

c) Entwicklung als reflexiver Prozess: Dies umfasst „eine vernunftgeleitete Vermittlung von transitiver Entwicklungstätigkeit und intransitivem Entwicklungsgeschehen" (ebd., S. 2). Die Reflexion bezieht auch die Entwickler_innen mit ein, da sie sich mit dem Ergebnis ihrer Entwicklungstätigkeit – im Zusammenspiel mit den dadurch ggf. angestoßenen Entwicklungen bei den Adressaten – auseinandersetzen müssen (vgl. ebd., S. 2).

Diese drei Aspekte von Entwicklung dienen bei der Auswertung des im Folgenden beschriebenen didaktischen Settings als pädagogische Orientierungspunkte.

2 Die Ausgangssituation

Eine Dozentin des Instituts für Pflanzenbau und Pflanzenzüchtung I, Professur für Pflanzenbau, der Justus-Liebig-Universität Gießen (JLU) trat an das zentrale Beratungsangebot der Universität für technologisch unterstütztes Lehren und Lernen, die Arbeitsgruppe Medien und E-Learning am Hochschulrechenzentrum, heran. Ihr Anliegen war, den Lernerfolg der Bachelorstudierenden des Studiengangs Agrarwissenschaften durch den Einsatz von aktivierenden Methoden für größere Studierendengruppen in ihrer Vorlesung zu verbessern und den Praxisbezug zu stärken. Gleichzeitig sollte der vorlesungstypische Theoriebezug und „Learning about Research" weiterhin im Vordergrund stehen.

Die Rahmenbedingungen der Lehrveranstaltung „Spezieller Pflanzenbau" im Modul „Nutzpflanzenproduktion" sahen wie folgt aus: Eine Vorlesungssitzung war für 90 Minuten wöchentlich angesetzt. Es bestand keine Anwesenheitspflicht und die Vorkenntnisse der Studierenden waren sehr heterogen. Teilweise brachten sie bereits Praxiserfahrungen aus einem elterlichen landwirtschaftlichen Betrieb mit, viele hingegen hatten kaum praktische Erfahrungen im Pflanzenbau gesammelt.

Ziel der Dozentin war es, den Fokus auf das Lernergebnis der Studierenden zu richten, um damit den Wissenstransfer sicherzustellen, das selbstständige

---
2 „transitiv" auf Duden online: http://www.duden.de/node/651989/revisions/1610832/view [06.01.2017]
3 „intransitiv" auf Duden online: http://www.duden.de/node/651987/revisions/1602062/view [01.06.2017]

Auseinandersetzen mit einem Thema zu ermöglichen sowie das Verstehen von pflanzenbaulichen Zusammenhängen zu fördern. Durch die aktive Teilnahme der Studierenden an der Lehrveranstaltung sollte der Schwerpunkt von „lehrerzentriert" zu „lernzentriert" verschoben und damit ein „shift from teaching to learning" (Welbers & Gaus, 2005) im Format Vorlesung vollzogen werden.

Von Seiten der Beratung stellte sich an diesem Punkt die Frage, ob und wie ein Vorhaben zur Verbesserung der Praxis von Hochschulseite angemessen begleitet werden kann. Im Folgenden wird zur Realisierung von gestaltungsorientierten Ansätzen in der Lehre ein Lehrcoachingansatz herangezogen, um die möglichen Verbesserungen in der Praxis angemessen reflektieren zu können.

3 Methodisches Vorgehen: Der Beratungs- und Coachingansatz

Um Entwicklungen bzw. die dadurch erhoffte Praxisverbesserung kritisch-reflexiv begleiten zu können, werden im Bereich E-Learning an der JLU Lehrcoachings angeboten. Sie finden im Rahmen der hochschuldidaktischen Weiterbildung statt und unterstützen die Umsetzung von E-Learning-Projekten. Nachfolgend wird beschrieben, wie im Rahmen des Lehrcoachings das oben genannte Anliegen der Dozierenden begleitet und die verschiedenen Entwicklungsebenen zueinander in Beziehung gesetzt wurden. Doch zunächst werden der Ablauf und die theoretischen Bezugspunkte des Coachingangebots erläutert.

3.1 Lehrchoaching zur Umsetzung von E-Learning-Vorhaben

Coaching im Kontext der Hochschule kann als „individuell ausgestaltetes Beratungsformat" (Szczyrba & van Treeck, 2017, S. 47 f.) verstanden werden. Beratung im Feld der Hochschule kann dabei unterschiedliche Formate und Ausprägungen aufweisen (Wildt et al., 2016). Im betrachteten Lehrcoaching wird Beratung als eine pädagogische Beratung aufgefasst, die Ansätze einer „informativen Beratung" (Gieseke, 2016, S. 469 f.) aufweist. Als eine Mischform der informativen Beratung und des Coachings kann das hochschuldidaktische Angebot „Lehrchoaching: Mein E-Learning-Projekt erfolgreich umsetzen" an der JLU angesehen werden. Das Lehrcoaching richtet sich an Lehrende, die ein konkretes E-Learning-Vorhaben erstmalig in einer eigenen Lehrveranstaltung umsetzen möchten. Während des Coachings wird gemeinsam mit der Coachin ein E-Learning-Konzept ausgearbeitet und in die konkrete Lehrsituation integriert. Die intendierten Lernergebnisse im Rahmen des Coachings sind wie folgt definiert: Teilnehmende sind in der Lage, 1. ihr Konzept didaktisch-methodisch begründet an geeigneten Stellen in ihre Lehrveranstaltung zu integrieren, 2. den Mehrwert und die Probleme des E-Learning-Einsatzes in Bezug auf die eigene

Entwicklungen begleiten

Lehrveranstaltung zu reflektieren und 3. Verbesserungspotentiale in eigenen Lehrsituationen zu erkennen und umzusetzen.

Die eingenommene Haltung der Coachenden in diesem Format orientiert sich am subjektwissenschaftlichen Ansatz nach Holzkamp (1995) mit dem theoretischen Konstrukt des Selbstverständigungsbegriffs und der Interpretationsperspektive vom Subjektstandpunkt (Ludwig, 2015, S. 293).

3.2 Ablauf des Coachingprozesses

Die Lehrveranstaltung und das begleitende Coaching sind eng miteinander verzahnt. Das Coaching wird durch drei begleitende Treffen strukturiert, die in Präsenz abgehalten werden. Der Auftakt ist i.d.R. ein Startgespräch, bei dem der erste Konzeptentwurf besprochen wird und die persönlichen Anliegen bzw. Handlungsproblematiken (Holzkamp, 1995, S. 182) den Ausgangspunkt für die Beratung liefern. Hier gilt es zunächst, eine Beziehung zwischen Coachin und Teilnehmer_in aufzubauen sowie erstmalig ihre jeweilige Selbst- und Fremdpositionierungen auszuhandeln (vgl. Rettinger, 2011). Es dient ebenso dazu, der Coachin einen Zugang zum Anliegen der Klientin zu ermöglichen; durch die gemeinsame Erarbeitung erster Lösungsansätze – im vorliegenden Coaching unter besonderer Berücksichtigung von E-Learning – besteht die Möglichkeit, dass die in der Ausgangslage benannte Handlungsproblematik in eine Lernproblematik überführt (vgl. Holzkamp, 1995, S. 184 ff.) und im Folgenden – in der Vorbereitung der eigenen Lehrveranstaltung – lernend bearbeitet wird.

Während der Umsetzung des Lehrprojekts in der Vorlesungszeit erfolgt eine weitere Coaching-Sitzung, bei der auf die bisher gesammelten Erfahrungen und Themen eingegangen wird. Gegen Ende des Semesters findet ein Endgespräch statt.

Zum Abschluss des Coachings wird die Umsetzung des E-Learning-Projekts in Form eines Erfahrungsberichts dokumentiert, der im Rahmen des hochschuldidaktischen Angebots der JLU anderen Lehrenden zur Verfügung gestellt wird.

3.3 Einsatz eines Blogs als Lerntagebuch

Über das Semester hinweg reflektieren die Coachingteilnehmenden den E-Learning-Einsatz und ihre Lehrerfahrungen in einem Lerntagebuch. Lerntagebücher wurden bereits Anfang der 1990er Jahre entwickelt, zunächst für den schulischen Kontext (Gallin & Ruf, 1990), und deren Vorteile für verschiedene Bildungsbereiche aufgezeigt und Potentiale diskutiert (Gläser-Zikuda & Hascher, 2007). Über einen Versuch der Verknüpfung von Lerntagebüchern und

Coachings im Hochschulkontext berichtet Stettner (2016). Das Lerntagebuch wird während des Coachings in einem ILIAS-Blog geführt und ist nur für die Coachin zugänglich. Dieser geschützte Raum des Online-Lerntagebuchs ist bewusst gewählt: Das Format Weblog eignet sich, um traditionelle „Potenziale von Lerntagebüchern um spezifische Möglichkeiten digitaler Medien zu erweitern" (Petko, 2013, S. 212).

Die Begleitung der Reflexionen im Online-Lerntagebuch erfolgte in Form von Online-Kommentaren der Coachenden. Das methodische Vorgehen orientierte sich bei der Online-Begleitung wie auch bei dem im Folgenden näher ausgeführten Coachingablauf an subjektwissenschaftlichen Grundsätzen (vgl. Ludwig, 2015, S. 296). Damit ist sichergestellt, dass die Deutungshoheit über die Lehre bei den Ratsuchenden verbleibt und ihre Souveränität als Lehrperson gewahrt wird.

4 Der Lösungsansatz

Im Rahmen des begleitenden Coachings kristallisierten sich in der ersten Konzeptbesprechung, während des Startgesprächs, die zentralen Themen der Coachingnehmerin heraus. Als Lösungsansätze zur Realisierung wurden u. a. eine Umfrage bei Landwirt_innen, Diskussionsrunden zum Thema „Umweltwirkungen von Pflanzenschutzmitteln" und weitere aktivierende Methoden in Form von Abstimmungen entwickelt. Im Rahmen dieses Artikels wird exemplarisch das Element der Entwicklungsstadien von Getreidepflanzen herausgegriffen, da es das zentrale praktische Handlungsfeld der Studierenden im Bachelor-Studiengang Agrarwissenschaften in einem geschützten virtuellen Bildungsraum erfahrbar macht und mit dem Bildungsraum der Vorlesung vernetzt.

4.1 Bildungsraum Feld integrieren

Die letztendlich realisierte Idee sah vor, dass jede/r Studierende eine Getreidepflanze über das Semester hinweg begleitet und Fotos inkl. Beschreibung der einzelnen Entwicklungsstadien anfertigt. Im ersten Beratungsgespräch wurden Blogs als das geeignete Mittel für die Umsetzung des Vorhabens identifiziert. Dementsprechend sollte jede/r Studierende einen eigenen Blog im Sinne eines „Pflanzentagebuchs"[4] führen. Als technische Lösung wurde die Lernplattform

---

4   „Pflanzentagebücher" sind insb. im schulischen Kontext bekannt, vgl. z. B.: Die Kartoffel – Unterrichtsmaterial für die Klassen 3-10, Hrsg.: Information.medien.agrar e.V. und Deutscher Kartoffelhandelsverband e. V. (2015). Online verfügbar: information-medienagrar.de/webshop/mediafiles//PDF/104-125_sonderheft_die_kartoffel.pdf [01.06.2017]

der JLU ILIAS verwendet, die Studierenden die Möglichkeit bietet, einen persönlichen Blog anzulegen.

In der vorliegenden universitären Lehrveranstaltung war das Schreiben der Pflanzentagebücher in Form von Blogs eine zusätzliche freiwillige Leistung für die Studierenden. Nur die Dozentin wurde für die Blogs freigeschaltet, so dass die Studierenden die Inhalte in einem geschützten Raum anfertigen konnten. Die Pflanzentagebücher unterschieden sich von dem oben genannten Online-Lerntagebuch, das die Dozentin im Rahmen des Coachings führen musste.

Entsprechend Lissmanns (2010) Funktionen von Lerntagebüchern wurde hierbei der Fokus weniger auf das Festhalten von Gedanken und Reflexionen gelegt, sondern es eher zur Dokumentation genutzt, indem 1. Raum und Zeit für eigene Beobachtungen – hier auf dem Feld – gegeben wurden; 2. Es als Grundlage diente für eine Rückschau auf einen Zeitraum und eventuell eingetretene Entwicklungen, sowohl bei der eigenen Leistung – als auch hier im Besonderen der Entwicklung der Getreidepflanzen zwischen Aussaat und Ernte – sowie 3. zur Selbstkontrolle der Arbeit und des Lernerfolgs. Zudem erhielten sie regelmäßige Unterstützung durch die Dozentin, die ihren Beobachtungen über die gesamte Vorlesungszeit individuell online durch Rückmeldungen begleitete.

4.2 Verbindung der Bildungsräume Vorlesung und Feld

Die Studierenden fertigten ca. alle zwei Wochen eigenständig Fotos auf dem Feld an. Dazu wählten sie einen Acker aus, den sie über das Semester hinweg beobachteten oder gingen auf Getreidefelder der Versuchsstation für Pflanzenbau. Im Selbststudium integrierten sie die Bilder in ihr persönliches Pflanzentagebuch und nahmen erste Zuordnungen der Entwicklungsstadien und Benennungen der Fachbegriffe vor. Die Dozentin kommentierte die Einträge und gab Rückmeldung zu den Fotos und der Einordnung in das Entwicklungsstadium. Hier bestand die Möglichkeit für die Dozentin, auf Fehler frühzeitig hinzuweisen, sie bereits im Verlauf der Vorlesung zu identifizieren und ggf. als Thema in Folgesitzungen aufzugreifen.

Zudem zeigte sie ausgewählte Fotos in der Vorlesung, wenn diese inhaltlich den Vorlesungsstoff verdeutlichten. Dazu holte sie sich im Vorfeld die Erlaubnis des/der jeweiligen Studierenden ein. Beispielsweise wurde an Fotos erläutert, wie sich die Entwicklungsstadien Keimung, Blattentwicklung und Bestockung beim Getreide vollziehen. Sehr detailliert wurde im Rahmen der Bestockung die Ausbildung der Seitentriebe bei Gerste und Roggen im Herbst diskutiert und die Unterschiede zwischen beiden Getreidearten anhand der Fotos besprochen. Hierbei schilderten die Studierenden ihre Erfahrungen vom Feld und brachten praxisnahe Beispiele mit in die Vorlesung ein. Dies motivierte die Studierenden zur weitergehenden Auseinandersetzungen mit der Thematik und zur aktiven Mitarbeit im Rahmen der Vorlesung.

5 Auswertung

Die folgende Auswertung orientiert sich an den Ausprägungen von „Entwicklungen", die in Abschnitt 1 mit Bezug zu Sesink (2015) dargestellt wurden. Die während der Konzeption und Durchführung der Vorlesung mit dem E-Learning-Element des Lerntagebuchs gemachten Erfahrungen und erhobenen Daten werden entsprechend der verschiedenen Arten von Entwicklung ausgeführt.

a) Transitive Bedeutung von Entwicklung: Entwicklung in ihrer transitiven Bedeutung umfasst die Tätigkeit von Entwicklungsverantwortlichen bei der konkreten Gestaltung von Artefakten. Im vorliegenden Fall betrafen die geschaffenen Artefakte zum einen die Lehrveranstaltungsebene: Die Anreicherung und Verzahnung der Vorlesung zum Thema Pflanzenbau mit der entsprechenden Implementierung des Pflanzentagebuchs mittels der technischen Lösung des ILIAS-Blogs.

Die Entwicklung des Lehrveranstaltungskonzepts wurde eng durch das Coaching begleitet, es kann daher als maßgeblich prägendes Element der erfolgreichen Konzeptionierung und Realisierung angesehen werden. Im Prozess kam es zu einem engen Ineinandergreifen von Coaching, der Reflexion der Dozentin in ihrem Lerntagebuch und der Vorlesung. Zusätzlich führte die Coachin eine technische Unterweisung mit den Studierenden in einer Vorlesungssitzung durch, um die Blogs für das Pflanzentagebuch einzurichten. An dieser Stelle tritt der teilweise informative Charakter der Beratung hervor.

b) Intransitive Bedeutung von Entwicklung: Entwicklung als Bildungsereignis oder -geschehen bezieht sich unmittelbar auf die Adressaten der pädagogischen Praxis, im vorliegenden Fall auf die Bachelorstudierenden des Studiengangs Agrarwissenschaften. Ob und inwieweit bei ihnen Lern- bzw. Bildungsprozesse erfolgreich initiiert werden konnten, lässt sich indirekt aus Evaluationsergebnissen und weiteren textlichen Rückmeldungen ableiten. Es lassen sich auch Hinweise auf die Bewertung der Lerntagebücher durch die Studierenden finden.

Die Tabelle zeigt die erreichte Gesamtpunktzahl in der Klausur für den Teil Nutzpflanzenproduktion, und die separat erreichte Punktzahl für den Klausurteil Pflanzenentwicklung, dessen Klausurfrage sich speziell auf die Inhalte des Pflanzentagebuchs bezogen. Das Abschneiden der Studierenden in der Klausur wurde in der Auswertung aufgeschlüsselt nach dem regelmäßigen Vorlesungsbesuch und ob ein Pflanzentagebuch geführt wurde. Die Ergebnisse zeigen, dass die 64 Studierenden, die regelmäßig an der Vorlesung teilnahmen und ein Pflanzentagebuch schrieben, sowohl die volle Punktzahl im Klausurteil Pflanzenentwicklung als auch eine höhere Gesamtpunktzahl in der Klausur erreichten, und damit besser abschnitten als Studierende, die lediglich die Vorlesung besuchten, aber kein Pflanzentagebuch führten. Das bessere Lernergebnis bezog sich dabei nicht nur auf die Inhalte der Pflanzenentwicklung (ILIAS-Blog, Pflanzentagebuch), sondern auf ein insgesamt besseres Durchdringen der Lehrinhalte zum Thema Nutzpflanzenproduktion, was sich in der höheren Gesamtpunktzahl der Klausur (vgl. Tab.) zeigt.

Tab. 1: Klausurergebnisse in Relation zu Vorlesungsbesuch und Führen von Pflanzentagebuch

Einteilung	Anzahl Studierende (n)	Gesamtpunktzahl in Klausur (max. 50 Pkt.)	Punktzahl Klausurteil Pflanzenentw. (max. 5 Pkt.)
Alle Teilnehmenden der Klausur	148	40	3
Regelmäßige Vorlesungsbesucher (mind. 10 von 15 Sitzungen), aber keine Teilnahme Pflanzentagebuch	72	39	3
Regelmäßiger Vorlesungsbesuch und Teilnahme Pflanzentagebuch	64	47	5
Kein regelmäßiger Vorlesungsbesuch und kein Pflanzentagebuch	12	32	2
Kein regelmäßiger Vorlesungsbesuch, und Teilnahme Pflanzentagebuch	0	-	-

Die studentische Lehrveranstaltungsrückmeldung wurde im Fragebogen „MoGLi" der Professur für Hochschuldidaktik & Evaluation und der Servicestelle Lehrevaluation der JLU im WS 2016/17 erfasst. Es nahmen hieran 32 Studierende teil, um das Modul zu bewerten. Die Auswertung zeigt, dass die Studierenden sich überwiegend im dritten Fachsemester des Bachelorstudiengangs Agrarwissenschaften befanden. Nur vereinzelt nahmen Studierende höherer Semester teil. Ca. 46% der Teilnehmenden am Fragebogen waren weiblich, 54% männlich. Das Geschlechterverhältnis war daher nahezu ausgewogen. Ein Großteil der Studierenden (40%) gaben an, durchschnittlich pro Woche, außerhalb der Vorlesung, eine Stunde in die Veranstaltung zu investieren, ein Drittel (32%) zwei Stunden. Drei Stunden benötigten 16% der Studierenden. Abbildung 1 zeigt, dass ein Großteil der Studierenden die digitalen Medien als sinnvoll in das Gesamtkonzept der Vorlesung integriert sahen. Abbildung 2 verdeutlicht, dass die Mehrheit der Studierenden das Verhältnis von Aufwand und Nutzen des Einsatzes digitaler Medien in der Veranstaltung als angemessen bewerteten.

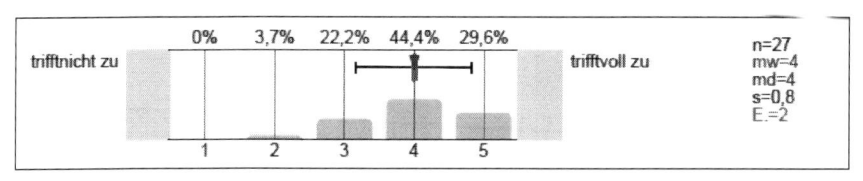

```
                0%   3,7%  22,2% 44,4% 29,6%
trifft nicht zu  |    |    |    |‾▼‾|          trifft voll zu    n=27
                                                                 mw=4
                                                                 md=4
                                                                 s=0,8
                 1    2    3    4    5                           E.=2
```

Abb. 1: Die digitalen Medien waren sinnvoll in das Gesamtkonzept der Veranstaltung eingebunden.

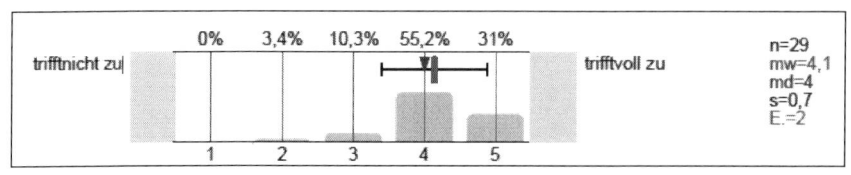

```
                0%   3,4% 10,3% 55,2% 31%
trifft nicht zu |    |    |‾▼‾|    |           trifft voll zu    n=29
                                                                 mw=4,1
                                                                 md=4
                                                                 s=0,7
                 1    2    3    4    5                           E.=2
```

Abb. 2: Aufwand und Nutzen der digitalen Medien standen in einem angemessenen Verhältnis.

In der studentischen Rückmeldung wurde explizit von einigen das Pflanzentagebuch hervorgehoben. Sie äußerten sich positiv zum „Blog über die Entwicklungsstadien, um sich mit dem Thema vertiefend zu beschäftigen.", andere sagten: „Ich finde das Pflanzentage Buch eine gute Idee um die BBCH Stadien besser nachvollziehen zu können" oder „Pflanzentagebuch – gute Einblicke in die Entwicklungsstadien". Eine Person äußerte sich negativ über das Pflanzentagebuch. Andere kritisierten, „dass der Blog nicht bewertet wurde" oder machten Vorschläge, was verbessert werden könnte: „klausurrelevante Inhalte: Punkte auf den Blog ‚Pflanzentagebuch' in der Klausur anrechnen lassen können." Von mehreren Studierenden wurde also der Wunsch geäußert, dass das Pflanzentagebuch auch klausurrelevant gemacht oder extra Punkte für die Klausur angerechnet werden sollten.

Im Rückblick ist der hohe zeitliche Aufwand für die Dozentin (ca. 2 Stunden pro Woche) in Bezug auf die Betreuung der Pflanzentagebücher kritisch anzumerken. Dieser Aufwand bezog sich einerseits auf das Vertraut machen mit dem neuen Lehrmedium „Blog" und der technischen Umsetzung in ILIAS, zum anderen auf die zahlreichen Fahrten zur Versuchsstation, das Fotografieren der Pflanzen auf dem Feld sowie das Bearbeiten und Hochladen der Fotos, um selbst ein Pflanzentagebuch zu führen, das den Studierenden als Orientierung dienen sollte.

Darüber hinaus mussten zeitliche Ressourcen vor allem in die fachliche Begleitung bzw. Kommentierung der Blogeinträge von Studierenden investiert werden. Zudem war im Rahmen der Vorlesung von der Dozentin extra Zeit einzuplanen, einerseits am Anfang für die technische Anlage eines ILIAS-Blogs (einmalig: 1 Stunde) sowie semesterbegleitend das regelmäßige Führen der

Pflanzentagebücher immer wieder anzustoßen, fachlich zu begleiten und ausgewählte Beiträge auch während einer Sitzung allen Studierenden vorzustellen (ca. 10 Minuten pro Sitzung).

c) Entwicklung als reflexiver Prozess: Wie in Abschnitt 3 herausgestellt wurde, meint „Entwicklung als reflexiver Prozess" einerseits, wie Adressaten sich in einen reflexiven Prozess mit eigenen Lernimpulsen und – in diesem Fall das Angebot der Vorlesungsinhalte und der vertieften Auseinandersetzungsmöglichkeit durch das Führen des Pflanzentagebuchs – einlassen. Da dies eine freiwillige, zusätzliche Aufgabe darstellte, nahmen nicht alle dieses Angebot an. Lediglich 64 Studierende führten ein Pflanzentagebuch, profitierten aber davon, wie die Ergebnisse der Klausur zeigten.

Andererseits begaben sich auch die Entwicklungsverantwortlichen in einen reflexiven Prozess – im vorliegenden Szenario die Dozentin und die Coachin. Die gesamte transitive Entwicklungstätigkeit umfasste reflexive Anteile, die durch das Coaching prozessbegleitend integriert werden konnten: Insbesondere in der Konzeptionsphase und in den ersten Wochen der Vorlesung sind viele Einträge im Lerntagebuch der Dozentin entstanden. Dies lässt auf eine erhöhte Auseinandersetzung mit der E-Learning-Integration in die eigene Veranstaltung schließen.

Die Begleitung der Dozentin im Coachingprozess umfasste folgende Bausteine, wie in Abschnitt 4.3 ausgeführt wurde: 1. Das Startgespräch, was die Erstellung des E-Learning-Konzepts, die damit verbundenen Ziele und eine erste Rollenreflexion sowohl in Bezug auf das Coaching als auch in der eigenen Lehre beinhaltete. 2. Das Zwischengespräch, in dem die Reflexion und individuelle Beratung in Bezug auf die Realisierung der Maßnahme im laufenden Lehrbetrieb im Vordergrund stand. 3. Das Abschlussgespräch, in dem die Gesamt-Reflexion des Lehrprojekts, der erreichten Ziele und der individuellen Kompetenzentwicklung thematisiert wurde. Zudem reichte die Dozentin 12 Blogeinträge prozessbegleitend im Sinne eines Lerntagebuchs ein. Die Reflexion der Entwicklung wurde von der Dozentin auch in einem Erfahrungsbericht festgehalten. Der Transfer der Lehridee und der Erfahrungen der Umsetzungen wurden anschließend über einen öffentlichen Ideenpool für innovative Lehre, den das Kompetenzzentrum für Hochschuldidaktik der JLU betreut[5], veröffentlicht und sind nun für andere Lehrende zugänglich.

Die Reflexion der verschiedenen Entwicklungsebenen fand zusätzlich gemeinsam mit der Coachin in dieser Publikation statt, indem rückblickend betrachtet wurde, wie die transitive Entwicklung des Veranstaltungskonzepts mit den Pflanzentagebüchern von den Studierenden angenommen wurde und welche

---

5 Vgl. https://www.uni-giessen.de/fbz/zentren/zfbk/didaktik/informationen/dbfil [01.06.2017]

Schlüsse daraus zu ziehen bzw. welche Entwicklungspotentiale abzuleiten sind. Dies dient zusätzlich dem Transfer der Ergebnisse, des didaktischen Szenarios und der Idee des begleitenden Lehrcoachings in andere Lehr-Lernkontexte an Bildungsinstitutionen.

6 Fazit

Ausgangspunkt der Überlegungen war die Frage, wie E-Learning unterschiedliche Bildungsräume zusammenführen kann und welche Entwicklungen dadurch ermöglicht werden können. Wie in der vorangegangenen Analyse herausgearbeitet werden konnte, fanden in der beschriebenen Maßnahme Entwicklungen entsprechend des transitiven, intransitiven und reflexiven Verständnisses des Begriffs statt. Die *transitive Entwicklung* einer konkreten Maßnahme wurde in der Form des modifizierten Vorlesungskonzepts durch die Anreicherung mit dem Pflanzentagebuch erfüllt. Der traditionelle Bildungsraum Vorlesung mit seiner primären Funktion des „Learning about research" blieb so erhalten und wurde durch ein praxisorientiertes Element für die Selbstlernphase angereichert, das im engen Bezug zu den disziplinspezifischen Handlungspraxen, der Arbeit auf dem Feld, steht. *Intransitive Entwicklungen* bestätigen die guten Klausurergebnisse der Pflanzentagebuchschreibenden sowie die überwiegend positiven Rückmeldungen der Studierenden zu diesem E-Learning-Werkzeug. Vorteile lassen sich in der Erweiterung des Denkraums durch das Pflanzentagebuch sehen, das zur aktiven Auseinandersetzung mit den Vorlesungsinhalten beitrug. *Reflexive Entwicklungen* konnten insbesondere durch das Coaching begleitet und angestoßen werden. Besonders die enge Verzahnung zwischen Lehrveranstaltungsplanung, -durchführung und -auswertung mit dem Coaching und Lerntagebuch erwies sich als fruchtbar, auch für die Dozentin neue Denkräume in Bezug auf ihre Lehrpraxis zu eröffnen.

Sesink (2015) weist darauf hin, dass die unterschiedlichen Momente von Entwicklung nicht isoliert betrachtet werden können, sondern in Beziehung stehen und einander beeinflussen (ebd., S.3). Dies bestätigen auch die gewonnenen Ergebnisse: Die enge Begleitung durch das Coaching konnte das E-Learning-Element „Pflanzentagebuch" erfolgreich in das bestehende Vorlesungsformat implementieren. Das Lehrcoaching kann damit als wirksames Unterstützungsinstrument zur Gestaltung von Lehre angesehen werden.

Für folgende Veranstaltungen ist geplant, Verbesserungspotentiale der Studierenden aufzugreifen. Sie wünschten sich eine Verknüpfung des Pflanzentagebuchs mit der Klausur. Die Dozentin plant, das Pflanzentagebuch als festen Bestandteil in der Vorlesung einzusetzen und in der Klausur zwei Fragen dazu zu stellen, so dass die Mitarbeit noch stärker belohnt wird. Dies ist mit der Hoffnung verbunden, die Motivation zur Teilnahme am Pflanzentagebuch zu erhöhen.

Literatur

Apel, H. J. (1999). *Die Vorlesung. Einführung in eine akademische Lehrform.* Köln/ Wien: Böhlau Verlag.

DBR Collective (2003). Design-Based Research: An Emerging Paradigm for Educational Inquiry. *Educational Researcher* 32, Nr. 1 (S. 5–8). Online verfügbar: http://www.jstor.org/stable/3699927.

Dietrich, J.; Viljaranta, J.; Moeller, J. & Kracke, B. (2017). Situational expectancies and task values: Associations with students' effort. In: *Learning and Instruction* 47 (S. 53–64).

Gallin, P. & Ruf, U. (1990). *Sprache und Mathematik in der Schule. Auf eigenen Wegen zur Fachkompetenz.* Seelze: Kallmeyersche Verlagsbuchhandlung.

Gieseke, W. & Nittel, D. (2016). *Handbuch Pädagogische Beratung über die Lebensspanne,* Weinheim: Beltz Juventa.

Gläser-Zikuda, M. & Hascher, T. (Hrsg.) (2007). *Lernprozesse dokumentieren, reflektieren und beurteilen. Lerntagebuch & Portfolio in Bildungsforschung und Bildungspraxis.* Bad Heilbrunn: Klinkhardt.

Herzig, B. (2014). *Wie wirksam sind digitale Medien im Unterricht?* Bertelsmann Stiftung (Hrsg.)

Holzkamp, K. (1995). *Lernen. Subjektwissenschaftliche Grundlegung.* Frankfurt, New York: Campus Fachbuch.

Kahlert, J. (2005). Zwischen den Stühlen zweier Referenzsysteme. Zum Umgang mit heterogenen Erwartungen bei der Evaluation schulnaher Diszipln in Lehramtsstudiengängen. *Zeitschrift für Pädagogik*, 51(6), 840–854.

Lissmann, U. (2010). *Leistungsmessung und Leistungsbeurteilung: eine Einführung. (Materialien für Lehre, Aus- und Weiterbildung,* Bd. 32, 2. korr. u. erg. Auflage). Landau: Verlag Empirische Pädagogik.

Ludwig, J. (2015). Beratung vom Subjektstandpunkt. In M. Allespach & J. Held (Hrsg.), *Handbuch Subjektwissenschaft. Ein emanzipatorischer Ansatz in Forschung und Praxis* (S. 293–313). Frankfurt a. M.: Bund Verlag.

Petko, D. (2013). „Lerntagebuch schreiben mit Weblogs. Didaktische Grundlagen und technische Entwicklungen am Beispiel von lerntagebuch.ch". In D. Miller & B. Volk (Hrsg.), *E-Portfolio an der Schnittstelle von Studium und Beruf* (S. 206–214). Münster: Waxmann.

Reinmann, G. & Schmohl, T. (2016). Learning about Research. Vortrag auf der Jahrestagung des Universitätskollegs der Universität Hamburg zum Thema „Perspektivenwechsel" am 30.06.2016. Programmheft S. 18.

Reinmann, G. & Sesink, W. (2013). Begründungslinien für eine entwicklungsorientierte Bildungsforschung. In A. Hartung, B. Schorb, H. Niesyto, H. Moser & P. Grell (Hrsg.), *Methodologie und Methoden medienpädagogischer Forschung. Jahrbuch Medienpädagogik 10* (S. 75–89). Wiesbaden: Springer VS.

Reinmann-Rothmeier, G. & Kahlert, J. (Hrsg.) (2007). Der Nutzen wird vertagt ...: Bildungswissenschaften im Spannungsfeld zwischen wissenschaftlicher Profilbildung und praktischem Mehrwert. Lengerich u. A.: Pabst Science Publ.

Rettinger, S. (2011). Das Coaching-Erstgespräch: ‚Handlungsidentitäten' in der Beziehungsgestaltung zwischen Coach und Klient. In E.-M. Graf; Y. Aksu, I. Pick & S. Rettinger (Hrsg.), *Beratung, Coaching, Supervision: Multidisziplinäre*

Perspektiven vernetzt (S. 149–166). Wiesbaden: VS Verlag für Sozialwissenschaften.

Schiefner-Rohs, M. (2014). Metaphern und Bilder als Denkräume zur Gestaltung medialer Bildungsräume – erste Sondierungen. In K. Rummler (Hrsg.), *Metaphern und Bilder als Denkräume* (S. 68–78). Münster: Waxmann.

Sesink, W. (2015). Entwicklungsorientierte Bildungsforschung. Plädoyer für einen „dritten Weg" in pädagogischer Forschung. Eine Textsammlung. Online verfügbar: www.sesink.de/wordpress/wp-content/uploads/2015/11/Entwicklungsorientierte-Bildungsforschung_Sesink_2015.pdf (10.07.2017)

Stettner, J. (2016). *Lerntagebücher und Coachings als Lehrformat im berufsbegleitenden Studium – ein Praxisbericht*. Vortrag Jahrestagung DGWF am 15.09.2016 in Wien. Online verfügbar: dgwf.net/fileadmin/user_upload/Jahrestagung/2016/Vortraege/AG2_WS6_Stettner.pdf. (10.07.2017)

Szczyrba, B. & van Treeck, T. (2017). Coaching und Diversity in Studium und Lehre – alter Hut oder neue Herausforderung? In B. Szczyrba; T. van Treeck; B. Wildt & J. Wildt (Hrsg.), *Coaching Diversity an Hochschulen: Hintergründe – Ziele – Anlässe – Verfahren* (S. 47–70). Wiesbaden: Springer Fachmedien.

Welbers, U. & Gaus, O. (2005). *The shift from teaching to learning: Konstruktionsbedingungen eines Ideals: für Johannes Wildt zum 60. Geburtstag.* München: Bertelsmann.

Wildt, B.; Hebecker, E. & Szczyrba, B. (2016). *„Beratung im Feld der Hochschule: Formate – Konzepte – Strategien – Standards.".* Wiesbaden: Springer. Online verfügbar: http://www.springer.com/gp/book/9783658079093 (10.07.2017)

Julian Dehne, Ulrike Lucke, Mandy Schiefner-Rohs

Digitale Medien und forschungsorientiertes Lehren und Lernen – empirische Einblicke in Projekte und Lehrkonzepte

Zusammenfassung

Forschungsorientiertes Lehren und Lernen ist nicht erst seit der Bologna-Reform in aller Munde. Nicht selten wird dabei überlegt, wie man dies auch mit digitalen Medien unterstützen kann. Der folgende Artikel gibt einen Einblick, wie Dozierende einen Raum für Forschungsorientierung in der Lehre mit digitalen Medien schaffen. Anhand zweier Befragungen liefert der Artikel empirische Befunde zum Einsatz digitaler Medien in Szenarien forschungsorientierten Lehrens und Lernens. Es zeigt sich, dass eher allgemeine mediendidaktische Überlegungen den Ausschlag geben und Forschungsorientierung als Konzept bei der Auswahl digitaler Medien auf Dozierendenseite kaum eine Rolle zu spielen scheint. Ausgehend von den Ergebnissen dieser Untersuchung werden im Anschluss Thesen zur Diskussion gestellt, wie das Verhältnis von Forschungsorientierung in der Lehre und Nutzung digitaler Medien gedacht werden kann, bevor auf Forschungsdesiderate hingewiesen wird.

1 Forschungsorientiertes Lehren und Lernen und digitale Medien

Basierend auf Überlegungen aus den 1970er Jahren und zurückgehend auf das Humboldt'sche Bildungsideal der Verbindung von Forschung und Lehre erlebt forschungsorientiertes Lehren und Lernen in den letzten Jahren einen Aufschwung in der Gestaltung universitärer Lehre. Obwohl forschungsorientiertes Lehren und Lernen und der Einsatz digitaler Medien in der Hochschullehre zwei genuine Themenfelder der Hochschuldidaktik berühren (Wildt, 2013), ist ein Zusammenspiel beider eher selten dezidiertes Thema im Diskurs. Denkt man den Zusammenhang zwischen Forschung, Lehre und digitalen Medien analytisch, können drei unterschiedliche Perspektiven und damit Zugänge zum Thema unterschieden werden (vgl. Hofhues, Reinmann & Schiefner-Rohs, 2014, S. 19f.):
- *Perspektive des Lernens* mit der Frage, wie man in und mit Forschung lernen kann und welche Rolle digitale Medien dort spielen (hochschuldidaktische Perspektive)

- *Perspektive der Medien* mit der Frage, welche Potenziale (digitale) Medien als Lehr-Lernwerkzeuge oder in der Gestalt von Lern- und Bildungsräumen für Forschungstätigkeiten im Rahmen von konkreten Veranstaltungen oder in Eigenverantwortung bieten (mediendidaktische Perspektive)
- *Perspektive der Forschung* mit der Frage, wie digitale Medien Forschungstätigkeit erleichtern können bzw. welche Lern- und Erkenntnisprozesse in mediengestütztem Forschungshandeln zu erwarten sind (Perspektive der Wissenschaftsforschung).

Im Folgenden wird dezidiert die zweite Perspektive eingenommen und danach gefragt, wie digitale Medien genutzt werden, um Bildungsräume zu gestalten und damit forschungsorientiertes Lehren und Lernen zu unterstützen. Forschung und Mediennutzung gehören mittlerweile zusammen. In allen Phasen des Forschungsprozesses können digitale Medien genutzt werden: um z.B. einzelne Vorgänge oder Schritte effizienter zu gestalten (bei der Recherche, Datenauswertung oder Ergebnisverbreitung) oder auch um Prozesse zu ermöglichen, die ohne digitale Medien kaum machbar wären wie z.B. die Analyse von großen Datenmengen. Aber auch der soziale Austausch über digitale Medien gehört mittlerweile genuin zum Forschungshandeln. Dementsprechend liegt es nahe, digitale Medien auch in forschungsorientierten Lehr-Lernformaten einzusetzen und es ist wenig verwunderlich, dass strukturelle Ähnlichkeiten auch in forschungsorientierten Szenarien gesucht werden. In diesen können digitale Medien, versteht man sie primär als Werkzeuge und nicht so sehr als Möglichkeit der Schaffung neuer Bildungsräume primär unter zwei Perspektiven eingesetzt werden: Zum einen als Werkzeug zur Unterstützung von Lehren und Lernen allgemein, wie dies in vielen Veranstaltungen an Hochschulen mittlerweile (fast) alltäglich ist (Persike & Friedrich, 2016, Schmid et al., 2017), zum anderen aber auch als Möglichkeit der ‚besseren' Unterstützung forschungsorientierten Lehrens und Lernens und damit in einem engeren Bezug zu Forschungstätigkeiten in spezifischer Form. Digitale Medien können hier gewissermaßen als Werkzeuge betrachtet werden, die helfen, bestimmte Situationen im forschungsorientierten Lehr-Lernformat zu verbessern: So können Texte, Videos oder Lerninhalte die Vermittlung von Grundlagenwissen über Forschung und Forschungsmethoden verbessern oder heterogenes Vorwissen auf Seiten der Studierenden minimieren, es können interaktive Aufgaben gestaltet werden oder Informationsrecherche oder die Kommunikation erleichtert werden (z.B. durch die Nutzung von Lernplattformen oder sozialen Medien). Aber auch E-Portfolios bieten Möglichkeiten, z.B. den reflexiven Aspekt in forschungsorientierten Formen zu unterstützen und damit eine Meta-Ebene einzuziehen (vgl. Bauer & Baumgartner, 2012; Reinmann & Sippel, 2011).

Blickt man in die Literatur und empirische Studien zur Verbindung von Forschungsorientierung und digitalen Medien im Studium, sieht man, dass die

Nutzung digitaler Medien in forschungsorientierten Lehr-Lernformaten eher wenig thematisiert und dementsprechend auch wenig empirisch untersucht wird (vgl. Dürnberger, 2011). Untersuchungen liegen bisher eher zu Einsatzszenarien oder einzelner Arbeitsphasen (vgl. Dürnberger, Reim & Hofhues, 2011; Bremer, 2000) oder in Form von Mediennutzungsstudien in der Hochschullehre allgemein (Persike & Friedrich, 2016; Schmid, 2017) vor. Hier zeigt sich, dass digitale Medien durchaus einen Stellenwert in der Nutzung durch Studierende, aber auch in den Lehr-Lernkonzepten von Dozierenden haben. Offen bleibt aber der genaue Zusammenhang zwischen forschungsorientierten Lehr-Lernformaten und der Nutzung digitaler Medien. Während die Studierenden z.T. nach Forschungsorientierung in ihrem Studium in den Studienqualitätsmonitoren der HIS und AG Hochschulforschung befragt werden, bleibt die Perspektive der Dozierenden bei der Gestaltung von forschungsorientierten Lehr-Lernanlässen weitestgehend ein Desiderat.

Ausgehend von unserem Forschungsprojekt FideS[1], in dem wir untersuchen, wie Forschungsorientierung in der Studieneingangsphase in Projekten des Qualitätspakts Lehre und darüber hinaus umgesetzt und wirksam wird, möchten wir der Frage nach der Verbindung von forschungsorientierter Lehre und digitalen Medien aus Sicht Dozierender näher nachgehen. Neben der Entwicklung von Werkzeugen zur Unterstützung forschungsorientierten Lehrens und Lernens liegt ein Schwerpunkt auch auf der empirischen Erforschung des Einsatzes digitaler Medien in Veranstaltungen zu forschungsorientiertem Lehren und Lernen. Dementsprechend galt es in einem ersten Zugriff auf die als relevant identifizierten Projekte, einen Überblick darüber zu erlangen, wie digitale Medien in forschungsorientierten Lehrveranstaltungsformaten umgesetzt werden.

2 Digitale Medien in forschungsorientierter Lehre

Im Jahr 2016 wurden daher zwei verschiedene Befragungen im Projekt FideS durchgeführt: Zum einen wurden Projektverantwortliche in Projekten des Qualitätspakts Lehre befragt, inwiefern in ihren Projekten zu forschungsorientierter Lehre digitale Medien eine Rolle spielen, zum anderen wurden Dozierende zum Einsatz und zum Nutzen digitaler Medien in forschungsorientierten Lehrformaten befragt. Beide Studien werden im Folgenden in Erhebungsform und den Ergebnissen vorgestellt, um im Anschluss daran die

---

1 Das Verbundprojekt FideS untersucht (Forschungsorientierung in der Studieneingangsphase) im BMBF-Schwerpunkt Hochschulforschung (FKZ: 01PB1401), wie Forschungsorientierung in der Studieneingangsphase in Projekten des Qualitätspakts Lehre und darüber hinaus umgesetzt und wirksam wird. Mehr Informationen: http://fides-projekt.de (21.03.2017)

Rolle digitaler Medien in forschungsorientierten Lehrveranstaltungsformen vertiefend zu diskutierten.

2.1 Befragung von Projektverantwortlichen der QPL-Projekte

Unter der Perspektive, wie Forschungsorientierung im Studieneingang mit digitalen Medien unterstützt wird, interessierte uns die Frage, wie digitale Medien in Projekten, die dezidiert Forschungsorientierung fördern wollen, eingesetzt werden. Einen ersten Zugang lieferte uns dabei das FideS-Sample an Projekten des Qualitätspaktes Lehre[2]. Die geführten Interviews mit Projektverantwortlichen bilden die Basis für die Betrachtungen auf Projektebene. Ausgehend von diesem Sample haben wir eine telefonische Befragung mit Lehrenden durchgeführt, die uns von den QPL-Projektleitern aus ihrer Arbeit heraus empfohlen wurden und die Projekte im Sinne forschenden Lernens betreuen und/oder durchführen. Da uns vor allem die Umsetzungsformen forschungsorientierten Lehrens und Lernens interessierten, wurde hier bewusst die Ebene der Dozierenden betrachtet. Insgesamt wurden 19 Projekte ausgewählt. Mit den Projektverantwortlichen wurden Gruppeninterviews durchgeführt, wobei die Gruppenstärke zwischen 2 und 5 schwankte. Dadurch wurde die institutionelle Ebene nicht nur des Projektes, sondern in der Form von aktiven Professoren oder Leitungsgremien der Universität auch die Einbettung und relevanten Akteure mit in den Blick genommen.

In der Auswertung der Gruppeninterviews wurde in verschiedene Formen von Projekten unterschieden: Kodiert wurden der Einsatz bzw. die Funktion digitaler Medien in den einzelnen Projekten. Wurden sie eingesetzt, um Selbststudium zu unterstützen, um Lehren und Lernen zu personalisieren, um Spiel- und Simulationselemente in die Lehre zu integrieren, um offene Bildungspraxis (Einsatz von MOOCs oder Youtube etc.) umzusetzen oder um Interaktion und Kommunikation zu erleichtern (in Anlehnung an Persike & Friedrich, 2016). Darüber hinaus wurde unterschieden, ob digitale Medien dazu dienten, Online-Lernen zu unterstützen oder ein Integrations- bzw. Anreicherungskonzept umgesetzt wurde (vgl. Bachmann et al., 2002). Die folgenden Graphiken zeigen die Anzahl der Nennungen gruppiert nach der Funktion der digitalen Medien für die Projektebene.

Es wurden dabei in 9 von 19 Projekten digitale Lehr-Lernszenarien identifiziert. Diese verteilen sich auf den Einsatz von E-Portfolios (im Rahmen des Selbststudiums), die Unterstützung einer offenen Bildungspraxis, Interaktion und Kollaboration und Online-Lernen. Schaut man sich näher an, welche digi-

---

2 Informationen zu Projektauswahl und Forschungsdesign: http://fides-projekt.de/forschungsdesign/

talen Medien genutzt werden, liegt ein Schwerpunkt auf der Nutzung von E-Portfolios. Online basierte Kollaboration (einschließlich Peer-Feedback) wie auch offene Bildungspraxis (z. B. mit einem studentischen Online-Journal) werden nur in vereinzelten Projekten umgesetzt, insbesondere in Integrations- und Anreicherungsprojekten, d. h. Projekte, die häufig Videos nutzen.

Am häufigsten wird hierbei von den Projekten Learning-Management-Systeme (LMS) genannt, gefolgt von Videos sowie von Texten. Ansonsten sind die Rückmeldungen aus den Projekten bezüglich einzelner Medien sehr unterschiedlich. Die einzige nennenswerte Häufung ist die Verwendung von Videos.

Zusammenfassend sieht man in diesen Ergebnissen, dass die Rückmeldung der Nutzung digitaler Medien durch Projekte des Qualitätspakts Lehre eher eingeschränkt in ihrer Aussagekraft sind, weswegen wir die Untersuchung ausdehnten. Dementsprechend erschien es interessant zu erfahren, wie Lehrende auch ohne projektbezogenen Hintergrund digitale Medien in forschungsorientierten Lehrveranstaltungsformen nutzen, so dass eine zweite Studie mit Lehrenden durchgeführt wurde.

2.2 Befragungen von Dozierenden

Basis dieser strukturierten Erhebung bei Lehrenden war ein Leitfaden[3], der Fragen über den konkreten Verlauf der Veranstaltung, die Gestaltung des forschungsorientierten Lernens, die Nutzung und Empfehlung von digitalen Medien und die damit verknüpften Lernziele enthält. Zur Vorbereitung des Gesprächs wurde ein Handout erstellt und den Teilnehmenden vor der Befragung zugesandt. Das gemeinsame Handout sollte es ermöglichen, eine gemeinsame Sprache zu finden, da Forschungsverständnisse und dementsprechend auch darauf basierende Seminarkonzepte disziplinär unterschiedlich sind. Um diese Fachspezifität weiter zu minimieren, wurde ein allgemeines, Disziplinen übergreifendes Forschungsprozessmodell (Pedaste et al., 2015) vorgestellt sowie eine Tabelle gängiger digitalen Medien (Persike & Friedrich, 2016) beigelegt. Diese diente den Lehrenden zur Vorbereitung, da in kleineren Vorerhebungen deutlich wurde, dass Dozierende Vorbereitungszeit benötigen, wenn sie Ihr Lehrkonzept und damit zusammenhängend ihre Ziele erläutern sollen. Als Ergebnis eines Pretests wurde festgestellt, dass die Klärung von zugrundeliegenden Konzepten und Begriffen vor dem Interview die Flüssigkeit und Klarheit der Gespräche beeinflusst. Es wurden 64 Dozierende per E-Mail eingeladen, an der Umfrage teilzunehmen. Schließlich wurden die Interviews per Telefon mit 25 Lehrenden aus 9 Universitäten und einem breiten Spektrum von Disziplinen durchge-

---

3 Die Interviews der ersten Studie wurden inhaltsanalytisch kodiert und die so generierten Variablen bildeten die Grundlage für den Leitfaden.

führt. In den Interviews mit Lehrenden wurde gefragt, welche Medientypen Dozierende in forschungsorientierten Lehr-Lernformaten einsetzen.

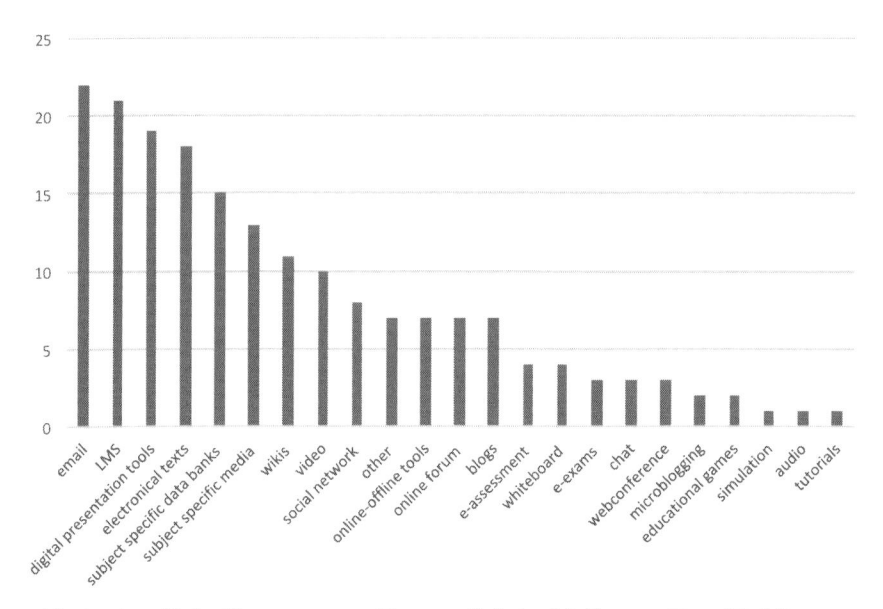

Abb. 1: Anzahl der Nennungen zur Nutzung digitaler Medien pro Kurs (N=30)

Es ist nicht verwunderlich, dass „klassische Medien" wie E-Mail (22 Nennungen), LMS (21), digitale Präsentationsinstrumente (19) und digitale Texte (18) am häufigsten zur Unterstützung der Lehre genannt werden. Fachspezifische Datenbanken (15) und Medien (13), Wikis (11) und Videos (10) werden ebenfalls sehr häufig als verwendet angegeben, während andere Medienformen nach Auskunft Dozierender weniger im forschungsbasierten Lernen verwendet werden (vgl. Abb. 2). Es wird deutlich, dass die Lehrenden nach wie vor stark auf klassische Werkzeuge zurückgreifen. Dieser Befund deckt sich mit anderen Befragungen, jüngst z.B. die Studie der Bertelsmann Stiftung (Schmid et al., 2017). LMS werden häufig verwendet, da sie verschiedene Funktionalitäten kombinieren und dementsprechend Lehrhandeln aus Dozierendensicht besonders gut unterstützen.

In einem zweiten Schritt haben wir die Szenarien, die von den Lehrenden berichtet wurden, unterschiedlichen Arten von forschungsbasiertem Lernen zugeordnet und uns daraufhin die Mediennutzung erneut angesehen. Unterschieden haben wir hier drei Arten, wie Lernen und Forschung in Beziehung stehen können (Reinmann, 2016, S. 3): Lernen *über* Forschung (Learning about Research),

Lernen *für* Forschung (Learning for Research) und Lernen *durch* Forschung (Learning through Research). Wie in Abbildung 3 ersichtlich, sind klassische Medien (erster Block) die gängigste Kategorie in allen Arten von forschungsbasiertem Lernen. Darüber hinaus werden soziale Kommunikationswerkzeuge von einigen Lehrenden in ihren Kursen verwendet. Dozierende, die forschungsorientiertes Lernen unter der Perspektive Lernen *für* Forschung umsetzen, tendieren nach eigenen Aussagen eher dazu, mit neueren digitalen Medien zu experimentieren. So werden pädagogische Spiele, Wikis, Videos, Audio, Tutorials und elektronische Bewertung häufiger in dementsprechenden Szenarien eingesetzt (vgl. Abb. 2). Im Gegensatz dazu werden interaktive Tools wie Whiteboards und Webkonferenzen eher beim Lernen *durch* Forschung verwendet. In komplexeren Projekten, die die aktive Teilnahme und Organisation der Studierenden innerhalb der Forschungsgruppen beinhaltet, scheinen interaktive Werkzeuge von wesentlicher Bedeutung zu sein.

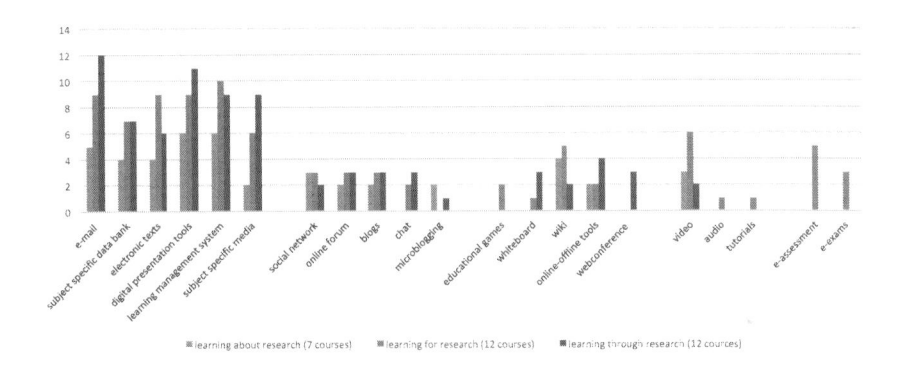

Abb. 2: Nutzung digitaler Medien in Abhängigkeit zur Form forschungsorientierten Lehrens und Lernens

In den Interviews berichten Dozierende in allen Formen forschungsorientierten Lehrens und Lernens allerdings davon, dass viele Studierende mit „neuen" oder „ungewöhnlich genutzten" Medien kämpfen, insbesondere bei gleichzeitiger Verwendung mehrerer Arten und kreative Kombinationen. Einige Dozierende geben an, dass sie versucht haben, neue digitale Medien wie Online-Offline-Tools, Portfolios oder Wikis in ihren Kursen zu etablieren, aber an Widerständen von Studierenden gescheitert seien: technisch zu schwierig oder unpraktisch in der Bedienung, so häufige Rückmeldungen der Studierenden an die Dozierenden. Eine klare Zuordnung der Medien auf einzelne Forschungsphasen des Forschungsprozesses ist nicht möglich, da digitale Medien in nahezu allen Phasen ohne klare Trennung eingesetzt werden. Einzige Ausnahmen bilden fachspezifische Methodenwerkzeuge wie z. B. Medien zur Datenerhebung (vgl.

Abb. 3). In dieser Grafik ist ersichtlich, dass z. B. Wissensmanagement und Kommunikation diejenigen Phasen im Forschungsprozess sind, bei denen häufig digitale Medien eingesetzt werden, im Rahmen von Kommunikation auch heterogenere als im Wissensmanagement. Zur Reflexion wiederum werden häufig Blogs eingesetzt.

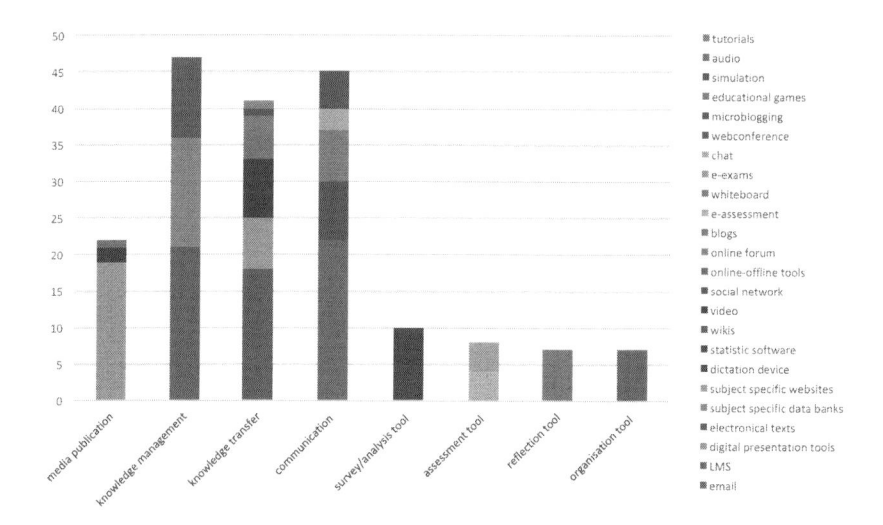

Abb. 3: Digitale Medien und deren intendierte Funktionen in forschungsorientierten Lehr-Lernszenarien

Will man die bisherigen Ergebnisse zusammenfassen, bleibt festzuhalten, dass Lehrende hauptsächlich ‚klassische' Medien in ihren Veranstaltungen einsetzen (z. B. LMS, E-Mail, usw.), der Fokus also auf dem Medium als Werkzeug liegt. Anhand der Interviews wird deutlich, dass darüber hinaus einige Lehrende versuchten, neue Medien und Technologien wie z. B. E-Portfoliosysteme oder Etherpads in ihren Veranstaltungen einzubringen, diese jedoch seitens der Studierenden eher auf Ablehnung stießen. Dies wird zum einen durch weitere Studien unterstützt (vgl. Persike & Friedrich, 2016; Schmid, 2017) und unterstreicht zum anderen wiederholt die Behauptung, dass Studierende keine ‚digital natives' sind (vgl. Bennett, Maton & Kervin, 2008; Schulmeister, 2015), denn sie haben Schwierigkeiten mit den vielfältigen Funktionen der ihnen unbekannten Medien und lehnen es eher ab, mehrere Medien parallel zu nutzen (Hofhues, 2016). Sie sind dementsprechend zwar medienaffin, aber nicht medienkompetent und nutzen Lehr- und Lernmedien nicht zum Selbstzweck, sondern verstehen diese eher (arbeitsökonomisch gedacht) als Instrument zur Zielerreichung (Dittler, 2009, S. 217).

3 Thesen zur Diskussion der Ergebnisse

Vergleicht man die Daten der Dozierendenbefragung mit der Befragung der Projekte des QPL-Sample, ist zu erkennen, dass das Bestreben Dozierender, im Rahmen von Studiengangs- und Veranstaltungsplanungen digitale Medien auch in forschungsorientierten Veranstaltungsformen zu nutzen, zwar vorhanden ist (z. b. durch das Angebot von E-Portfolios), diese aber in ihrer Umsetzung auf der Mikroebene der Lehrveranstaltung (u. a. an Studierenden) scheitert (Kluft zwischen Plan und Umsetzung). Auffällig ist darüber hinaus, dass der Einsatz digitaler Medien in den Erklärungen der Dozierenden nicht speziell für das forschende Lernen bzw. forschungsorientiertes Lernen geplant und eingesetzt wird, sondern eher allgemeinen didaktischen (und eher pragmatischen) Überlegungen zu unterliegen scheint, So wird der Medieneinsatz primär unter Fragestellungen allgemeinen Lehr-Lernhandelns und dementsprechender didaktischer Fragestellungen gedacht und weniger unter der Perspektive von Forschungsorientierung und damit verbunden Forschungshandeln. Es scheint, als würden die Medien, die in forschungsorientierten Veranstaltungen eingesetzt werden, wenig unterscheidbar von denen sein, die in anderen Lehr-Lernformaten zum Einsatz kommen. Ebenso ist die genaue Verwendung bestimmter Medien in den Interviews nicht ausreichend geklärt. Beispielsweise geben Lehrende an, die universitätseigenen LMS zu verwenden, doch es bleibt offen, ob sämtliche Funktionen des LMS wie beispielsweise Foren, Wikis, Chats etc. eingesetzt und verwendet werden oder ob diese nur zur Verteilung von PDFs genutzt werden. Vermutlich ist letzteres eher der Fall, da die Lehrenden in den Interviews nicht näher auf die Nutzung eingegangen sind.

Unsere Ergebnisse decken sich damit weitgehend mit Studien der vergangenen Jahre, zusammenfassend mit dem Ergebnis, dass digitale Medien in Hochschulen trotz insgesamt guter Infrastrukturen eher traditionell und selten umfassend eingesetzt werden (z. B. Bargel et al., 2008; Grosch & Gideon, 2011; Persike & Friedrich, 2016; Zawacki-Richter, Hohlfeld & Müskens, 2014). Auch Forschungsorientierung als grundlegendes Konzept ändert an dieser Einschätzung wenig. Dementsprechend möchten wir – auch für die Diskussion an der Tagung[4] – folgende Thesen festhalten, welche die recht ernüchternden Befunde beider Studien erklären könnten:

- *Überforderungsthese*: Studierende (und evtl. auch Dozierende) sind mit Forschungsorientierung und digitalen Medien gleichzeitig überfordert. Daher präferieren sie ‚traditionelle' Medien, die in der Handhabung bekannt und daher schnell nutzbar sind.
- *Lehrdominanz-These mit dem Fokus auf Lehr-Räume statt Forschungshandeln*: In hochschuldidaktischen Veranstaltungen werden digitale Medien

---

4 Etherpad, über das die Diskussion über die Thesen mit den Teilnehmenden vor, während und nach der Tagung geführt werden kann: https://etherpad.net/p/GMW2017

oft nur unter Perspektive von allgemeiner Lehre und weniger aus Forschungstätigkeiten heraus thematisiert. Dementsprechend haben Dozierende eher traditionelle Lehr-Lernkonzepte vor Augen und denken Forschungsorientiertes Lehren und Lernen nicht von der Forschung, sondern von der Lehre her. Medienhandeln verbleibt damit in der Dozierendenperspektive im Rahmen des Lernens von Forschung, nicht des Forschungshandelns. Dementsprechend sieht man trotz Forschungsorientierung in dementsprechenden Szenarien eher diejenigen Medien, die aus der Lehre bekannt sind. Wenn man Forschungsorientierung in der Lehre konsequent von der Forschung her denkt, müsste demensprechend der gesamte Prozess forschungsbasierten Medienhandelns in der Lehre umgesetzt werden (vgl. auch Bihrer, Tremp & Schiefner, 2010).
- *Umsetzungs- bzw. Transfer-Hypothese*: Es fehlt an Transfer hochschuldidaktischer Konzepte auf die Mikroebene. Beispiele wie das E-Portfolio, was bei den Projektträgern häufig erwähnt wird, jedoch bei den Lehrenden ausgeklammert wird, könnten vermuten lassen, dass die Unterstützung seitens der Projekte, der E-Learning-Zentren oder der hochschuldidaktischen Zentren nicht auf der Mikro-Ebene Anklang bzw. Wirkung zeigt.
- *Reichweiten-These*: Forschendes Lernen und Medien als Werkzeuge sind Theorien mit unterschiedlicher Reichweite, die sich in den Phänomenen nur teilweise überschneiden. Während Forschendes Lernen aus der epistemischen Sicht (Brew, 2010) als ein Paradigma gelten kann, ist mediengestütztes Lehren eine didaktische Theorie mit speziellen Fokus auf gewisse Lernszenarien, die sich mit dem Forschenden Lernen auf konzeptioneller Ebene entweder so gut vertragen, dass eine Gegenüberstellung zwecklos erscheint, oder hingegen andere Probleme im Auge haben, so dass eine gemeinsame Betrachtung hinfällig wird.

4 Desiderate und Ausblick

In der vorgestellten Untersuchung zeigt sich nochmals deutlich, dass und wie das Erhebungsdesign grundlegend für die Aussagekraft der Ergebnisse ist. Digitale Medien sind selbstverständlicher Teil im Hochschulstudium – auch in Lehr-Lernszenarien, die Forschungsorientierung in den Mittelpunkt stellen. Allerdings wurde in der vorliegenden Untersuchung aus Perspektive der Lehrenden nach der Anlage ihrer mediendidaktischen Konzepte gefragt. Andere Ergebnisse würde man evtl. bekommen, wenn zum einen die Perspektive auch auf Forschungshandeln gelegt wird und zum anderen darüber hinaus auch die Forschungs- und Studiertätigkeit der Studierenden adressiert wird. Denn der Anspruch an den Gebrauch digitaler Medien und deren tatsächliche Nutzung durch Studierende stehen mitunter im Widerspruch, wie Mediennutzungsstudien der letzten Jahre immer wieder aufzeigen (z. B. Grosch & Gidion 2011, 2012;

Persike & Friedrich, 2016; Schmid, 2017). Bisher konnte empirisch nicht zufriedenstellend geklärt werden, welche Bedeutung digitale Medien für Lehren, Lernen und Studium *an sich* haben. Zwei Desiderate können daher aus der vorliegenden Untersuchung zur weiteren Beschäftigung gezogen werden:

Desidaterat 1 – Beschäftigung mit Medienbegriffen: Die Ergebnisse von Untersuchungen sind von zugrunde liegenden Medienbegriffen abhängig. Bei schwachen Medienbegriffen (Tholen, 2005), in dem das Medium als technischen Träger bzw. Vermittler im Vordergrund steht und Nutzungshäufigkeiten eingeschätzt werden müssen, kann sich die widersprüchliche Situation ergeben, dass Medien entweder vereinzelt betrachtet werden, wodurch ihre Relevanz für das Forschende Lernen unklar wird (siehe Passungsthese), oder dass ihre Funktion diskutiert wird, wo die einzelnen Medien irrelevant werden, da sie austauschbar sind.

Desiderat 2 – Erhebungsdesigns: Eine solche Perspektive impliziert sowohl bestimmte Auslegungen von digitalen Medien in Lehr-Lernkonzepten sowie Antworten Dozierender in Studien zur Mediennutzung: Werden Medien primär als Werkzeuge gedacht, prägen sich andere Handlungspraktiken aus als bei einer breiteren Betrachtung (vgl. Schiefner-Rohs & Hofhues, i.Dr.). Diese Sichtweise prägt Medienverständnisse von Dozierenden und Studierenden und ebenso von Forschenden. Ein breiter Medienbegriff hingegen ließe sich dann nicht mehr so leicht nur mit (quantitativen oder qualitativen) Befragungen erheben, sondern müsste eher die Praktiken und Aneignungsprozesse ebenso wie Sozialisationsprozesse in den Vordergrund rücken. Dementsprechend sind empirisch erweiterte Perspektiven auf Medienhandeln von Studierenden und Dozierenden und damit breitere Erhebungsformen und -methoden notwendig.

Literatur

Bachmann, G.; Dittler, M.; Lehmann, T.; Glatz, D. & Rösel, F. (2002). Das Internetportal ‚Learn Tec Net' der Universität Basel: Ein Online-Supportsystem für Hochschuldozierende im Rahmen der Integration von E-Learning in die Präsenzuniversität: In G. Bachmann, O. Haefeli & M. Kindt (Hrsg.), *Campus 2002: Die virtuelle Hochschule in der Konsolidierungsphase* (S. 87–97). Münster: Waxmann Verlag.

Bargel, T.; Multrus, F.; Ramm, M. & Bargel, H. (2009). *Bachelor-Studierende – Erfahrungen in Studium und Lehre.* Bonn, Berlin: Bundesministerium für Bildung und Forschung. https://www.bmbf.de/pub/Bachelor_Studierende_Zwischenbilanz_2010.pdf, 24.03.2017.

Bauer, R. & Baumgartner, P. (2012). *Schaufenster des Lernens. Eine Sammlung von Mustern zur Arbeit mit E-Portfolios.* Münster: Waxmann.

Bennett, S.; Maton, K. & Kervin, L. (2008). The 'digital natives' debate: A critical review of the evidence. *British Journal of Educational Technology, 29,* 775–786.

Bihrer, A.; Tremp, P. & Schiefner, M. (2010). Forschendes Lernen und Medien – Ein Beispiel aus den Geschichtswissenschaften. In S. Mandel, M. Rutishauser & E. Seiler Schiedt (Hrsg.), *Digitale Medien für Forschung und Lehre* (S. 95–105). Münster: Waxmann.

Bremer, C. (2000). Forschend und handelnd im Netz: Instrumente für aktives, kooperatives Lernen in virtuellen Lernumgebungen. In B. Berendt, A. Fleischmann, J. Wildt, N. Schaper & B. Szczyrba (Hrsg.), *Neues Handbuch Hochschullehre*, B 1.17 (S. 1–37). Bonn: Raabe Verlag.

Brew, A. (2010). Teaching and Research. New relationships and their implications for inquiry-based teaching and learning in higher education. *Higher Education Research & Development,* 22(1), 3–18.

Dittler, U. (2009). E-Learning 2.0: Von Hochschulen gehypt, aber von Studierenden unerwünscht? In U. Dittler, J. Kramerits, N. Nistor, C. Schwarz & A. Thillosen (Hrsg.), *E-Learning: Eine Zwischenbilanz – Kritischer Rückblick als Basis eines Aufbruchs* (S. 205–219). Münster: Waxmann.

Dürnberger, H., Reim, B. & Hofhues, S. (2011). Forschendes Lernen: Konzeptuelle Grundlagen und Potenziale digitaler Medien. In T. Köhler & J. Neumann (Hrsg.), *Wissensgemeinschaften. Digitale Medien – Öffnung und Offenheit in Forschung und Lehre* (S. 209–219). Münster: Waxmann.

Grosch, M. & Gidion, G. (2011). *Mediennutzungsgewohnheiten im Wandel – Ergebnisse einer Befragung zur studiumsbezogenen Mediennutzung.* Karlsruhe: KIT. http://digbib.ubka.uni-karlsruhe.de/volltexte/1000022524, 24.03.207.

Hofhues, S. (2016). *Forschendes Lernen und E-Learning.* Vortrag Jahrestagung „Fließende Grenzen" von DeLFI & HDI 2016. http://www.sandrahofhues.de/2016/09/21/studierwirklichkeiten/ (10.07.2017)

Hofhues, S.; Reinmann, G. & Schiefner-Rohs, M. (2014). Lernen und Medienhandeln im Format der Forschung. In O. Zawacki-Richter, D. Kergel, N. Kleinefeld, P. Muckel, J. Stöter, J. & K. Brinkmann (Hrsg.), *Teaching Trends 14. Offen für neue Wege: Digitale Medien in der Hochschule* (S. 19-36). Münster: Waxmann.

Pedaste, M. et al (2015). Phases of inquiry-based learning: Definitions and the inquiry cycle. Educational *Research Review,* 14, 47–61.

Persike, M. & Friedrich, J.-D. (2016). Lernen mit digitalen Medien aus Studierendenperspektive. Hochschulforum Digitalisierung 17, http://www.che.de/downloads/HFD_AP_Nr_17_Lernen_mit_digitalen_Medien_aus_Studierendenperspektive.pdf, 24.03.2017.

Reinmann, G. (2016). Gestaltung akademischer Lehre: semantische Klärungen und theoretische Impulse zwischen Problem- und Forschungsorientierung. *Zeitschrift für Hochschulentwicklung, 11*(5), 225–244

Reinmann, G. & Sippel, S. (2011). Königsweg oder Sackgasse? E-Portfolios für das forschende Lernen. In T. Meyer, K. Mayrberger, S. Münte-Goussar & C. Schwalbe (Hrsg.), *Kontrolle und Selbstkontrolle. Zur Ambivalenz von E-Portfolios in Bildungsprozessen* (S. 185–202). Wiesbaden: VS Verlag für Sozialwissenschaften.

Schiefner-Rohs, M. & Hofhues, H. (i.Dr.). Prägende Kräfte. Medien und Technologie(n) an Hochschulen. In J. Othmer, A. Weich & K. Zickwolf (Hrsg.), *Medien, Bildung und Wissen in der Hochschule.* Springer Verlag.

Schmid, U.; Goertz, L.; Radomski, S. Thom, S. & Behrens, J. (2017). *Monitor Digitale Bildung. Die Hochschulen im digitalen Zeitalter.* Bielefeld: Bertelsmann

Stiftung, https://www.bertelsmann-stiftung.de/fileadmin/files/BSt/Publikationen/ GrauePublikationen/DigiMonitor_Hochschulen_final.pdf, 24.03.2017.

Schulmeister, R. (2015). Deconstructing the Net Generation Thesis. *QWERTY*, 69–103.

Tholen, G. C. (2005). Medium/Medien. In A. Roesler & B. Stiegler (Hrsg.). *Grundbegriffe der Medientheorie* (S. 150–172). München: Wilhelm Fink Verlag.

Wildt, J. (2013). Entwicklung und Potentiale der Hochschuldidaktik. In M. Heiner & J. Wildt (Hrsg.), *Professionalisierung der Lehre. Perspektiven formeller und informeller Entwicklung von Lehrkompetenz im Kontext der Hochschulbildung* (S. 27–57). Bielefeld: Bertelsmann.

Zawacki-Richter, O.; Hohlfeld, G. & Müskens, W. (2014). *Mediennutzung im Studium.* Schriftenreihe zum Bildungs- und Wissenschaftsmanagement, 01/2014, Oldenburg.

Jana Riedel, Thomas Köhler

Digitalisierte Hochschulbildung: Status Quo der akademischen Bildung in Sachsen

Zusammenfassung

Seit einigen Jahren gibt es zahlreiche Initiativen, die die Erweiterung der Präsenzlehre um digitalisierte Lehr-/Lernszenarien an deutschen Hochschulen befördern. Hohe Fördersummen wurden bereits in die Entwicklung des E-Learning an Hochschulen investiert. Dennoch wird immer wieder festgestellt, dass das Lehren und Lernen in virtuellen Räumen noch nicht in der Breite angekommen ist und das hochschuldidaktische Potenzial bisher nicht vollständig genutzt wird (vgl. Wannemacher 2016, Dahlstrom, Brooks & Bichsel 2014). Der vorliegende Beitrag beschreibt den Status Quo der Digitalisierung der Lehre an sächsischen Hochschulen und fokussiert dabei die Rolle der einzelnen Akteure, die an der Gestaltung eines sächsischen digitalisierten Bildungsraums beteiligt sind. Ein besonderes Augenmerk kommt den Hochschullehrenden zu, die als Schlüsselakteure für die Etablierung einer E-Learning-Praxis angesehen werden.

1 Akteure für die Gestaltung eines sächsischen digitalisierten Bildungsraums

Die Entwicklungen zur Förderung des E-Learning an sächsischen Hochschulen werden in Sachsen schon seit vielen Jahren von den Hochschulen gemeinsam getragen. Ausdruck hierfür ist die Initiative Bildungsportal Sachsen mit dem angeschlossenen Arbeitskreis E-Learning (AK E-Learning) der Landesrektorenkonferenz (LRK). Dieser ist in Zusammenarbeit mit dem Sächsischen Staatsministerium für Wissenschaft und Kunst (SMWK) bestrebt, die "Potenziale [der sächsischen Hochschulen] auf dem Gebiet des E-Learning zu bündeln und gemeinsam zu entwickeln, um so ihre Wettbewerbsfähigkeit auf dem nationalen und internationalen Bildungsmarkt zu stärken, die Qualität der wissenschaftlichen Aus- und Weiterbildung weiter zu erhöhen und dabei die Effektivität der Lehr-/Lernprozesse zu steigern." (Arbeitskreis E-Learning der LRK Sachsen 2007). Aufgrund dieser frühzeitigen gemeinsamen Initiative haben sich die sächsischen Hochschulen zur Nutzung einer einheitlichen technologischen Infrastruktur, zunächst in Form eines gemeinsamen Lernmanagementsystems entschieden. Dieses wird bis heute unter dem Namen OPAL durch die 2004 von den Hochschulen ausgegründete Bildungsportal Sachsen GmbH (BPS GmbH) betrieben, deren Gesellschafter die Hochschulen sind. Diese Infrastruktur bildet die Grundlage für die Gestaltung eines sächsischen digitalisierten Bildungsraums.

Zusätzlich finanziert die Landesregierung hochschulübergreifend wirksame E-Learning-Projekte, die durch den AK E-Learning im Auftrag des SMWK und der LRK verantwortet werden. Dabei soll unter anderem die Vernetzung und Kooperation der Hochschulen untereinander gestärkt werden. Aktuell werden auch die Hochschulleitungen in den Prozess der strategischen Entwicklung des Förderprogramms einbezogen. Diese Rahmenbedingungen sind Ausdruck eines politischen Willens zur Etablierung eines digitalisierten sächsischen Bildungsraums, in dem gemeinsam Bildungsangebote und Lernwerkzeuge entwickelt und bereitgestellt werden.

Als Gestalter dieses Bildungsraums werden derzeit vor allem die Hochschullehrenden verstanden (vgl. Schmid et al. 2017, S. 34), die daher auch Zielgruppe des sächsischen Förderprogramms sind. Auch dieser Beitrag geht von der Annahme aus, dass vor allem Hochschulehrende zur Verbreitung einer E-Learning-Praxis beitragen können. Die folgenden Beschreibungen zum Status Quo der Digitalisierung in der sächsischen Hochschullehre stützen sich daher auf diese Untersuchungsgruppe.

Obwohl Studierende gleichermaßen wichtige Akteure in einem digitalisierten Bildungsraum sind, werden diese hier nicht weiter betrachtet. Auch der Monitor Digitale Bildung sieht Studierende nicht als „die Agenten des Wandels" (ebd.). Nicht zuletzt deshalb, weil Studierende sich derzeit eher in der Rolle eines passiven Nutzers digitaler Angebote verhalten, die diese nur dann nutzen, wenn sie von den Hochschullehrenden bereitgestellt werden (vgl. Persike & Friedrich 2016, S. 38). Diese Ergebnisse treffen auch auf den sächsischen Bildungsraum zu, wie Ergebnisse einer Befragung an der TU Dresden zeigen (vgl. Günther 2016).

Dennoch sei an dieser Stelle kurz darauf hingewiesen, dass gerade digitale Medien vielfältige Möglichkeiten bieten, den *Lern*prozess durch die Auswertung nutzerbezogener Daten und Spuren stärker zu erforschen und bei der Gestaltung digitalisierter Bildungsräume zu berücksichtigen. Hier können wichtige Impulse aus den aktuellen Diskursen um die Be- und Verwertung von Daten aus dem digitalen Lernprozess im Kontext der Learning Analytics (LA), Educational Data Mining (EDM) und Academic Analytics (AA) gewonnen werden (vgl. dazu Johnson et al. 2016). Aktuell sind diese Bestrebungen jedoch vor allem durch unzureichende technische Implementierung in den bestehenden Systemen und datenschutzrechtliche Rahmenbedingungen beschränkt. Sollen diese Daten in die didaktische Gestaltung von Lernangeboten einfließen, sind es auch hier die Lehrenden, die sich aktiv mit den Möglichkeiten auseinandersetzen und diese zur Anpassung und Optimierung ihrer Lehrszenarien nutzen müssen (vgl. Greller & Drachsler 2012).

2 Digitale Medien in der sächsischen Hochschullehre

Welche Angebote aktuell im digitalisierten sächsischen Bildungsraum existieren, wurde im Rahmen eines sächsischen Verbundprojektes erhoben und ausgewertet.[1] Die Ist-Stand-Analyse wurde auf Grundlage dreier aufeinander aufbauender empirischer Erhebungen durchgeführt, die der Sammlung aktuell realisierter Einsatzszenarien digitaler Medien in der Hochschullehre und den damit verbundenen Erfahrungen der Hochschullehrenden dienten.

In einer Vorstudie wurden zunächst Veröffentlichungen sächsischer Tagungen und Abschlussberichte sächsischer Förderprogramme (n = 136) der letzten fünf Jahre analysiert. Berücksichtigt wurden nur die Beiträge, die sich auf die Nutzung digitaler Medien in einer Lehrveranstaltung beziehen (n = 50). Die veröffentlichten Erfahrungen wurden mittels einer inhaltlich strukturierenden Inhaltsanalyse (Schreier 2014) ausgewertet. Eine Charakterisierung der so identifizierten Einsatzszenarien ergab, dass diese E-Learning-Vorhaben häufig im Bereich des E-Assessments (27%), der Erstellung von Kursen in Lernmanagementsystemen (23%) und dem Einsatz von Videos (inkl. Vorlesungsaufzeichnungen) (11%) angesiedelt waren. Die Aufmerksamkeit der Berichte in der e-learning-affinen sächsischen Community liegt zu einem großen Teil auf der Schaffung von Voraussetzungen und Strukturen für einen digitalen Bildungsraum. Wie dieser Raum mit konkreten Lehr-/Lernszenarien belebt werden kann, wird in den Veröffentlichungen in geringerem Umfang und an Großteils distribuierenden Szenarien mit wenig Interaktionspotenzial thematisiert.

Da die Dokumentenanalyse vor allem geförderte Projekte umfasste, wurde zur Erhebung der tatsächlichen E-Learning-Praxis eine Online-Befragung[2] sächsischer Hochschullehrender als Schlüsselakteure für die Nutzung digitaler Medien in Lehr-/Lernszenarien durchgeführt (vgl. Riedel & Börner 2016a). An der im Zeitraum von Februar bis April 2016 durchgeführten Online-Befragung haben 1171 Personen teilgenommen, davon haben 545 den Fragebogen beendet. Die Ergebnisse zeigen, dass digitale Medien vor allem in darbietenden Formaten für die Wissensvermittlung genutzt werden. So nutzen 98,4% der befragten sächsischen Hochschullehrenden Texte, Präsentationen, Grafiken und Bilder und 76,9% Filme, Videos und Audiodateien. Andere Medienformate wie bspw. Foren

---

1 Verbundprojekt „Neue Lehr-/Lernkulturen für digitalisierte Hochschulen" (01.09.2015-31.12.2016, Förderung: SMWK)
2 Eine Diskussion der Befragungsergebnisse findet sich auch in Riedel & Börner 2016a, Riedel & Börner 2016b und Riedel et al. 2016.

(37,3 %), Wikis (25,2 %) Video-/Audio-/Chatkonferenzen (25,1 %), elektronische Tests (24,8 %) oder Blogs (13,6 %) werden nur von wenigen Lehrenden genutzt. Eine Abfrage zu den Schlagworten, die die eigene Lehrveranstaltung charakterisieren zeigt, dass innovative, aktive, feedbackgesteuerte und soziale Lernszenarien bisher kaum genutzt werden. Ihre Lehrveranstaltung bringen jeweils nur max. 15 % der Lehrenden mit Schlagworten wie bspw. E-Assessment, virtueller Gruppenarbeit, E-Tutoring oder mobile learning in Verbindung. Für den Hochschulkontext kann daher konstatiert werden, dass der Content bereits online ist, die aktive Auseinandersetzung mit den Inhalten jedoch noch nicht im virtuellen Raum erfolgt.

Zur Identifikation von Erfolgsfaktoren und Stolpersteinen beim Einsatz digitaler Medien in der Hochschullehre wurde die Online-Befragung um acht Fokusgruppeninterviews mit insgesamt 35 Lehrenden an verschiedenen Hochschulstandorten ergänzt. Alle Teilnehmenden hatten bereits Erfahrungen im Einsatz digitaler Medien und kamen mit dem Ziel der Vernetzung mit anderen Akteuren. Es wurde vor allem deutlich, dass viele Akteure sich als Einzelkämpfer wahrnehmen und noch kein gemeinschaftliches Gefühl einer gemeinsamen Gestaltung des sächsischen Bildungsraums besteht. Vielmehr wünschen sich die Teilnehmenden der Fokusgruppeninterviews mehr Koordination, Austausch und Betreuung für gemeinsame Initiativen. Darüber hinaus fordern sie rechtssichere Rahmenbedingungen, Anrechnung ihrer Online-Aktivitäten auf das Lehrdeputat, personelle Unterstützung bspw. durch Hilfskräfte sowie praxisnahe Unterstützungsangebote. Die rechtlichen Rahmenbedingungen wurden dazu besonders kritisch betrachtet. So stellt vor allem die fehlende Verankerung des elektronischen Prüfens in den Prüfungsordnungen ein Hindernis für den Einsatz elektronisch gestützter Prüfungsformate dar. Gerade in diesem Bereich besteht große Unsicherheit, weswegen sich die Lehrenden mehr Orientierung wünschen. Hinsichtlich der urheberrechtlichen Beschränkungen werden auch Open Educational Resources gefordert. Es kann davon ausgegangen werden, dass die Chancen der Digitalisierung zu Kooperation und Vernetzung noch nicht ausreichend wahrgenommen werden, um von einer gemeinsamen Gestaltung des sächsischen Bildungsraums sprechen zu können.

Die Forderungen der erfahrenen und aktiven Hochschullehrenden beziehen sich dabei vor allem auf Rahmenbedingungen, die außerhalb ihres Gestaltungsbereichs liegen. Sie müssen die Verantwortung an die Hochschulleitungen und die Politik zurückgeben, vor allem wenn es um Anpassungen der Studien- und Prüfungsordnungen oder gesetzlicher Vorgaben im Sächsischen Hochschulfreiheitsgesetz oder im Urheberrecht geht. Das Agieren im digitalen Bildungsraum wird dabei keineswegs als selbstverständlich wahrgenommen und gleicht nach wie vor einem Ertasten der Möglichkeiten. Hierfür wünschen sich die Hochschullehrenden neben Wegweisern auch Anerkennung für ihr Engagement.

3 Ausblick

Für den sächsischen Bildungsraum konnte dargestellt werden, dass Initiativen vorhanden sind und die Potenziale eines digitalisierten sächsischen Bildungsraumes erkannt sind. Für eine Belebung dieses Raumes reicht die Schaffung einer gemeinsamen (technischen) Infrastruktur jedoch nicht aus. Die Verantwortung für die notwendigen Rahmenbedingungen liegt weiterhin bei Hochschulleitungen und Politik. Ein Raum entsteht jedoch erst dann, wenn dieser eine Atmosphäre schafft, Interaktionen ermöglicht und zum Verweilen einlädt. Hier sind vor allem die Akteure gefragt, die den Raum gemeinsam nutzen. Dieser muss zunächst entdeckt und seine Möglichkeiten selbstverständlich in das eigene Handeln integriert werden. Dies erfordert einen kulturellen Wandel.

Während die Hochschullehrenden ihre Verantwortung durchaus verstärkt wahrnehmen, werden die Studierenden bei der Gestaltung digitalisierter Bildungsräume häufig vernachlässigt. Studierende haben sich bereits verschiedene mediale Räume vor allem für die freizeitbezogene Nutzung angeeignet. Sie nehmen diese jedoch nur unzureichend als Bildungsräume wahr (vgl. Günther 2016). Wenn die Studierenden aktive Gestalter dieser Bildungsräume werden sollen, sind Schnittstellen erforderlich, die eine komplementäre Nutzung der beiden als getrennt wahrgenommenen medialen Räume für Studium und für Freizeit ermöglichen.

Literatur

Arbeitskreis E-Learning der LRK Sachsen (2007). *Organisationssatzung für den Arbeitskreis E-Learning als sachbezogener Arbeitskreis der Landesrektorenkonferenz Sachsen.* URL: https://bildungsportal.sachsen.de/institutionen/arbeitskreis_e_learning/organisationssatzung/e4538/Satzung_AK_E_Learning_2011_06_27.pdf (23.03.2017).

Dahlstrom, E., Brooks, D., Bichsel, J. (2014). *The Current Ecosystem of Learning Management Systems in Higher Education: Student, Faculty, and IT Perspectives. Research report.* Louisville, CO: ECAR. URL: http://www.educause.edu/ecar (14.03.2017).

Greller, W. & Drachsler, H. (2012). Translating Learning into Numbers: A Generic Framework for Learning Analytics. In: *Educational Technology & Society*, 15 (3), S. 42–57. URL: http://ifets.info/journals/15_3/4.pdf (04.08.2015).

Günther, Franziska (2016): *Zur studentischen Nutzung von E-Learning- und Social Web-Anwendungen im universitären Kontext – eine explorative Analyse*, unveröffentlichte Masterarbeit am Institut für Kommunikationswissenschaft der TU Dresden.

Persike, M., Friedrich, J.D. (2016). *Lernen mit digitalen Medien aus Studierendenperspektive.* Berlin: Hochschulforum Digitalisierung (Arbeitspapier, Nr. 17). URL: https://hochschulforumdigitalisierung.de/sites/default/files/dateien/HFD_AP_Nr_17_Lernen_mit_digitalen_Medien_aus_Studierendenperspektive.pdf (14.03.2017).

Riedel, J. & Börner, C. (2016a). Welche Wege führen zum Ziel? Wie E-Learning-Szenarien in den unterschiedlichen Fachbereichen eingesetzt werden. In: Kawalek, J., Hering, K., Schuster, E. (Hrsg.): *Tagungsband 14. Workshop on e-Learning* (S. 69-78). Görlitz: Hochschule Zittau/Görlitz, .

Riedel, J. & Börner, C. (2016b). Wir tun es, weil es gut ist! Wie Lehrende die Erfolgsfaktoren für den Einsatz digitaler Medien in der Hochschullehre einschätzen. In: Bott, O.; Lutsch, A. (Hrsg.): *Teaching Trends 2016* (S. 209-220). Waxmann: Münster.

Riedel, J.; Dubrau, M.; Köhler, T.; Halgasch, J.; Meinhold, M.; Hamann, M.; Heise, L.; Schneider, A.; Sieler, O.; Kawalek, J.; Pengel, N.; Wollersheim, H.-W.; Tittmann, C. & Schumann, C.-A. (2016). Auf dem Weg zu einer neuen Lernkultur? Von Standorten und Stolpersteinen. In: Kawalek, J.; Hering, K., Schuster, E.: *Tagungsband 14. Workshop on e-Learning* (S. 89-104). Görlitz: Hochschule Zittau/Görlitz.

Johnson, L., Adams Becker, S., Cummins, M., Estrada, V., Freeman, A., & Hall, C. (2016). *NMC Horizon Report: 2016 Higher Education Edition.* Austin, Texas: The New Media Consortium. URL: https://library.educause.edu/~/media/files/library/2016/2/hr2016.pdf (10.07.2017)

Schmid, U., Goertz, L., Radomski, S., Thom, S., Behrens, J., & Bertelsmann Stiftung (2017): *Monitor Digitale Bildung.* Bertelsmann Stiftung. URL: https://doi.org/10.11586/2017014 (10.07.2017)

Schreier, M. (2014): Varianten qualitativer Inhaltsanalyse: Ein Wegweiser im Dickicht der Begrifflichkeiten. *Forum Qualitative Sozialforschung* 15(1). URL: http://www.qualitative-research.net/index.php/fqs/article/view/2043/3636 (28.06.2017)

Wannemacher, K. (2016). *Digitale Lernszenarien im Hochschulbereich.* Berlin: Hochschulforum Digitalisierung (Arbeitspapier 15). URL: https://hochschulforumdigitalisierung.de/sites/default/files/dateien/HFD_AP_Nr15_Digitale_Lernszenarien.pdf (20.03.2017).

Inske Preißler, Birga Stender

K.L.A.U.S. „Klausurvorbereitungs-App unterstützt Studierende" – per Smartphone-App gegen hohe Durchfallquoten

Zusammenfassung

Der vorliegende Beitrag erläutert die Entwicklung und Implementierung einer Smartphone-App zur Unterstützung der Studierenden der Fakultät für Elektrotechnik und Informatik an der Leibniz Universität Hannover. Die App unterstützt Studierende während der Klausurvorbereitungsphase, indem sie Lernzeiten trackt und Lerntipps gibt.

Die Idee zum Projekt K.L.A.U.S. entstand im Studiendekanat aufgrund der hohen Durchfallquoten in den Studiengängen der Fakultät und der hohen zeitlichen Belastung der Studierenden während der Prüfungsphase. Gemeinsam mit Studierenden der Informatik-Lehrveranstaltung „Software-Projekt" wurde im Wintersemester 2016/17 ein funktionsfähiger Prototyp der App entwickelt und getestet.

Der Beitrag erläutert zum einen die Ausgangssituation der Studierenden und das didaktische Konzept und zum anderen die Funktionsweise der App. Anschließend werden das geplante weitere Vorgehen und erste Erfahrungen dargestellt.

1 Ausgangssituation und Sachstand

In ingenieur- und naturwissenschaftlichen Studiengängen sind die Durchfallquoten in den Grundlagenlehrveranstaltungen wie z.B. der Mathematik hoch – und zwar jedes Jahr wieder. Dies hat sicher verschiedene Ursachen. Eine scheint jedoch nach Meinung vieler Lehrpersonen zu sein, dass die Studierenden insbesondere in den ersten Semestern die neuen Anforderungen des Studiums systematisch unterschätzen und sich unzureichend auf die Prüfungen vorbereiten. Vor allem in den ersten Studiensemestern sehen sich die Studierenden oft mit sehr anspruchsvollen und lernintensiven Prüfungen konfrontiert, die Vorbereitung unterscheidet sich massiv von der Vorbereitung, welche sie aus der Schule kennen. Die Kenntnis hoher Durchfallquoten aus dem Vorjahr und Erfahrungsberichte älterer Studierender sorgen nicht für ein verändertes Studierverhalten. Sie unterschätzen den notwendigen Aufwand zum Bestehen der Prüfung. Dieses Problem stellt den Ausgangspunkt für das vorliegende Projekt dar.

Ein Großteil derjenigen, die heute ein Studium aufnehmen, sind „Digital Natives". Sie sind es gewohnt, immer online zu sein, in regelmäßigem Kontakt mit Freunden, Familie und Kommiliton(inn)en über soziale Netzwerke zu stehen, auf Fragen schnell im Netz nach Antworten zu suchen und ständig zu überprüfen, ob es in ihrer digitalen Umgebung Neues gibt (DIVSI 2014). Sie nutzen Schrittzähler und Fitness Tracker, um sich zu mehr sportlicher Aktivität anzuspornen. Diese basieren zum einen auf der Quantifizierung von Bewegungs-, Schlaf- und Ernährungsdaten, zum anderen auf einem Gamification-Ansatz, um motivierend zu wirken.

Die Nutzung eines Smartphone, Tablets oder Laptops ist für die allermeisten Studierenden unabhängig von der Fachkultur untrennbar mit ihrem Alltag, ihrem Studium und ihrer Freizeit verwoben. Die Mobile Devices werden selbstverständlich auch im Studienalltag genutzt und es werden entsprechende Angebote der Hochschulen erwartet (Holz, Honecker 2016).

Lernmanagementsysteme sind an vielen Hochschulen bereits etabliert und die hochschuldidaktische Forschung arbeitet gemeinsam mit Lehrende an Konzepten, um digitale Medien in das Lehr-Lerngeschehen zu implementieren, z. B. das „Inverted Classroom"-Konzept. Für die direkte Unterstützung der Lehre über Mobile Devices gibt es bereits eine Vielzahl Anwendungsszenarien wie beispielsweise die Nutzung von Audience Response im Rahmen der Peer Instruction (Mazur 1996).

Da Studierende im Rahmen ihres Studiums aber auch eine Vielzahl an persönlichen Kompetenzen in den Selbstlernphasen und der Prüfungsvorbereitung aufbauen (vgl. Grunert 2014), scheint es naheliegend, diesen Prozess mit entsprechenden digitalen Angeboten zu unterstützen. Ziel ist dabei einerseits, das Lernen und die Kommunikation über das Lernen und Studieninhalte zeitlich und räumlich zu flexibilisieren. Zum anderen werden Konzepte erprobt, um das Lernen zu optimieren. Für die Nutzung von Mobile Devices in informellen Bildungsprozessen ist dies bislang nicht oder nur sehr wenig der Fall. Lernen und die Kommunikation über das Lernen ist wenig systematisiert in die alltägliche Nutzung eingebunden. Das beschriebene Projekt möchte einen Beitrag zur Schließung dieser Lücke leisten.

Grundsätzlich scheint die Entwicklung einer App eine Möglichkeit zu sein, die alltäglichen Gewohnheiten der Studierenden im Umgang mit ihren Mobile Devices mit dem Lernen für die Prüfungen zu verbinden. Im Rahmen der Lehrveranstaltung „Software-Projekt" einer Pflichtveranstaltung für Informatik-Studierende im 5. Semester, konnte die Idee des Studiendekanats realisiert werden, sich der Lebenswelt der Studierenden mit einer App zur Unterstützung des Lernens während der Prüfungsphase anzunähern. Dafür wurden lerntheoretische Erkenntnisse ebenso berücksichtigt wie Forschungsergebnisse der Usabilityforschung.

2 Hypothesen und Wirkungsannahmen

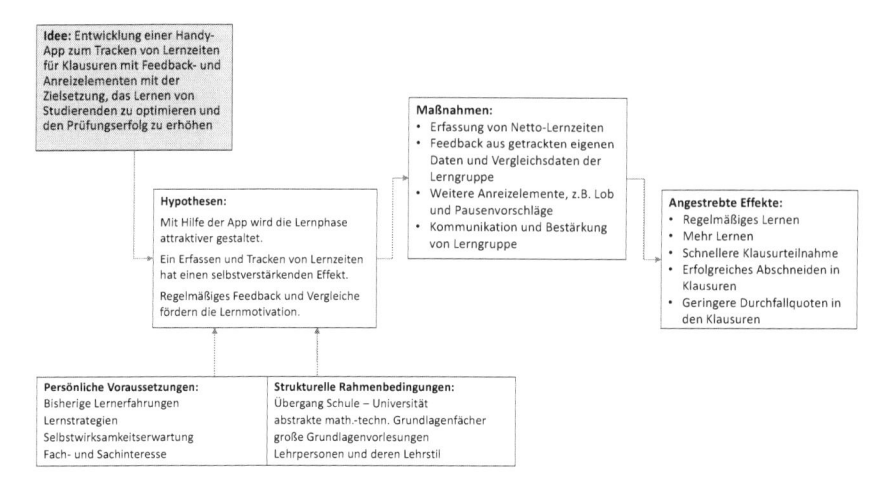

Idee: Entwicklung einer Handy-App zum Tracken von Lernzeiten für Klausuren mit Feedback- und Anreizelementen mit der Zielsetzung, das Lernen von Studierenden zu optimieren und den Prüfungserfolg zu erhöhen			
	Hypothesen: • Mit Hilfe der App wird die Lernphase attraktiver gestaltet. • Ein Erfassen und Tracken von Lernzeiten hat einen selbstverstärkenden Effekt. • Regelmäßiges Feedback und Vergleiche fördern die Lernmotivation.	**Maßnahmen:** • Erfassung von Netto-Lernzeiten • Feedback aus getrackten eigenen Daten und Vergleichsdaten der Lerngruppe • Weitere Anreizelemente, z.B. Lob und Pausenvorschläge • Kommunikation und Bestärkung von Lerngruppe	**Angestrebte Effekte:** • Regelmäßiges Lernen • Mehr Lernen • Schnellere Klausurteilnahme • Erfolgreiches Abschneiden in Klausuren • Geringere Durchfallquoten in den Klausuren
Persönliche Voraussetzungen: Bisherige Lernerfahrungen Lernstrategien Selbstwirksamkeitserwartung Fach- und Sachinteresse	**Strukturelle Rahmenbedingungen:** Übergang Schule – Universität abstrakte math.-techn. Grundlagenfächer große Grundlagenvorlesungen Lehrpersonen und deren Lehrstil		

Abb. 1: Wirkungsannahmen für die Smartphone-App (eigene Darstellung)

In der obenstehenden Abbildung sind die Überlegungen im Vorfeld des Projektes zu den Wirkungsannahmen zusammengefasst. Ausgehend von der Projektidee liegen der App-Entwicklung folgende Hypothesen zugrunde:
• Mit Hilfe der App wird die Lernphase attraktiver gestaltet.
• Ein Erfassen und Tracken von Lernzeiten hat einen selbstverstärkenden Effekt.
• Regelmäßiges Feedback und Vergleiche fördern die Lernmotivation (Deci, Ryan 1993; Moschner, Dickhäuser 2006, Klein 2011).
• Eine Systematisierung des informellen Lernens wird unterstützt.

Die geplanten Maßnahmen sind als Funktionalitäten der App realisiert worden. Im Sommersemester 2017 können im Rahmen eines Tests die ersten Studierenden die App nutzen (siehe Abschnitt 4). Die Begleitung dieser Phase und geeignete Feedbackelemente sollen erste Rückschlüsse ermöglichen, ob die Maßnahmen geeignet sind, die angestrebten Effekte zu erreichen. Wenn dieser Test positiv verläuft, wird die App anschließend flächendeckend zur Verfügung gestellt. Die anonymisierten Nutzungsdaten werden dann eine quantitative Betrachtung und Analyse der Effekte ermöglichen.

3 Inhaltliche Umsetzung des Projektes

Die App bietet die Chance, den eher eintönigen und anstrengenden Prozess des disziplinierten Lernens um motivierende, optisch ansprechende, wettbewerbliche Elemente anzureichern und damit eine zusätzliche spielerische Komponente in die Prüfungsvorbereitungsphasen einzubringen. Die individuelle Begleitung des Lernens und die unterschiedlichen Lernstrategien der Studierenden (vgl. Wild, Wild 2002) können durch die Nutzung einer App unterstützt werden. Zudem fördert sie die sinnvollere Strukturierung der Zeit für die Prüfungsvorbereitung (Schulmeister ZEITLast 2012; Wiarda 2012). Über zusätzliche Informationen sollen Hinweise gegeben werden, wie durch Zeit- und Selbstmanagement, Schlaf, Ernährung, Bewegung o. ä. Prüfungsphasen insgesamt möglichst lernförderlich gestaltet werden können. Durch das Teilen der eigenen Lerndaten mit anderen Studierenden entstehen weitere Anreizmöglichkeiten.

Dazu werden die Lernzeiten für jede Prüfung in der App erfasst und gespeichert, so dass sie den Lernenden später aggregiert (z. B. wochenweise) und optisch eingängig dargestellt werden können. Darüber hinaus können sich die Lernenden mit anderen vernetzen (z. B. ihrer Lerngruppe) und ihre eigenen erfassten Lernzeiten mit diesen teilen. Leistungen und Zwischenergebnisse werden ähnlich wie bei Fitness-Apps an die Lernenden zurückgespielt, um eine höhere Motivation und mehr Spaß über spielerisch-wettbewerbliche Elemente zu erreichen und dadurch eine regelmäßige Beschäftigung mit dem Lernstoff anzuregen (vgl. Edelmann, Wittmann 2012; Krapp 2005; Prenzel 1996).

Die Lernenden erhalten nach bestimmten Zeitfenstern Hinweise für Pausen und deren Gestaltung. Zudem werden Anregungen für eine lernförderliche Umgebung gegeben, die u. a. Bewegung, Ernährung und soziale Kontakte berücksichtigen. Aus den Daten der mit dem Lernenden verbundenen anderen Studierenden werden ebenfalls Feedbacks gewonnen und dem Lernenden rückgemeldet.

Die App ermöglicht den Nutzer/-innen die Aufzeichnung und den Vergleich folgender Daten:
- Zeitmanagement:
  - Klausurtermine und
  - realisierte Lernzeit können eingegeben werden
  - Speicherung der investierten Lernzeit für eine Prüfung sowie des gesamten Lernzeitraum
  - Anzeige der Lernzeit über eine persönliche Statistik
- Selbstmanagement:
  - Die App gibt Hinweise zum sinnvollen Einhalten von Pausen
  - Tipps zur Gestaltung von Pausen
  - Lerntipps
  - die Möglichkeit eine Lernsession zu bewerten

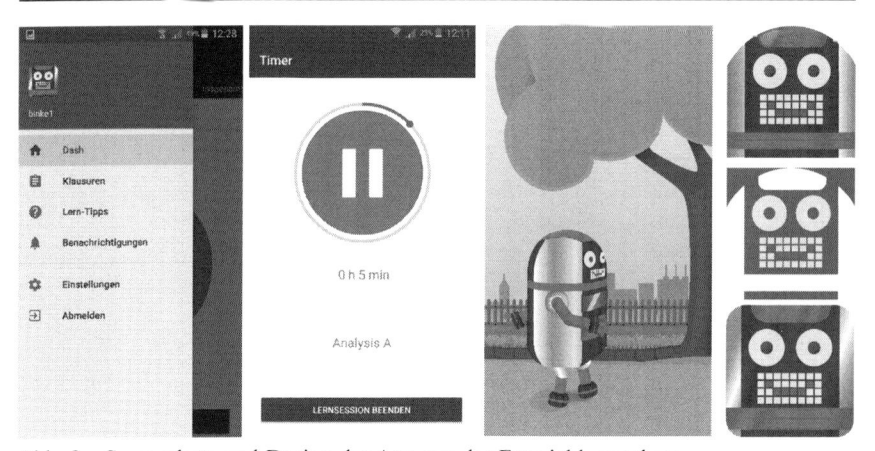

Abb. 2: Screenshots und Design der App aus der Entwicklungsphase

- Gruppenfunktion
  - Die Möglichkeit eine Lerngruppe zu einer bestimmten Prüfung zu gründen
  - Die eigene Lernzeit mit der der anderen Gruppenmitglieder zu vergleichen.

Darüber hinaus gibt sie Hinweise zur Förderung von Lernen und zur Gruppenarbeit. Neben dem Nutzen der App für den individuellen Lernenden sollen die Daten der App anonymisiert genutzt werden. Bei der Anmeldung zur App werden die Studierenden gefragt, ob sie bereit sind, anonymisierte Daten zu ihrem Lernen an das Studiendekanat Elektrotechnik und Informatik weiter zu geben. Diese Daten sollen dem Studiendekanat dazu dienen, zu erfahren, wie sich die Studierenden auf einzelne Prüfungen vorbereiten und wie sie ihre Lernphasen strukturieren. Damit soll zum einen die Lehrorganisation und zum anderen die Lehrgestaltung optimiert werden.

4 Zwischenergebnisse und Ausblick

Derzeit wird die Installation der App auf einem Server des Rechenzentrums durchgeführt und die Datenschutzvorabkontrolle vorbereitet.

Die App wird für die Prüfungsphase im Sommer 2017 einer ausgewählten Zielgruppe für einen ausführlichen Praxistest zur Verfügung gestellt. Ab dem Wintersemester 2017/18 soll sie dann allen Studierenden der Fakultät das Strukturieren der Prüfungsvorbereitung erleichtern. Eine Evaluation und Analyse des Nutzungsverhaltens soll die Wirksamkeit der Unterstützung prüfen und in Iterationsschritten einen weiteren Ausbau, z. B. im Hinblick auf die Einbindung von selbstgesteckten Lernzielen ermöglichen. Denkbar ist es auch, die App für weitere Fakultäten und Hochschulen zu öffnen.

Literatur

Deci, E. L. & Ryan, R. M. (1993). Die Selbstbestimmungstheorie der Motivation und ihre Bedeutung für die Pädagogik. *Zeitschrift für Pädagogik, 39* (2), 223–238.

DIVSI (2014): U25-Studie: Kinder, Jugendliche und junge Erwachsene in der digitalen Welt. Online unter: https://www.divsi.de/publikationen/studien/divsi-u25-studie-kinder-jugendliche-und-junge-erwachsene-in-der-digitalen-welt/. (02.06.2017).

Edelmann, W.; Wittmann, S. (2012). *Lernpsychologie*. 7. Auflage. Weinheim: Beltz.

Grunert, C. (2014): *Begleitetes Selbststudium planen und gestalten*. Technische Hochschule Ingolstadt, Zentrum für Hochschuldidaktik Ingolstadt, Projekt Offene Hochschule Oberbayern (Hrsg.). Online unter: https://www.thi.de/fileadmin/daten/allgemein/Inhalte_von_alter_Website/Begleitetes_Selbststudium_planen_und_gestalten.pdf. (24.03.2017).

Holz, P.; Honecker, P. (2016). Der Wurm muss dem Fisch schmecken, nicht dem Angler. *Duz* 08/2016, S. 73–75.

Klein, S. (2011). *Wirksamkeitserwartungen und Einflüsse auf den Wissenserwerb erwachsener Lernender – Herleitung eines Modells für die berufliche Weiterbildung aus der Schulforschung*. Online verfügbar: http://www.diss.fu-berlin.de/diss/servlets/MCRFileNodeServlet/FUDISS_derivate_000000010024/Dissertation_Sarah_Klein.pdf;jsessionid=F5007D415D83BC766A26715BDD78FFFB?hosts=. (24.03.2017)

Krapp, A. (2005). Das Konzept der grundlegenden psychologischen Bedürfnisse: Ein Erklärungsansatz für die positiven Effekte von Wohlbefinden und intrinsischer Motivation im Lehr- Lerngeschehen. *Zeitschrift für Pädagogik, 51* (5), 626–641.

Moschner, B.; Dickhäuser, O. (2006). Selbstkonzept. In Rost, D. H. (Hrsg.), *Handwörterbuch Pädagogische Psychologie* (3. überarb. und erw. Aufl., Schlüsselbegriffe S. 685–692). Weinheim: Beltz PVU.

Mazur, E. (1996). *Peer Instruction. A User's Manual*. San Francisco: Pearson.

Prenzel, Manfred (1996). Bedingungen für selbstbestimmtes motiviertes und interessiertes Lernen im Studium. In Lompscher, J. & Mandl, H. (Hrsg.), *Lehr- und Lernprobleme im Studium. Bedingungen und Veränderungsmöglichkeiten* (S. 11–22). Bern.

Wiarda, J.-M. (2012). Viel hilft nicht viel. *Zeit online*. http://www.zeit.de/2012/03/C-Studium-Fleiss. (24.03.2017).

Wild, E.; Wild, K.-P. (2002). Jeder lernt auf seine Weise … Individuelle Lernstrategien und Hochschullehre. In *Neues Handbuch Hochschullehre*. Berlin; Griffmarke A 2.1.

ZEITLast – Auf den Spuren des Studienerfolgs (2012). Film zum Projekt unter http://www.podcampus.de/nodes/wMbJz (24.03.2017).

Sebastian Krieg, Armin Egetenmeier, Ulrike Maier, Axel Löffler

Der Weg zum digitalen Bildungs(t)raum – Durch digitale Aufgaben neue Lernumgebungen schaffen

Zusammenfassung

Der vorliegende Artikel beschreibt die konzeptionelle Entwicklung und Umsetzung einer digitalen Lernumgebung im Fach Mathematik sowie deren Einbindung in die Studieneingangsphase. Neben Auswahl und didaktischem Aufbau der Aufgaben, der Zusammenstellung von Aufgabenpaketen und der Gestaltung der neuen Lernumgebung wurde insbesondere auf die passende Verknüpfung dieser Umgebung mit den bestehenden Unterstützungsmaßnahmen der Hochschule geachtet. Damit wird eine durchgängige Unterstützung in der Studieneingangsphase für alle neuen Studierenden vorangetrieben. Erste Erfahrungen aus einem Testlauf und ein Ausblick auf geplante Erweiterungen werden im Beitrag ebenso angesprochen.

1 Einleitung

Nahezu alle Hochschulen bieten Angebote zur fachlichen Unterstützung in der Studieneingangsphase an (vgl. Bargel 2015; Bausch et al. 2014), um insbesondere im Grundlagenbereich Mathematik neue Studierende im Übergang Schule-Hochschule zu fördern. Obwohl meist ein inhaltlicher Konsens herrscht, unterscheiden sich die didaktischen Konzepte zur Vermittlung zwischen den einzelnen Bildungseinrichtungen stark. In Propädeutika wird Schulwissen wiederholt bzw. reaktiviert, um der Heterogenität in den Fachkenntnissen entgegenzuwirken. Dies erfolgt etwa durch klassische Präsenzlehre in Vorkursen, wobei immer häufiger E-Learning-Elemente eingebunden werden (z. B. digitale Distribution der Unterlagen oder Nutzung mobiler Endgeräte (z. B. Decker und Meier 2014)). Des Weiteren werden unterschiedliche Blended-Learning-Konzepte angeboten, wie betreutes E-Learning oder komplette, digitale Umsetzungen (z. B. Derr et al. 2015). Neben kommerziellen Lösungen (z. B. Daberkow et al. 2016) finden sich auch hochschulinterne (z. B. eTrainer[1] der FH Trier) oder gemeinschaftliche Eigenentwicklungen (u. a. OMB+[2] oder optes[3]). Diese Ansätze orientieren

---

1 eTrainer: Programm zum selbstständigen Üben von Mathematik der FH Trier (www.hochschule-trier.de/index.php?id=13892&L=2)
2 OMB+: Online Mathematik Brückenkurs (www.ombplus.de)
3 optes: Optimierung der Selbststudiumsphase (www.optes.de)

sich an den spezifischen Bedürfnissen der beteiligten Bildungseinrichtungen und deren Infrastruktur, wie bspw. das genutzte Lernmanagementsystem (LMS). Sie sind daher nur bedingt in bestehende Konzepte anderer Hochschulen integrierbar.

2 Ausgangslage

An der Hochschule Aalen findet eine fachliche Unterstützung in der Studieneingangsphase durch das Grundlagenzentrum statt, welches im Rahmen des AkaMikon[4]-Projekts eingerichtet wurde. Neue Studierende werden durch einen dreiwöchigen Präsenzvorkurs für Mathematik direkt vor Vorlesungsbeginn sowie durch vorlesungsbegleitende Tutorien im Semester unterstützt. Projektbegleitende Analysen weisen auf den Erfolg des Vorkurses und dessen Konzept hin (siehe Nagengast et al. 2013). In einer dreistufigen Testreihe zum Vorkurs konnte nachgewiesen werden, dass sich die mathematischen Grundkenntnisse (aus Sekundarstufe I und II) nach einer Woche intensiven Übens deutlich verbessert haben. Allerdings ist die Kenntnisverbesserung nicht so dauerhaft, wie es gewünscht wäre. Bereits nach 4-6 Wochen im Semester zeigt sich in einem Kontrolltest, dass die Vorkursteilnehmenden einiges wieder vergessen haben. Eine Vergleichsgruppe von Studierenden, die nicht am Vorkurs teilgenommen haben, weist einen ähnlichen Kenntnisstand auf wie die Teilnehmenden *vor dem Vorkurs*. Eine weitere Förderung der neuen Studierenden ist daher dringend erforderlich. Außerdem ist mit rund 50-60% Teilnahme der Studienanfänger/innen der Vorkurs zwar gut besucht, jedoch können weitere Studierende aus verschiedenen Gründen nicht an dieser Maßnahme teilnehmen. Die Hochschule Aalen hat sich daher entschlossen, eine digitale Lernumgebung für Mathematik zu entwickeln, die auf dem „Mindestanforderungskatalog Mathematik" der cosh-Gruppe (kurz: cosh-Mianka) basiert (cosh 2014). Mit Hilfe dieser hochschulinternen Lernumgebung soll eine digitale Unterstützung erfolgen, welche sich leicht in das bestehende (analoge) Konzept eingliedern lässt und an die Bedürfnisse der heterogenen Studierendenschaft der Hochschule angepasst ist.

Der vorliegende Beitrag beschreibt konzeptionelle Überlegungen, die bei der Entwicklung der neuen Lernumgebung eine Rolle gespielt haben. Das Konzept umfasst die Aufgaben (Auswahl, didaktische Aufbereitung), die Entwicklung der Lernumgebung (Einbindung in das Lernmanagementsystem Moodle, Zusammenstellung der Aufgaben) sowie die Einbindung der Lernumgebung in den Regelbetrieb.

---

4 Akademischer Mittelbau für kontinuierliche und hohe Qualität in der Grundlagenlehre. Das Projekt AkaMikon wird aus Mitteln des Bundesministeriums für Bildung und Forschung (BMBF) unter dem Förderkennzeichen 01PL11015 im Rahmen des „Gemeinsamen Bund-Länder-Programms für bessere Studienbedingungen und mehr Qualität in der Lehre" (www.qualitaetspakt.lehre.de) gefördert. Die Verantwortung für den Inhalt dieser Veröffentlichung liegt bei den Autoren.

3 Entwicklung, Umsetzung und Einbindung

3.1 Konzept der Aufgaben

Innerhalb der Lernumgebung sollen mathematische Inhalte geübt werden, die zur Aufnahme eines WiMINT[5]-Studiums als notwendig erachtet werden. Die digitalen Aufgaben der neuen Lernumgebung basieren daher im Wesentlichen auf den im cosh-Mianka formulierten Kompetenzen und Beispielaufgaben. Jede Kompetenz wird im Katalog anhand mindestens einer konkreten Aufgabe illustriert. Für das Themengebiet *Bruchrechnen* findet man beispielsweise die Kompetenz „Die StudienanfängerInnen können die Regeln der Bruchrechnung zielgerichtet anwenden" mit Teilkompetenzen „erweitern und kürzen" und „Brüche multiplizieren, dividieren, addieren und subtrahieren" (cosh 2014). Da bei einigen Aufgaben des cosh-Mianka auch rein textuell auswertbare Lösungen erfragt werden, mussten diese, soweit möglich und sinnvoll, in eine digital auswertbare Form überführt werden (siehe Abb. 1).

Originale Aufgabe	„Begründen Sie, dass $\left(\frac{99}{41}\right)^2$ zwischen 4 und 9 liegt."
Auswertbare Umsetzung	„Zwischen welchen beiden Quadratzahlen liegt $\left(\frac{99}{41}\right)^2$?"

Abb. 1: Originale Aufgabe (oben) und deren bewertbare Umsetzung (unten)

Zudem wurden auf den Kompetenzen basierend neue, aber einfachere Aufgaben entwickelt, welche auf das Niveau des cosh-Mianka hinführen sollen (siehe Abb. 2).

Ergänzende Aufgabe:	Beispielaufgabe 30 :
Vereinfachen Sie: $\frac{a^2 \cdot b}{2 \cdot a^2 \cdot b^4} \cdot \frac{2 \cdot a \cdot b^2}{a^3 \cdot b}$	Vereinfachen Sie: $\left(\frac{a^2 \cdot b}{c \cdot d^3}\right)^3 : \left(\frac{a \cdot b^2}{c^2 \cdot d^2}\right)^4$

Abb. 2: Hinführende Aufgabe (links) zur Beispielaufgabe des cosh-Mianka (rechts)

Einige Aufgaben konnten auch aus einem digitalen Mathetest des ILU[6]-Projekts der Hochschule Ulm übernommen werden, die ebenfalls auf dem cosh-Mianka basieren. Durch die Parametrisierung mit Hilfe des kommerziellen Plugin Wiris[7] können zu jeder der über 170 umgesetzten Aufgabe bis zu 100 Varianten aus-

---

5 WiMINT: Wirtschaft, Mathematik, Informatik, Naturwissenschaft und Technik
6 ILU: Integriertes Lernen an der HS Ulm (www.hs-ulm.de/org/IHD/Integriertes LernenHSUlmILU)
7 Wiris: Plugin mit integriertem Computer Algebra System für Moodle (www.wiris.com)

gegeben werden. Dadurch wird bei Wiederholung derselben Aufgaben ein Auswendiglernen von Ergebnissen vermieden und das Verständnis für den Lösungsweg gefördert.

3.2 Konzept der Lernumgebung

Eine technische Vorgabe für die Umsetzung der digitalen Lernumgebung war die Nutzung des bestehenden LMS Moodle, welches durch Wiris ergänzt wurde. Bei der Implementierung der Aufgaben konnten Erfahrungen einfließen, welche bereits beim Aufbau eines digitalen Testsystems für eine fortgeschrittene Veranstaltung in Mathematik gemacht wurden (siehe Maier et al. 2016).

Für eine motivierende Gestaltung der Lernumgebung wurden die Aufgaben in thematisch passende Pakete zusammengefasst und nach aufsteigender Komplexität geordnet, so dass eine Progression im Schwierigkeitsgrad zwischen den Aufgabenpaketen zu erkennen ist. Durch eine vergleichsweise geringe Anzahl von etwa 4 Aufgaben pro Paket soll bewusst eine Überforderung der Nutzer vermieden werden.

Um den Studierenden Pakete anbieten zu können, die ihrem Wissenstand angepasst sind, werden komplexere Aufgaben erst durch erfolgreiches Bearbeiten von grundlegenden Aufgabenpaketen freigeschaltet (exemplarisch in Abb. 3 dargestellt). Die Pakete führen so schrittweise von sehr elementaren Aufgaben zu komplexeren Beispielaufgaben aus dem cosh-Mianka. Die Studierenden sehen dabei, welche Bedingungen die nächsten Pakete freischalten. Die Graustufen der Pfeile in Abbildung 3 (links) geben jeweils die zu erfüllenden Bedingungen an. Diese reichen von einer einfachen Bearbeitung (weiße Pfeile) bis zu einer korrekten Bearbeitung von mind. 50% (graue Pfeile) oder 70% (schwarze Pfeile) der Fragen. Zum Teil müssen mehrere Voraussetzungen erfüllt werden. In der ersten Version der Lernumgebung gibt es zu allen Aufgaben spezifische Lösungshinweise, die in drei, differenzierter werdenden Stufen einen möglichen Lösungsweg aufzeigen.

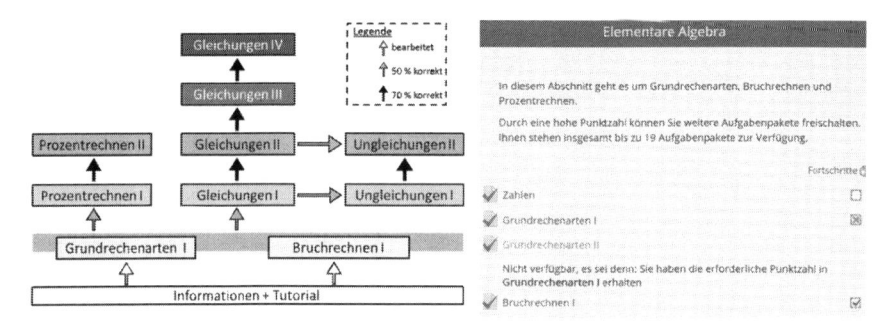

Abb. 3: Beispiel des konzeptionellen Aufbaus der Aufgabenpakete in der Lernumgebung (eigene Darstellung, links) und der Benutzeroberfläche (rechts)

3.3 Konzept der Einbindung

Um einen möglichst großen Personenkreis erreichen und unterstützen zu können, wird die Lernumgebung im Vorkurs als betreutes E-Learning-Angebot sowie in semesterbegleitenden Tutorien vorgestellt. Die Studierenden, die an einem der Tests zum Vorkurs teilgenommen haben, erhalten ihre Testergebnisse mit Hinweisen auf fachliche Defizite per E-Mail zugeschickt. Diese E-Mails enthalten neben individuellen Lernempfehlungen zu einzelnen Themengebieten auch Hinweise auf analoge Unterstützungsangebote und auf die neue Lernumgebung. Flankierend zu den bestehenden Maßnahmen bietet die digitale Lernumgebung somit eine passgenaue Unterstützung über den Vorkurs-Zeitraum hinaus. Durch die unterschiedlichen Niveaustufen kann diese Übungsmöglichkeit insbesondere auch von Studierenden genutzt werden, die nicht am Vorkurs teilnehmen können.

3.4 Erste Erfahrungen

In einem ersten Testlauf wurde die digitale Lernumgebung für Mathematik im Vorkurs zum Sommersemester 2017 einer freiwilligen Gruppe von 34 Studierenden vorgestellt, die ihr eigenes Endgerät mitbringen sollten. Auf den meisten Systemen (PC, Laptop oder Tablets) funktioniert die Lernumgebung sehr gut – weniger gut geeignet waren Smartphones (v.a. wegen der beschränkten, kleinen Eingabemöglichkeit) oder auch Android-Systeme (zum Teil technische Probleme).

Die Studierenden beherrschten die Bedienung intuitiv, sodass ein grundlegendes Tutorial zur Erläuterung der Aufgabenpakete und des Formeleditors für die Lösungseingabe nur in wenigen Fällen verwendet wurde. Als besonders positiv wurde die automatische Schrifterkennung des Formeleditors hervorgehoben, was die Eingabe der Lösungen (z. B. bei Brüchen) mit Tablets deutlich vereinfacht hat. Auch die Parametrisierung der Aufgaben wurde gut angenommen, da auch bei mehrmaligem Bearbeiten keine Routine aufkam. Kleinere Programmierungsfehler/-ungenauigkeiten (z. B. korrektes Ergebnis wird nicht erkannt) werden überarbeitet und verbessert.

4 Fazit und Ausblick

Die neue, digitale Unterstützung soll als niedrigschwelliges Angebot alle Studierenden erreichen und als durchgängige Maßnahme in der Studieneingangsphase jedem Studierenden zur Verfügung stehen. Insbesondere Studierende, die den Vorkurs nicht besuchen konnten, können auf diese Weise erreicht werden. Mit der Einbindung der neuen Lernumgebung soll ein (hybrider) Bildungsraum an der Schnittstelle von analog zu digital entstehen, welcher eine persönliche und individuelle Gestaltung der Studieneingangsphase durch die Studierenden ermöglicht.

Die ersten Erfahrungen zeigen, dass die Bedienung der Lernumgebung neuen Studierenden (bspw. durch die Schrifterkennung) intuitiv klar ist, aber technisch nicht auf allen Endgeräten genutzt werden kann. Durch die thematische Gruppierung der parametrisierten Aufgaben in Paketen können gezielt Defizite in den Grundlagen behoben werden und durch eine progressive Steigerung der Komplexität auch Kenntnisse weiter vertieft werden. Geplant ist eine Erweiterung des implementierten Hilfesystems mit individuellen Rückmeldungen, indem direkt auf falsche Antworten eingegangen wird. Eine Ergänzung des Hilfesystems etwa durch die zusätzliche Einbindung von kompakten Theorieblöcken (bspw. aus den bestehenden Vorkursunterlagen) zur Auffrischung fehlender Grundkenntnisse ist ebenso in der Planung.

Literatur

Bargel, T. (2015). *Studieneingangsphase und heterogene Studentenschaft – neue Angebote und ihr Nutzen. Befunde des 12. Studierendensurveys an Universitäten und Fachhochschulen* (Hefte zur Bildungs- und Hochschulforschung, Bd. 83).
Bausch, I., Biehler, R., Bruder, R., Fischer, P. R., Hochmuth, R., Koepf, W. et al. (Hrsg.). (2014). *Mathematische Vor- und Brückenkurse. Konzepte, Probleme und Perspektiven* (Konzepte und Studien zur Hochschuldidaktik und Lehrerbildung Mathematik). Wiesbaden: Springer Spektrum.
cosh. (2014). Mindestanforderungskatalog Mathematik der Hochschulen Baden-Württembergs für ein Studium von WiMINT-Fächern. (Wirtschaft, Mathematik,

Informatik, Naturwissenschaft und Technik). http://www.mathematik-schule-hochschule.de/images/Aktuelles/pdf/MAKatalog_2_0.pdf. (08.03.2017).

Daberkow, A., Klein, O., Frey, E. & Xylander, Y. (2016). Wirksames mediales Lernen und Prüfen mathematischer Grundlagen an der Hochschule Heilbronn. In A. Hoppenbrock, R. Biehler, R. Hochmuth & H.-G. Rück (Hrsg.), *Lehren und Lernen von Mathematik in der Studieneingangsphase. Herausforderungen und Lösungsansätze* (Konzepte und Studien zur Hochschuldidaktik und Lehrerbildung Mathematik, S. 85–99). Wiesbaden: Springer Spektrum.

Decker, E. & Meier, B. (2014). Vorbereitungskurs mit integrierter Mathe-App. In N. Apostolopoulos, H. Hoffmann, U. Mußmann, W. Coy, A. Schwill & I. Baskow (Hrsg.), *Grundfragen Multimedialen Lehrens und Lernens. Der Qualitätspakt E-Learning im Hochschulpakt 2020; GML2 2014* (S. 176–191). Münster: Waxmann.

Derr, K., Hübl, R. & Podgayetskaya, T. (2015). Formative Evaluation und Datenanalyse als Basis zur schrittweisen Optimierung eines Online-Vorkurses Mathematik. In N. Nistor & S. Schirlitz (Hrsg.), *Digitale Medien und Interdisziplinarität: Herausforderungen, Erfahrungen, Perspektiven* (S. 186–196). Münster: Waxmann.

Maier, U., Egetenmeier, A. & Löffler, A. (2016). Ist Moodle für elektronische Zulassungsverfahren in (fortgeschrittener) Mathematik einsetzbar? – ein Praxisbericht. In J. Wachtler, M. Ebner, O. Gröblinger, M. Kopp, E. Bratengeyer, H.-P. Steinbacher et al. (Hrsg.), *Digitale Medien: Zusammenarbeit in der Bildung* (Medien in der Wissenschaft, Band 71, S. 253–257). Münster: Waxmann.

Nagengast, V., Hommel, M. & Löffler, A. (2013). Studieneingangsphase an der Hochschule Aalen – fachlich fördern und Defizite analysieren. In Zentrum für Hochschuldidaktik (DiZ) (Hrsg.), *HDMINT.MINTTENDRIN Lehre erleben. Tagungsband zum 1. HDMINT Symposium 2013. Nürnberg, 7./8.11.2013* (S. 200–208).

Michael S. Feurstein

Erklärvideos von Studierenden und ihr Einsatz in der Hochschullehre

Zusammenfassung

Erklärvideos erfreuen sich großer Beliebtheit auf partizipativen Videoplattformen wie YouTube oder bildungsorientierten Initiativen wie TED-Ed.[1] Ziel ist es dabei, komplexe Inhalte in kompakter Form und auf eine kreative Art und Weise zu vermitteln. Die Kombination mit der Methode „Lernen durch Lehren" eröffnet neue Möglichkeiten, um Studierende durch die Erstellung von Erklärvideos im Lernprozess an neue Inhalte heranzuführen.

Folgender Beitrag bietet einen Ansatz, um Erklärvideos didaktisch im Bildungsraum Hochschule einzubetten und liefert einen Praxisbericht zum Einsatz von Erklärvideos durch Studierende. Das Konzept verknüpft forschungsgeleitete Lehre mit dem Medium Video und einer Lehr-Lern-Strategie. Erfahrungen haben gezeigt, dass sich Erklärvideos erfolgreich in der Lehre einbetten lassen. Studierende werden im Bereich der digitalen Kompetenz gefördert und schlüpfen in die Rolle des Erklärenden, wodurch neue Formen des Lernens unterstützt werden. Lehrende können den Lernprozess innovativ gestalten und schaffen durch die mögliche Wiederverwendbarkeit von Videos einen Mehrwert für zukünftige Semester.

1 Einführung

Videos in der Lehre werden bereits in verschiedenen Formaten eingesetzt, sei es in Form von klassischen Vorlesungsaufzeichnungen, Live-Übertragungen, Lehrfilmen oder durch andere Ausprägungen (Handke, 2015). Das Medium Video wird dabei vorrangig als Instrument zur Wissensvermittlung und Kommunikation verwendet (Arnold et al., 2013). Beobachtet man Entwicklungen auf Plattformen wie YouTube, TED-Ed oder der Khan Academy[2], so zeigt es sich, dass Lernvideos mit erklärendem Charakter, sogenannte Erklärvideos, von hoher Beliebtheit sein können (Back & Tödtli, 2012; Loviscach, 2011; Wolf, 2015). Daraus resultiert die Motivation, Erklärvideos, erstellt von Studierenden, in der Lehre

---

1 Technology Entertainment and Design (TED) Youth and Education Initiative: http://ed.ted.com/
2 http://www.khanacademy.org/

einzusetzen, um Lernprozesse zu unterstützen und Platz für einen neuen Zugang der Wissensvermittlung zu schaffen.

An der Wirtschaftsuniversität Wien wurde im Rahmen der Lehrveranstaltung „Grundzüge der Informations- und Kommunikationstechnologien" seit dem Sommersemester 2014 der Einsatz von Erklärvideos mit unterschiedlichen Variationen erprobt. Im Folgenden wird ein Ansatz zur Einbettung von Erklärvideos in der Lehre vorgestellt, um schlussendlich Ergebnisse und Erfahrungswerte zu präsentieren.

2 Potenzial von Erklärvideos für die Bildung

Wolf (2015) beschreibt Erklärvideos als kurze Videos, die von Inhaltsexperten sowie Inhaltslaien in Eigenregie erstellt werden, um gezielt etwas zu erklären bzw. bestimmte Thematiken und Konzepte zu vermitteln. Die Terminologie wird dabei in der Literatur unterschiedlich verwendet, wobei meist dieselbe Idee dahintersteckt. Back und Tödtli (2012) sprechen von usergenerierten Videos (UGV) bzw. Instruktionsvideos oder auch narrativen Hypervideos. Wolf (2015) differenziert zwischen dem Erklärvideo und dem Videotutorial, bei dem eine spezifische Fertigkeit in Detailschritten gezeigt wird. Arnold et al. (2013) bezeichnet Erklärvideos als Podcast-Produktionen durch Lernende. Generell wird je nach Anwendungsfall eine unterschiedliche Bezeichnung gewählt (Handke, 2015; Loviscach, 2011).

Erklärvideos zeichnen sich durch informellen Charakter und gestalterische Vielfalt bei der Vermittlung von unterschiedlichen Themen aus (Wolf, 2015). Das Potenzial spiegelt sich zusätzlich in den derzeit angebotenen Dienstleistungen im Zusammenhang mit der Erstellung von Erklärvideos wider.[3] Wolf (2015) identifiziert Erklärvideos als Bildungspotenzial und verweist auf die Möglichkeit des Einsatzes in einer Lehr-Lern-Strategie. Aufbauend auf dieser Idee wurde ein Konzept erstellt, bei dem Studierende Erklärvideos erstellen, welche in die Lehre eingebettet werden.

3 Didaktisch-methodische Einbettung von Erklärvideos

Das Konzept zur Einbettung von Erklärvideos in die Lehre beinhaltet zwei zentrale Bausteine: (1) Lernen durch Lehren und (2) Forschungsgeleitetes Lehren. Zusätzlich dazu werden Erklärvideos mittels Peer Assessments bewertet und Elemente des kollaborativen Lernens in Form von Gruppenübungen und Impulsvorträgen eingesetzt. Die erstellten Videos werden über die e-Learning

---

3 Siehe: viddyoze.com/; videoscribe.co/; lumen5.com/; commoncraft.com/

Plattform Learn@WU (Alberer et al., 2003) in einem geschützten Bereich den Studierenden zur Verfügung gestellt. Das Medium Video ist somit nahtlos in das Lehrveranstaltungsdesign integriert, wie in Abbildung 1 veranschaulicht.

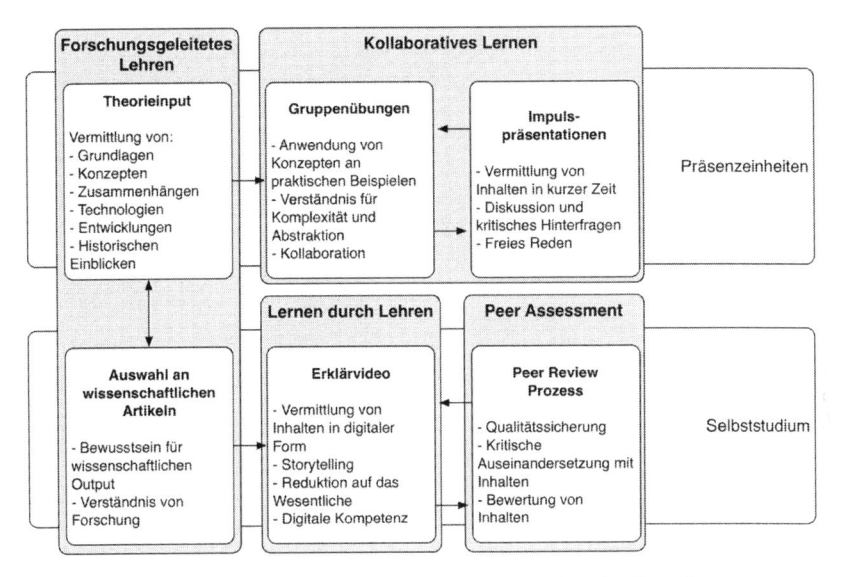

Forschungsgeleitetes Lehren		Kollaboratives Lernen		
Theorieinput Vermittlung von: - Grundlagen - Konzepten - Zusammenhängen - Technologien - Entwicklungen - Historischen Einblicken	**Gruppenübungen** - Anwendung von Konzepten an praktischen Beispielen - Verständnis für Komplexität und Abstraktion - Kollaboration	**Impulspräsentationen** - Vermittlung von Inhalten in kurzer Zeit - Diskussion und kritisches Hinterfragen - Freies Reden	Präsenzeinheiten
	Lernen durch Lehren	**Peer Assessment**	
Auswahl an wissenschaftlichen Artikeln - Bewusstsein für wissenschaftlichen Output - Verständnis von Forschung	**Erklärvideo** - Vermittlung von Inhalten in digitaler Form - Storytelling - Reduktion auf das Wesentliche - Digitale Kompetenz	**Peer Review Prozess** - Qualitätssicherung - Kritische Auseinandersetzung mit Inhalten - Bewertung von Inhalten	Selbststudium

Abb. 1: Didaktisch-methodische Einbettung von Erklärvideos in die Lehre.

3.1 Lernen durch Lehren: Erklärvideos von Studierenden

Das didaktische Konzept „Lernen durch Lehren" nach Jean-Pol Martin dient als zentraler Baustein, um Erklärvideos in die Lehre einzubetten. Die Methode geht davon aus, dass Lernen dann gelingt, wenn man Inhalte erklären kann (Martin, 1985; Grzega & Schöner, 2008). Die Kombination dieser Methode mit dem Medium Video bietet die Möglichkeit, Studierende in die Rolle von Lehrenden bzw. Erklärenden schlüpfen zu lassen. Es eröffnet neue Perspektiven, um Lernende zu einer aktiven und selbstständigen Auseinandersetzung mit dem Thema zu bewegen. Dies begründet die Motivation, Erklärvideos in der Lehre als Teilleistung einzusetzen. Studierende sollen dabei Inhalte, die in wissenschaftlichen Artikeln behandelt werden, in Form eines Erklärvideos produzieren. Die Produktion erfolgt in Gruppen von zwei bis vier Personen. Jedes Video wird zusätzlich einem Peer Assessment unterzogen.

3.2 Forschungsgeleitetes Lehren: Wissenschaft als Input für Videos

Um Erklärvideos optimal mit Inhalten zu verknüpfen, wurden als Grundlage für die Vermittlung von Inhalten wissenschaftliche Artikel gewählt. Diese Herangehensweise baut auf dem didaktischen Modell „Forschungsgeleitetes Lehren" auf, bei dem das Verständnis für Forschungsresultate im Vordergrund steht (Griffiths, 2004). Die Idee dahinter ist, Lernende durch die Erstellung eines Videos kreativ an forschungsgeleitete Inhalte heranzuführen und ein Bewusstsein für die Forschung zu schaffen. Durch den Einsatz von wissenschaftlichen Artikeln als Wissensgrundlage wird die Fundierung des Wissens begründet, was Studierende wiederum motiviert, diese zu verstehen (Jenkins et al., 1998). Ziel ist es, dass ein ausgewählter Forschungsoutput bzw. ein Konzept oder eine technologische Entwicklung in einem Erklärvideo von den Studierenden erklärt wird. Dabei sollen Verknüpfungen zur Umwelt oder anderen Anwendungen hergestellt werden.

Das Konzept wird seit sechs Semestern iterativ weiterentwickelt. Nach den ersten beiden Semestern wurden Peer-Assessment-Methoden hinzugefügt und Gruppenübungen eingeführt. Die forschungsgeleitete Herangehensweise in Kombination mit der Lehr-Lern-Strategie bildet seit Anfang den zentralen Baustein des Konzepts.

4 Ergebnisse und Erfahrungswerte

Tabelle 1 zeigt Ergebnisse, die im Rahmen der Lehrveranstaltung entstanden sind. Die Erklärvideos werden bei Bedarf und nach Absprache mit den Studierenden auch in weiteren Semestern wiederverwendet. Wie aus den Videobeispielen zu sehen ist, erfolgt die Vermittlung der Inhalte auf kreative Art und Weise.

Die Lehrveranstaltung implementiert das oben beschriebene Konzept und wird seit dem Sommersemester 2014 angeboten. Bei rund 30 Teilnehmerinnen und Teilnehmern pro Semester sind über die letzten sechs Semester insgesamt 37 Erklärvideos entstanden, woraus 25 positiv bewertet wurden. Aus diesem Pool an positiv bewerteten Videos wurden 5 Videos ausgewählt, um in den zukünftigen Semestern wiederverwendet zu werden.

Die Erfahrungswerte aus den letzten Semestern zeigen, dass es sich für beide Seiten lohnt, Videos in der Lehre einzusetzen. Studierende weisen eine erhöhte Motivation auf und vermitteln Inhalte kreativ. Dies geschieht auch ohne explizite Vorlagen oder zusätzliche Hilfestellungen. Technologisch sind die Studierenden sehr gut ausgestattet und mussten bis jetzt nicht auf Leihgeräte des Instituts zurückgreifen. Als optimale Gruppengröße haben sich Dreiergruppen herausgebildet. Ein Kopieren von Ideen hat in den letzten sechs Semestern nicht stattgefunden. Der Einsatz von Erklärvideos schafft eine Alternative zu klassischen Präsentationen, welche viel Zeit im Hörsaal einnehmen können. Die zusätzlich gewonnene Zeit kann in Form von Übungen genutzt werden. Bedarf an Optimierung gibt es grundsätzlich in der Qualitätssicherung. Nicht alle Inhalte werden immer auf Anhieb korrekt verstanden. Hier erscheinen zusätzliche Iterationen, unter Rücksprache mit den Lehrenden, als sinnvoll. Insgesamt bestätigen die Ergebnisse jedoch das Bildungspotenzial von Erklärvideos und bieten Platz für neue Herangehensweisen in der Lehre.

Tab. 1: Ergebnisse aus Erklärvideos, erstellt von Studierenden

	Videostil: Reality Sketch Thema: Location Systems Anhand eines praktischen Durchlaufs in einem realen Umfeld werden Eigenschaften und Herausforderungen von Ortungssystemen vermittelt.
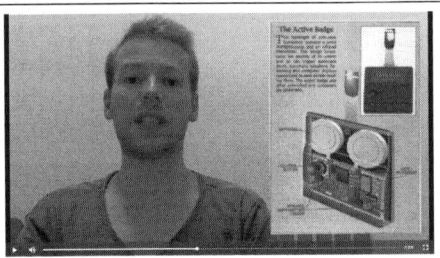	Videostil: News Room Thema: The Computer for the 21st Century Die Vision des Ubiquitous Computing von Marc Weiser aus dem Jahr 1991 wird analysiert und in Relation zur heutigen Entwicklung gestellt.
	Videostil: Cardboards & Storytelling Thema: Structured Data on the Web Motiviert durch die Frage „*Welche Inhaltsstoffe hat mein Cappuccino?*" wird das Konzept von strukturierten Daten im Web erklärt.

5 Ausblick

Erklärvideos, so zeigen es die Erfahrungswerte aus der Praxis, lassen sich erfolgreich in die Lehre einbetten. Lernende werden durch die Erstellung von Videos aktiv an Forschungsinhalte herangeführt und schlüpfen in eine neue Rolle der Wissensvermittlung. Digitale Kompetenzen werden gefördert und neue Herangehensweisen des Lernens erschlossen. Lernen findet in einem neuen Umfeld der Videoproduktion statt. Das Konzept leistet somit einen Beitrag zur Nutzung neuer Bildungspotenziale von Erklärvideos.

Die Erstellung von Videos durch Studierende eröffnet neue Perspektiven und Szenarien. Der modulare Aufbau kann mit didaktischen Konzepten verknüpft werden und bietet eine Transfermöglichkeit auf andere Disziplinen. Für die Zukunft sind Schritte geplant, um den Prozess der Videoproduktion zu optimieren. Gerade im Bereich der Vorbereitungsphase können Iterationen eingebaut werden, um Storyboards zu diskutieren. Es bietet sich auch an, besonders gut gelungene Videos öffentlich bereitzustellen und somit einen Beitrag zur Entwicklung von Open Educational Resources zu schaffen. Aus dem Blickwinkel der Forschung stellen sich Fragen in Bezug auf Lernprozesse und Lernerfolg. Können Erklärvideos dazu beitragen, Inhalte besser zu verstehen? Fragen wie diese gilt es in zukünftigen Forschungsvorhaben zu klären. Erklärvideos haben das Potenzial, neue Bildungsräume zu erschließen und kreative Lehrszenarien zu unterstützen.

Literatur

Alberer, G., Alberer, P., Enzi, T., Ernst, G., Mayrhofer, K., Neumann, G., Rieder, R., & Simon, B. (2003). The Learn@WU Learning Environment. *Wirtschaftsinformatik 2003/Band 1*, S. 593-612. Dresden: Physica-Verlag.

Arnold, P., Kilian, L. & Thillosen, A. (2013). *Handbuch E-Learning: Lehren und Lernen mit digitalen Medien*. 3. aktualisierte Auflage, Bielefeld: WBV.

Back, A. & Toedtli, M. C. (2012). Narrative Hypervideos. Methodenentwurf zur Nutzung usergenerierter Videos in der Wissenskommunikation. In Csanyi, G., Reichl, F., Steiner, A. (Hrsg.) *Digitale Medien: Werkzeuge für exzellente Forschung*. Münster, New York, München, Berlin: Waxmann.

Griffiths, R. (2004). Knowledge Production and the Research-Teaching Nexus: The Case of the Built Environment Disciplines. *Studies in Higher Education*, 29(6), 709-726.

Grzega, J. & Schöner, M. (2008). The Didactic Model LdL (Lernen durch Lehren) as a Way of Preparing Students for Communication in a Knowledge Society. *Journal of Education for Teaching*, 34(3), 167-175.

Handke, J. (2015). *Handbuch Hochschullehre Digital. Leitfaden für eine moderne und mediengerechte Lehre*. Marburg: Tectum Verlag.

Jenkins, A., Blackman, T., Lindsay, R und Paton-Saltzberg, R. (1998). Teaching and Research: Student Perspectives and Policy Implications. *Studies in Higher Education*, 23(2), 127-141.

Loviscach, J. (2011). Mathematik auf YouTube: Herausforderungen, Werkzeuge, Erfahrungen. In Rohland, H., Kienle, A., Friedrich, S. (Hrsg.) *DeLFI 2011 – Die 9. e-Learning Fachtagung Informatik*. Dresden: Gesellschaft für Informatik.

Martin, J.-P. (1985). *Zum Aufbau didaktischer Teilkompetenzen beim Schüler. Fremdsprachenunterricht auf der lerntheoretischen Basis des Informationsverarbeitungsansatzes*. Dissertation. Universität Gießen. Tübingen: Narr.

Wolf, K. D. (2015). Bildungspotenziale von Erklärvideos und Tutorials auf YouTube: Audio-Visuelle Enzyklopädie, adressatengerechtes Bildungsfernsehen, Lehr-Lern-Strategie oder partizipative Peer Education? *merz 1* (59), 30-36.

Sónia Hetzner, Claudia Schmidt, Katja Sesselmann, Stefanie Zepf

Pimp your lecture: Erfolgreiche Ansätze zur Unterstützung der Digitalisierung der Lehre an der Friedrich-Alexander-Universität Erlangen-Nürnberg

Zusammenfassung

Der vorliegende Artikel beleuchtet erfolgreiche Wege, die Digitalisierung der Lehre im Hochschulkontext voranzubringen. Entlang eines strukturierten Beratungsprozesses wurden an konkreten Lehrveranstaltungen maßgeschneiderte mediengestützte Konzepte zur Ergänzung der Präsenzlehre entwickelt, umgesetzt und im Rahmen eines kontinuierlichen Verbesserungsprozesses evaluiert. Zur Unterstützung konnten Finanzmittel für studentische Hilfskräfte, konzeptionelle Beratung sowie Ausbildung in relevanten Tools und mediendidaktischen Fragen zur Verfügung gestellt werden. Das Ziel „Hilfe zur Selbsthilfe" stand dabei stets im Fokus, um die erarbeiteten Konzepte und das Know-how nachhaltig an der Hochschule zu etablieren. Die im Fokus stehenden abschließenden Evaluationen der ersten Förderphase zeigten positive Einstellungen gegenüber den eingesetzten Zusatzangeboten. Darüber hinaus steht auch die Suche nach erfolgskritischen Aspekten im Fokus.

1 Herausforderung für die Hochschullehre – neue Chancen durch Digitalisierung

Vielfältige Veränderungen in der deutschen Hochschullandschaft erfordern Veränderungen in der Lehre. Steigende Studierendenzahlen und deren Heterogenität führen zu Kapazitätsengpässen sowohl in personeller als auch in räumlicher Hinsicht. Überdies haben sich auch die gesellschaftspolitischen Trends „technologischer Fortschritt" und „Individualisierungsprozesse" auf den Bildungsbereich niedergeschlagen (Mürner & Polexe, 2014). Handke (2014) fordert eine neue Lernkultur mit Kompetenzorientierung im Lehren, Lernen und Prüfen. Vor diesem Hintergrund versprechen u. a. mediengestützte Lehr-/Lernszenarien innovative Lösungsansätze.

An der Friedrich-Alexander-Universität Erlangen-Nürnberg (FAU) wurden im Rahmen des BMBF-Projektes QuiS (Qualität in Studium und Lehre) in den Jahren 2012 bis 2016 zahlreiche Lehrveranstaltungen durch digitale Elemente unterstützt. Im Projekt lag der Fokus auf der Unterstützung der Lehre durch virtuelle Angebote. Ziel war es, durch den Einsatz mediendidaktischer Elemente zur Ergänzung der Präsenzlehre einen Mehrwert für Studierende und Lehrende zu generieren. Zur Verfügung standen Finanzmittel für Koordination, Tutorien und E-Learning Maßnahmen, bei denen das Projektteam insbesondere konzeptionell beratend zur Seite stand.

[Diagramm: Balken- und Liniendiagramm mit Werten 40 (2013), 94 (2014), 95 (2015), 134 (2016); Legende: durch E-Learning-Projekte unterstützte Veranstaltungen / E-Learning-Projekte]

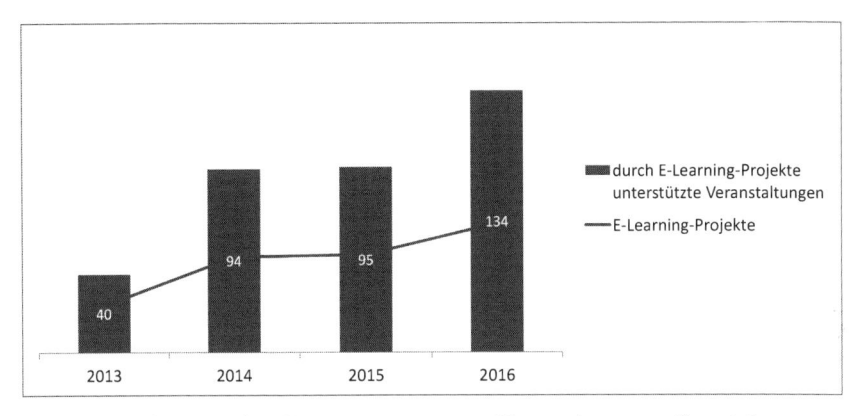

Abb. 1: Durch E-Learning-Konzepte unterstützte Veranstaltungen während der Projektlaufzeit 2012 bis 2016

Wurden im ersten Förderjahr (2012) noch wenige Projekte unterstützt, so konnten in den Folgejahren die Anzahl und Reichweite der unterstützten Projekte von 40 unterstützten Veranstaltungen im Jahr 2013 auf 134 Veranstaltungen an allen fünf Fakultäten[1] im letzten Förderjahr 2016 mehr als verdreifacht werden (Abb. 1).

Die Unterstützung für kritische Lehrveranstaltungen, also Vorlesungen oder vorlesungsähnliche Veranstaltungen mit oft großer Anzahl an Studierenden, wurde während der gesamten Projektlaufzeit in einer zweiteiligen Form angeboten:
- Zentrale Unterstützung bei der Umsetzung flankierender, innovativer Lehrformen: Dabei überstiegen die beantragten Mittel für studentische Hilfskräfte das Budget in den letzten beiden Förderjahren jeweils um fast das Doppelte.
- Begleitende Angebote: u. a. Veranstaltungsreihe für Dozenten[2], Schulungen/ Workshops[3], Beratung.

---

1 Seit 2007 gliedert sich die Friedrich-Alexander-Universität in die folgenden fünf Fakultäten: Medizinische Fakultät, Naturwissenschaftliche Fakultät, Philosophische Fakultät und Fachbereich Theologie, Rechts- und Wirtschaftswissenschaftliche Fakultät, Technische Fakultät.
2 Tag der Lehre 2015: Videoeinsatz in der Hochschullehre und E-Prüfungen und kompetenzorientiertes Prüfen", Tag der Lehre 2016: Gestaltung der Studieneingangsphase
3 z. B. Konzeption und Durchführung einer Veranstaltungsreihe für Hochschuldozenten und Tutoren zum Thema „Videoeinsatz in der Lehre": drei voneinander unabhängige

Besonders der Aspekt der Nachhaltigkeit wurde durch die begleitenden Beratungsangebote (z. B. Videosprechstunde oder maßgeschneiderte Schulungsangebote für die Projektteams) sowie regelmäßige Follow-up-Termine erfolgreich umgesetzt. In den geförderten Projekten haben sich besonders der Einsatz von Videos in der Lehre und von Online-Assessments[4] als vielversprechende Ansätze herauskristallisiert.

2 Große Zustimmung zum digitalen Zusatzangebot

Um herauszufinden, wie die Unterstützungsangebote wahrgenommen werden, wurden zu verschiedenen Zeitpunkten Evaluationen durchgeführt. Eine Vielzahl der Studierenden, die eines der unterstützten Zusatzangebote kennt und bereits genutzt hat, gab positive Bewertungen hinsichtlich Mehrwert und Weiterempfehlung ab. Beispielsweise sprechen sich die befragten Studierenden ($N = 986$) zu rund 97 % dafür aus, dass sie den Videoeinsatz im Lehrszenario als Mehrwert wahrgenommen haben ($n = 914$), (Abb. 2; Schmidt, 2017). Diese große Zustimmung zeigt sich auch in den beiden anderen abgefragten Parametern „Zufriedenheit"[5] mit 98 % ($n = 489$) und „Weiterempfehlung an Kommilitonen"[6] mit 97 % ($n = 859$)[7]. Schon 2015 berichteten Reinhardt & Bergann ähnliche Ergebnisse.

Auch bei der Frage nach der Akzeptanz von E-Assessments ergibt sich unter den Studierenden ($N = 521$) ein nennenswerter Anteil von 73 %, der E-Prüfungen[8] weiterempfiehlt (Sesselmann, 2016). Um ein wirksames Online-Assessment zu entwickeln ist die Akzeptanz der Studierenden unabdingbar. Ein bedeutendes Konzept ist dabei das Constructive Alignment. Dieses beschreibt das Maß der Übereinstimmung zwischen Lernzielen, Lehr-/Lernaktivitäten und Leistungskontrollen. Lehre erfüllt die Kriterien des Constructive Alignment wenn, die Lernziele im Voraus formuliert wurden, die Lehr-/Lernumgebung so gestaltet ist, dass den Studierenden das Erreichen der Lernziele ermöglicht wird und wenn abschließend die eingesetzte Leistungskontrolle auch jene Kompetenzen misst, die in den Lernzielen vorgegeben wurden (Baumert & May, 2013).

Module: Konzeption von Lehrfilmen, Produktion (Filmdreh), Postproduktion (Schnitt und Anreicherung der Videos mit Interaktionen)
4 Aufbau von Fragepools für Selbstkontroll- und Übungsaufgaben und für „scharfe" E-Prüfungen
5 Frage/Antwortausprägungen: „Insgesamt bin ich mit dem Zusatzangebot […] eher zufrieden" sowie „[…] vollkommen zufrieden"
6 Frage/Antwortausprägung: „Ich würde meinen Kommilitonen und Kommilitoninnen die Nutzung des Zusatzangebots […] weiterempfehlen."
7 Die Abweichung in der Stichprobenzahl ergibt sich daraus, dass nicht in allen betrachteten 25 videounterstützten Projekten alle Zustimmungsparameter abgefragt wurden.
8 Die Akzeptanz von Übungsassessments wurde in der Studie nicht untersucht.

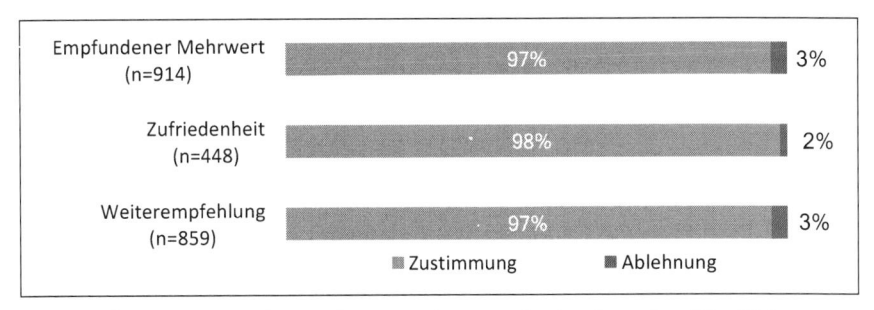

Empfundener Mehrwert (n=914)	97%	3%
Zufriedenheit (n=448)	98%	2%
Weiterempfehlung (n=859)	97%	3%
	■ Zustimmung ■ Ablehnung	

Abb. 2: Übersicht über die geäußerte Zustimmung der Studierenden ($N = 986$)

Dozierende, Koordinatoren und Tutoren[9] nannten in der Abschlussbefragung als Hauptmotivation für den Einsatz von E-Learning das Ziel, einen Mehrwert für Studierende im Sinne einer Qualitätsverbesserung in der Lehre (93%) zu erreichen. An zweiter und dritter Stelle folgen die Einführung neuer, innovativer Lernmethoden (83%) sowie die Steigerung der Motivation der Studierenden (71%).

Rückblickend beurteilen die Befragten ihre eingesetzten E-Learning-Szenarien äußerst positiv. Den entwickelten Projekten wird ein hoher Mehrwert bescheinigt, sowohl für die Lernenden (97%) als auch für die Lehrenden (91%). Außerdem können sich 97% der Befragten vorstellen, das Projekt weiter zu entwickeln. 86% würden ihr Projekt unverändert wieder anbieten. Erfreulicherweise konnten auch hohe Werte bei der Gesamtzufriedenheit bei der Frage nach Unterstützung und Organisation (jeweils 100%) und Ablauf (95%) des Projekts erreicht werden (Abb. 3).

Im Einzelnen haben sich besonders die individuelle Beratung und maßgeschneiderte Konzeption für das spezielle Szenario (100% Zufriedenheit), die klare Unterstützungsstruktur (100%) und die Kommunikation (100%) als Erfolgsfaktoren herauskristallisiert. An zweiter und dritter Stelle wurden die praktische Unterstützung durch das Projektteam (96%) bei der Umsetzung der Szenarien durch maßgeschneiderte Schulungen (Konzeption, Lernmanagementsystem, Produktion von Lernfilmen etc.) sowie die Unterstützung bei der kontinuierlichen Evaluation der umgesetzten Maßnahmen (94%) genannt.

---

9   Von den Personen, die an QuiS-Projekten organisatorisch und/oder praktisch beteiligt und eingebunden waren (z. B. Dozenten, Koordinatoren und Tutoren), konnten im Rahmen der Abschlussbefragung insgesamt N = 48 Fragebögen in die Auswertung einbezogen werden.

	Zufriedenheit	Unzufriedenheit
Unterstützung (n = 32)	100%	
Organisation (n = 37)	100%	
Zeitlicher Ablauf (n = 38)	95%	5%
Teilnehmer-Motivation (n = 35)	89%	11%

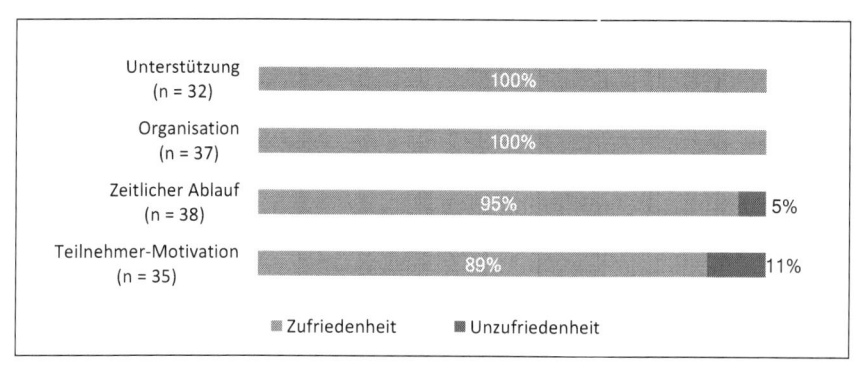

Abb. 3: Zufriedenheit der Lehrenden im Rahmen der unterstützten Projekte

Auf die Frage nach dem Wunsch nach zusätzlichen Unterstützungsangeboten nannten die Lehrenden zuerst finanzielle Hilfen (n = 22) und personelle Unterstützung (n = 21). Hinsichtlich der Rahmenbedingungen des Projekts (n = 7) wurden Aspekte wie bessere Vernetzung mit vhb-Projekten[10], strukturelle Verankerung im Department, adäquate Anrechnung der virtuellen Lehre auf das Lehrdeputat oder einfachere Verankerung in den Fachprüfungsordnungen gewünscht.

96% der Befragten würden ihren Kollegen die Unterstützung im Rahmen von QuiS bei der Umsetzung von mediengestützten Lehrveranstaltungen empfehlen.

3 Fazit und Ausblick

Zahlreiche Lehrveranstaltungen wurden während der Projektlaufzeit durch digitale Zusatzangebote unterstützt. Die Evaluationsergebnisse bestätigen eine Verbesserung der wahrgenommenen Qualität in der Lehre und eine Entschärfung von Problemfeldern. Zahlreiche innovative Projekte – verstärkt in den Themenbereichen E-Assessment und Videoeinsatz – konnten als maßgeschneiderte Unterstützung erfolgreich konzipiert, umgesetzt und weiterentwickelt werden. Als „Leuchtturmprojekte" liefern sie mehrfach nutzbare und ggf. konzeptionell auf andere Fächer übertragbare Beispiele für innovative Lehr- und Lernformen. Besonders konnten integrierte Konzepte mit didaktischer Anreicherung einen großen Mehrwert entfalten.

Als Faktoren für eine erfolgreiche Unterstützung der Digitalisierung der Lehre lassen sich aus Sicht des Projektteams insbesondere die Konzeption von bedarfsorientierten und maßgeschneiderten Lösungen nennen. Ein strukturierter

---

10 Die Virtuelle Hochschule Bayern (vhb) fördert und koordiniert den Einsatz und die Entwicklung multimedialer Lehr- und Lerninhalte in den bayerischen Hochschulen.

Beratungs- und Umsetzungsprozess im Sinne eines Projektmanagements erleichtert es den Beteiligten, kontinuierlich an der Erreichung der Meilensteine zu arbeiten, die entwickelten Konzepte umzusetzen und vor dem Hintergrund der Evaluationsergebnisse weiter zu verbessern.

Auch das Konzept „Hilfe zur Selbsthilfe" hat sich vor dem Hintergrund der Nachhaltigkeit als erfolgreich erwiesen. Hier haben sich besonders die begleitenden Angebote (u. a. Schulung, didaktische Beratung, Evaluation) bewährt. Je mehr Projekte und Wissensträger dezentral in den einzelnen Fächern etabliert werden, desto höher ist die Chance, Projekte nachhaltig zu etablieren und Synergien auch zwischen Fachbereichen zu schaffen. Besonderer Bedarf besteht hier zum einen in einer universitätsweiten Strategie zur Digitalisierung der Lehre, der Schaffung von dezentralen Strukturen sowie der unkomplizierten und individuellen Unterstützung der Dozierenden ad hoc und bedarfsorientiert. Diese Erkenntnisse werden im Nachfolgeprojekt QuiS II[11] umgesetzt. Auch den von Kerres (2013) postulierten Möglichkeiten zur Kollaboration zur elektronischen Umsetzung der sozialen Aspekte beim Lernen wird zukünftig große Bedeutung beigemessen.

Literatur

Baumert, B. & May, D. (2013). *Constructive Alignment als didaktisches Konzept.* Online verfügbar http://www.zhb.tu-dortmund.de/hd/fileadmin/Journal HD/2013_1-2/journal_HD_1-2_2013_artikel_baumert_may.pdf (10.07.2017).
Handke, J. (2014). *Patient Hochschullehre. Vorschläge für eine zeitgemäße Lehre im 21. Jahrhundert.* Marburg: Tectum.
Kerres, M. (2013). *Mediendidaktik. Konzeption und Entwicklung mediengestützter Lernangebote.* 4. Auflage. München: Oldenbourg Wissenschaftsverlag.
Mürner, B. & Polexe, L. (2014). Digitale Medien im Wandel der Bildungskultur – neues Lernen als Chance. *Zeitschrift für Hochschulentwicklung* (ZFHE), *9*(3), 1-12. http://www.zfhe.at/index.php/zfhe/article/view/670/589 (22.03.2017)
Reinhardt, J. & Bergann, S. (2015). Digitaler Hörsaal interdisziplinär. Evaluation einer Online-Vorlesung mit fachlich heterogenen Studierenden. In N. Nistor & S. Schirlitz (Hrsg.), *Digitale Medien und Interdisziplinarität. Herausforderungen, Erfahrungen, Perspektiven* (S. 69-79). Münster: Waxmann.
Schmidt, C. (2017). *Videoeinsatz in der Hochschullehre: Entwurf von Kriterien für gelungenes Lernen mit bewegten Bildern.* Unveröffentlichte Masterarbeit. Erlangen.
Sesselmann, K. (2016). *Potenzial von E-Assessment – Untersuchung von Einflussfaktoren auf die Akzeptanz von Studierenden.* Unveröffentlichte Masterarbeit. Erlangen.

---

11 Laufzeit von 2017 bis 2020.

Gabriele Irle, Johannes Moskaliuk

Was macht Lernen mit digitalen Medien in der Hochschule erfolgreich: Eine Einladung zum Perspektivenwechsel

Zusammenfassung

Die theoretische Perspektive, unter der Lernen und Lehren mit digitalen Medien an Hochschulen betrachtet wird, hat entscheidenden Einfluss auf die Gestaltung von Lehr-/Lernsettings, die Auswahl und den Einsatz digitaler Technologien, die Definition von Lern- oder Entwicklungszielen, auf Prüfungsformate, Evaluationsmethoden und strategische Entscheidungen. Auch die Antwort auf die Frage nach Erfolgsfaktoren oder Gelingensbedingungen von digitaler Lehre hängt von der theoretischen Prägung ab, die als Lehr- und Lernvorstellungen das praktische und wissenschaftliche Vorgehen der Akteure prägen (Staub & Stern, 2002; Brauer et al., 2014).

Im Vortrag möchten wir vier Perspektiven und damit verbundene Theorien, Modelle und Annahmen beispielhaft darstellen und damit zu einem Perspektivenwechsel anregen. Darauf aufbauend kann sowohl über bestehende Perspektiven als auch über Priorisierungen, Modelle und Definitionen, die sich daraus ergeben, diskutiert werden.

1 Über die Existenz mehrerer Perspektiven auf digitale Medien in der Hochschulbildung

Digitale Medien haben das Potential, die Lehre an Hochschulen qualitativ zu verbessern. Das scheint für die Bildungsforschung, aber auch für eine große Community von Lehrenden mittlerweile Konsens zu sein – vermutlich auch, weil der Einsatz digitaler Medien in der Hochschule in einer digitalen Gesellschaft auch politisches Ziel ist (mmb Institut, 2016). Bei der Frage nach der konkreten Gestaltung digitaler Lehr-/Lernsettings, von der didaktischen Konzeption, über die Auswahl geeigneter Technologien bis hin zum passenden Assessment, besteht noch Diskussionsbedarf. Letztlich geht es hier um die Frage, welche Faktoren den Lernerfolg auf Studierendenseite beeinflussen. Die jeweilige Perspektive der Akteure – unabhängig davon, um welche es sich dabei handelt – beeinflusst die Gestaltung digitaler Lehr-/Lernsettings, genauso wie den Entwurf und die Durchführung von Forschungsprojekten. Nicht immer ist offensichtlich, welche Annahmen und Schwerpunktlegungen eine Perspektive mit sich bringt. So können Perspektiven beispielsweise implizite Wertungen mit sich bringen, welche Ziele ein Projekt, Produkt oder Konzept verfolgen sollte. Wir schlagen vor, vier grundlegende Perspektiven in den Blick zu nehmen und stellen diese im Folgenden jeweils anhand eines zu dieser Perspektive passenden Modells vor. Die hier genannten Perspektiven beziehen sich dabei nicht nur auf Lernen mit digitalen Medien, sondern verweisen letztlich auf die Frage, wie Lernen *per se* definiert wird.

1.1 Didaktisch-pädagogische Perspektive

Modelle, die einer didaktisch-pädagogischen Perspektive entspringen, sind beispielsweise anhand von Lernzielen, Lernmethoden oder Lernmedien strukturiert (Knutzen, 2017). Die Gliederung dieser Modelle ist somit besonders nützlich für Lehrende, die ausgehend von den im Curriculum vorgeschriebenen Lernzielen eine passende Methode auswählen möchten. Hier wird ein Werkzeugkasten angeboten, aus dem sich die Lehrenden je nach Bedarf bedienen können.

1.2 Instruktionale Perspektive

Diese Perspektive legt den Fokus auf die Gestaltung von (digitalen) Instruktionen, die in optimaler Weise die kognitiven Prozesse der Lernenden unterstützen. Ein Beispiel für ein Modell dieser Perspektive ist das van Merriënboer, Clark und De Croock (2002) vorgeschlagene 4CID-Modell, das beschreibt, wie beim Training komplexer kognitiver Fertigkeit vorgegangen werden sollte. Das Modell steht in einer kognitionspsychologischen Tradition und beschreibt, wie einzelne Teilaspekte einer zu lernenden Kompetenz zusammenhängen, aufeinander aufbauen und durch eine geeignete Sequentialisierung in Aufgabenklassen (inkl. der jeweils notwendigen Unterstützung) ideal gelernt werden können.

1.3 Konstruktivistische Perspektive

Eine Grundannahme dieser Perspektive in der Tradition von Jean Piaget und Lew Wygotski ist: Lernen ist die Konstruktion von Wissen. Als Ergebnis eigener Erfahrungen und in der Interaktion mit anderen bildet der Lernende eine individuelle Repräsentation der Umwelt, die Verstehen und zielführendes Agieren ermöglicht. Ein Beispiel für ein Modell dieser Perspektive ist das Konzept des Knowledge Buildings von Scardamalia und Bereiter (1994). Hier wird als ein Ziel das Hineinwachsen der Lernenden in eine Wissensgesellschaft formuliert. Statt der Erweiterung individuellen Wissens steht die Erweiterung kollektiven Wissens im Vordergrund.

1.4 Konnektivistische Perspektive

Diese Perspektive versteht Lernen als die Weiterentwicklung eines Netzwerkes und meint damit sowohl mentale Strukturen auf Seite der Lernenden, aber auch die Integration digitaler Artefakte und anderer Personen in ein dynamisches System (Siemens, 2005). In der Tradition psychologischer Tätigkeitstheorien (vgl. Leontjew, 1978) steht dabei die Idee im Vordergrund, dass Lernen immer Ergebnis einer zielorientierten und bedeutungsvollen Interaktion mit anderen Personen und materiellen (hier: digitalen) Objekten ist – innerhalb kultureller und gesellschaftlicher Kontexte. Die Perspektive ist eng verknüpft mit den Möglichkeiten eines Social Webs, das die technologischen und kulturellen Rahmenbedingungen für die Interaktion des Lernenden mit Artefakten und Personen schafft.

2 Zielsetzung, Inhalte und Zielgruppe

Aus den genannten Perspektiven ergeben sich unterschiedliche, widersprüchliche Konsequenzen für die Konzeption, Analyse und Bewertung digitaler Lehr-/Lernsettings in der Hochschule. Wir möchten die Perspektiven im Überblick darstellen und ein Rahmenmodell vorschlagen, das wir im Rahmen des vom BMBF geförderten Forschungsprojektes Digital Learning Map 2020 gerade entwickeln. Aus diesem Rahmenmodell ergeben sich Erfolgsfaktoren oder Gelingensbedingungen für den Einsatz digitaler Medien in der Hochschullehre. Diskutieren möchten wir, welche Faktoren besonders wichtig sind, um Lehren und Lernen mit digitalen Medien an der Hochschule erfolgreich zu machen, welche Elemente in Modellen verschiedener Perspektiven typischerweise (nicht) enthalten sind, und welche relevanten Unterscheidungen (nicht) vorgenommen werden.

Literatur

Brauer, H., Balster, S., & Wilde, M. (2014). Lehr- und Lernvorstellungen künftig Lehrender zum Lernen von Schülerinnen und Schülern im Fach Biologie. *Zeitschrift für Didaktik der Naturwissenschaften, 20*(1), 191–200.
Knutzen, S. (2017). Digitalisierung der Lehre. Herausforderung und Chance. Online verfügbar: http://www.gfhf.net/wp-content/uploads/2016/07/Keynote_Knutzen.pdf (10.07.2017)
Leontjew, A. N. (1978). *Activity, consciousness, and personality*. Englewood Cliffs: New York.
mmb Institut – Gesellschaft für Medien- und Kompetenzforschung mbH/learntec (2016). *Schlussbericht zur Trendstudie: Digitale Bildung auf dem Weg ins Jahr 2025*. Online verfügbar: https://www.learntec.de/data/studie-zur-25.-learn-

tec/schlussbericht_zur_studie_digitale_bildung_auf_dem_weg_ins_jahr_2025.pdf (10.07.2017)

Scardamalia, M., & Bereiter, C. (1994). Computer support for knowledge-building communities. *The Journal of the Learning Sciences, 3*(3), 265–283.

Siemens, G. (2005). Connectivism: A learning theory for the digital age. International *Journal of Instructional Technology and Distance Learning, 2*(1), http://www.itdl.org/journal/jan_05/article01.htm (10.07.2017)

Staub, F. C., & Stern, E. (2002). The Nature of Teachers' Pedagogical Content Beliefs Matters for Students' Achievement Gains: Quasi-Experimental Evidence from Elementary Mathematics. *Journal of Educational Psychology, 94*(2), 344–55.

Van Merriënboer, J. J., Clark, R. E., & De Croock, M. B. (2002). Blueprints for complex learning: The 4C/ID-model. *Educational Technology Research and Development, 50*(2), 39–61.

Dorit Günther

Vom Lerninhalt zum Exponat – Museumsräume als Impulsgeber für die aneignungsförderliche Gestaltung von virtuellen Lernräumen

Zusammenfassung

Der Beitrag zeigt Möglichkeiten auf, digitale Lernräume im Einsatzfeld der Hochschule und Erwachsenenbildung dahingehend (um) zu gestalten, dass Lernende bei der Aneignung der Lerninhalte durch das räumliche Arrangement unterstützt werden. Dies basiert auf einem relationalen Raumverständnis, das zu einem Konzept von Raumaneignung beim Lernen im virtuellen Raum weitergedacht wird. Als Impulsgeber für die räumliche Darbietung von Lerninhalten werden physische und virtuelle Museen untersucht, woraus sich ableiten lässt, dass narrative Strategien das Lernen im Sinne von Inhalts- und Raumaneignung positiv beeinflussen. Im Fokus steht dabei die Übersetzung von museumsdidaktischen Konzepten in einen virtuellen Lernraum, in dem das didaktische Konzept durch das räumliche Arrangement gestärkt wird. So können bestimmte Lerninhalte als Exponate inszeniert werden und Lehrpersonen in der Rolle einer Kuratorin bzw. eines Kurators mit den Lernenden interagieren. Der Beitrag stellt theoriegestützte Überlegungen an mit dem Ziel, eine Erweiterung der didaktischen und ästhetischen Gestaltungsmöglichkeiten in virtuellen Lernräumen vorzustellen.

1 Einleitung

Blickt man auf die (Weiter-)Bildungseinrichtungen im deutschsprachigen Raum, ist festzustellen, dass sich Lehr-Lern-Formate in digitalen Räumen als Ergänzung von Präsenzlehre etabliert haben. Ein Großteil sind Online-Formate, die als zugangskontrollierte Kursräume innerhalb von Learning Management Systemen (LMS) angeboten werden. Ein gängiges Format ist z.B. der Online-Kurs, bei dem eine Lehrperson Lerninhalte sowie Aufgaben bereitstellt, die in einer vorgegebenen zeitlichen Taktung von den Lernenden absolviert werden. Es fällt auf, dass bei der Gestaltung des digitalen Lernraums wesentliche Merkmale aus der traditionellen Präsenzlehre imitiert werden – so hat die Lehrperson die Gestaltungshoheit über den funktional eingerichteten Lernraum, tritt als fachliche Autorität auf, moderiert die Interaktionen und bewertet die Leistungen der Teilnehmenden. Letztere besuchen den Lernraum als Gäste und haben nur in

Ausnahmefällen Möglichkeiten zur aktiven Mitgestaltung des Raums: Er erinnert an ein Klassenzimmer oder eine Bibliothek, in dem strukturiert aufbereitete Wissensträger angetroffen werden.

Geht man jedoch davon aus, dass Lernen nicht nur die Aneignung von Inhalten, sondern auch die Aneignung des Raums beinhaltet, erfährt die räumliche Gestaltung und Wirkungsweise eine Aufwertung. Während der physische Lernraum seit der reformpädagogischen Bewegung als dritter Pädagoge (vgl. Dreier 2004, S. 135 ff.) verstanden und auch in der Architektur von Bildungsbauten berücksichtigt wird, stehen bei Kursräumen in LMS Kriterien wie Funktionstüchtigkeit, Benutzerfreundlichkeit und Übersichtlichkeit im Vordergrund, wobei die ästhetische und emotionale Wirkung des Raums nur in geringem Maße berücksichtigt wird. Solange der digitale Raum nur als Aufbewahrungsort für Lernobjekte verwendet wird, bleibt sein Potenzial unausgeschöpft. Neue Möglichkeiten eröffnen sich hingegen, wenn die Eigenschaften und Strukturen des Raums so inszeniert werden, dass sie zum Bedeutungsträger werden. Im Folgenden soll erörtert werden, wie die Architektur des virtuellen Lernraums Teil der didaktischen Erzählung werden kann – dabei fungieren Museumsräume als Impulsgeber.

Bezugspunkt für diese Betrachtung sind die Online-Angebote, die vom Selbstlernzentrum (SLZ) der Technischen Universität Kaiserslautern im Rahmen des Projekts „Selbstlernförderung als Grundlage"[1] konzipiert und durchgeführt werden. Das SLZ ist seit 2011 aktiv und führt ein integratives Angebot von Coachings, Präsenz- und Online-Angeboten durch, die auf die Unterstützung der Selbstlernfähigkeiten der Studierenden zielen. Aus den hier vorgestellten Überlegungen können Ideen gewonnen werden, wie sich die virtuellen Lernräume des SLZ im Sinne einer Lerner(in)aktivierung zur Inhalts- und Raumaneignung weiterentwickeln lassen.

2 Begriffsklärung

Dieser Beitrag geht von einem *relationalen Raumbegriff* nach Löw aus: „Raum ist eine relationale (An)Ordnung von Lebewesen und sozialen Gütern an Orten" (Löw 2001, S. 271). Räume sind soziale Konstruktionen und entstehen im Handeln, Denken, Fühlen und Erinnern von Menschen.[2] Daran anknüp-

---

1 Das Projekt wird im Rahmen des gemeinsamen Programmes des Bundes und der Länder „Qualitätspakt Lehre" gefördert (FKZ: 01PL11085 und 01PL16085). Laufzeit: 10/2011 bis 12/2020. Leitung: Rolf Arnold, Markus Lermen. Homepage: http://www.disc.uni-kl. de/slzprojekt
2 Dies geht zurück auf den Philosophen Bollnow, der bereits 1960 im Aufsatz „Der erlebte Raum" darlegte, dass der erlebte Raum (im Gegensatz zum abstrakten mathematischen Raum) nicht unabhängig vom Menschen existiere, sondern erst in der Wahrnehmung und im Handeln von Menschen entstehe (vgl. Bollnow 2004, S. 63).

fend betont Kraus, dass Räume nicht nur im Handeln entstehen, sondern dieses auch beeinflussen (vgl. Kraus 2010, S. 48). Hamm führt dies näher aus: „Räume werden in sozialen Prozessen und auf bestimmte Zwecke hin hergestellt. Damit antizipieren sie Handlungsfolgen und schreiben sie physisch fest" (Hamm 1995, S. 278). Ob und in welchem Ausmaß solche Handlungsprogramme befolgt werden, hängt davon ob, wie der einzelne Mensch die räumlich fixierten Zeichen wahrnimmt und interpretiert. Räume begrenzen die jeweils verfügbaren Handlungsalternativen (ebd., S. 278).

Das Konzept der *Aneignung* soll dahingehend eingegrenzt werden, dass dabei ein lernender Mensch im Mittelpunkt steht, der sich weitgehend selbstgesteuert Wissen zu eigen macht (z.B. Inhalte vernetzt und kontextualisiert) und dabei Kompetenzen erwirbt. Ob dabei Lehrpersonen zugegen sind, ist optional: Es kann stets von Kommunikationspartnern gelernt werden, auch wenn diese keine pädagogische Intention haben. Jeder soziale Raum ist potenziell ein Lernraum, da er dem Raumnutzenden Aneignungsangebote macht: Der Aneignungsprozess vollzieht sich im Umgang des Lernenden mit den Elementen des Raums; dies beinhaltet die Aneignung des Raums an sich sowie die Aneignung der darin vorkommenden Inhalte. Raumaneignende Praktiken können damit als Umgang (Wahrnehmung und Positionierung) mit Lebewesen und sozialen Gütern verstanden werden. Dabei ist die Aneignungsleistung die subjektive Leistung der Akteure im Raum. Die Angebote im Raum strukturieren die subjektive Aneignung jedoch in einer bestimmten Weise vor. Ein Raum, der unter einer pädagogischen Prämisse strukturiert wurde, macht die Aneignung wahrscheinlicher bzw. intensiver (vgl. Kraus 2010, S. 47f.).

Mit Blick auf symbolische und virtuelle Sozialräume nennt Deinet als Beispiele für vollzogene Aneignung (a) das Erweitern des eigenen Handlungsraums, (b) das eigentätige Verändern von vorgefundenen Situationen oder Themen, (c) das Verknüpfung von Räumen (z.B. Kommunizieren mit geografisch entfernten virtuellen Räumen und Akteuren) sowie (d) das Spacing, verstanden als eigentätiges Schaffen von Räumen (vgl. Deinet 2014, S. 1f.).

Die Begriffe *digital* und *virtuell* werden hier nicht synonym verwendet. „Virtuell" heißt dem Wortsinn nach „fähig zu wirken, möglich". Wenn in diesem Beitrag von einem „virtuellen Raum" die Rede ist, so wird davon ausgegangen, dass dieser im digitalen Datenformat von Menschen (durch Computerprogramme) erzeugt wurde und für diese online oder offline zugänglich ist. Dieser digitale Raum hat keine physisch-materiellen Eigenschaften und wird für den Menschen erst durch ein mediales Gerät sichtbar. Der Mensch interpretiert die dargebotenen Schriftzeichen und Bilder mit Hilfe von räumlichen Metaphern. Im digitalen Raum sind visuelle und akustische Signale erlebbar; die haptischen, thermischen und olfaktorischen Wahrnehmungen bleiben jedoch ausgeschlossen. Die Bezeichnung „virtuell" wird in diesem Beitrag immer dann gewählt, wenn dieser digitale Lern- oder Museumsraum in seiner Raumwirkung an eine Erfahrung im physischen Raum erinnert, er also z. B. ein Klassenzimmer oder einen Ausstellungsraum imitiert. Eine virtuelle Sache ähnelt in Wesen oder Wirkung einer physisch-materiell existierenden Sache, braucht jedoch kein physisches Pendant zu haben und kann imaginiert bzw. fiktiv sein.

3 Das Museum als Bildungsraum

Für eine/n Gestalter/in von Lernräumen ist es ist naheliegend, das Museum mit seinen räumlichen Arrangements in den Blick zu nehmen, da es seit seiner Entstehung in der griechischen Antike immer wieder seine Funktion als Bildungsraum wahrgenommen hat – mit verschiedenen Ausprägungen als private Studierstube, als öffentliche Einrichtung mit einer wissenschaftlich systematisierten Sammlung (seit Ende des 18. Jahrhunderts) bis hin zum multimedialen Erlebnis- und Mitmachmuseum des 21. Jahrhunderts (vgl. Parmentier 2009, S. 111 ff.). Die Museumspädagogik hat sich aus ihren Anfängen mit Lichtwark 1903 in den 1980er Jahren als eigenständige Disziplin etabliert, die sich der Ausstellungsgestaltung zum Zwecke der Vermittlung und Kommunikation widmet. Während in der ersten Hälfte des 20. Jahrhunderts der Schwerpunkt auf Kontextualisierung und narrativer Einbettung der Inhalte lag, stand im ausgehenden 20. Jahrhundert die Didaktisierung im Vordergrund. Im beginnenden 21. Jahrhundert traten Konzepte der Inszenierung und Medialisierung hinzu.

In Deutschland sind Auftrag und Aufgaben der Museen nicht gesetzlich geregelt, auch der Museumsbegriff ist nicht geschützt. Aktuell erkennen Museen weltweit den „Code of Ethics for Museums" des Internationalen Museumsrats an: „Ein Museum ist eine gemeinnützige, auf Dauer angelegte, der Öffentlichkeit zugängliche Einrichtung im Dienste der Gesellschaft und ihrer Entwicklung, die zum Zwecke des Studiums, der Bildung und des Erlebens materielle und immaterielle Zeugnisse von Menschen und ihrer Umwelt beschafft, bewahrt, erforscht, bekannt macht und ausstellt" (ICOM 2010, S. 29). Was das Museum mit Schulen und Hochschulen gemeinsam hat, ist der Anspruch, die Rezipienten zu bilden, basierend auf einer wissenschaftlichen Forschung und didaktischen Aufbereitung und Vermittlung der Inhalte. Dabei hat das Museum als informeller Bildungsraum mehr Gestaltungsfreiheiten als formelle Bildungseinrichtungen.[3]

---

3 Während in der Schule hauptsächlich Texte als Lernobjekte benutzt werden, wird die Welt im Museum überwiegend durch dingliche Exponate interpretiert. Während die Schule die Zwecke Qualifizierung und Erziehung verfolgt (Pflichtbesuch, formale Instruktion gemäß einem Curriculum), erfolgt der Museumsbesuch freiwillig und ohne Leistungskontrolle (offener Zugang für verschiedene Altersgruppen; Rezeption in Eigenregie und in unterschiedlichen sozialen Settings). Zur Gegenüberstellung von Schule und Museum siehe Günther & Schiefner-Rohs (2017).

Der Museumspädagoge Parmentier führt die Krise vieler Museen in den 1990er Jahren darauf zurück, dass eine „monologische Form der Verkündigung" (Parmentier 2001, S. 46) in zu enger Orientierung an schulische Traditionen praktizierte wurde. Er kritisiert die Stilisierung des Museums zum sakralen Tempel, bei dem vom Besuchenden eine Rezeptionshaltung des stummen Schauens erwartet wird. Dabei nehmen die Wissenschaftler/innen und Kurator/innen die Rolle von Experten ein, während Besuchende als uninformierte Laien gelten, die das Vermittelte passiv entgegennehmen. Die Besuchenden werden dabei ebenso entmündigt wie die Exponate selbst, die zur bloßen Illustration von Lehrmeinungen dienen. Die Dingzeichen werden leer und stumm, wenn sie von den Begleittexten der Experten überlagert werden. Die Erklärungsfülle seitens der autoritären Vermittler lähmt die eigenständige Wahrnehmungs- und Denkarbeit des Besuchenden (vgl. ebd., S. 47).

Parmentier konzeptualisiert das Museum des 21. Jahrhunderts als ein kreatives Labor, ein Experimentierfeld, in dem die Experten „als Versuchsleiter dafür sorgen, dass im Streit über die angemessene Lektüre und das richtige Verständnis der überlieferten Dingzeichen jede Stimme gleichberechtigt zu Wort kommt" (ebd., S. 45). In solch einem Museumslabor emanzipieren sich die Besuchenden vom Status des Laien und werden zum „erkenntnisfähigen Subjekt, das sich von der musealen Versuchsanordnung aufgefordert sieht, Vergleiche anzustellen und selbstständig Schlüsse zu ziehen" (ebd., S. 48). Umsetzen lässt sich dies z. B. durch eine Vermittlungsweise mit neuen Kompositionstechniken (wie das experimentelle Spiel), das Zerlegen und neu Arrangieren, das Verfremden und Trivialisieren (vgl. ebd., S. 49). Das Museum ist zugleich ein Forum der Diskussion, in dem ohne Angst vor Sanktionen unterschiedliche Stimmen und Perspektiven vorgetragen und verhandelt werden. Die vormals abgeschotteten Wissenschaftler/innen und Vermittler/innen betreiben nun einen gemeinsamen Erkenntnisprozess, indem sie im direkten Kontakt mit den Exponaten und Besuchenden ihre Deutungshypothesen überprüfen und korrigieren. In diesem Sinne definiert Parmentier Bildung im Museum als „reflexive Bewegung" hin zu besserer Selbstkenntnis (vgl. ebd., S. 50). Der hohe Stellenwert der Selbstreflexion im Bildungsprozess ist anschlussfähig für die hier diskutierten Konzepte für virtuelle Lernräume.

3.1 Physischer Museumsraum

Zunächst soll beleuchtet werden, wie die Raumgestaltung in einem physischen Museum mit der Vermittlung von Inhalten zusammenhängt. Eine Kuratorin macht dem Museumspublikum Bedeutungsangebote, indem sie die Exponate auf eine bestimmte Weise im Raum platziert (dabei kann auch die Architektur des Museumsgebäudes eine Rolle spielen). Erst indem eine Kuratorin ein Objekt aus der Sammlung herauslöst und in die Erzählung einer Ausstellung einbezieht, macht sie das Objekt zum Exponat: Es erfährt eine Bedeutungsverschiebung, die weg von seinen formal-materiellen Aspekten hin zu seinem argumentativen Charakter im Rahmen der Narration führt. Sobald das Exponat im Raum platziert wird, tritt es in Beziehung mit der Raumarchitektur und den anderen ausgestellten Dingen. Die Museumspädagogin Dätsch plädiert dafür, dass die Erzählung der Ausstellung, das sogenannte „Narrativ", dahingehend offenbleiben muss, dass die Besucher/innen ihre eigene Erzählung beitragen können und die (Be-)Deutungen somit als veränderbar erleben. Jede/r Rezipient/in ordnet ein erlebtes Exponat in das eigene Verständnis ein und gibt ihm eine individuelle Bedeutung (vgl. Dätsch 2015, S. 191).

Nach Thiemeyer lassen sich in der Ausstellungsarbeit drei grundlegende narrative Muster unterscheiden: eine semiotische Strategie, ein kausales Muster und ein offenes Muster. Bei der *semiotischen Strategie* ist die gesamte Ausstellung (nicht das einzelne Objekt) Träger der Bedeutung, daher zielt die Narration auf eine kohärente Darstellung von Zusammenhängen (z.B. werden Lücken zwischen Fragmenten gefüllt durch Nachbauten oder Multimedia). Bei einer Narration nach *kausalem Muster* werden die Exponate chronologisch angeordnet, um eine kontinuierliche Evolution zu visualisieren. Bei einer Narration nach *offenem Muster* bezieht sich die lineare Raumanordnung auf den Rezeptionsprozess des Besuchenden: Die Abfolge der Räume soll sicherstellen, dass die Erzählung erkannt wird und dass sich aus ihr Sinn filtern lässt (z.B. wird beim Rundgang die Raumfigur der Spirale eingesetzt als Orientierung und Metapher für den angestrebten Wahrnehmungs- und Reflexionsprozess) (vgl. Thiemeyer 2013, S. 483 ff.).

Im Folgenden wird dargestellt, wie sich narrative Muster im Museum in räumliche Anordnungen übertragen lassen. Der Ausstellungsraum ist wie eine Theaterbühne und erlaubt eine Dramaturgie. Die Ausstellungsmacher Bertron, Schwarz und Frey nennen als wichtigste Formen der räumlichen Umsetzung von Narration den chronologischen, thematischen, synchronoptischen, synergetischen, exemplarischen und pointierten Aufbau (vgl. Bertron, Schwarz & Frey 2006, S. 26).

Eine *chronologische Strukturierung* der Inhalte bedeutet, dass die Exponate gemäß ihrer zeitlichen Entstehung oder Relevanz in Einheiten zusammengefasst werden; jede zeitliche Einheit wird in einer Schaustation oder in einem Raum platziert. Der/die Besuchende durchläuft die Stationen und Räume gemäß der chronologischen Abfolge. Während diese Strukturierung leichte Orientierung und klare Besucherführung bietet und der Narration einen dramaturgischen Bogen erlaubt, ist sie starr, erschwert Querverweise und kann langweilig wirken.

Bei einer *thematischen Strukturierung* hingegen kann der Raum genutzt werden, um die Linearität eines Themas aufzubrechen und synchrone Aspekte in einzelnen Raumsektionen parallel zu inszenieren. So wird der Stoff in Themenbereiche gegliedert und in verschiedenen angrenzenden Stationen und Räumen positioniert, die über mehrere Zugangswege erreichbar sind. Der/die Besuchende entscheidet selbst, in welcher Reihenfolge er/sie die Stationen und Räume aufsucht. Ein Nachteil besteht darin, dass der Inhalt fragmentiert wird und so nur schwer ein ganzheitliches Bild entsteht.

Bei einem *synchronoptischen Aufbau* geht es darum, bestimmte Inhalte zeitgleich auf einen Blick zu präsentieren. Hierfür eignet sich z.B. ein großer offener Raum, in dem eine überschaubare Anzahl von exemplarischen Exponaten steht, wobei der/die Besuchende sich frei bewegen und Sichtbeziehungen herstellen kann. Hierbei bietet es sich an, multimedial zu arbeiten, z.B. auch mit Augmented Reality zur Darstellung von inhaltlichen Überlagerungen.

Bei einem *synergetischen Aufbau* wird ebenfalls exemplarisch gearbeitet, wobei das Ziel hierbei ist, den Stoff in seiner komplexen Verzahnung zu zeigen. Dies wird durch eine Darstellung möglich, die beispielhafte „Inseln" synergetisch zueinander in Beziehung setzt. Dabei können verschiedene Stationen und (Teil-)Räume so zueinanderstehen und begehbar sein, dass nur bestimmte Wege sowie Ein- und Ausblicke möglich sind. Durch ähnliche Farb-/Formgebung oder Markierungen können bestimmte Exponate zueinander in Bezug gesetzt werden.

Mit einem *pointierten Aufbau* kann die Erzählung dramaturgisch zugespitzt werden, um so markante Höhepunkte zu schaffen. Beispielsweise kann der zeitliche Ablauf einer Epoche dreidimensional umgesetzt werden: Schlüsseljahre, die für geschichtliche Umbrüche stehen, liefern das Prinzip für die räumliche Verortung der Inhalte.

Wie eine erzählerische Dramaturgie räumlich umgesetzt werden kann, wird vom Dramaturgen Mikunda diskutiert. Er verweist darauf, dass Menschen aus ihrer Alltagserfahrung in heimischen Städten und Landschaften bestimmte kognitive Landkarten im Kopf haben, die sie bei der Orientierung in neuen Räumen abrufen. Architekten setzen bestimmte Muster immer wieder erfolgreich ein, so z.B. Knotenpunkte, die durch Achsen verbunden sind. Am Anfang und Ende von Achsen befinden sich oft Landmarks; die Achsen stellen (Sicht-)Beziehungen zwischen diesen her. Indem eine Architektur etablierte Muster anbietet, kann eine Dramaturgie erzeugt werden: Man hat aufgrund kognitiver Landkarten bestimmte Erwartungen an einen Raum – wenn diese erfüllt werden, entsteht ein Gefühl von „ankommen" und „heimisch sein" (vgl. Mikunda 2005, S. 49ff., S. 63f.).

Aus dem Stadtbild kennen Raumnutzende Aussichtspunkte: Der dramaturgische Effekt ist „da war ich noch nicht, da will ich hin" (vgl. ebd., S. 63f.). Dies kann in Museumsräumen durch Emporen realisiert werden, in virtuellen Räumen durch Übersichtskarten und Vorschaueffekte. Spannung kann auch durch das Zusammenspiel von Vorschau und Verzögerung erreicht werden: Zunächst gewährt der Raum Einblicke in einen angrenzenden Raum, der jedoch nicht auf direktem Weg erreicht werden kann; so erkundet man unterwegs Unerwartetes (vgl. ebd., S. 82ff.).

Eine Wertsteigerung von Exponaten kann erzielt werden, indem die Raumdramaturgie diese an einem geheimen oder verbotenen Ort platziert, was Antizipation erzeugt (vgl. ebd., S. 120ff.). Das dramaturgische Spiel mit Spannung ist mit Vorsicht einzusetzen, um keine Frustration (bei enttäuschter Erwartung) oder Trivialisierung der Inhalte zu erzeugen. Wenn eine Dramaturgie gewollt eine manipulative Wirkung hat, sollte dem Rezipienten die Möglichkeit zur Bewusstwerdung und kritischen Reflexion gegeben werden.

Bedeutsam ist auch das Placement: Je nach Verpackung oder Umgebung eines Exponats verändert sich der Eindruck, den dieses macht (vgl. ebd., S. 127ff.). Die Einbettung eines Exponats in einen bestimmten Kontext gibt ihm zusätzliche Bedeutung. Ein Placement kann auch als Mittel für Kontrastierung oder Verfremdung eingesetzt werden, dabei ist stets seitens der Künstler/innen bzw. Kuratorinnen und Kuratoren kritisch zu überprüfen, ob dies zum Narrativ der Ausstellung passt.

3.2 Virtueller Museumsraum

Während nahezu jedes öffentliche Museum eine Homepage betreibt und soziale Netzwerke als Marketing- und Kommunikationsraum nutzt, setzen nur wenige den virtuellen Raum als kuratierte Ausstellung ein. Im Folgenden werden einige Beispiele für virtuelle Museumsräume vorgestellt, um das Spektrum der Gestaltungsmöglichkeiten zu umreißen.

„Das Deutsche Museum virtuell" ist ein Beispiel für *Typ A*, die fotorealistische Simulation des physisch existierenden Museums:[4] Als Besucher/in durchschreitet man die Abbildungen der Museumsräume per Mausnavigation auf angebotenen Pfaden (Hotspots), kann dabei entweder einer Tour folgen oder die Route selber wählen, Exponate heran zoomen und den erläuternden Audio Guide abspielen. Hier wird der thematische Aufbau des Museums abgebildet, der Kurator ist Erzähler.

Die „Baltic Museums 2.0" (sieben Museen zum Thema Meer) sind ein Beispiel für *Typ B*, der ebenfalls vom Nachempfinden des physischen Museums ausgeht, wobei hier jedoch die Möglichkeiten des Virtuellen genutzt werden: Die geografische Distanz zwischen den verschiedenen Standorten wird aufgelöst, der/die Besucher/in kann per Klick bruchlos von einem Museum ins andere gleiten

---

4   Eine rudimentäre Form, oft bezeichnet als „virtueller Rundgang", ist eine Guided Tour durch Inhalte auf der Museumshomepage, oftmals realisiert als Fotoslideshow von Exponaten.

und so neue Zusammenhänge entdecken. Aus diesem synchronoptischen Aufbau kann jeder seine eigene Erzählung entwickeln.

Typ C steht konträr dazu: Das Museum existiert rein virtuell, da ein physisches Pendant nicht vorhanden oder möglich ist[5] – so beim virtuellen Geschichtsmuseum „Haller ZeitRäume", dessen Exponate alte Fotos oder Nachbildungen von Dingen sind, die im Zweiten Weltkrieg zerstört wurden. Der/die Besucher/in navigiert in Eigenregie durch einen dreidimensionalen Raumplan, der anklickbare Exponate enthält, die wiederum zu weiteren Exponaten (mit Texterläuterung) in einer Tiefendimension jenseits physikalischer Gesetzmäßigkeit führen. Je nach Weg und Auswahl besichtigter Exponate entwickelt man seine individuelle Erzählung.

Eine Mischform stellt *Typ D* dar, bei dem Exponate aus einem physischen Museum (oder Archiv) im virtuellen Raum in neuem Konzept präsentiert werden: Zunächst sind sie in einem pointierten Narrativ erlebbar, gleichzeitig sind sie als besucherdefinierte Erzählungen (z.B. über Ausgabe von Suchergebnissen) zusammenstellbar (z.B. LEMO, Karlsruher Türkenbeute, Hamburger Schlüsseldokumente).

Bei den Typen A, B, C und D gibt es keine Möglichkeit, den Raum zu verändern, selbst darin sichtbar zu werden oder andere Besuchende wahrzunehmen. Raumaneignung ist dagegen bei *Typ E* möglich, wo man zum Gestaltenden wird, so z.B. im „Rijks Studio": Hier können Fotos aller Exponate heruntergeladen, bearbeitet und in eigenen Galerien zusammengestellt und mit anderen Besuchenden über soziale Netzwerke geteilt werden.

Typ F „Google Arts & Culture" löst institutionelle Grenzen auf: Museen aus aller Welt speisen Objekte und Events mit wissenschaftlicher Etikettierung in den virtuellen Raum ein (wodurch inhaltliche Bezüge durch Suchalgorithmen herstellbar sind), die dann durch den Besuchenden auf vielfältige Weise auffindbar sind. Experten gleichermaßen wie Laien werden somit zu Kuratorinnen und Kuratoren, können eigene virtuelle Galerien erstellen und so mit anderen in Dialog treten.

4 Gestaltung virtueller Lernräume zur Förderung der Inhalts- und Raumaneignung

Einige Elemente aus der Museumsdidaktik und -rauminszenierung können Impulse geben für die aneignungsförderliche Gestaltung von virtuellen Lernräumen in der Hochschule und Erwachsenenbildung. Ebenso wie bei

---

5 Ebenso funktioniert das Virtuelle Migrationsmuseum, das einen fiktiven Lebensort zeigt, der zwischen alter und neuer Heimat liegt.

Exponaten im Museum erfolgt beim Übertrag von Lernobjekten in den virtuellen Raum eine Reduktion auf den audiovisuellen Kanal, was teilweise durch andere Darstellungsformen kompensiert werden kann. Mit Thiemeyer lässt sich argumentieren, dass Lernobjekte nicht im materiellen Original vorliegen müssen, um Wissen und Emotionen zu evozieren – entscheidend ist vielmehr die Fähigkeit des Objekts, im Rezipienten Erinnerungen an authentisch wahrgenommene Erlebnisse auszulösen (vgl. Thiemeyer 2011, S. 7). Einerseits hat der physische Raum Vorbildfunktion für die Konzeption des virtuellen Lernraums (so lassen sich Interaktionsgewohnheiten und Raummetaphern als Orientierungs- und Verständnishilfen verwenden), andererseits entfaltet er zusätzliche Möglichkeiten, wenn er losgelöst von physischen Begrenzungen gedacht wird und Konzepte der Gleichzeitigkeit und Überlagerung von Räumen (vgl. Günther & Schiefner-Rohs 2017) integriert werden. Zudem kann der Lernraum ein Rollenverständnis befördern, bei dem die Lehrperson (zeitweilig) als Kurator/in auftritt und Bedeutungsangebote macht, auf die der/die Lernende als Dialogpartner/in auf Augenhöhe reagieren kann und auch die Werkzeuge hat, im Raum eigene Interpretationen und Erzeugnisse zu präsentieren.

Ein wichtiger Impuls aus dem Museum ist der Einsatz von narrativen Strategien, die im Hochschulkontext in ein übergreifendes didaktisches Konzept zu integrieren sind. Indem Lerninhalte als Exponate inszeniert werden, ergeben sich vielfältige Interpretations- und Interaktionsmöglichkeiten. Aus der (Medien-)Pädagogik ist bekannt, dass Lernende Inhalte besser verstehen und merken können, wenn diese kontextualisiert werden. Lehrpersonen verwenden dafür z. B. Storytelling, oftmals jedoch überwiegend textbasiert.[6] (Virtuelle) Museen zeigen, wie der Raum selbst Teil der Narration wird. Im Raum entfaltet sich das Potenzial eines Vor und Zurück, einer Simultaneität scheinbar getrennter Zeitschichten, einer Verknüpfung multipler Kontext. Die räumliche Anordnung erleichtert den Blick auf Zusammenhänge, indem Raumfiguren benutzt werden, die das Bewusstsein beflügeln (z. B. der Zyklus, die Parallele oder Spirale). Der Raum kann mehrdimensionale Deutungsansätze anbieten (aber auch Zusammenhänge unterdrücken). Möglich ist auch das zur Schau stellen von Gleichzeitigkeit des Ungleichzeitigen, von Uneinheitlichkeit des (scheinbar) Einheitlichen (vgl. Dätsch 2015, S. 205). Zudem können wählbare Wege durch den Raum zu Bedeutungsträgern und Reflexionsanlässen werden und somit den Lernprozess unterstützen.

Festzuhalten ist, dass sich die Aneignungsmöglichkeit eines virtuellen Lernraums aus Sicht einer/eines Lernenden erhöht, wenn er/sie
- Wahlmöglichkeiten in der Navigation und bei Aktivitäten hat,
- mit Medien im Raum umgeht,

---

6 Online-Formate wie eine Rallye oder ein Planrollenspiel (durchgeführt in einem LMS) sind Beispiele für Lernen mit gamebasiertem Storytelling, wobei auch der Raum Teil des Spiels ist.

- den Raum verändern bzw. mitgestalten kann,
- im Raum Spuren hinterlassen kann,
- Möglichkeiten zur Selbstinszenierung hat,
- sich Elemente zu eigen machen kann,
- die Präsenz von anderen Lernenden im Raum wahrnimmt,
- mit anderen Akteuren interagieren kann,
- im Raum aktivierende Impulse vorfindet.

Bei den Online-Angeboten, die im Rahmen des Projekts „Selbstlernförderung als Grundlage" konzipiert und durchgeführt werden, findet der Aspekt der Inhalts- und Raumaneignung Beachtung – insbesondere hinsichtlich des Lernerfolgs und der Motivationssteigerung bei Studierenden. Ein Erprobungsfeld ist die Online-Rallye (Storytelling im Rahmen eines Wettbewerbs) zum Thema Präsentationskompetenz, die derzeit dahingehend überarbeitet wird, dass die Aneignung der Inhalte sowie die Identifikation mit den Storyfiguren durch eine grafische Raumdarstellung des Handlungsortes unterstützt werden. Zudem soll mehr soziale Präsenz entstehen, wenn man als Lernende/r Spuren im Raum hinterlassen kann und auch Spuren der anderen Akteure vorfindet. Es ist denkbar, weitere Online-Kurse daraufhin kritisch zu sichten, ob eine Überarbeitung mit Anlehnung an museumsdidaktische Raumgestaltung eine Qualitätssteigerung bewirkt.

5 Fazit

Die in Museen erprobten Konzepte mit Narration und Raumdramaturgie passen nicht zu allen Lerninhalten, jedoch besonders zu solchen, bei denen die Lernenden ihre methodischen Kompetenzen und ihre Reflexionsfähigkeit stärken sollen. Bei der Gestaltung von virtuellen Lernräumen im hochschulischen und postgradualen Einsatzfeld muss eine Balance gefunden werden zwischen dem Qualifizierungsziel und der Ermöglichung von Lernprozessen, bei denen Exploration, individuelle Aneignung und Selbstverwirklichung für den intrinsisch motivierten Lernenden im Vordergrund stehen. Wenn Lerninhalte wie bei einer Ausstellung als Exponate rezipiert werden, ist von dem Lernenden ein recht hohes Maß an Eigeninitiative gefordert. Zu diesem Konzept passen geschlossene Formen von Leistungskontrollen nur bedingt, eher bieten sich offene Formen wie Reflexionsaufgaben an. Hierbei kann die Lehrperson in der Rolle einer Kuratorin, die Interpretationen anbietet, als Kommunikationspartnerin zur Verfügung stehen.

In Blended-Learning-Formaten kann auch transmediales Storytelling eingesetzt werden, so dass ein/e Lernende/r eine Erzählung zu einem Thema sowohl im Seminarraum (oder Museum) als auch im virtuellen Lernraum antrifft, wobei sich diese räumlichen Arrangements aufeinander beziehen und wechselseitig ergänzen.

Eine Erweiterung des hochschulischen Lernraumrepertoires ist zudem möglich, wenn Lernräume außerhalb der institutionellen Grenzen in das Lerngeschehen einbezogen werden – so können z. B. Lehrpersonen die Studierenden mit einem Explorationsauftrag in bestehende virtuelle Museen entsenden und die Erkenntnisse im Anschluss gemeinsam (face-to-face) reflektieren.

Die vorangehende Betrachtung hat gezeigt, dass Konzepte aus dem Museumsraum für virtuelle Lernräume für Studierende fruchtbar gemacht werden können. Es ist aussichtsreich, die hier skizzierten Ansätze weiter auszugestalten.

Literatur

Bertron, A.; Schwarz, U. & Frey, C. (2006). *Designing exhibitions. Ausstellungen entwerfen. A Compendium for Architects, Designers and Museum Professionals. Kompendium für Architekten, Gestalter und Museologen.* Basel: Verlag Birkhäuser.
Bollnow, O. F. (2004). *Mensch und Raum.* 10. Auflage. Weinheim/Basel: Kohlhammer Verlag.
Dätsch, C. (2015). Raumerkundung im Museum. Erzählstrategien in der Ausstellung WeltKultur/ Global Culture im Badischen Museum Karlsruhe. In C. Roeder (Hrsg.), *Himmel und Hölle. Raumerkundungen interdisziplinär & in schulischer Praxis* (S. 181-207). München: Kopaed Verlag.
Deinet, U. (2014). Das Aneignungskonzept als Praxistheorie für die Soziale Arbeit. *sozialraum.de* 6, Ausgabe 1/2014.
Dreier, A. (2004). Raum als Dritter Erzieher. In S. Lingenauber (Hrsg.), *Handlexikon der Reggio-Pädagogik* (S. 135-141). Bochum: Projektverlag.
Günther, D. & Schiefner-Rohs, M. (2017). Mediale (Bildungs-)Räume in der Schule: Herausforderung mimetischer Konzeptionen. In DGfE (Hrsg.), *Digitaler Raum – digitale Zeit. Jahrbuch Medienpädagogik.* Im Erscheinen.
Hamm, B. et al. (1995). Raum. In B. Schäfers (Hrsg.), *Grundbegriffe der Soziologie* (S. 277-292). Opladen: Leske + Budrich.
ICOM (Hrsg.) (2010). *Ethische Richtlinien für Museen von ICOM – Internationaler Museumsrat.* Berlin/Graz/Paris/Zürich, Eigenverlag: http://www.icom-deutschland.de/client/media/364/icom_ethische_richtlinien_d_2010.pdf
Kraus, K. (2010). Aneignung von Lernorten in der Erwachsenenbildung. Zur Empirie pädagogischer Räume. *REPORT Zeitschrift für Weiterbildungsforschung 2/2010: Lernorte und Lernwege* (S. 46-55). Bielefeld: wbv.
Löw, M. (2001). *Raumsoziologie.* Frankfurt a. M.: Suhrkamp Verlag.
Mikunda, C. (2005). *Der verbotene Ort oder Die inszenierte Verführung.* Frankfurt: Redline Wirtschaft.
Parmentier, M. (2001). Der Bildungswert der Dinge oder: Die Chancen des Museums. *Zeitschrift für Erziehungswissenschaft 1*, 39-50.

Parmentier, M. (2009). Museum und Schule. Zur Geschichte einer noch immer unterschätzten Beziehung. *Zeitschrift für Museum und Bildung 71-72*, 111-128.
Thiemeyer, T. (2011). Die Sprache der Dinge. Museumsobjekte zwischen Zeichen und Erscheinung. In Museen für Geschichte (Hrsg.), *Online-Publikation der Beiträge des Symposiums „Geschichtsbilder im Museum"* (S. 1-8). Berlin.
Thiemeyer, T. (2013). Simultane Narration – Erzählen im Museum. In A. Strohmaier (Hrsg.), *Kultur – Wissen – Narration. Perspektiven transdisziplinärer Erzählforschung für die Kulturwissenschaften* (S. 479-488). Bielefeld: transcript Verlag.

Webseiten

Baltic Museums 2.0: http://www.balticmuseums.net/panorama/intro/de/index.html (10.07.2017)
Das Deutsche Museum virtuell: https://digital.deutsches-museum.de/virtuell (10.07.2017)
Google Arts & Culture: https://www.google.com/culturalinstitute (10.07.2017)
Haller ZeitRäume – Virtuelles Geschichtsmuseum: http://www.haller-zeitraeume.de (10.07.2017)
Hamburger Schlüsseldokumente: http://juedische-geschichte-online.net/ (10.07.2017)
Karlsruher Türkenbeute: http://www.tuerkenbeute.de (10.07.2017)
LEMO Lebendiges Museum Online: https://www.dhm.de/lemo (10.07.2017)
Projekt Selbstlernförderung als Grundlage: http://www.disc.uni-kl.de/selbstlernzentrum/ (10.07.2017)
Rijks Studio: https://www.rijksmuseum.nl/en/rijksstudio (10.07.2017)
Virtuelles Migrationsmuseum: https://virtuelles-migrationsmuseum.org (10.07.2017)

Marco Rüth

Mobiles Lernen sichtbar machen: Potenziale von mobilem Eye-Tracking für die Gestaltung lernwirksamer Lernräume

Zusammenfassung

Technologischer Fortschritt beeinflusst das Lehr- und Lernverhalten in physischen und digitalen Lernräumen. Besonders mobile Endgeräte ermöglichen aktives, mobiles, gemeinschaftliches sowie orts- und zeitunabhängiges Lernen. Aktives Lernen steht im Vergleich zu frontaler Lehre oft in Zusammenhang mit höherem Lernerfolg. Während bei frontaler Lehre größtenteils Lehrpersonen die visuelle Aufmerksamkeit der Lernenden beeinflussen, agieren Lernende bei mobilem Lernen eigenständig in Lernräumen und interagieren mit Lehrenden, Lernenden und Technologien. Welche Rolle die visuelle Aufmerksamkeit beim mobilen Lernen in physischen (z.B. in Klassenräumen) und in digitalen Lernräumen (z.B. in virtuellen Umgebungen) genau spielt, lässt sich mittels mobilem Eye-Tracking erforschen. So kann man schließlich zentrale Fragestellungen zu Pädagogik, Raum und Technologie genauer beantworten und Lernräume lernwirksamer gestalten.

1 Warum sollte man Lernräume umgestalten?

Mobile Endgeräte, adaptive und intelligente Systeme, virtuelle und erweiterte Realität sowie 3D-Visualisierungen sind wichtige Elemente zukünftiger digitaler (Weiter-)Bildung (vgl. Trendstudie vom mmb Institut, 2016). Dieselbe Studie identifiziert u.a. kollaboratives Lernen, handlungsorientiertes Lernen, adaptives Lernen und informelles Lernen als relevante didaktische Konzepte. Mit solchen technologischen wie didaktischen Entwicklungen ändern sich auch die Anforderungen an die Räume, in denen Lehren und Lernen stattfindet. Wird Lehren und Lernen in nicht zeitgemäß gestalteten Lernräumen umgesetzt, liegt ein Bedarf zur Umgestaltung dieser Lernräume vor. Auf diesen Bedarf deutet auch der aktuelle Horizon Report hin, der die Umgestaltung von physischen wie digitalen Lernräumen als anhaltenden Trend für Hochschulen prognostiziert (Adams Becker et al., 2017). Damit Lernräume zukunftsfähig bleiben, sollte deren Umgestaltung immer auf systematischen Bewertungen basieren, die Leitfragen zu Pädagogik, Raum und Technologie betrachten, erörtern und beantworten (vgl. Radcliffe, 2008).

2 Warum ist visuelle Aufmerksamkeit in Lernräumen wichtig?

Während die visuelle Aufmerksamkeit beim Instruktionslernen (Lernen durch Sehen, Zuhören, Notieren und Fragen, z. B. bei Vorlesungen) oft von Lehrenden geleitet wird, kann sie beim aktiven Lernen (Lernen durch eigenes Entscheiden, Handeln und Interagieren, z. B. bei problembasiertem Lernen) zentral die Leistung und das Verhalten von Lehrenden und Lernenden beeinflussen. Beispielsweise lässt sich anhand von Messungen des Blickverhaltens erörtern, inwiefern die Gestaltung von Lernräumen (z. B. durch den Einsatz von Farben für eine kreative Atmosphäre) und die darin integrierte Technologie (z. B. ergonomische Arbeitsplätze oder digitale Geräte) die visuelle Aufmerksamkeit, andere kognitive Prozesse, Emotionen und das Verhalten von Lehrenden und Lernenden beeinflussen.

Die Gestaltung von Lernräumen soll dazu führen, dass sie als „dritter Pädagoge" in Hochschulen (Kirschbaum & Ninnemann, 2015) und in anderen Bildungskontexten das Lehren und Lernen unterstützen. Erstens beeinflusst die Raumgestaltung das Verhalten von Lehrenden und Lernenden beim aktiven Lernen und beim Instruktionslernen (Brooks, 2012). Zweitens können Studierende durch aktives Lernen – laut einer Metaanalyse von 225 Kursergebnissen im Bereich Naturwissenschaften und Technik (Freeman et al., 2014) – bessere Prüfungsergebnisse und geringere Misserfolgsquoten als durch Instruktionslernen erreichen. Drittens können Interaktionen mit Lernmedien und anderen Lernenden ausschlaggebende Aspekte dafür sein, *dass* der Lernerfolg in einigen Lernräumen höher ausfällt. Die tatsächliche Beteiligung und Rezeption können in diesen Fällen oft nur rückblickend geschätzt werden (vgl. Rohs, 2009). Das Blickverhalten der Lernenden kann hingegen konkrete Hinweise zum Lehr- und Lernverhalten geben, also dazu, *warum* sich der Lernerfolg in verschiedenen Lernräumen unterscheidet.

Von den Erhebungsmethoden visueller Aufmerksamkeit (s. Holmqvist et al., 2011) wird hier mobiles Eye-Tracking aufgrund von Stärken im Hinblick auf Handlichkeit, Ergonomie und technologische Möglichkeiten als geeignete Methode vorgestellt. Ein entscheidender Vorteil von mobilem gegenüber ortsfestem Eye-Tracking liegt darin, dass man die visuelle Aufmerksamkeit in Lernräumen untersuchen kann, ohne das Lehr- und Lernverhalten räumlich einzuschränken. Das natürliche Lehr- und Lernverhalten wird durch die Messung also nur minimal oder sogar gar nicht verfälscht. Erkenntnisse aus ortsfesten Messungen zur visuellen Aufmerksamkeit – z. B. bei multimedialem Lernen (van Gog & Scheiter, 2010) – liegen zwar vor. Jedoch unterscheiden sich ortsfeste von mobilen Messungen wegen der zusätzlichen räumlichen Freiheiten bei mobilen Messungen (vgl. Foulsham, Walker & Kingstone, 2011). Auch da mobiles Eye-Tracking bereits in Klassenräumen eingesetzt wurde (s. z. B. Prieto et al., 2014), verspricht dessen Einsatz insgesamt ein innovatives Potenzial sowie neue Erkenntnisse für die Bewertung von Lernräumen.

Die wissenschaftliche Konzeption, Durchführung und Analyse von Eye-Tracking-Studien erfordert gute methodische Kompetenzen sowie die genaue Kenntnis theoretischer Grundlagen (s. z.B. Holmqvist et al., 2011). Die Datengrundlage der Studien bilden separate Videoaufnahmen vom Blickverhalten und vom Lernraum. Anhand der räumlichen und zeitlichen Verteilung von Blickparametern wie z.B. Fixationen (Dauer eines Blickes), Sakkaden (schnelle Augenbewegungen zwischen Fixationen) und Lidschlägen (Blinzeln) kann man die visuelle Aufmerksamkeit annähernd beschreiben. Annähernd deshalb, weil sie bewusst oder unbewusst auf einen Gegenstand (etwas bzw. jemanden) gerichtet sein kann und die Dauer von Fixationen nur ungefähr angibt, wie lange bestimmte Reize wahrgenommen und verarbeitet wurden (Eye-Mind-Hypothese, Just & Carpenter, 1980). Es wird zudem angenommen, dass bei jeder Fixation ein Aufmerksamkeitsfenster auf gewisse Merkmale von Gegenständen gerichtet ist, sodass nur die ausgewählten Merkmale wahrgenommen und andere Merkmale und Gegenstände ausgeblendet werden (Feature Integration Theorie, Treisman, 2006). Auch Persönlichkeitsmerkmale und die Merkmale von Reizen beeinflussen die visuelle Aufmerksamkeit (s. Kaspar & König, 2012; Kaspar, 2013). Für eine hohe Validität der Ergebnisse sollte man neben Eye-Tracking ergänzende quantitative und qualitative Methoden anwenden. Vor allem sollte man die Gedächtnisleistung der Lernenden durch Tests erfassen, die an die Lernform und den Lerninhalt angepasst sind. Das Potenzial mobiler Eye-Trackings für die Identifikation von lernwirksamen Faktoren in Lernräumen soll nun anhand von Beispielen deutlich werden.

3 Umgestaltung von Lernräumen mit mobilem Eye-Tracking

Im Prinzip können Lernräume jederzeit schnell, einfach und kostengünstig bewertet werden. Douglas & Gifford (2001) zeigten Lehrenden und Lernenden Fotos von Lernräumen und stellten fest, dass diese verschiedenen Eigenschaften physischer Lernräume ähnlich bewerten. Lernwirksame visuelle Merkmale von Lernräumen zu identifizieren und dabei Erfahrungen innerhalb von Lernräumen aus der Ich-Perspektive einzubeziehen, sind zwei entscheidende Schritte, welche erst mittels mobilem Eye-Tracking möglich werden. Hinweise können bereits Studien während der Gestaltungsphase liefern, z.B. indem Lernende Prototypen oder virtuelle Modelle von Lernräumen testen (vgl. Vasylevska et al., 2013). So können mobile Messungen der visuellen Aufmerksamkeit vor, während und nach der Umgestaltung von Lernräumen Hinweise zu deren Lernwirksamkeit und Qualität liefern.

Dass durch Erkenntnisse aus Studien mit mobilem Eye-Tracking Lernräume lernförderlicher gestaltet werden können, zeigen folgende Leitfragen und Beispiele zu den eingangs erwähnten Schwerpunkten Pädagogik, Raum und Technologie:
- Den Schwerpunkt Pädagogik bilden Fragestellungen dazu, wie das Lehren und Lernen in Lernräumen mit den Medien, Formen und Kompetenzen des Lehrens und Lernens zusammenhängt (vgl. Lackner & Kopp, 2014). Da es beim mobilen Lernen vermehrt um den eigenständigen Umgang mit *Lernmedien* geht, können digitale Systeme unterstützend agieren, z. B. indem sie bei einer zu hohen kognitiven Belastung bzw. Müdigkeit von Lernenden auf hilfreiche Materialien bzw. auf die Notwendigkeit einer Pause hinweisen (vgl. Calvi, Porta & Sacchi, 2008). Es kann untersucht werden, wie Lernmedien für *Lernformen* wie aktives und mobiles Lernen gestaltet und genutzt werden (sollten) und inwiefern vorhandene Gestaltungsprinzipien multimedialen Lernens (Clark & Mayer, 2016) zutreffen. Da mobiles, aktives und kollaboratives Lernen pädagogische Herausforderungen darstellen (vgl. Petersen & Gorman, 2014), können zukünftig mittels mobilem Eye-Tracking relevante *Kompetenzen* – z. B. professionelles Blickverhalten von Lehrenden und Lernenden in verschiedenen Lernräumen (vgl. Praetorius, McIntyre & Klassen, 2017) – bewertet und verbessert werden.
- Den Schwerpunkt Raum prägen Fragestellungen zum Einfluss verschiedener Gestaltungsmerkmale von Lernräumen auf das Lehr- und Lernverhalten. Grundlegende Zusammenhänge zwischen visueller Aufmerksamkeit und Lernförderlichkeit von Lernräumen kann man verstehen, indem man analysiert, wo (räumlich), wann und wie lange (zeitlich) und wie häufig Gegenstände betrachtet werden. Beispielsweise könnten gut lesbare physische Lernräume mit mehr Lernerfolg, Kreativität oder Zusammenarbeit einhergehen (vgl. Pearshouse et al., 2009) und somit aktives und mobiles Lernen fördern. Die Lesbarkeit von Lernräumen könnte man abschätzen, indem man geplante Aktionen anhand des Blickverhaltens erkennt (vgl. Hayhoe et al., 2012) und mit ausgeführten Aktionen vergleicht.
- Den Schwerpunkt Technologie bilden Fragestellungen, die die Integration von Technologien und Interaktionen mit Technologien in Lehr- und Lernkontexten fokussieren. Es bleibt zu hinterfragen, wie sich mobile Mensch-Maschine-Interaktion und andere technologische Trends mobilen Lernens (vgl. De Witt & Sieber, 2013) in Lernräume integrieren lassen. In Bezug auf Interaktionen mit Technologie kann man mittels Usability-Studien und mobilem Eye-Tracking die *Nutzung* von Medien nutzerfreundlicher gestalten (vgl. Rakoczi & Pohl, 2012). Zudem lässt sich die *Wirkung* diverser Medien untersuchen. In Bezug auf Lernleistung stellten Köster et al. (2015) fest, dass personalisierte Elemente auf Webseiten öfter betrachtet und besser erinnert werden als Elemente, die nicht personalisiert waren. Wie Gedächtnisleistung mit

personalisierten Elementen beim aktiven und mobilen Lernen in Lernräumen zusammenhängt, ist bisher noch weitestgehend unklar.

Anhand von mobil erfasster visueller Aufmerksamkeit kann man das Zusammenspiel von Pädagogik, Raum und Technologie bewerten. Neue Erkenntnisse aus Eye-Tracking-Studien können außerdem in vorhandene forschungsbasierte Gestaltungsleitfäden für physische (s. z. B. Finkelstein et al., 2016) und digitale Lernräume (s. z. B. Clark & Mayer, 2016) integriert werden.

4 Fazit

Anhand von Fallstudien mit mobilem Eye-Tracking kann man zentrale Leitfragen zu lernwirksamen Faktoren von Lernräumen betrachten, erörtern und beantworten. Systematische Bewertungen der Lernförderlichkeit sollten integraler Bestandteil bei der Entwicklung und Umgestaltung aller Lernräume sein. Mobiles videobasiertes Eye-Tracking bietet dabei einen intuitiven empirischen Zugang zur visuellen Aufmerksamkeit und zum realitätsnahen Lehr- und Lernverhalten. Eye-Tracking-Studien sollten bei der Umgestaltung von Lernräumen eingesetzt werden, da sie zur Weiterentwicklung evidenzbasierter Leitfäden, didaktischer Konzepte und zur Gestaltung lernwirksamer Lernräume für aktives und mobiles Lernen beitragen.

Literatur

Adams Becker, S., Cummins, M., Davis, A., Freeman, A., Hall Giesinger, C. & Ananthanarayanan, V. (2017). *NMC Horizon Report: 2017 Higher Education Edition*. Austin, Texas: The New Media Consortium. Abrufbar unter: https://cdn.nmc.org/media/2017-nmc-horizon-report-he-EN.pdf (30.06.2017).

Brooks, D.C. (2012). Space and Consequences: The Impact of Different Formal Learning Spaces on Instructor and Student Behavior. *Journal of Learning Spaces*, 1(2).

Calvi, C., Porta, M., & Sacchi, D. (2008). e5Learning, an E-Learning Environment Based on Eye Tracking. In *Proceedings of the 2008 Eighth IEEE International Conference on Advanced Learning Technologies* (S. 376-380). IEEE Computer Society.

Clark, R. C. & Mayer, R. E. (2016). *E-learning and the science of instruction: Proven guidelines for consumers and designers of multimedia learning*. Hoboken: John Wiley & Sons.

De Witt, C. & Sieber, A. (2013). *Mobile Learning*. Wiesbaden: Springer Fachmedien.

Douglas, D. & Gifford, R. (2001). Evaluation of the physical classroom by students and professors: A lens model approach. *Educational Research*, *43*(3), 295-309.

Finkelstein, A., Ferris, J., Weston, C. & Winer, L. (2016). Research-Informed Principles for (Re) designing Teaching and Learning Spaces. *Journal of Learning Spaces*, 5(1).

Foulsham, T., Walker, E. & Kingstone, A. (2011). The where, what and when of gaze allocation in the lab and the natural environment. *Vision research*, 51(17), 1920-1931.

Freeman, S., Eddy, S. L., McDonough, M., Smith, M. K., Okoroafor, N., Jordt, H. & Wenderoth, M. P. (2014). Active learning increases student performance in science, engineering, and mathematics. In *Proceedings of the National Academy of Sciences*, 111(23), 8410-8415.

Hayhoe, M. M., McKinney, T., Chajka, K. & Pelz, J. B. (2012). Predictive eye movements in natural vision. *Experimental brain research*, 217(1), 125-136.

Holmqvist, K., Nyström, M., Andersson, R., Dewhurst, R., Jarodzka, H. & Van de Weijer, J. (2011). *Eye tracking: A comprehensive guide to methods and measures*. Oxford: Oxford University Press.

Just, M. A. & Carpenter, P. A. (1980). A theory of reading: From eye fixations to comprehension. *Psychological review*, 87(4), 329-354.

Kaspar, K. (2013). What guides visual overt attention under natural conditions? Past and future research. *ISRN Neuroscience*, Article ID 868491, 1–8.

Kaspar, K. & König, P. (2012). Emotions and personality traits as high-level factors in visual attention: a review. Frontiers in Human Neuroscience, 6, 321.

Kirschbaum, M., & Ninnemann, K. (2015). „Der Raum ist der dritte Pädagoge". Die Bedeutung von Lernräumen für eine zeitgemäße Hochschullehre. *Forschung & Lehre*, 9(2015), 738-739.

Köster, M., Rüth, M., Hamborg, K. C. & Kaspar, K. (2015). Effects of personalized banner ads on visual attention and recognition memory. *Applied Cognitive Psychology*, 29(2), 181-192.

Lackner, E. & Kopp, M. (2014). Lernen und Lehren im virtuellen Raum. In K. Rummler (Hrsg.), *Lernräume gestalten – Bildungskontexte vielfältig denken* (S. 174-186). Münster u. a.: Waxmann.

mmb Institut für Medien- und Kompetenzforschung (2016). *Schlussbericht zur Trendstudie: Digitale Bildung auf dem Weg ins Jahr 2025*. Abrufbar unter: https://www.learntec.de/data/studie-zur-25.-learntec/schlussbericht_studie-im-rahmen-der-25.-learntec.pdf (30.06.2017)

Pearshouse, I., Bligh, B., Brown, E., Lewthwaite, S., Graber, R., Hartnell-Young, E. & Sharples, M. (2009). *A study of effective evaluation models and practices for technology supported physical learning spaces (JELS)*. JISC.

Petersen, C. I. & Gorman, K. S. (2014). Strategies to address common challenges when teaching in an active learning classroom. *New Directions for Teaching and Learning*, 137, 63-70.

Praetorius, A.-K., McIntyre, N. A. & Klassen, R. M. (2017). Reactivity effects in video-based classroom research: an investigation using teacher and student questionnaires as well as teacher eye-tracking. *Zeitschrift für Erziehungswissenschaft*, 20(1), 49-74.

Prieto, L. P., Wen, Y., Caballero, D., Sharma, K. & Dillenbourg, P. (2014). Studying teacher cognitive load in multi-tabletop classrooms using mobile eye-tracking. In *Proceedings of the Ninth ACM International Conference on Interactive Tabletops and Surfaces* (S. 339-344). New York: ACM.

Radcliffe, D. (2008). A pedagogy-space-technology (PST) framework for designing and evaluating learning places. In D. Radcliffe, W. Wilson, D. Powell, & B. Tibbetts (Hrsg.), *Learning spaces in higher education: Positive outcomes by design* (S. 11-16). St Lucia, QLD: The University of Queensland.

Rakoczi, G. & Pohl, M. (2012). Visualisation and analysis of multiuser gaze data: Eye tracking usability studies in the special context of e-learning. In *2012 IEEE 12th International Conference on Advanced Learning Technologies* (S. 738-739). IEEE.

Rohs, M. (2009). Quantitäten informellen Lernens, In M. Brodowski (Hrsg.), *Informelles Lernen und Bildung für eine nachhaltige Entwicklung* (S. 35-42). Opladen: Barbara Budrich.

Treisman, A. (2006). How the Deployment of Attention Determines What We See. *Visual Cognition, 14*(4-8), 411-443.

van Gog, T. & Scheiter, K. (2010). Eye tracking as a tool to study and enhance multimedia learning. *Learning and Instruction, 20*(2), 95-99.

Vasylevska, K., Kaufmann, H., Bolas, M. & Suma, E. A. (2013). Flexible spaces: Dynamic layout generation for infinite walking in virtual environments. In *2013 IEEE Symposium on 3D User Interfaces* (S. 39-42). IEEE.

Christian Rudloff

Inverted-Classroom-Modell im Fach Bewegung und Sport in der Primarstufenausbildung an der Pädagogischen Hochschule Wien

Eine Design-Based Research-Studie in der Lehrveranstaltung „Leichtathletik"

Zusammenfassung

Der vorliegende Artikel beleuchtet die Entwicklung eines Inverted-Classroom-Modells im Fachbereich Bewegung und Sport an der Pädagogischen Hochschule Wien für die Lehrveranstaltung „Leichtathletik". Notwendig wurde die Intervention durch das neue Primarstufencurriculum. Entwicklung, Erprobung, Evaluierung und Modifizierung des Prototyps erfolgt nach dem Ansatz Design-Based Research. Der Forschungsansatz ist ein theoriegeleiteter Prozess zur Lösung eines konkreten Praxisproblems im Bildungsbereich.

1 Ausgangslage

Die Notwendigkeit einer neuen didaktischen Umsetzung der Lehrveranstaltung „Leichtathletik" ergibt sich durch das Analysieren des nun gültigen Primarstufencurriculums. Durch die neue Schwerpunktsetzung werden auf der einen Seite keine Seminare im Fach Bewegung und Sport, in denen die theoretische Grundlage vermittelt wird angeboten und auf der anderen Seite wurden im Vergleich zum Curriculum die praktischen Lehrveranstaltungsstunden (Übungen) verringert. Dadurch kommt es für die Lehrenden und für die Studierenden zur Problematik, dass nach traditionellem Unterricht in den Übungen zuerst der theoretische Input verarbeitet werden muss und so für die praktische Umsetzung und die praktische Übung (Festigung) des theoretisch Gelernten zu wenig Zeit für das Anwenden bleibt.

Daraus ergibt sich, dass auch für das Fach Bewegung und Sport an Pädagogischen Hochschulen neue Lehr- und Lernformen adaptiert werden müssen. Es gilt eine Lernform für das Fach „Leichtathletik" im genannten Kontext zu entwickeln, die einen effizienten Umgang mit der Übungszeit der Studierenden ermöglicht, ohne den theoretischen Wissenszuwachs, der die Basis für das praktische Ausführen im Fach Bewegung und Sport darstellt, zu vernachlässigen.

Neben der rein inhaltlichen Umsetzung der Lehrveranstaltung müssen die Anforderungen an die Hochschullehre und deren Veränderungen im 21. Jahrhundert hinsichtlich des Bologna-Prozesses berücksichtigt werden (Handke, 2014, S. 10). Der Horizon-Report 2016 nennt als mittelfristigen Trend in der internationalen akademischen Aus- und Weiterbildung einen „Paradigmenwechsel zu Deeper Learning-Methoden". Gemeint damit ist der Einsatz von Methoden in der Lehre, die das oberflächliche Lernen („Surface Learning"), das sich auf reproduzieren von Informationen beschränkt, in Richtung von tiefgehendem Lernen („Deeper Learning") transzendiert (Johnson et al., 2016, S. 14ff.). Deeper Learning, zielt nach Definition der William and Flora Hewlett Foundation, auf das Meistern von Lerninhalten, bei dem Studierende kritisches Denken, Problemlösungsmethoden, Zusammenarbeit und selbstbestimmtes Lernen anwenden, ab (William & Flora Hewlett Foundation, 2017, o. S.).

„Um motiviert zu bleiben, müssen Lernende die Möglichkeit haben, klare Bezüge zwischen dem Lernstoff und der realen Welt sowie den Auswirkungen ihrer neuen Kenntnisse und Fähigkeiten herstellen können. **Problembasiertes Lernen, herausforderungsbasiertes Lernen, forschungsbasiertes Lernen**, *und ähnliche Methoden führen zu aktiveren Lernerlebnissen, sowohl innerhalb als auch außerhalb des Unterrichtsraums. Während die unterstützende Rolle von Technologien für das Lernen sich immer stärker herauskristallisiert, setzen Lehrende diese Tools auch zunehmend ein, um ihre Materialien und* **Aufgabenstellungen mit Anwendungsszenarien aus dem realen Leben zu verknüpfen.** *"* (Johnson et al., 2016, S. 14)

Nach Hennessy, dem Leiter der Stanford University wird das Format der klassischen Vorlesung früher oder später aussterben und durch neue Formate ersetzt werden. Als Alternative zur klassischen Vorlesung nennt er das Flipped-Classroom-Modell, in dem die Studierenden sich das Wissen zu Hause selbst erarbeiten um es danach im Präsenzkurs praktisch anzuwenden (Hennessy, 2016, o. S.). Durch das Flippen bzw. Umdrehen des Unterrichtes werden die Lernaktivitäten der Studierenden in der Präsenzphase und in der individuellen Phase mit dem Ziel, mehr Zeit für die gemeinsame, interaktive Vertiefung in der Präsenzphase zu haben, vertauscht.

2 Fragestellung/Forschungsdesign

Es wird untersucht, wie die Lehrveranstaltung „Leichtathletik" im Fachbereich Bewegung und Sport an der Hochschule nach dem Blended-Learning-Ansatz gestaltet werden soll um den Anforderungen des neuen Primarstufencurriculums in der LehrerInnenbildung Neu in Österreich, der Hochschullehre nach dem Bologna Prozess, dem Prinzip des selbstorganisierten und selbstgesteuerten

Lernens der Studierenden und der Digitalisierungsstrategie „Schule 4.0", gerecht zu werden.

Daraus ergibt sich eine zentrale Fragestellung für dieses Forschungsvorhaben, die nach dem Ansatz des „Design-Based Research" beantwortet wird. **Wie soll die Lehrveranstaltung „Leichtathletik" in der Primarstufenausbildung** (Fachgruppe Bewegung und Sport/Pädagogische Hochschule Wien) **mit Hilfe des „Inverted-Classroom-Modells" (ICM) konzipiert sein, um dem praktischen Unterricht – ohne Vernachlässigung der theoretischen Fundierung – ein hohes Maß an Übungszeit zu geben?**

Der design basierte Forschungsansatz „Design-Based Research", in weiterer Folge DBR genannt, ist ein Forschungsansatz, der eine Verknüpfung zwischen anwendungs- und erkenntnisorientierter Forschung darstellt (Mandl & Kopp, 2006; Design-Based Research Collective, 2003, S. 5). Nach Reinmann (2005, S. 66f.) hat sich gezeigt, dass sich dieser Ansatz besonders bewährt hat, um Innovationsleistungen der Lehr-Lernforschung zu erhöhen und Erkenntnisse in einem konkreten Praxisbezug zu diesem Lehr- und Lernprozess zu gewinnen. Der Transfer zwischen Theorie und Praxis wird insbesondere unterstützt, da die grundlegenden Implementierungsmerkmale von Anfang an bei der Entwicklung aufgezeigt werden können und die Wirkung der Innovation vor lerntheoretischem Hintergrund untersucht wird (Stark 2004, S. 262f.). Mit Hilfe des DBR soll im praktischen Kontext eine Lernumgebung gestaltet werden und gleichzeitig Lerntheorien im konkreten geprüft, entworfen und weiterentwickelt werden (Einsiedler, 2010, S. 67). Der Forschungsansatz nach DBR kann als nutzungsorientierte Grundlagenforschung verstanden werden, in dem Design als theorieorientierter Prozess zur Lösung konkreter Praxisprobleme im Bildungsbereich verstanden wird (Reinmann, 2005, S. 61f.). DBR ist ein Forschungsansatz der einen wesentlichen Beitrag zu Innovationen in der Praxis beitragen und eine Brücke zwischen Theorie und Praxis herstellen kann (Reinmann, 2005, S. 66f.). Nach Jahn (2014, S. 10ff.) ergeben sich für das Forschungsvorhaben nach dem Ansatz Design-Based Research folgende Phasen:

- Phase I – *Analyse der Ausgangslage:* Die Ziele und die Forschungsfrage werden im Theorieteil formuliert und die notwendigen Begriffe, theoretische Konzepte und konkrete Handlungsempfehlungen nach eingehender Recherche der Fachliteratur definiert und beschrieben.
- Phase II – *Entwicklung/Beschreibung des Prototyps:* In dieser Phase wird die Entwicklung des Prototyps und der Prototyp selber dargelegt.
- Phase III – *Zyklen der Erprobung, Evaluation und Modifikation (Re-Design):* Diese Phase ist geprägt durch iterative Zyklen der Erprobung, Evaluation und Modifikation des Prototyps. Nach jeder Modifikation erfolgt wieder eine neue Erprobungsphase.

Nachdem die Ausgangssituation beschrieben, Ziele und Forschungsfragen formuliert, die Bedingungen des Kontextes dargestellt wurden, werden die Inhalte zur Gestaltung des Prototyps beschrieben und dabei auf theoretische Konzepte und Handlungsempfehlungen eingegangen.

3 Inverted-Classroom-Modell

Im genannten Fall kommt das Inverted-Classroom-Szenario zum Einsatz (Kerres, 2013, S. 6). Die Lehrveranstaltung wird in vorbereitende Onlinephasen und in anschließende Präsenzphasen geteilt. In der Onlinephase informieren sich die Lernenden über die Inhalte, z. B. mittels eines Lehrvortrages online als Video oder als aufbereitete Lehrunterlagen über die Technik und über vorbereitende Übungen und Spiele. „Neben herkömmlichen Formaten, wie Texten und Bildern, lassen sich unter Berücksichtigung wahrnehmungspsychologischer Grundsätze nun vor allem auch dynamische Objekte (Videos, Simulationen, Animationen) kombinieren und zur Veranschaulichung von Wissen einsetzen." (Danisch & Friedrich 2009, S. 312f.) Im speziellen Fall wurde ein Online-Buch entwickelt. Nachdem die Studierenden den Theorieteil erarbeitet haben lösen sie direkt im Lernmanagementsystem ein E-Assessment. Der Sinn dieser Begleitaufgaben (E-Assessment) besteht darin, sicher zu stellen, dass die Inhalte bearbeitet und verstanden werden. In der anschließenden Präsenzphase werden die theoretischen Inhalte nicht noch einmal vorgetragen, sondern gestellte Bewegungsaufgaben praktisch durchgeführt. Die Studierenden sollen dabei die Inhalte aus der Onlinephase anwenden, analysieren und bewerten und neue Inhalte kreieren (Sams, 2012, S.19). Das kooperative Lernen und das Kommunizieren unter den Teilnehmerinnen und Teilnehmern kann durch Foren während der Online-Phase ermöglicht werden (Steiner, 2016, S. 137). Dieses Szenario bringt für den Sportunterricht den Vorteil mit sich, dass in der Präsenzphase mehr Zeit für das praktische Üben zur Verfügung steht, da die notwendigen theoretischen Grundlagen bereits in der Onlinephase erlernt wurden.

Bei der Analyse der in Frage kommenden Lernmanagementsysteme (LMS) (Lernplattform Moodle, Lernplattform Lernen mit System, Lernplattform Mahara) stellte sich heraus, dass Moodle das für diese Intervention als das geeignetste Lernmanagementsystem anzusehen ist. Moodle ist allen Studierenden, wenn auch nur als Dokumentenablagesystem, bekannt und verfügt über alle geforderten Funktionen, die für den Online-Kurs notwendig sind (Wiegrefe, 2011, S. 69ff.).

Bei der Konfiguration des Kursformates in Moodle wurde das „Grid Format" gewählt, das sich durch ein modulares und visuelles Kursformat vom voreingestellten Format an der PH Wien abhebt. Die Inhalte der einzelnen Kursabschnitte sind zunächst verborgen, dafür werden Fotos oder Grafiken in einer Rasteranzeige dargestellt. Ein Mausklick auf das Foto bzw. die Grafik öffnet den jeweiligen Themenabschnitt (Smith & Moore, 2014, S. 71f.). Die Themenabschnitte wurden „Laufen/Sprint", „Weitsprung", „Schlagball", „Laufen/Ausdauer" und „Herzlich willkommen" genannt.

Nach der Erstellung des Prototyps folgen iterative Zyklen der Erprobung, Evaluation und Modifikation des Prototyps. Im ersten Zyklus wird die Intervention auf ihre Funktionalität evaluiert und modifiziert. Im zweiten Zyklus erfolgt die Datenerhebung zur Evaluation und Modifikation des Prototyps methodisch mit qualitativen Interviews. Interviewpartnerinnen und Interviewpartner wurden bewusst gewählt um die verschiedenen Perspektiven der zu evaluierenden Intervention zu gewährleisten. Im speziellen Fall wird die Intervention aus unterschiedlichen Blickwinkeln (Fachperspektive im Kontext Bewegung und Sport, Fachperspektive im Kontext E-Learning und Inverted Classroom, Studierendenperspektive) heraus betrachtet (Flick, 2004, S. 12ff.). Die hohe interne Validität die sich durch die Erfassung mehrerer Perspektiven ergibt kann als zentraler Vorteil gesehen werden (Bacher & Horvath, 2011 S. 21). Die Daten werden inhaltsanalytisch nach Mayring (thematische Analyse) ausgewertet, bei der Auswertung wird mit der MAQDA-Software gearbeitet. Im dritten Zyklus erfolgt die Evaluation mittels eines Fragebogens, der von den Anwenderinnen und den Anwendern nach der Intervention in der Lehrveranstaltung mittels Online-Befragung ausgefüllt wird.

4 Resümee

Durch diesen Forschungsansatz wird im praktischen Kontext eine Lernumgebung gestaltet und gleichzeitig Lerntheorien im konkreten geprüft, entworfen und weiterentwickelt. Der Forschungsansatz soll als theorieorientierter Prozess zur Lösung konkreter Praxisprobleme im Bildungsbereich verstanden werden. Diese Forschung soll einen Beitrag zu Innovationen in der Praxis beitragen und eine Brücke zwischen Theorie und Praxis herstellen. Die gewonnenen Ergebnisse und Erkenntnisse dieses Forschungsvorhabens gelten nur für die dargelegten Bedingungen. Das Inverted Classroom Model wird zunächst nur in der Lehrveranstaltung Leichtathletik umgesetzt, und daher lässt sich keine Allgemeingültigkeit auf Lehrveranstaltungen im Fachbereich Bewegung und Sport oder aber auch auf andere Lehrveranstaltungen ableiten.

Literatur

Bacher, J. & Horwath, I. (2011). *Einführung in die Qualitative Sozialforschung.* Johannes-Kepler-Universität Linz. Online verfügbar unter http://www.jku.at/soz/content/e94921/e95830/e202629/e202930/SkriptTeil1ws11_12_ger.pdf (21.03.2017).

Danisch, M. & Friedrich, G. (2009). Neue Medien im Sportunterricht. In H. Lange & Silke Sinning (Hrsg.), *Handbuch Sportdidaktik.* 2., durchges. Aufl. (S. 319-329). Balingen: Spitta-Verl.

Design-Based Research Collective (2003). Design-based research – An emerging paradigm for education inquiry. *Educational Researcher, 32* (1), 5-8.

Einsiedler, W. (2010). Didaktische Entwicklungsforschung als Transferförderung. In: *Zeitschrift für Erziehungswissenschaft, 13* (1), 59-81.

Flick, U. (2004). *Triangulation. Eine Einführung.* Wiesbaden: VS Verlag für Sozialwissenschaften.

Handke, J. (2014). *Patient Hochschullehre. Vorschläge für eine zeitgemäße Lehre im 21. Jahrhundert.* Tectum Wissenschaftsverlag.

Hennessy, J.: *„Rankings sind was für Angeber".* Interview: Jan-Martin Wiarda. Online verfügbar unter http://www.zeit.de/2016/14/universitaeten-silicon-valley-stanford-exzel-lenzinitiative-john-hennessy (12.01.2017).

Jahn, D. (2014). Durch das praktische Gestalten von didaktischen Designs nützliche Erkenntnisse gewinnen: Eine Einführung in die Gestaltungsforschung. *Wirtschaft & Erziehung,* (1), 3-15.

Johnson, L.; Adams Becker, C., M; Estrada, V. & Freeman, H. C. (2016). *NMC horizon report.* Austin, TX: New Media Consortium.

Kerres, M. (2013). *Mediendidaktik. Konzeption und Entwicklung mediengestützter Lernangebote.* 4., vollst. überarb. Aufl. München: Oldenbourg

Mandl, H. & Kopp, B. (2006). *Blended Learning: Forschungsfragen und Perspektiven.* München: Ludwig-Maximilians-Universität.

Mayring, P. (2000). *Qualitative Inhaltsanalyse. Grundlagen und Techniken.* 7. Auflage. Weinheim: Deutscher Studien Verlag.

Reinmann, G. (2005). Innovation ohne Forschung? Ein Plädoyer für den Design-Based Research-Ansatz in der Lehr-Lernforschung. *Unterrichtswissenschaft: Zeitschrift für Lernforschung, 33* (1), 52-69.

Sams, A. (2012). „Der „Flipped Classroom". In J. Handke & A. Sperl (Hrsg.): *Das Inverted-classroom-Model.* Begleitband zur Ersten Deutschen ICM-Konferenz (S. 13-22). München: Oldenbourg.

Smith Nash, S. & Moore, M. (2014). *Moodle course design best practices.* Birmingham: Packt Publishing.

Stark, R. (2004). Eine integrative Forschungsstrategie zur anwendungsbezogenen Generierung relevanten wissenschaftlichen Wissens in der Lehr-Lern-Forschung. *Unterrichtswissenschaft: Zeitschrift für Lernforschung* (3), 257-273.

Steiner, M. (2016). Das Flipped Professional Coaching in der prozessorientierten Begleitung von Schulen. In J. Haag & C.F. Freisleben-Teutscher (Hrsg.), *Das Inverted Classroom Modell.* Begleitband zur 5. Konferenz „Inverted classroom and beyond" 2016 an der FH St. Pölten am 23. und 24. Februar 2016 (S. 137-144). Brunn am Gebirge: ikon Verlag.

Wiegrefe, C. (2011). *Das Moodle 2 Praxisbuch. Gemeinsam online lernen in Hochschule, Schule und Unternehmen.* München: Addison-Wesley.

William & Flora Hewlett Foundation (2016). *Deeper Learning.* Online verfügbar unter http://www.hewlett.org/strategy/deeper-learning/ (07.03.2017).

Anne Mock, Daniel Bodemer

Getting To Know Each Other: Group Awareness unterstütztes Lernen in Communities und Netzwerken

Zusammenfassung

Neue Technologien verändern Interaktionen von Individuen in sozialen Räumen. Im Zuge dessen wird kooperatives, kollaboratives und Netzwerklernen immer wichtiger. Hierfür sind Metawissen sowie die Wahrnehmung Anderer entscheidend. Im vorliegenden Artikel werden bestehende Konzepte wie Group Awareness und Transaktive Gedächtnissysteme miteinander verknüpft. Hierüber wird aufgezeigt, wie kooperatives, kollaboratives und netzwerkbasiertes Lernen gefördert und damit das Wissen vieler Individuen für geschlossene formale Lernsettings genutzt werden kann.

1 Einleitung

Durch den Einsatz von Technologien, insbesondere von Social Media, verändern sich soziale Räume und die Interaktionsmöglichkeiten in ihnen. Im Zuge dessen verändern sich ebenfalls die Formen der Arbeitsorganisation und -verteilung: (inter)disziplinäre und (inter)institutionelle Zusammenarbeit sowie vernetzte und kooperative/kollaborative Arbeitsformen nehmen zu (Stifterverband & McKinsey, 2016). Daher ist es wesentlich, entsprechende Formen der Zusammenarbeit frühzeitig einzuüben, sprich: sie in die Hochschullehre zu integrieren (Ebd.).

Um nun mit Anderen kompetent in der digitalen Welt sozial interagieren und sich austauschen zu können, ist es entscheidend, sich Netzwerkstrukturen nutzbar zu machen und über Metawissen zu verfügen: zu wissen, wo Informationen zu finden sind bzw. wer über Wissen verfügt. Theoretische Ansätze hierfür sind z.B. Konnektivismus, Netzwerklernen oder transaktive Gedächtnissysteme. Wesentliche Voraussetzung für sozio-kognitive Aktivitäten im Rahmen dieser Ansätze ist jedoch zunächst die Wahrnehmung der relevanten (Meta) Informationen. Welche (Meta)Informationen hier zur Verfügung stehen und wie deren Wahrnehmung gefördert werden kann, ist Fokus der Group Awareness (GA)-Forschung. Die GA-Forschung besteht seit ca. dreißig Jahren, aber hat sich in dieser Zeit vorrangig mit dem Einsatz von Werkzeugen sowie der Gestaltung von digitalen Räumen für Dyaden bzw. Kleingruppen beschäftigt. Vor dem Hintergrund der technologischen Entwicklungen (neben Social Media insbesondere MOOCs und OER) stellt sich daher die Frage, ob und wie die bestehenden GA-Ansätze auch auf Communities oder Netzwerke angewendet werden können, wobei für den vorliegenden Artikel nicht zwischen Communities und Netzwerken differenziert wird, sondern vielmehr im Sinne von Siemens (2005) Communities als reichhaltige Lernnetzwerke verstanden werden.

Der o.g. Transferfrage wird im Rahmen des vorliegenden Artikels nachgegangen. Hierfür werden zunächst Konnektivismus und Netzwerklernen exemplarisch vorgestellt. Als wesentliche Voraussetzung für erfolgreiches Lernen in größeren Gruppenkontexten, wird die Wahrnehmung Anderer und relevanter Informationen über sie gesehen. Daher wird anschließend ein Überblick über den aktuellen Stand der GA-Forschung und deren Entwicklung (mit Fokus auf den Computer-Supported Collaborative Learning (CSCL) Bereich) gegeben. In Hinblick auf eine Anwendung des GA-Verständnisses über Kleingruppen hinaus, wird anschließend ein verwandtes Konzept, das der Transaktiven Gedächtnissysteme, kurz vorgestellt. Hierauf aufbauend erfolgt eine Synthese der vorgestellten Konzepte sowie der Transfer auf Lernkontexte und deren Ausgestaltung. Abschließend wird ein Ausblick auf zukünftige Forschungsmöglichkeiten gegeben.

2 Lernen in Communities/Netzwerken

Kooperatives/kollaboratives Lernen als Form des sozialen Lernens (vgl. u.a. Dillenbourg, 1999) ist kein wirklich neues Phänomen, doch wird Lernen in Netzwerken wie in sozialen Communities durch aktuelle technologische Entwicklungen verstärkt in den Fokus gerückt und vermehrt zu einem „Massenprodukt" (vgl. z.B. die Social Media- und MOOC-Entwicklungen), womit es möglich wird, in (sozialen) Austausch mit Personen weltweit zu treten. Lerntheoretische Ansätze, die sich explizit mit der Nutzbarmachung der neuen Technologien für Lernprozesse beschäftigen sind insbesondere der Konnektivismus und das Netzwerklernen.

Der Konnektivismus baut auf dem Konstruktivismus auf, wobei beim Lernen die Verbindungen sozialer und technologischer Netzwerke genutzt und im Rahmen des Lernprozesses neue Verbindungen geknüpft bzw. bestehende weiterentwickelt werden (Downes, 2010). Damit wird die Fähigkeit, aktuelle und relevante Informationen auszuwählen, immer wesentlicher; mit anderen Worten: das Wissen, wo (aktuelle und relevante) Informationen zu finden sind, wird wichtiger als Informationen an sich zu besitzen (Siemens, 2005).

Das Konzept des Netzwerklernens ist kein stringentes, einheitlich klar abgegrenztes Konzept. Vielmehr wird es durch unterschiedliche Theorien und Ansätze wie z.B. den Konnektivismus oder die Actor-Network-Based Theories beeinflusst – für nähere Ausführungen vgl. z. B. Jones (2015) und Czerkawski (2016). Für den vorliegenden Artikel wird das Verständnis von Steinert und Ehlers (2010) zugrunde gelegt. Demzufolge greift das Konzept des Netzwerklernens insbesondere die Ansätze des Konnektivismus und des Konstruktivismus auf und bezieht verstärkt Ansätze der sozialen Netzwerkanalyse (SNA) mit ein: Mittels SNA werden die relevanten Verbindungen identifiziert.

Die SNA wurde maßgeblich durch Granovetter (1973) mitgestaltet. Nach Granovetter kann hierbei zwischen starken und schwachen Verbindungen differenziert werden. Individuen zu denen starke Verbindungen bestehen, verfügen in der Regel über ein ähnliches Wissen wie das Individuum selber. Schwache Verbindungen hingegen verfügen vielfach über anderes Wissen und haben zumeist Zugänge zu weiteren (neuen) Wissensquellen. Schwache Verbindungen haben den Vorteil, dass sie weniger (arbeits)intensiv sind als starke, wodurch mehr von ihnen aufrechterhalten werden können, was wiederum mehr Ressourcenzugriffsmöglichkeiten schafft (Seibert, Kraimer & Liden, 2001). Schwache Verbindungen können insofern als „Brücken" zwischen verschiedenen Netzwerken dienen, wodurch der Informationsfluss zwischen Netzwerken gefördert werden kann, was nach Ehlers (2009) (häufiger) neue Ideen und Entdeckungen ermöglicht. Im Rahmen von Netzwerklernen können in formellere geschlossene Lernsettings informelle Netzwerkelemente integriert werden, um authentischere Lernsituationen und soziale Interaktionsprozesse zu erreichen (Steinert & Ehlers, 2010).

Burt (1992) hat sich ebenfalls mit Netzwerkbeziehungen beschäftigt, wobei er sich mehr auf ganzheitliche Beziehungsmuster und weniger auf Beziehungen einzelner Handelnder wie Granovetter konzentriert. Burt betrachtet hierfür die „indirekten Beziehungen", also die Kontakte zweiten Grades und höher. Diese indirekten Beziehungen innerhalb eines Netzwerkes, wenn zwei Individuen in einem Netzwerk nicht direkt verbunden sind, nannte Burt „structural hole". Structural holes bieten ähnliche Vorteile wie die schwachen Verbindungen in Granovetters Theorie: Sie ermöglichen es den Individuen, auf neue Ressourcen zuzugreifen, so dass Informationen schneller und effektiver erreicht werden können. Die beiden Ansätze schließen sich nicht gegenseitig aus, vielmehr ergänzen sie sich: Seibert, Kraimer und Liden (2001) zeigten, dass sowohl die Nähe der Beziehungen wie auch die Anzahl der strukturellen Löcher die sozialen Ressourcen eines Individuums beeinflussen.

Überträgt man dies auf Lernszenarien in der heutigen digitalen und vernetzten Welt, so sind schwache Verbindungen/strukturelle Löcher auch hier von besonderer Bedeutung, da durch sie vermehrt periphere Einflüsse sowie neue Informationen, Wissen und (innovative) Ideen in die geschlosseneren sozialen Lernräume gelangen und so Interaktionen und (selbstorganisiertes, soziales, kommunikatives) Lernen gefördert werden können (Ehlers, 2009).

Schwache Verbindungen/strukturelle Löcher finden sich insbesondere in Großgruppenkontexten wie Communities/Netzwerken, so dass im Rahmen von Lernsettings entsprechende Zugangsmöglichkeiten (zum frühzeitigen Einüben entsprechender Handlungskompetenzen) geschaffen werden sollten. Einen Überblick über verschiedene Umsetzungsbeispiele und Instruktionsmodelle für Netzwerklernen gibt z. B. Czerkawski (2016). Unterstützung zur Identifikation relevanter Informationen über andere Gruppenmitglieder, sprich: Welche Verbindungen sind am hilfreichsten, bietet das GA-Konzept. Um sich dem Konzept der GA zu nähern, wird im Folgenden kurz die Entwicklung der GA-Forschung und der aktuelle Forschungsstand skizziert.

3 Group-Awareness-Forschung (CSCL)

Die GA-Forschung besteht seit ca. dreißig Jahren und beschäftigte sich zunächst mit Arbeitskontexten im Rahmen der Computer Supported Cooperative Work (CSCW) Forschung. Der Fokus der CSCW-Forschung liegt dabei auf der Wahrnehmung von Informationen über spezifische Aktivitäten einzelner Gruppenmitglieder im Rahmen kooperativer Arbeitsprozesse. Für einen Überblick über die Entwicklungen der CSCW-Forschung vgl. u. a. Gross, Stary & Totter (2005), Gross (2013) und Schmidt (2016). Die Erkenntnisse der CSCW-Forschung hinsichtlich GA wurden um 2000 von benachbarten Disziplinen aufgegriffen, insbesondere von der CSCL-Forschung.

Die CSCL-Forschung konzentrierte sich zunächst noch auf die Konzeption und Anwendung von Awareness-Systemen. Hierbei verschob sich der Fokus von Informationen über spezifische Aktivitäten hin zu Informationen über kognitive und soziale Aspekte des Kollaborationsprozesses (Janssen & Bodemer, 2013), um wissensbezogene Prozesse (d. h. Lernen) zu fördern. Mit dieser Fokusverschiebung von „exakten" Informationen über räumliche und zeitliche Aktivitäten eines einzelnen Individuums hin zu kognitiven und sozialen Prozessaspekten, ist bereits ein Grundstein für die Anwendung des GA-Konzeptes auf Communities/Netzwerke gelegt worden.

3.1 Cognitive Group Awareness

Die Entwicklung des Konzepts der Cognitive Group Awareness (CGA) vollzog sich (bisher) in zwei Phasen, beginnend mit der Knowledge Awareness aus der das heutige CGA-Verständnis heraus entstanden ist, welches gemeinsam und in Wechselwirkung mit der Social Group Awareness zu sehen ist (Bodemer & Dehler, 2011).

Nach Engelmann, Dehler, Bodemer und Buder (2009) ist Knowledge Awareness ein individueller Zustand, i.S.v. informiert zu sein und Informationen über das Wissen Anderer erhalten zu haben. Es ist ein individuelles Konzept, welches auch in einem Gruppenmitglied alleine bestehen kann, ohne das eines der anderen Gruppenmitglieder ebenfalls Knowledge Awareness erworben haben muss. Ein Vorteil eines Konzeptes auf Individualebene besteht in der Möglichkeit der Einflussnahme: Bei Konzepten auf Gruppenebene kann keine direkte Beeinflussung durch alleinige Bereitstellung von Informationen über Wissen der Gruppenmitglieder erfolgen, da die reine Darstellung der Informationen nicht gewährleisten kann, dass die Informationen von beiden Seiten gemeinsam genutzt werden. Im Gegensatz dazu können bereits externe Repräsentationen über Wissen der Anderen Knowledge Awareness unterstützen.

CGA stellt eine Erweiterung des Konzeptes der Knowledge Awareness um weitere inhaltsbezogene Elemente wie Interesse, Meinungen und Hypothesen dar, das von dem Konzept der Social Group Awareness abgegrenzt werden kann. Janssen und Bodemer (2013) definieren CGA als Wahrnehmung, die aus den Informationen über das Wissen der Gruppenmitglieder, deren Informationen oder der Meinungen, die sie vertreten, entsteht, und genutzt werden kann, um Aktivitäten im Inhaltsraum der Kollaboration zu koordinieren.

Für die Anwendung des konzeptionellen Verständnisses auf Communities/ Netzwerke steht weniger die Aktivitätskoordination im Fokus, sondern eher die Wahrnehmung von Informationen über das Wissen, Informationen oder Meinungen Anderer. Ebenfalls relevant ist die Berücksichtigung der individuellen Ebene und die damit einhergehenden Möglichkeiten zur Einflussnahme.

3.2 Social Group Awareness

Social Group Awareness (SGA) war bereits in der GA-Forschung innerhalb der Computer Supported Cooperative Work Forschung ein wesentliches Konzept (vgl. u. a. Gross, Starry & Totter, 2005; Bødker & Christiansen, 2006), welches sich insbesondere auf behaviorale Aspekte wie z.B. die konkreten Beteiligungen und Arbeitsergebnisse einzelner Gruppenmitglieder bezieht. Im CSCL-Kontext spielen darüber hinaus emotionale und motivationale Aspekte verstärkt eine Rolle. Janssen und Bodemer (2013) definieren SGA im CSCL-Kontext daher als Wahrnehmung, die durch Informationen über das kollaborative Verhalten der Gruppenmitglieder (z.B. empfundene Freundlichkeit und Hilfsbereitschaft) entsteht und die dazu verwendet werden kann, die Aktivitäten im Beziehungsraum zu koordinieren, wodurch z.B. ein gemeinsamer Referenzrahmen konstruiert wird, der Lernenden dabei hilft, widersprüchliche Standpunkte zu erkennen, zu diskutieren und zu verhandeln (Barron, 2003).

Für die Konzeptanwendung auf Communities/Netzwerke steht weniger das spezifische kollaborative Verhalten in Bezug auf eine bestimmte Gruppe im Fokus, sondern das allgemeine (soziale) Verhalten (vgl. hierzu auch Verhaltensspielregeln wie die Netiquette oder Konzepte wie Communities of Practice). Informationen über das allgemeine Verhalten sind z.B. ob eine Person in Foren Feedback gibt und wie der Kommunikationston ist.

3.3 Anwendung des GA-Konzeptes auf Communities/Netzwerke

Sowohl das aktuelle Konzept der CGA wie auch insbesondere das der SGA wurden bisher vorrangig auf Dyaden und Kleingruppen angewendet und fokussieren damit zum Teil Informationen, die in Communities bzw. Netzwerken gar nicht oder nur schwer verfügbar sind sowie vor dem Hintergrund der beschriebenen Ziele des Netzwerklernens für die Anwendung auf Communities/Netzwerke auch nur bedingt relevant sind. In dem bestehenden GA-Konzept sind gleichwohl vielfältige Ansätze vorhanden, die auch eine Anwendung auf Communities/Netzwerke ermöglichen: So schafft die Verschiebung von spezifischen räumlichen und Aufgaben-bezogenen Aspekten hin zu kognitiven und sozialen Informationen über Andere die Basis für eine Betrachtung auf der Meta- und weniger auf der Detailebene einzelner Handlungen, womit Wissen über Wissen und Verhalten (Metawissen) wesentlicher wird, was wiederum die Schaffung bzw. Nutzung bestehender Verbindungen fördern kann. Ebenfalls ist die Berücksichtigung der Ebene, eines individuellen Konzeptes, gerade für größere „Gruppen", die Optimierung der Zusammenarbeit in ihnen, die Nutzung ihrer Ressourcen etc. entscheidend, da so die Repräsentationen, Handlungen und Wahrnehmungen eines einzelnen Individuums im Vordergrund stehen und unabhängig von den anderen Gruppenmitgliedern gezielt gefördert werden können.

Ein verwandtes Konzept, das der transaktiven Gedächtnissysteme, beschäftigt sich nicht nur mit Wissensrepräsentationen im einzelnen Individuum, sondern auch explizit in übergeordneten Systemen und den Wechselwirkungen zwischen ihnen. Für eine Anwendung des GA-Verständnisses auf Communities/Netzwerke ist diese wechselseitige Betrachtung und die Nutzbarmachung des Wissens vieler Individuen eine interessante Ergänzung und wird daher im Folgenden kurz vorgestellt.

4 Transaktive Gedächtnissysteme

Wie zu Beginn skizziert, nehmen vernetzte und kooperative/kollaborative Arbeitsformen zu. Wissen über Informationen, Kompetenzen und Expertisen (Metawissen) wird damit ein noch wesentlicherer Faktor. Transaktive

Gedächtnissysteme (Wegner, Giuliano & Hertel, 1985) sind ein kognitionspsychologisches Konstrukt, mittels welchem das Phänomen Metawissen untersucht werden kann (Kuhn, 2016). Voraussetzung für ein transaktives Gedächtnis ist jedoch, dass die Gruppenmitglieder ihr Wissen miteinander teilen und einen Überblick darüber erlangen, wer über welches Wissen verfügt (vgl. GA-Forschung).

Indem die Gruppenmitglieder ihr individuelles Wissen, ihre Kompetenzen, Fähigkeiten und Expertise (im Folgenden subsumiert unter „Wissen") miteinander teilen und verknüpfen, generieren sie neues Wissen: Wissen über Wissen, auch transaktives Wissen genannt. Dieses Metawissen wird dabei im Rahmen eines Systems, dem sogenannten transaktiven Gedächtnissystem, erzeugt (Kuhn, 2016). Transaktiv meint dabei nach Lehner (2000), dass mehrere Individuen gemeinsam Wissen austauschen und verarbeiten. Im Zuge dessen, wird das individuelle Wissen in einem gemeinsamen System zusammengefasst, in dem die Individuen als Informationsspeicher fungieren. Die kommunikationsbasierten Austauschprozesse, auch transaktive Gedächtnisprozesse genannt, fließen hier ebenfalls mit ein (Kuhn, 2016).

Transaktive Gedächtnissysteme entstehen demnach durch die Interaktionen zwischen (a) Individuen sowie (b) zwischen Individuen und Gruppe, so dass sie weder ein rein individuelles noch ein rein kollektives Konstrukt sind. Nach Wegner (1986) handelt es sich um eine Art komplexes Gruppengedächtnis, bei dem die individuellen Gedächtnisse zu einem komplexeren Wissenssystem verbunden werden und das sich entwickelt, wenn Individuen etwas über ihre gegenseitigen Informationen erfahren (Kuhn, 2016).

Das Konzept der transaktiven Gedächtnissysteme ergänzt die vorherigen Ausführungen und stellt gewissermaßen eine Verbindung her: So liefert das transaktive Gedächtnis innerhalb eines Individuums Hinweise darauf, wer etwas weiß, kann etc. Diese Aspekte und Prozesse können mittels kognitiver und sozialer GA gefördert werden. Das transaktive Gedächtnissystem als komplexes kollektives Konstrukt speichert das Wissen der Gruppe(n)/Communities/Netzwerke. Das Auffinden dieses Wissens durch Herstellen von Verbindungen, kann durch Lehrende unterstützt werden, die entweder über direkte Instruktionen und Hinweise Verbindungen aufzeigen oder indem sie Lernende dabei unterstützen, Strategien zu entwickeln, Verbindungen (z. B. mittels GA-Informationen) zu erkennen und zu nutzen. Dieser Prozess kann zudem technologisch unterstützt werden – z. B. mittels GA Tools und Social Navigation (vgl. folgendes Kapitel).

5 Synthese und Transfer

Die Digitalisierung führt dazu, dass kooperatives und kollaboratives Lernen immer wichtiger werden. Lerntheoretische Ansätze mit deren Hilfe die technologischen Entwicklungen für Lernprozesse nutzbar gemacht werden können, sind insbesondere der Konnektivismus und Netzwerklernen. Ihnen zufolge sind insbesondere schwache Verbindungen/strukturelle Löcher, wie sie vor allem in Communities/Netzwerken auftreten, wichtig für Wissenszuwachs und -generierung. Um diese erfolgreich nutzen zu können, wird wiederum Metawissen immer wesentlicher, z.B. zu wissen, wer Experte ist und wer sein Wissen teilt: Fokus der GA-Forschung, insbesondere im Bereich des computergestützten Lernens (CSCL). Auch wenn bei der aktuellen GA-Forschung Lernen in Kleingruppen im Fokus steht, wurde herausgearbeitet, dass im konzeptionellen Verständnis bereits Ansätze für die Anwendung auf Communities/Netzwerke vorhanden sind. GA ist hierbei Wissen über kognitive und soziale Informationen über andere Individuen. Kognitive GA zielt auf Informationen über z.B. Wissen, Meinungen, Informationen, Positionen bzw. theoretische Ansätze, Ideen, Lösungsbeiträge und/oder Expertentum Anderer. Soziale GA bezieht sich auf Informationen über z.B. Feedback, Beiträge, Einfluss, Kommunikationsströme, Kooperationsbereitschaft und/oder Freundlichkeit Anderer. Diese Group Awareness-Informationen fließen in das transaktive Gedächtnis eines Individuums ein. Interagieren die Individuen miteinander und tauschen Wissen aus, so gelangen die Informationen ebenfalls in das Transaktive Gedächtnissystem.

Wie diese theoretisch-konzeptionellen Überlegungen im Rahmen eines Lernsettings unter Einbeziehung von Communities/Netzwerken angewendet werden könnten, wird im Folgenden dargestellt.

Ein soziales Tool, das bereits vielfach in der Lehre zum kooperativen/kollaborativen Arbeiten eingesetzt wird, sind Wikis. Ein Beispiel für einen solchen Einsatz stellt das WinfWiki der FOM Hochschule dar. In diesem erstellen Studierende des Bachelor-Studiengangs Wirtschaftsinformatik seit ca. zehn Jahren im Modul „Wissenschaftliches Arbeiten" ihre Seminararbeit in Kleingruppen (Steinert, Kern & Bodemer, 2015). In solchen Kleingruppen-Settings können bestehende GA Tools kooperatives/kollaboratives Lernen fördern.

Einigen GA Tools liegen darüber hinaus bereits Mechanismen zugrunde, die auch auf Großgruppen angewendet werden können, indem sie Prinzipien von Social Navigation Tools oder Empfehlungssystemen aufgreifen, die ansonsten eher auf Produkte anstatt auf Wissen bezogen werden. So konnten Buder, Schwind, Rudat und Bodemer (2015) in einer Studie zeigen, dass sowohl Qualitätsratings wie auch Zustimmungsratings in Communities zu lernförderlichen Ergebnissen führen können. In einem Lernsetting mit Wiki-Einsatz könnten z. B. die Seminararbeiten durch die Community hinsichtlich Qualität und Zustimmung zum Inhalt beurteilt und soziale bzw. kognitive GA-Informationen sichtbarer gemacht werden. Eine weitere Möglichkeit, um kognitive bzw. soziale GA-Informationen zu visualisieren sind Statusanzeigen und Belohnungssysteme. So könnten z. b. Antwortzeiten und Antwortqualität der Community-Mitglieder abgebildet und für bestimmte Antwortzeiten bzw. Qualitätsbeurteilungen Belohnungen verliehen werden. Mit den gesammelten Belohnungen könnten bestimmte Stati wie z. b. Bronze, Silber Gold „Antworter" verliehen werden, um zu verdeutlichen, wer z. b. besonders schnell Rückmeldungen gibt. Indem die GA-Informationen extern visualisiert werden, tragen sie zugleich zum Transaktiven Gedächtnissystem bei. Eine weitere Möglichkeit, die kognitiven und sozialen Metainformationen sichtbar zu machen, ist eine Mindmap zum Forschungsfeld der jeweiligen Seminararbeit. In einem ersten Schritt könnten die Studierenden die wesentlichen Akteure anhand der über sie zugänglichen kognitiven Informationen identifizieren: wer vertritt welche Positionen und theoretischen Ansätze, wer ist Experte etc. In einem zweiten Schritt könnten die Studierenden die sozialen Informationen über die anhand der kognitiven Informationen bereits ermittelten Akteure notieren. Durch die Kombination würde z. b. deutlich wer von den wesentlichen Akteuren am ehesten bereit ist, Informationen zu teilen oder wer für bestimmte Themen am einflussreichsten ist.

Die Lernenden würden so durch Instruktionen und Tools dabei unterstützt, Strategien zu entwickeln, mittels derer sie Verbindungen erkennen und (transaktives) Metawissen erschließen können. So können die vorhandenen Informationen in der Wahrnehmung verstärkt werden und dazu beitragen, peri-

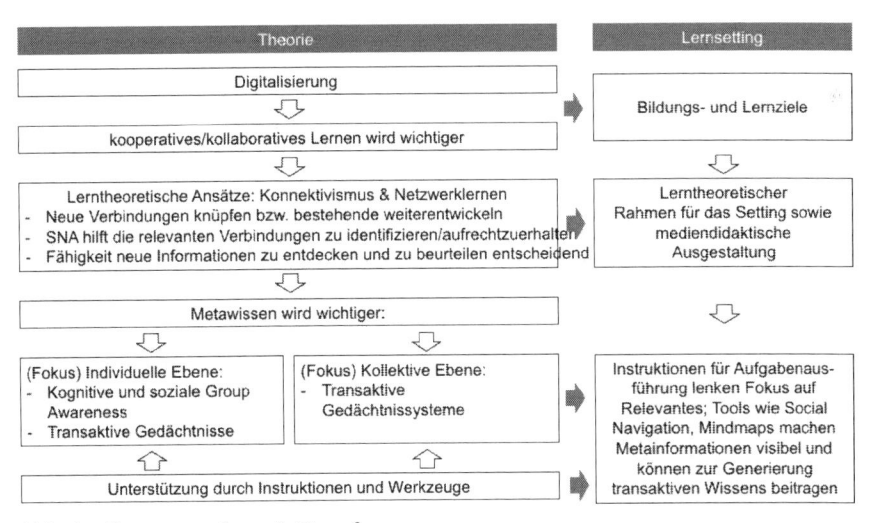

Abb. 1: Konzeptsynthese & Transfer

phere Einflüsse, neue Informationen, Wissen etc. in die (ursprünglich) geschlossenen sozialen Lernräume zu bringen.

In Abbildung 1 werden die angeführten Konzepte und ihre Verbindungen zusammenfassend dargestellt sowie ihre Anwendung auf ein Lernsetting verdeutlicht.

6 Fazit und Ausblick

Neue technologische Entwicklungen führen u. a. zu veränderten sozialen Räumen und Interaktionsprozessen in ihnen: Kooperatives/kollaboratives und vernetztes Lernen werden im Zuge dessen immer wichtiger. Die Wahrnehmung Anderer ist wesentliche Voraussetzung hierfür und Bestandteil der GA-Forschung. Diese hat sich bisher jedoch vorrangig mit Dyaden und Kleingruppen beschäftigt. Zu Beginn des Artikels wurde daher die Frage aufgeworfen, ob das bestehende konzeptionelle Verständnis auch auf Communities/Netzwerke angewendet werden kann, um den aktuellen Entwicklungen Rechnung zu tragen.

Um dieser Frage nachzugehen, wurden verschiedene Konzepte in Beziehung zu einander gesetzt und aufgezeigt, dass im GA-Konzept bereits Ansätze für die Anwendung auf Communities/Netzwerke vorhanden, diese allerdings noch nicht systematisch ausgearbeitet und erforscht sind. Durch die Verknüpfung mit dem Konzept der transaktiven Gedächtnissysteme im Kontext von Konnektivismus und Netzwerklernen wurde dargelegt, wie das bestehende GA-Verständnis auch auf große Gruppenkontexte wie Communities/Netzwerke angewendet werden kann. Diese Überlegungen wurden hier auf ein Anwendungsbeispiel bezogen dargestellt. In weiteren Forschungsarbeiten könnten diese konzeptionellen Überlegungen systematisch für verschiedene weitere mögliche Szenarien analysiert werden, um Gemeinsamkeiten und Unterschiede rauszuarbeiten. Ebenfalls sollten die konzeptionellen Überlegungen in der Lehrpraxis für verschiedene Settings getestet und empirisch untersucht werden. Um hier eine Vergleichbarkeit zu gewährleisten, gilt es, die Anwendung des GA-Konzeptes auf Communities/Netzwerke (weiter) zu operationalisieren. Erste Ansätze hierzu finden sich bereits bei Mock (2017). Ebenfalls könnten im Rahmen von Netzwerklernszenarien unterschiedliche Tools zur Förderung der Wahrnehmung kognitiver und sozialer Informationen eingesetzt und hinsichtlich ihrer Wirkungen verglichen werden. Ein weiterer Schritt wäre die Entwicklung einer Taxonomie, die verdeutlicht, worüber kognitive und soziale Informationen generiert und verstärkt werden können – sowohl für Kleingruppen wie auch Communities/Netzwerke.

Literatur

Barron, B. (2003). When smart groups fail. *Journal of the Learning Sciences, 12*, 307–359.

Bodemer, D. & Dehler, J. (2011). Group awareness in CSCL environments. *Computers in Human Behavior, 27*(3), 1043–1045.

Bødker, S. & Christiansen, E. (2006). Computer support for social awareness in flexible work. *Computer Supported Cooperative Work (CSCW), 15*, 1–28.

Buder, J.; Schwind, C.; Rudat, A. & Bodemer, D. (2015). Selective reading of large online forum discussions: The impact of rating visualizations on navigation and learning. *Computers in Human Behavior, 44*, 191–201.

Burt, R. (1992). *Structural holes: The social structure of competition.* Cambridge, MA: Harvard University Press.

Czerkawski, B. C. (2016) Networked learning: design considerations for online instructors. *Interactive Learning Environments, 24*(8), 1850–1863.

Dillenbourg, P. (1999). Introduction: What do you mean by "collaborative learning"? In P. Dillenbourg (Hrsg.), *Collaborative learning. Cognitive and computational approaches* (S. 1–19). Amsterdam: Pergamon.

Downes, S. (2010). New Technology Supporting Informal Learning. *Journal of Emerging Technologies in Web Intelligence, 2*(1), 27–33.

Ehlers, U-D. (2009). *Learning Communities and Networks: Innovation and Quality for new Learningscapes.* Eden Conference.

Engelmann, T.; Dehler, J.; Bodemer, D. & Buder, J. (2009). Knowledge awareness in CSCL: A psychological perspective. *Computers in Human Behavior, 25*(4), 949–960.

Granovetter, M. (1973). The strength of weak ties. *American Journal of Sociology, 78*, 1360–1380.

Gross, T. (2013). Supporting effortless coordination: 25 years of awareness research. *Computer Supported Cooperative Work: CSCW: An International Journal, 22*(4–6), 425–474.

Gross, T.; Stary, C. & Totter, A. (2005). User-Centered Awareness in Computer-Supported Cooperative Work-Systems: Structured Embedding of Findings from Social Sciences. *International Journal of Human-Computer Interaction, 18*(3), 323–360.

Janssen, J. & Bodemer, D. (2013). Coordinated Computer-Supported Collaborative Learning: Awareness and Awareness Tools. *Educational Psychologist, 48*(1), 40–55.

Jones, C. (2015). *Networked Learning.* Cham: Springer International Publishing.

Kuhn, T. (2016). *Struktur und Einflussfaktoren gruppenorientierten Metawissens Einflüsse sozialer Identifikation und deren Foci auf transaktive Gedächtnissysteme in Teams und Organisationen.* Diss. Universität Duisburg-Essen. Online verfügbar: https://duepublico.uni-duisburg-essen.de/servlets/DerivateServlet/Derivate-42008/Kuhn_Diss.pdf.

Lehner, F. (2000). *Organisational memory: Konzepte und Systeme für das organisatorische Lernen und das Wissensmanagement.* Hanser, München.

Mock, A. (2017). Open(ed) Classroom – Who cares? *Medienpädagogik. Zeitschrift für Theorie und Praxis der Medienbildung, 28*, 57–65.

Schmidt, K. (2016). Treacherous Ground: On Some Conceptual Pitfalls in CSCW. *Computer Supported Cooperative Work: CSCW: An International Journal, 25*(4–5), 325–353.

Seibert, S.; Kraimer, M. & Liden, R. (2001). A social capital theory of career success. *Academy of Management Journal, 44*(2), 219–237.

Siemens, G. (2005). Connectivism: A Learning Theory for the Digital Age. *International Journal of Instructional Technology and Distance Learning, 1*(2), 3–10.

Steinert, A.; Kern, U. & Bodemer, D. (2015). Motivated in the global digital Classroom? – Zusammenhänge zwischen "Wahrnehmung Anderer", Lernmotivation und Kompetenzerwerb. In H. Pongratz & R. Keil (Hrsg.), *DeLFI 2015 – Die 13. E-Learning Fachtagung Informatik der Gesellschaft für Informatik e.V.* (S. 29–41). Bonn: GI.

Stifterverband & McKinsey Company (2016). *Hochschul-Bildungs-Report 2020: Hochschulbildung für die Arbeitswelt 4.0 – Jahresbericht 2016*. Essen: Stifterverband für die Deutsche Wissenschaft e.V.

Wegner, D. (1986). Transactive Memory: A contemporary analysis of the group mind. In B. Mullen & G. Goethals (Hrsg.), *Theories of group behavior* (S. 185–206). New York: Springer.

Wegner, D.; Giuliano, T. & Hertel, P. (1985). Cognitive Interdependence in Close Relationships. In W. Ickes (Hrsg.), *Compatible and Incompatible Relationships* (S. 253–276). New York: Springer.

Wolfgang Golubski, Oliver Arnold, Frank Grimm

Das DIADEM-Modell – Ein Netzwerk didaktischer Bausteine auf Basis digitaler Medien

Zusammenfassung

Dieses Paper präsentiert das DIADEM-Modell (DynamIc ADaptivE ClassrooM), eine wesentliche Weiterentwicklung des Flipped-Classroom-Ansatzes. Durch Einsatz verschiedener Medientypen entsteht ein Netzwerk von Bausteinen, mit dem auf individuelle Bedürfnisse Lernender eingegangen werden kann. Die explizite Definition von Zielen und Aufgaben von Bausteinen und deren Abhängigkeiten untereinander erlaubt die transparente und nachvollziehbare Reflexion über die Auswirkungen von Änderungen an den in einem bestimmten Lernszenario eingesetzten Bausteinen. Das Modell fördert die bewusste Betrachtung der beteiligten Kohorte und ermöglicht wohlüberlegte und nachvollziehbare Entscheidungen über den Einsatz und die inhaltliche Ausgestaltung der Bausteine.

1 Problemstellung

Eine der aktuell großen Herausforderungen in der Hochschullehre ist das heterogene fachliche und organisatorische Vorwissen der Studierenden im ersten Semester. Dieses wird zunehmend heterogener – an Hochschulen für angewandte Wissenschaften insbesondere bedingt durch die unterschiedlichen Bildungswege (Allgemeine Hochschulreife, Fachhochschulreife, Fachgebundene Hochschulreife, Meisterprüfung und meisteradäquate Abschlüsse, abgeschlossene Berufsausbildung und dreijährige Berufstätigkeit im erlernten Beruf mit Zugangsprüfung). Hinzu kommt noch das unterschiedliche fachliche Vorwissen eines jeden einzelnen Studierenden. Gut belegt ist der starke Zusammenhang von Schulleistungen und Vorwissen (u. a. Weinert & Helmke, 1997). Im Erwachsenenalter kann Lernen grundsätzlich als „Anschlusslernen" verstanden werden (Siebert, 2012). Die unterschiedlichen Voraussetzungen der einzelnen Studierenden münden in Studierendengruppen, die dementsprechend ebenfalls heterogen sind – von Jahr zu Jahr haben die Lehrenden es mit ganz unterschiedlichen Kohorten zu tun, auf die es sich einzustellen gilt, um die (an Hochschulen praxisnahen) Lernergebnisse möglichst positiv zu gestalten – sowohl für Studierende als auch Dozenten.

Zusammengefasst lässt sich die Ausgangssituation charakterisieren mit: heterogene Studierende mit heterogenem Vorwissen. Lehrende müssen sich die Frage stellen, wie die Inhalte und die Lehrumgebung (Lehr- und Lernarrangements; Jorzik, 2013) mit dem übergeordneten Ziel guter Lehre gestaltet und aufbereitet werden können.

Studiengänge und Module werden mittlerweile kompetenzorientiert entwickelt. Der Studierende soll verantwortungsvoll und erfolgreich auf der Basis von fundiertem Wissen handeln und entscheiden können (Kreulich et al., 2016).

Digitale Medien können in der Lehre erfolgreich eingesetzt werden (vgl. Euler, 2004). Die Herausforderung liegt hier in der Auswahl geeigneter Medien aus einer Vielzahl an unterschiedlichen Medienarten und dem Zusammenspiel und der Beeinflussung der verschiedenen Medientypen (vgl. Euler, 2004). Das vorliegende Paper stellt ein Modell vor, das diesen Sachverhalt in einem Netzwerk von Bausteinen aus digitalen Medien beschreibt, um insbesondere Abhängigkeiten, Beeinflussungen und resultierende Handlungsnotwendigkeiten aufzuzeigen. Der vorgestellte Ansatz ist im Rahmen einer Erstsemester-Informatik-Ausbildung im Modul „Grundlagen der Programmierung 1" an der Westsächsischen Hochschule Zwickau entstanden und wird dort aktuell eingesetzt.

2 Didaktische Grundlagen

Im zugrunde liegenden Lehrkonzept steht das gemeinsame und gemeinschaftliche Lernen im Mittelpunkt. Dabei bildet sich eine Community of Practice heraus (Lave und Wenger, 1991; Wegner, 2014), die geprägt ist durch soziale Interaktion, kollegialen Austausch und Wissensvermittlung sowie wissenschaftliches und praxisorientiertes Lernen.

Um eigenverantwortliches, aktives und nachhaltiges studentisches (Tiefen-) Lernen zu erreichen, sollen Studierende
- Wissen erlernen durch Lesen, fragen, miteinander Lernen, kommunizieren, durch kleine Projektarbeiten und ständigen Austausch von Informationen;
- Wissensanwendung erproben durch analysieren von und reflektieren über neue Aufgabenstellungen.

Diese Anforderungen werden vom *Flipped-* (oder *Inverted-*) *Classroom*-Modell bewusst angestrebt und explizit unterstützt (Zappe et al., 2009). Beim *Flipped Classroom* wird dabei der grundlegende Ablauf im Vergleich zu einer klassischen Lehrveranstaltung mit Vorlesungscharakter gedreht (Zappe, et al., 2009). In der klassischen Variante vermittelt der Lehrende in der Präsenzveranstaltung zunächst in Vorlesungsform Wissen an die versammelten Lernenden. Danach sind die Lernenden bei der praktischen Anwendung des Wissens z. B. in Form von Übungs- oder Hausaufgaben alleingelassen. In einer als

Flipped Classroom durchgeführten Lehrveranstaltung hingegen setzen sich die Lernenden vor der Präsenzveranstaltung allein mit dem behandelten Themengebiet auseinander (z. B. indem entsprechende Lehrbuchtexte durchgearbeitet oder passende Videos angesehen werden). Danach versammeln sich die Lernenden in der Präsenzveranstaltung, nutzen diese aber zur gemeinsamen praktischen Anwendung des Wissens und erhalten dazu Feedback von den anwesenden Lehrenden. Die Phasen der Wissensvermittlung und -anwendung sind in Bezug auf ihre zeitliche Abfolge bzgl. der Präsenzveranstaltung also gedreht. In der Praxis kommen in der Vorbereitungsphase dabei häufig nur Lehrvideos und somit im Wesentlichen ein digitales Medium zum Einsatz, siehe (Bonnet et al., 2013; Weidlich et al., 2014). Im vorgestellten Modell wird der Gedanke des umgekehrten Unterrichts weiter verfeinert, in dem zu den aufgeführten Anforderungen geeignete Medien ausgewählt werden. Damit entstehen feingranulare Justierungsmöglichkeiten, um auf die Lernfortschritte der Studierendengruppe insgesamt als auch auf den individuellen Studierenden einzugehen. Insgesamt kommt ein lernzielorientierter Ansatz zum Einsatz.

Mit *Forschendem Lernen* (HRK, 2015; Forschendes Lernen, 2017) bezeichnet man eine Lernmethode, bei der Studierende wie in einem Forschungsprozess selbständig eine relevante Aufgabe (Thema) suchen und bearbeiten. Der Prozess der Lösungsentwicklung wird selbst gestaltet. Die Ergebnisse werden geeignet aufbereitet. Dieser Ansatz stellt eine gute Ergänzung zum Flipped Classroom dar und wird daher in vereinfachter Form auf der Ebene einer Projektaufgabe (Bearbeitungszeitraum von 4-6 Wochen) im beschriebenen Lehrkonzept genutzt. Hierdurch kann projektbasiertes Lernen unterstützt werden.

In Schulz-Zander (2005) wird attestiert, dass die Nutzung von digitalen Medien eine signifikante Unterstützung selbstständigen und kooperativen Lernens mit sich bringt. Dies wird im vorgestellten Ansatz für die einzelnen Lehrbestandteile angewendet.

3 Dynamic Adaptive Classroom

In der praktischen Umsetzung des Lehrbetriebes wird eine Vielzahl an unterschiedlichen digitalen Medien bis hin zur Integration von klassischen Medien zur Erreichung des genannten Zieles eingesetzt. In einem solchen Netz von Lehrinhalten und digitalen Medien sind allerdings eine hohe Dynamik und vielfältige Abhängigkeiten zu erkennen und durch die Lehrenden zu berücksichtigen.

Zunächst sollen einige Begriffe sowie das eingesetzte DIADEM-Modell vorgestellt werden.

Als *Baustein* wird ein Lehrbestandteil bezeichnet, der die folgenden Informationen zusammenfasst:
- Zweck – Wozu dient der Baustein?
- Aufgabe (Arbeitsauftrag) – Was muss in dem Baustein ausgeführt werden?
- Dynamisch/statisch – Bleibt der Baustein über einen längeren Zeitraum unverändert oder gibt es häufigere Änderungen?
- Medientypen – Womit bzw. wie kann der Baustein realisiert werden?
- Bearbeiter – Wer bearbeitet bzw. arbeitet mit diesem Baustein?
- Ersteller – Wer erstellt die Ressourcen?
- Kategorien – Zu welchen zu unterstützenden Einsatzgebieten gehört der Baustein?

Bausteine ergeben sich aus den übergeordneten Lernzielen der Lehrveranstaltung, so wie sie in der Modulbeschreibung formuliert sind, und den Anwendungen im Lehrbetrieb.

Mit Hilfe von Kategorien werden Bausteine in Einsatzgebiete eingeordnet, die vorrangig ein bestimmtes Ziel oder einen bestimmten Zweck verfolgen oder unterstützen. Beispielsweise dienen spielerische Elemente der Motivation oder Aktivierung der Studierenden. Lehrvideos haben wiederum das primäre Ziel der Wissensvermittlung. Die folgenden Kategorien haben sich in der praktischen Lehrsituation herauskristallisiert:
- Motivation
- Wissensvermittlung
- Praktische Anwendung
- Überfachliche Kompetenzen: Teamfähigkeit, Kommunikationsfähigkeit, (Fach-) Sprachkompetenz, Eigenverantwortung, Kompromissfähigkeit, interkulturelle Kompetenz
- Feedback
- Werkzeuge (zur Orientierung wie Ablaufplan, Werkzeuge zum Management der studentischen Lösungen oder Unterlagen)

Die Kategorien stellen dem Dozenten eine Übersicht der Bausteine zur Verfügung, die bei Bedarf jederzeit erweiterbar ist. Bausteine können auch zwei oder mehr Kategorien zugeordnet werden; je nach konkretem Einsatz überwiegt mitunter die eine Kategorie, mitunter die andere. Vorführaufgaben beispielsweise dienen sowohl der Wissensvermittlung als auch dazu, aufzuzeigen, wie erlerntes Wissen angewendet werden kann. Der Baustein „Fragen für Gruppenarbeit" bedingt, dass Studierende in Kleingruppen Antworten zu Fragen selbständig erarbeiten. Primäres Ziel ist hierbei die Förderung von überfachlichen Kompetenzen, zu einem geringeren Maß wird aber natürlich auch Wissen transferiert werden.

Das DIADEM-Modell

Die Zuordnung oder die Auswahl eines Medientyps für einen Baustein beruht auf langjährigen Erfahrungen der Dozenten. Im Einzelnen werden die Medientypen Lernmanagementsystem (OPAL), Entwicklungswerkzeug (Programmier-umgebungen wie Eclipse), Präsentationswerkzeug (wie PowerPoint, wie Word), Videoerstellungssoftware (Camtasia), Texte (Buch, Blog), Wiki (verschiedene Wiki-Systeme), Live-Feedback-System (Tweedback), eTest (ONYX) eingesetzt. Das konkret eingesetzte digitale Medium kann variieren, da jeder Medientyp unterschiedliche Medienrealisierungen zusammenfasst und unterschiedliche Realisierungen gleichzeitig in einem Baustein verwendet werden können. Die im Lehrbetrieb verwendeten Bausteine sind in Tabelle 1 beschrieben.

Das zugrundeliegende Flipped-Classroom-Konzept wird folgendermaßen realisiert: Den Studierenden wird ein Lehrbuch zur Verfügung gestellt. Der darin enthaltene Lehrstoff wird durch die Studierenden kapitelweise jeweils vor der nächsten Präsenzveranstaltung durchgearbeitet. Dabei kann jeder Studierende sein Lerntempo und seinen eingesetzten Aufwand entsprechend seines individuellen Vorwissens selbst bestimmen. Danach sind die Studierenden aufgefordert, ihre Fragen zum Lehrbuchtext in den zur Veranstaltung gehörenden LMS-Kurs hochzuladen; dabei kann jeder Studierende nur seine eigenen Fragen einsehen (siehe Baustein „Fragen d. Studierenden"). Diese Fragen werden durch einen Mitarbeiter zusammengestellt, geordnet und dann den Professoren übergeben. Diese erarbeiten Antworten zu den gestellten Fragen und präsentieren ihre Antworten (siehe Baustein „Q&A-Folien") zusammen mit den gestellten Fragen im ersten Teil der Präsenzveranstaltung. Die Studierenden erhalten so passgenau Antworten zu Verständnisproblemen sowie den Fragen, die sie wirklich interessieren und die Zeit in der Präsenzveranstaltung wird nicht für Themen eingesetzt, mit denen ohnehin alle nach dem Lesen der Quelle vertraut sind. Nach der Beantwortung folgt in der Präsenzveranstaltung ein variabler Teil, in dem sich die Studierenden weiter aktiv mit dem Stoff auseinandersetzen. Dazu gehören mithilfe des LMS-Kurses durchgeführte E-Tests, die vor allem dem Training von Fachsprache und Faktenwissen dienen. Außerdem erarbeiten die Studierenden in Kleingruppen eigenständig Antworten auf einige von ihnen gestellte Fragen, die noch nicht beantwortet worden sind (siehe Baustein „Fragen f. Gruppenarbeit"). Als dritte Möglichkeit werden Vorführaufgaben eingesetzt (siehe Baustein „Vorführaufgaben"). Dabei löst der Dozent eine umfangreiche typische Übungsaufgabe live vor dem Auditorium und macht dabei seine Gedankengänge und Lösungsansätze deutlich. Das Tempo ist so gewählt, dass die Studierenden in der Lage sind, die Lösung nachzuvollziehen. Diesem Vorgehen liegt zu Grunde, dass das Erlernen von Fähigkeiten in der Grundausbildung dem Erlernen eines Handwerks ähnelt, bei dem es durchaus sinnvoll ist, als Lehrling dem Meister beim Lösen einer Aufgabe zuzusehen und mitzumachen.

Tab. 1: Beschreibung der Bausteine

Baustein	Zweck	Medium	B	E	Kategorie	Z
Semesterablaufplan	Zeitliche Strukturierung der Zusammenarbeit der Community of Practice	LMS	L	D	Werkzeug	dy
Praktikumsaufgaben	Üben und Nachvollziehen des Lehrstoffes anhand kleinerer Beispielaufgaben	Entw.werk. Präsentationswerkzeug	L	D	Prak.Anw.	dy
Vorführaufgaben	Lösungen ausgewählter Problemstellungen beispielhaft durch Dozenten vorführen, in Diskussion mit Studierenden gemeinsam entwickeln	Entw.werk. Präsentationswerkzeug	D,L	D	Wiss.ver. Motivation, Prak.Anw.	dy
Tweedback	Gezieltes und anonymes Einholen von Feedback zum Lernfortschritt sowie zu Rahmenbedingungen der Veranstaltung	LFS	L	D	Feedback	dy
Selbsttest	Kontrollieren des Lernfortschritts	E-Test	L	D	Feedback Prak.Anw.	dy
Wettbewerb	Spielerische Anwendung der gelernten Inhalte in einem Teamprojekt	Entw.werk.	L	L	Motivation, Prak.Anw. Über.Komp	dy
Fragen d. Studierenden	Vorlage für Vorlesungsinhalte	Elektronische Abgabe im Wiki	D	L	Feedback	dy
Fragen f. Gruppenarbeit	Gegenseitiger Wissenstransfer und Team Building	Wiki Entw. werk.	L	D,L	Prakt.Anw., Über.Komp	dy
Q&A-Folien	Erstellung der gruppenspezifischen Lehrmaterialien	Präsentationswerkzeug	L	D	Wiss.verm.	dy
Lehrvideos	Nachbereitung der Lehrinhalte in Form von Tutorials	Video	L	D	Wiss.verm.	st
Lehrbuch	Vermittlung des Basiswissens	Texte	D,L		Wiss.verm.	st
Projektaufgabe	Erarbeitung einer geeigneten Aufgabe	Entw.werk.	L	L	Prak.Anw., Über.Komp.	st
Präsentation d. Ergebnisse d. Projektaufgabe	Mögliche Lösungsansätze aufzeigen	Entw.werk. Präsentationswerkzeug	L	L	Über.Komp.	dy
Auftaktveranstaltung	Motivation des Fachinhaltes und Vorstellung des Ablaufes	LMS	L	D	Motivation, Werkzeug	st
Absolventen-Videos	Motivation des Fachinhaltes	Videos	L	D	Motivation	st

Legende:
D: Dozent
L: Lernender (Studierender)
B: Bearbeiter (Konsument)
E: Ersteller (Produzent)
Z: dynamisch (dy) / statisch (st)
LMS: Lernmanagementsystem

LFS: Live-Feedback-System
Entw.werk.: Entwicklungswerkzeug
Wiss.verm.: Wissensvermittlung
Über.Komp.: überfachliche Kompetenz
Prak.Anw.: Praktische Anwendung

Das DIADEM-Modell

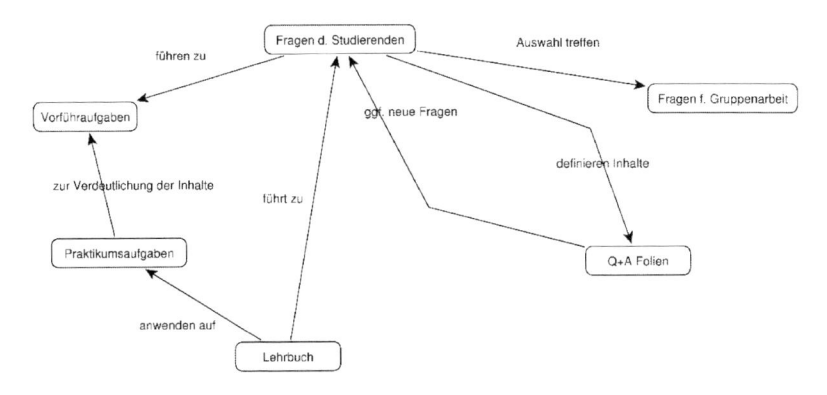

Abb. 1: DIADEM-Kern-Modell

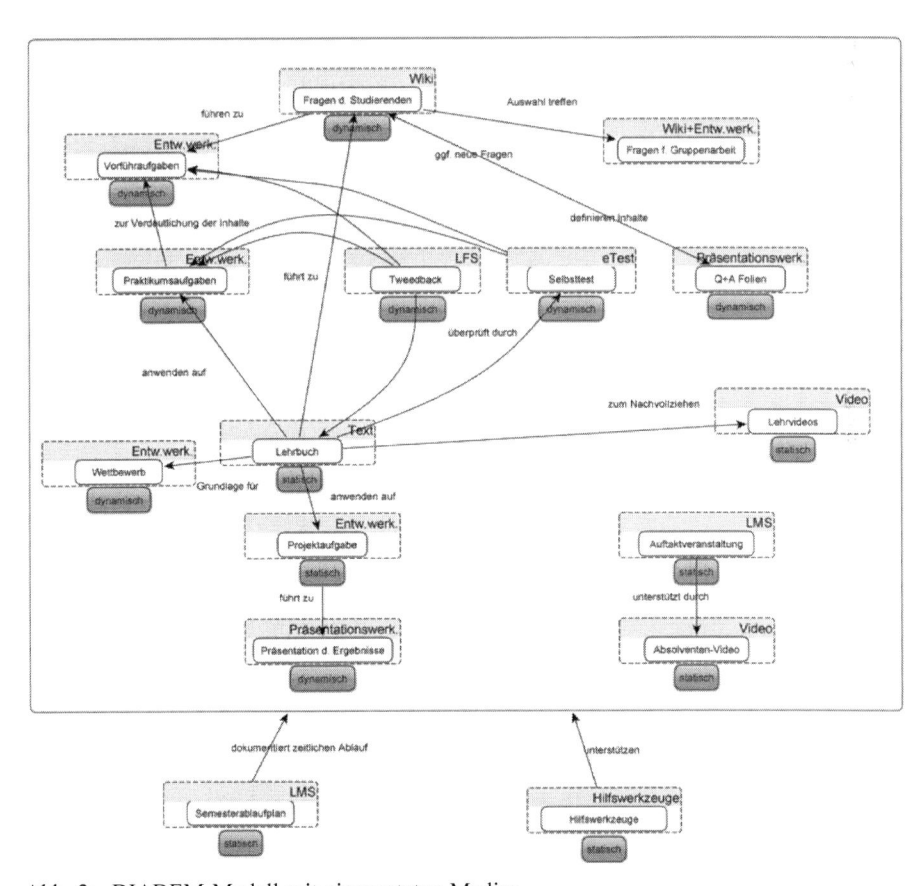

Abb. 2: DIADEM-Modell mit eingesetzten Medien

Der Kern des DIADEM-Modells ist in Abbildung 1 dargestellt. Im gesamten Modell kommen derzeit verschiedene Bausteine zum Einsatz, die in Tabelle 1 definiert sind und deren Zusammenspiel Abbildung 2 entnommen werden kann. Dabei entsteht ein Beziehungsgeflecht oder Netzwerk von Bausteinen. Insbesondere bedingt durch die inhärente Verflechtung von Bausteinen und digitalen Medien wird ein Netzwerk aufgebaut, das adaptierbar und dynamisch ist.

4 Dynamik und Adaptivität

Durch neue oder veränderte Anforderungen (Reaktion auf zeitliche Randbedingungen oder auf Lernfortschritt) können Justierungen des Netzwerks und seiner Bausteine notwendig werden. Mit Hilfe des DIADEM-Modells können die Auswirkungen durch Änderungen im Ablauf jederzeit überschaut werden – sie werden transparent und nachvollziehbar.

Mit Blick auf die angestrebte Adaptivität des Lern- und Medienkonzepts für die jeweilige Studierendengruppe lassen sich die einzelnen Bausteine auch in statische und dynamische Bausteine aufgliedern. Darunter soll das Folgende verstanden werden:

- Statische Bausteine bleiben über einen längeren Zeitraum, mindestens über den Lehrveranstaltungszeitraum, inhaltlich größtenteils unverändert und ihr Einsatz gilt als gesetzt. Ein typischer Vertreter hierfür wäre das eingesetzte Lehrbuch. Dieses bleibt unverändert und ist fester Bestandteil des Lehrkonzepts.
- Dynamische Bausteine werden im Sinne der dynamischen Anpassung an die aktuelle Studierendenkohorte des jeweiligen Jahres in das Lehrkonzept aufgenommen bzw. inhaltlich in wesentlichen Teilen in jedem Jahr neu erstellt. Ein typischer Vertreter sind Q&A-Folien, die jedes Jahr neu entsprechend der eingereichten Fragen der Studierenden erstellt werden oder Vorführaufgaben, die abhängig vom Lernfortschritt der Studierenden zusammengestellt werden.

Der Vorteil der bewussten Unterteilung in statische und dynamische Bausteine liegt im geschärften Blick der Dozenten auf die Bereiche, die als dynamisch zu betrachten sind. Damit soll erreicht werden, dass in jedem Jahr eine bewusste Entscheidung über den Einsatz und die inhaltliche Ausgestaltung dieser Bausteine getroffen wird. Auch damit wird wieder die angestrebte Adaptivität durch bewusste Reflexion über die beteiligte Kohorte gefördert.

Darüber hinaus können Auswirkungen von Veränderungen besser überblickt werden. Entfällt beispielsweise der Baustein „Wettbewerb", wird durch die im DIADEM-Modell explizit definierten Abhängigkeiten nachvollziehbar, dass dies keine inhaltlichen Auswirkungen hat, dafür könnte aber evtl. die Motivation leiden. Mit dem Wegfall des Selbsttest-Bausteins würde ein Überprüfungselement fehlen. In leistungsstarken Studierendengruppen kann diese Entscheidung vertretbar sein, um mehr Zeit für andere Bausteine zur Verfügung zu haben. Ebenso hat diese Entscheidung Einfluss auf den Vorführaufgaben-Baustein, der nun auf Basis der Praktikumsaufgaben und ihrer zu beobachtenden Ergebnisse erstellt wird.

5 Ergebnisse, Interpretation und Diskussion

Das DIADEM-Modell ist eine wesentliche Weiterentwicklung des Flipped-Classroom-Ansatzes, der auf Dynamik und Adaptivität fokussiert ist. Durch den Einsatz einer Vielzahl von Medientypen entsteht ein Netzwerk von Bausteinen, das einerseits die Komplexität der Lehrmethode deutlich erhöht und andererseits auf die individuellen Bedürfnisse der Lernenden eingehen kann. Feingranulare Justierungsmöglichkeiten erlauben es, auf die Lernfortschritte der Studierendengruppe insgesamt als auch auf den individuellen Studierenden einzugehen.

Zur Bewältigung der vielschichtigen Anforderungen und Abhängigkeiten (wie der Heterogenität der Studierenden oder individuelle Lernfortschritte) wird von den Dozenten ein hoher Grad an Flexibilität und Dynamik verlangt. Diese Dynamik zeigt sich auf didaktischer Seite. Die Anzahl der Bausteine und deren Verzahnung erlauben einen zielgruppen- und lernzielorientierten Lehrbetrieb. Mit Hilfe von kontinuierlichem begleitenden Monitoring und Assessment kann kurzfristig auf Schwierigkeiten, Probleme oder Missstände reagiert werden.

Jedes gewählte digitale Medium wird bewusst für ein didaktisches Ziel eingesetzt. In dem daraus resultierenden Medienmix gilt es für die Dozenten, die Orientierung nicht zu verlieren. Der DIADEM-Ansatz hat in dieser Hinsicht den Lehrbetrieb erfolgreich unterstützt.

Es hat sich im DIADEM-Ansatz gezeigt, dass kooperatives und selbstgesteuertes Lernen auch Auswirkungen auf das Lernverhalten in anderen Modulen haben kann. Beispielsweise brachten die Dozenten, die parallel Module anbieten, zum Ausdruck, dass sie eine besondere Selbstständigkeit bei den Studierenden des betreffenden Jahrgangs beobachten konnten.

Der vorgestellte DIADEM-Ansatz ist mittlerweile auf drei weitere Module erfolgreich übertragen und erprobt worden. Dabei ist vor allem die Flexibilität des Modells hervorzuheben, die sowohl in der Planung als auch in der Umsetzung eines Moduls eine große Hilfe darstellt. Auswirkungen von Änderungen können durch die Dozenten einfacher und genauer analysiert werden. Dadurch können Entscheidungen darüber, wie die konkrete Durchführung erfolgen soll, zeitnah getroffen werden. Insgesamt ist nicht nur eine Vereinfachung zu beobachten, sondern auch Zeitersparnis auf Seiten der Dozenten. Die gewonnene Zeit kann somit für fachliche Inhalte genutzt werden. Auch in der internationalen Fernlehre konnte der DIADEM-Ansatz erfolgreich eingesetzt werden (Brauweiler et al., 2016; Klenner et al., 2016). Dabei konnte nachgewiesen werden, dass der Einsatz verschiedener Bausteine aus verschiedenen DIADEM-Kategorien zu einer größeren Aktivierung der Studierenden führte. So nahmen mehr Studierende aktiv an den Vorlesungen und Praktika teil und setzten sich auch außerhalb der Präsensveranstaltungen mit dem Lehrstoff auseinander. Als Folge dessen konnte die Zahl der nicht bestandenen Prüfungen signifikant (von 47% in 2014 und 39% in 2015 auf 8% in 2016) gesenkt und der Notendurchschnitt (um 0,5) gehoben werden.

6 Folgerung und Ausblick

Es entstehen feingranulare Justierungsmöglichkeiten, um auf die Lernfortschritte der Studierendengruppe insgesamt als auch auf den individuellen Studierenden einzugehen. Ausblickend kann gesagt werden, dass der DIADEM-Ansatz um weitere Bausteine ergänzt werden soll. Durch noch detailliertere Untergliederung der Bausteine soll die Anpassbarkeit des Ansatzes erhöht werden und dessen Eignung für andere Lehrgebiete und -methoden verbessert werden. So kann beispielsweise eine feingliedrigere Differenzierung des Print-Bausteins (z.B. in Buch, Journal, Forschungsartikel, Tutorial und Blog) weitere Aspekte des forschenden Lernens im Zusammenspiel mit dem DIADEM-Modell eröffnen. Ebenso können Zeitabschätzungen für den zu kalkulierenden oder zu planenden Aufwand zum Erstellen oder Bearbeiten eines Bausteines integriert werden.

Literatur

Bonnet, M.; Hansmeier, E. & Kämper, N. (2013). Ran ans Werk! Erfolgreiche Umsetzung eines Inverted-Classroom Konzeptes im Grundlagenmodul Werkstofftechnik für studierendenzentriertes und kompetenzorientiertes Lernen im Maschinenbau. In A.E. Tekkaya et al. (Hrsg.), *TeachING-LearnING.EU discussions. Innovationen für die Zukunft der Lehre in den Ingenieurwissenschaften* (S. 25-33). URL: http://www.teaching-learning.eu/fileadmin/documents/News/TeachING-LearnING-EU_Publikation2013.pdf.
Brauweiler, H.-C.; Busch-Lauer, I.; Grimm, F.; Julich, N.; Klenner, M.; Bärenfänger, O.; Aiko, K.; Arend, M.; Claus, T.; Jantos, A.; Schoop, E.; Seidel, N.; Heinz, M. & Sonntag, R. (2016): Geflippt! Vier Erprobte Szenarien zur Anwendung der Flipped Classroom Methode in der Hochschullehre. In J. Kawalek; K. Hering & E. Schuster (Hrsg.): *Tagungsband 14. Workshop on e-Learning (WeL'16)* (S. 135–150).

Euler, D. (2004). Einfach, aber nicht leicht – Kompetenzentwicklung im Rahmen der Implementierung von E-Learning an Hochschulen. In K. Bett; J. Wedekind & P. Zentel (Hrsg.), *Medienkompetenz für die Hochschullehre* (S. 55–71). Münster: Waxmann.

Forschendes Lernen (2017): URL: http://www.forschendes-lernen.net/index.php/was-ist-forschendes-lernen.html (10.07.2017).

HRK Hochschulrektorenkonferenz, nexus impulse für die Praxis Nr. 8: Forschendes Lernen (2015). https://www.hrk-nexus.de/fileadmin/redaktion/hrk-nexus/07-Downloads/07-02-Publikationen/impuls_Forschendes_Lernen.pdf (10.07.2017).

Jorzik, B. (Hrsg.) (2013): *Charta guter Lehre. Grundsätze und Leitlinien für eine bessere Lehrkultur. Positionen / Stifterverband für die Deutsche Wissenschaft.* URL: https://www.stifterverband.org/charta-guter-lehre (10.07.2017)

Klenner, M.; Grimm, F. & Brauweiler, H.-C. (2016). *Vorbereitung ausländischer Studierender für ein Studium in Deutschland zur Stärkung des transkulturellen Austausches im Rahmen eines Flipped Classroom Kurses.*

Kreulich, K.; Dellmann, F.; Schutz, T.; Harth, T. & Zwingmann, K. (2016): *Digitalisierung // Strategische Entwicklung einer kompetenzorientierten Lehre für die digitale Gesellschaft und Arbeitswelt*, URL: http://www.uas7.de/fileadmin/Dateien/UAS7_Broschuere_Digitalisierung.pdf (10.07.2017).

Lave, J. & Wenger, E. (1991). *Situated Learning: Legitimate Peripheral Participation.* Cambridge: Cambridge University Press.

Schulz-Zander, R. (2005). Veränderung der Lernkultur mit digitalen Medien im Unterricht. In Kleber, H. (Hrsg.): *Perspektiven der Medienpädagogik in Wissenschaft und Bildungspraxis* (S. 125–140). München: kopaed verlagsgmbh.

Siebert, H. (2012). *Didaktisches Handeln in der Erwachsenenbildung. Didaktik aus konstruktivistischer Sicht.* Ziel Verlag.

Wegner, E. (2014). Hochschulen als Communities of Practice – theoretische Perspektiven und praktische Umsetzung. In B. Berendt; P. Voss & J. Wildt (Hrsg.), *Neues Handbuch Hochschullehre,* J 3.1., 64. Ergänzungslieferung. Berlin: Raabe.

Weidlich, J. & Spannagel, C. (2014). Die Vorbereitungsphase im Flipped Classroom. Vorlesungsvideos versus Aufgaben. In K. Rummler (Hrsg.), *Lernräume gestalten – Bildungskontexte vielfältig denken.* Münster. Waxmann (S. 237–248). URL: http://www.waxmann.com/fileadmin/media/zusatztexte/3142Volltext.pdf.

Weinert, F. E. & Helmke, A. (1997). *Entwicklung im Grundschulalter.* Psychologie Verlags Union.

Zappe, S; Leicht, R.; Messner, J.; Litzinger, T. & Lee H.W. (2009). "Flipping" the classroom to explore active learning in a large undergraduate course. In *Proceedings, American Society for Engineering Education Annual Conference & Exhibition, 2009.* Washington DC: American Society for Engineering Education.

Elske Ammenwerth, Werner O. Hackl, Michael Felderer, Alexander Hörbst

Gruppendiskurse im virtuellen Lernraum: Förderung und Evaluierung der Critical Inquiry

Zusammenfassung

Das erfolgreiche Lernen in online-basierten Lernsettings beruht unter anderem auf einem funktionierenden Diskurs in der Lerngruppe. Nach dem *Community of Inquiry*-Modell basiert dieser Diskurs auf den vier aufeinander aufbauenden Phasen von Triggering, Exploration, Integration und Resolution. In einer Pilotstudie haben wir untersucht, ob das in einem Online-Kurs gewählte didaktische Design geeignet war, diese vier Phasen zu unterstützen. Alle Studierenden eines 6-wöchigen kollaborativ ausgerichteten Online-Kurses wurden mittels validiertem *Community of Inquiry*-Fragebogen befragt sowie zu wöchentlichen Reflexionen eingeladen. Die Ergebnisse zeigen, dass die Intensität des Diskurses in allen vier Phasen stark ausgeprägt war, aber über die vier Phasen tendenziell abnahm. Dies deutet darauf hin, dass zwar der Start des Diskurses und die Phase der Exploration gut gelingt, die Integration und Anwendung des Gelernten dagegen aber etwas abfällt. Als Konsequenz werden Empfehlungen für die Unterstützung des Diskurses in online-basierten Lernsettings gemacht.

1 Hintergrund und Motivation

Lernen in online-basierten Lernsettings als spezielle Form von Bildungsräumen eröffnet eine Reihe von Vorteilen wie Zeit- und Ortsunabhängigkeit im Studium, erfordert aber gut überlegte Instruktionsdesigns. Insbesondere in kollaborativ ausgelegten online-basierten Lernsettings sind die Auseinandersetzung mit dem Lernmaterial und ein entsprechender Diskurs in der Lerngruppe zu ermöglichen.

Die Community of Inquiry ist ein konzeptioneller Rahmen, welcher kritische Faktoren für nachhaltiges Lernen in online-basierten Lernsetting beschreibt (Garrison, Anderson, & Archer, 2000). Danach kann vor allem durch einen gemeinsamen kritischen Diskurs („critical inquiry") und durch die persönliche Reflexion ein vertieftes Verständnis der Lerninhalte konstruiert werden. Das *Community of Inquiry*-Modell argumentiert dabei, dass für erfolgreiches Lernen drei Elemente notwendig sind: Die Soziale Präsenz („social presence"), d.h. die Fähigkeit, sich als Teil einer Lerngruppe zu verstehen und gegenseitige vertrauensvolle Beziehungen aufzubauen; die Lehrenden-Präsenz („teaching presence"), welche sowohl das Design des Kurses durch den Lehrenden als auch die Förderung eines kritischen Diskurses durch den Lehrenden, aber auch durch die Lernenden selber, referenziert; und die kognitive Präsenz („cognitive presence"), welche das Ausmaß beschreibt, in der die Lernenden durch Reflexion und Diskurs zu neuen Einsichten gelangen und Kompetenzen erwerben.

Cognitive Presence beruht dabei auf einem vierphasigen Prozess des kritischen Diskurses („critical inquiry") (Garrison et al., 2000):
- Triggering event: Hier wird durch einen geeigneten Trigger der Diskurs initiiert; der Trigger sollte so beschaffen sein, dass er die Notwendigkeit eines Diskurses motiviert (z.B. aktuelle Problembeschreibung, Fallbeispiel) und Neugier oder Irritation bei den Studierenden auslöst.
- Exploration: Hier suchen die Studierenden nach Informationen und tauschen sich aus, um die Situation oder das Problem besser zu verstehen. Vorerfahrungen werden eingebracht und abgeglichen. Alternativen werden diskutiert.
- Integration: Alle Informationen und Ideen werden zu einem kohärenten Modell oder Konzept verbunden. Lösungsvorschläge werden erarbeitet und diskutiert. Ein tieferes Verständnis der Zusammenhänge wird erreicht.
- Resolution: Die neuen Erkenntnisse und Ideen werden angewandt und so kritisch überprüft. Ggf. entstehen neue Fragen, die den Prozess des Diskurses wieder neu starten.

Studien zeigen, dass es Lerngruppen in online-basierten Lernsettings oft nicht gelingt, den Diskurs über die frühen Phasen der Exploration hinaus zu entwickeln (Arnold & Ducate, 2006; Luebeck & Bice, 2005). Integration und Resolution stellen höhere Anforderungen an alle Beteiligten, benötigen mehr Zeit und eine gut überlegte Unterstützung durch die Lehrenden (Garrison, 2007). Das Instruktionsdesign, also die Gestaltung herausfordernder Lernaufgaben, ist ebenso wie die Teaching Presence, also die Begleitung und das Feedback durch die Lehrenden und die übrigen Lernenden, entscheidend für den Übergang des Diskurses in höhere Phasen (Garrison, 2007).

An der Tiroler Universität UMIT startet im Herbst 2017 der online-basierte Universitätslehrgangs „Health Information Management" (http://www.umit.at/him). Dieser basiert auf einem kollaborativ ausgerichteten Instruktionsdesign, welches einem konstruktivistisch orientierten Verständnis von Lernen folgt und unter anderem von den Instructional Design Principles (Merrill, 2002), dem 3-2-1-Design Framework (Kerres, 2013) und dem Konzept der E-tivities (Salmon, 2013) beeinflusst ist.

Zur Evaluierung des gewählten Instruktionsdesigns fand im Frühjahr 2017 ein Pilotkurs „eHealth – Gesundheit vernetzt denken" statt. Wir wollten dabei unter anderem untersuchen, inwiefern das gewählte Instruktionsdesign zu einem Diskurs im Sinne des Community of Inquiry-Modells führt und insbesondere ob alle vier Phasen der Critical Inquiry sichtbar werden.

2 Methodik

Zur Erhebung des Ausmaßes an Cognitive Presence, Teaching Presence und Social Presence wurde der Community of Inquiry-Fragebogen (CoI) (Arbaugh et al., 2000) verwendet. Der CoI-Fragebogen ist ein validierter und international etablierter Fragebogen. Er besteht auf 34 Items (13 für Teaching Presence, 9 für Social Presence und 12 für Cognitive Presence) auf einer 5-stufigen Likert-Skala. Die 12 Items für Cognitive Presence adressieren die vier Konstrukte Triggering Event, Exploration, Integration und Resolution mit jeweils drei Items.

Der Fragebogen lag zum Zeitpunkt der Studie nicht auf Deutsch vor. Daher wurde ein systematischer Übersetzungsprozess durchgeführt, angelehnt an Mahler (2007). Dieser beinhaltete zunächst die Übersetzung ins Deutsche durch zwei unabhängige Übersetzer, wobei Unterschiede der Übersetzung durch Diskussion aufgelöst wurden. Anschließend erfolgte eine Rückübersetzung ins Englische durch einen dritten Übersetzer. Unterschiede des Originals und der Rückübersetzung wurden dann durch einen vierten Übersetzer gemeinsam mit dem Studienteam diskutiert und die finale Übersetzung so gefunden.

Alle Teilnehmenden des online-basierten Kurses „eHealth – Gesundheit vernetzt denken" wurden am Kursende eingeladen, den CoI-Fragebogen anonymisiert auszufüllen. Der Kurs dauerte 6 Wochen und umfasste insgesamt 30 zu bearbeitende Lernaktivitäten. Diese umfassten z.B. die Recherche und Diskussion von Definitionen von „eHealth", die kritische Bewertung von eHealth-Architekturen, die Präsentation von eHealth-Standards und die Analyse von eHealth-Strategien. Alle Lernaktivitäten enthielten neben der Aufgabenstellung, welche zunächst alleine zu bearbeiten war, auch interaktive Elemente, insbesondere die Vorstellung und Diskussion der Lösungen in Foren. Materialien (kurze Präsentationen, Videos, Artikel etc.) wurden vom Lehrenden bereitgestellt oder von Studierenden eigenständig recherchiert. Abbildung 1 zeigt eine Lernaktivität aus Woche 4.

Am Ende jeder Woche war eine verpflichtende Reflexion zum eigenen Lernfortschritt zu schreiben. Der Kurs war erfolgreich, wenn ein Studierender alle Lernaktivitäten bearbeitet hatte. Insgesamt wurden von allen Studierenden zusammen 1.568 Nachrichtenbeiträge geschrieben, vom Lehrenden 146 Nachrichten. Die Arbeitsbelastung der Studierende betrug im Mittel 14 Stunden pro Woche. Zur Befragung wurden alle 16 Studierenden eingeladen, welche bis zum Kursende aktiv im Kurs waren. Details zum Instruktionsdesign und zu den Ergebnissen der Evaluierung des Kurses finden sich in (Ammenwerth, Hackl, Felderer, & Hörbst, 2017).

Gruppendiskurse im virtuellen Lernraum

Etivity 4.1: Das Who ist Who der Dinge

Unabhängig von der Interoperabilitätsebene ist es wichtig, dass wir genau wissen von welchem Konstrukt, von welchem Element wir „sprechen". Um das zu ermöglichen müssen wir Objekte eindeutig identifizieren. Ein Ansatz um dies umzusetzen sind Object-Identifier (OID).

Ziel: Den Aufbau von OIDs verstehen und Objekte anhand ihrer OIDs identifizieren.

Aufgabe: In der vorliegenden Etivity sollt ihr euch das Konzept von OIDs erarbeiten bzw. den Aufbau solcher OIDs. Sucht hierzu im Netz nach geeigneten Quellen. Anschließend sollt ihr die Verwendung von OIDs im Kontext des Gesundheitswesens bzw. im Rahmen von eHealth-Anwendungen diskutieren. Diskutiert für was OIDs existieren bzw. wo man sie einsetzen könnte. Sind euch OIDs im Kurs schon einmal begegnet. Was haben 1.2.40.0.34 und 2.16.756.5.30 gemeinsam? Versucht herauszufinden ob es für eure Organisationseinheit, eine Person die ihr kennt oder gar euch selbst bereits eine OID gibt.

Reaktion: Diskutiert mit euren KollegInnen die Erkenntnisse und reagiert auf mindestens zwei ihrer Beiträge.

Abb. 1: Beispiel einer Lernaufgabe in Woche 4

3 Ergebnisse

Das Ausmaß an kognitiver Präsenz (Mittelwert: 4,5 bei n=16, 1= Minimum, 5 = Maximum), sozialer Präsenz (Mittelwert: 4,2) und Lehrenden-Präsenz (Mittelwert: 4,2) war sehr hoch. Der Gesamt-CoI-Score war 4,4. Die Detailauswertung zu den vier Phasen im Bereich der kognitiven Präsenz zeigte sehr hohe Werte für die Phase des Triggering Events und dann weiterhin hohe, aber doch kontinuierlich abnehmende Werte für Exploration, Integration und Resolution (vgl. Abb. 2).

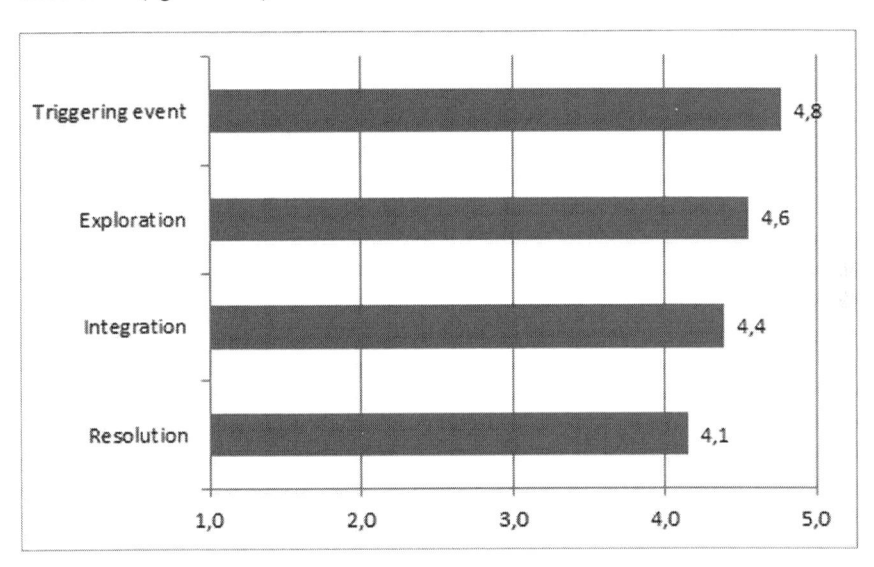

Phase	Wert
Triggering event	4,8
Exploration	4,6
Integration	4,4
Resolution	4,1

Abb. 2: Detailergebnisse zu den vier Phasen (Triggering Event, Exploration, Integration, Resolution) der kognitiven Präsenz (n=16). 1 = min, 5 = max.

4 Diskussion und Ausblick

Das gewählte Instruktionsdesign, welches Lernaufgaben, zugehörige Materialien sowie Interaktionen und Diskussionen umfasste, führte zu einem sehr hohen Grad an empfundener Social Presence, Teaching Presence und Cognitive Presence. Die hohe Anzahl an über 1.500 studentischen Beiträgen spiegelt die intensiven Diskussionen in allen Kurswochen wieder. Die Werte in allen drei Dimensionen sind mit über 4 sehr hoch, auch im Vergleich zu anderen Studien – so fanden z. B. Rockinson-Szapkiw, Wendt, Wighting, & Nisbet (2016) Wert von 3,4 bis 3,8.

Die Detailauswertung des CoI-Fragebogens zeigt, dass bezüglich der kognitiven Präsenz alle Phasen des kritischen Diskurses gut sichtbar wurden. Es ist aber auch deutlich sichtbar, dass die Werte über die vier Phasen abnehmen, die niedrigsten Werte also bei Integration und Resolution zu finden sind.

Um die Phasen der Integration und Resolution weiter zu stärken, können basierend auf unseren Erfahrungen und der Literatur einige Empfehlungen gegeben werden. So ist zunächst einmal das Instruktionsdesign so zu gestalten, dass die zu lösenden Aufgaben überhaupt eine Integration und Resolution erfordern. Hierfür eignen sich insbesondere Aufgaben, in denen ein komplexes Problem zu lösen und die Lösung auch praktisch umzusetzen ist (Vaughan, Cleveland-Innes, & Garrison, 2013). Dabei sind Aufgaben so zu gestalten, dass das Einbinden verschiedener Perspektiven notwendig ist und so die Interaktion der Studierenden erforderlich ist (Arnold & Ducate, 2006). Auch die Rolle des Lehrenden ist entscheidend. Er muss bei Bedarf fachlichen Input geben und auf falsche Annahmen oder Konzepte hinweisen und so die Diskussion geeignet anregen, ohne zu dominieren und damit die Diskussionen zu behindern (Vaughan et al., 2013). Die Balance zwischen Instruieren, Unterstützen und Abwarten erfordert viel Erfahrung und hohe pädagogische und fachliche Kompetenz – ist also durch ein hohes Maß an Technological Pedagogical Content Knowledge (TPACK) gekennzeichnet (Mishra & Koehler, 2006). Es ist auch denkbar, dass die Studierenden im Rahmen ihrer Reflexionen aufgefordert werden, darüber nachzudenken, in welcher Phase ein Diskussionsstrang gerade verläuft. Dadurch könnte die metakognitive Aufmerksamkeit gestärkt und das eigene Diskussionsverhalten beeinflusst werden.

Eine Limitation der Studie ist, dass die Erhebungen nur mittels validierten Fragebogen erfolgt sind und nicht etwa durch eine Inhaltsanalyse der Diskussionsbeiträge. Eine Analyse der Diskussionsbeiträge nach dem *Community of Inquiry*-Modell startet derzeit allerdings und wird uns erlauben, diese objektiven Daten mit den Befragungsdaten abzugleichen. Falls die Ergebnisse der Befragung sich dabei bestätigen, wäre dies ein Indikator dafür, dass es in

Zukunft genügt, den Fragebogen statt einer (aufwändigeren) Textanalyse einzusetzen.

Als weitere Limitation ist zu nennen, dass nur ein Kurs evaluiert wurde. Es ist aber geplant, entsprechende Studien in den nächsten online-basierten Kursen durchzuführen. Dann wird auch deutlich, ob ähnliche Ergebnisse auch bei Kursen mit vergleichbaren Instruktionsdesign, aber anderen Lehrenden, repliziert werden können. Falls ja, würde dies für uns bedeuten, in der didaktischen Fortbildung der Lehrenden besonders auf die vier Phasen des Critical Inquiry-Modells einzugehen und Möglichkeiten zu vermitteln, diese bis zur Resolution zu fördern.

Literatur

Ammenwerth, E., Hackl, W., Felderer, M., & Hörbst, A. (2017). *Developing and evaluating collaborative online-based instructional designs in health information management.* Tagungsband der GMDS 2017, Oldenburg.

Arbaugh, J., Clevland-Innes, M., Diaz, S., Garrison, D., Ice, P., Richardson, J., & Swan, K. (2000). Developing a community of inquiry instrument: Testing a measure of the Community of Inquiry framework using a multi-institutional sample. *Internet and Higher Education,* 11(3-4), 133-136.

Arnold, N., & Ducate, L. (2006). Future foreign language teachers' social and cognitive collaboration in an online environment. *Language Learning & Technology,* 10(1), 42-66.

Garrison, D. (2007). Online community of inquiry review: Social, cognitive, and teaching presence issues. *Journal of Asynchronous Learning Networks,* 11(1), 61-72.

Garrison, D., Anderson, A., & Archer, W. (2000). Critical Inquiry in a Text-based Environment: Computer Conferencing in Higher Education The Internet and Higher Education. *The Internet and Higher Education,* 2-3(87-105).

Kerres, M. (2013). *Mediendidaktik. Konzeption und Entwicklung mediengestützter Lernangebote.* München: Oldenbourg.

Luebeck, J., & Bice, L. (2005). Online Discussion as a Mechanism of Conceptual Change Among Mathematics and Science Teachers. *Journal of Distance Education,* 20(2), 21-39.

Mahler, C. (2007). Richtlinien zur Übersetzung und Implementierung englischsprachiger Assessment-Instrumente. *Pflegewissenschaft,* 2009(1), 5-12.

Merrill, M. (2002). First principles of instruction. *Educational Technology Research and Development,* 50(3), 43-59.

Mishra, P., & Koehler, P. (2006). Technological Pedagogical Content Knowledge: A Framework for Teacher Knowledge. *Teachers college Record,* 108(6), 1017-1054.

Rockinson-Szapkiw, A., Wendt, J., Wighting, M., & Nisbet, D. (2016). The Predictive Relationship Among the Community of Inquiry Framework, Perceived Learning and Online, and Graduate Students' Course Grades. *International Review of Research in Open and Distributed Learning,* 17(3), 18-34.

Salmon, G. (2013). *Etivities – The key to active online learning.* New York: Routledge.
Vaughan, N., Cleveland-Innes, M., & Garrison, D. (2013). *Teaching in Blended Learning Environments: Creating and Sustaining Communities of Inquiry.* Edmonton: Athabasca University Press.

Bettina Höllerbauer, Martin Ebner, Sandra Schön, Maria Haas

Didaktisches Re-Design von Open Educational Resources: Vom MOOC zum offenen Unterrichtssetting für den Schulkontext

Zusammenfassung

Dieser Beitrag beschreibt den Remix und die Adaption von vorhandenen Lern- und Lehrmaterialien für ein anderes Lernsetting. Grundlage dafür sind offen lizenzierte Materialien, also Open Educational Resources (OER). Ein vorhandener MOOC der Plattform imoox.at, wurde für ein anderes Lernsetting adaptiert. Dabei geht es konkret um die Anpassung und Übertragung in ein offenes Unterrichtssetting im Schulkontext. Im Fokus der Arbeit steht das didaktische Design eines offenen Unterrichtssettings auf Grundlage von existierenden Materialien eines MOOC (für „massive open online course", also Online-Kurs für sehr viele), also das didaktische Re-Design bzw. die Re-Didaktisierung von vorhandenen Open Educational Resources in ein anderes Lehr-Setting und die anschließende Veröffentlichung der neuen Open Educational Resources. Dies wird anhand eines Re-Design-Modells vorgestellt und umgesetzt.

1 Einleitung

Herkömmliche, durch die strengen Regeln des Urheberrechts geschützte Materialien, beispielsweise Schulbücher, dürfen i.d.R. nicht für die Bedürfnisse des Unterrichts angepasst bzw. modifiziert werden, auch wenn z.B. die Anfertigung von Arbeitsblättern auf Grundlage eines Schulbuchs zur alltäglichen Praxis für Lehrer/innen im deutschsprachigen Europa zählt. Offene Bildungsressourcen, also offen lizenzierte Bildungsmaterialien (kurz OER für Open Educational Resources) erlauben jedoch Modifikationen (Ebner & Schön, 2011) sofern die Lizenzbedingungen eingehalten werden (z.B. Nennung der Urheber/innen). Offene Bildungsressourcen werden explizit für den Remix und zur Überarbeitung zur Verfügung gestellt – ob (aufgrund der jeweiligen Lizenzierungen) und wie ein solches didaktisches Re-Design („Re-Didaktisierung") von existierenden OER für ein anderes Lern-/Lehrsetting gelingt, beschreibt die vorliegende Arbeit.

Dazu wird zuerst überblicksmäßig die verwendete Vorgehensweise beschrieben, um danach genauer auf die einzelnen Schritte einzugehen. Ein Hauptaugenmerk liegt auf der Veränderung der vier Charakteristika des MOOC, der als Ausgangsmaterial dient.

Danach wird noch konkreter auf das neu erstellte Unterrichtssetting eingegangen und die Schritte hin zu neuen OER beschrieben. Das Vorhaben orientiert sich dabei methodisch an den Ideen zu Design Based Research. Dieser Ansatz „versucht die zielgerichtete Gestaltung von Lehr-/Lern-Umgebungen mit der systematischen Untersuchung der Lernprozesse in diesen Lernumgebungen zu integrieren" (Allert & Richter, 2013, S. 3).

2 Vorgehensweise und Methode

Zu den Vorzügen von OER gehören neben der kostenlosen Nutzung, die Erlaubnis zur Anpassung der Materialien (vgl. Geser, 2007; Wiley, 2014; Ebner & Schön, 2016). Die einzelnen Schritte des Re-Design-Modells umfassen die Festlegung von Zielsetzung und Rahmenbedingungen des (neuen) Lern-/Lehrsettings, die Auswahl der Ausgangsressource(n), die Analyse dieser Materialien, das didaktische (Re-)Design mit der Anpassung und Aufbereitung der Materialien für ein anderes Setting, sowie schließlich die Veröffentlichung der modifizierten OER. Einen Überblick über das Re-Design liefert Abbildung 1.

| Zielsetzung und Rahmenbedingung des Zielsettings | Auswahl und Analyse des existierenden Materials (OER) | Didaktisches (Re-) Design | (Re-) Publikation als OER |

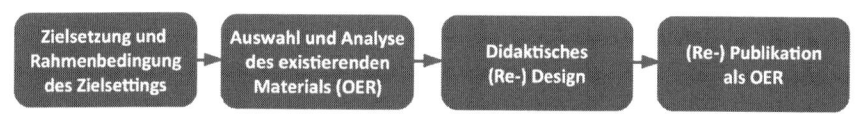

Abb. 1: Prozesse des didaktischen Designs eines Lern/Lehr-Settings mit existierenden OER (Re-Design-Modell)

3 Zielsetzung und Rahmenbedingung des zu gestaltenden Lern-/Lehrsettings

Geplant ist die Entwicklung eines offenen Lern-/Lehrsettings zur Einführung in die Programmierung für Schüler/innen von etwa 10 bis 14 Jahren. Die Gestaltung eines offenen Lern-/Lehrsettings, d. h. in diesem Fall eines Unterrichts, bei dem sich die Schüler/innen im eigenen Tempo während der Unterrichtszeit, in Freiarbeitszeiten oder auch zu Hause mit den zur Verfügung gestellten Materialien beschäftigen können, ist im Bereich der Programmierung besonders sinnvoll, da hier von einem sehr heterogenen Vorwissen und damit Lerntempi auszugehen ist. Das Lern-/Lehr-Setting soll folgende Charakteristika aufweisen:
- Die zur Verfügung gestellten Lernressourcen sollten von allen Schüler/innen unabhängig und im eigenen Lerntempo genutzt werden. Zudem sollten Schüler/innen die Möglichkeit haben, die Reihenfolge des Lernens selbst zu wählen und auch von Zuhause mit den Materialien arbeiten können.

- Im Regelfall nutzen die Schüler/innen einer Schulklasse die Materialien während der Unterrichtszeit.
- Lehrer/innen können und sollen den Lernfortschritt im Auge behalten können und begleiten, um auch individuelle Fördermaßnahmen und Hilfestellungen einzusetzen.
- Die Aktivitäten der Schüler/innen im offenen Lern-/Lehrsetting können durch geeignete Maßnahmen, z. B. durch Punktevergabe bei Lernerfolgen, unterstützt werden.

4 Auswahl und Analyse der Ausgangsressource – ein offen lizenzierter MOOC zum Programmieren für Schüler/innen

Die Wahl der Ausgangsressource fiel auf einen MOOC aufgrund der gelungenen Umsetzung und der guten Erfahrungen mit einem Online-Kurs zum Programmieren mit Schüler/innen. Darüber hinaus sind die Inhalte mit einer Lizenz versehen, die die Modifikation ermöglicht (CC BY-NC): Der MOOC „Learning to Code: Programmieren mit Pocket Code" von Stefan Janisch, Wolfgang Slany und Martin Ebner (Janisch et al., 2016) ist auf der österreichischen MOOC Plattform iMooX[1] (Kopp & Ebner, 2015) zu finden und richtet sich an die Altersgruppe der 10- bis 14-Jährigen. Diese sollen sich zwei bis drei Stunden in der Woche mit Pocket Code[2] auseinandersetzen und erste Erfahrungen mit dem Programmieren sammeln. Der Hauptinhalt des Kurses ist „(...) das Erstellen eigener Spiele, interaktiver Animationen sowie eigner Apps mithilfe von Pocket Code. Primär werden dabei Struktur und Funktionsweise der App vorgestellt, im Hintergrund werden „Computational Thinking"-Konzepte erarbeitet wie zum Beispiel: Konditionale, Variablen, Events oder Parallelismus." (Janisch 2016)

4.1 Beschreibung des MOOC

Der MOOC ist in fünf Einheiten unterteilt, welche alle ähnlich aufgebaut sind. So besteht jede Einheit wiederum aus vier Abschnitten. Im ersten Abschnitt eignen sich Kinder und Jugendliche, über Lernvideos oder die zugehörigen Unterlagen, selbst Inhalte an. Diese Teile bestehen aus einer kurzen Erklärung, einem oder mehreren thematisch zusammenhängenden Lernvideos und sofern vorhanden, den zugehörigen Unterlagen. Ein Beispiel dazu ist in Abbildung 2 zu finden.

---
1 Zu finden unter www.imoox.at (letzter Abruf März 2017)
2 Von der TU Graz entwickelte App um Kindern und Jugendlichen das Programmieren näher zu bringen. Zu finden unter www.catrobat.org (letzter Abruf März 2017)

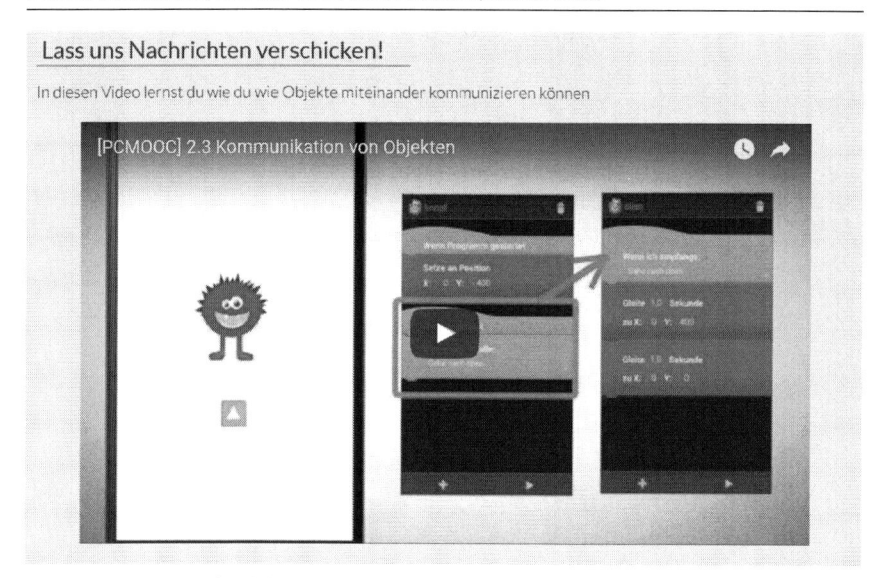

Abb. 2: Beispielhafter inhaltlicher Abschnitt

Der zweite Abschnitt stellt die Kinder und Jugendlichen vor eine Problemstellung, die sie mittels des zuvor erworbenen Wissens lösen müssen. Dieser Teil besteht wiederum aus einem Video, welches die Problemstellung genauer erklärt und den dazugehörigen Unterlagen, die immer ähnlich aufgebaut sind. Sie lie-

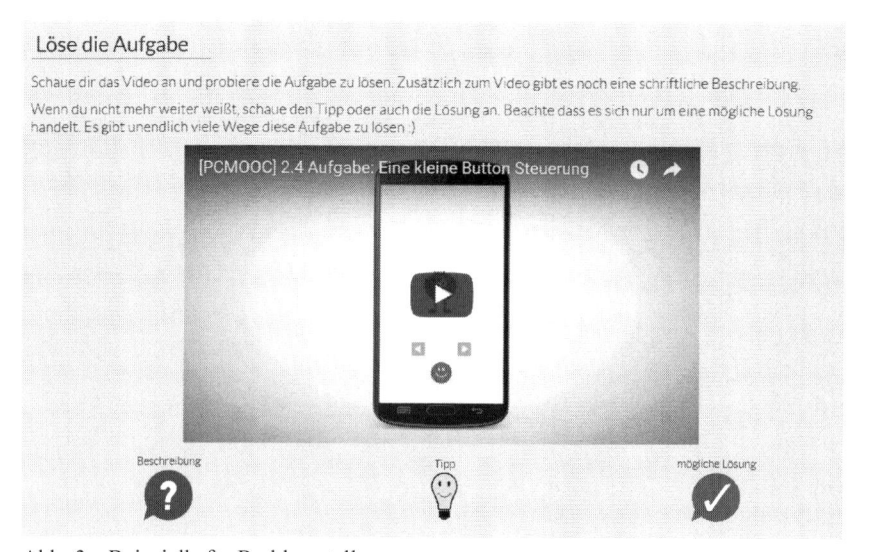

Abb. 3: Beispielhafte Problemstellung

fern eine zusätzliche textuelle Beschreibung der Problemstellung, zusammen mit einem Hinweis zur Lösung und letztendlich einen möglichen Lösungsweg. Ein beispielhafter Aufbau dieses Abschnitts ist in Abbildung 3 zu sehen. Inhaltliche Abschnitte und Problemstellungen kommen im MOOC innerhalb eines Kapitels auch öfter vor.

Der dritte Abschnitt bietet eine Übersicht, über die in dieser Einheit behandelten Bausteine und liefert deren textuell und graphisch aufbereiteten Erklärungen und Beschreibungen. Ein Beispiel dafür ist in Abbildung 4 zu sehen, in der jeder Baustein auf seine zugehörigen Unterlagen verweist.

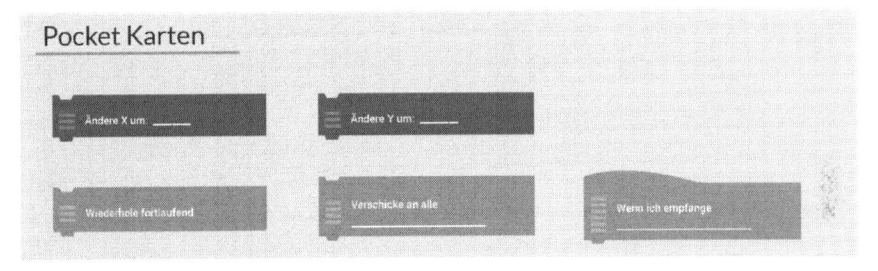

Abb. 4: Bausteine des MOOC

Der vierte und letzte Abschnitt ist jeweils ein Quiz, mithilfe dessen die Teilnehmerinnen und Teilnehmer ihren Lernfortschritt überprüfen können. Für die Kinder und Jugendlichen, dient es hauptsächlich zur Selbstkontrolle und zeigt ihnen ob sie die in diesem Kapitel behandelten Inhalte auch verstanden haben. Die Quizze sind nach dem Multiple-Choice-Prinzip aufgebaut und bestehen aus jeweils fünf Fragen zu den Inhalten des jeweiligen Kapitels. Selbstverständlich wurden sämtliche Lerninhalte inhaltlich überprüft und als sehr geeignet eingestuft.

4.2 Analyse des MOOC hinsichtlich der Eignung für das Lern-/Lehrsetting

Ein MOOC oder das Material eines MOOC ist nicht ohne weiteres für ein offenes Lern-/Lehrsetting im Schulunterricht übertragbar: Die vier wichtigsten Charakteristika lassen sich aus der Bezeichnung „massive open online course" ableiten und sind folgende (vgl. Treeck, Himpsl-Gutermann, Robes 2013, S. 291; Wedekind, 2013): Die Zahl der Teilnehmenden an einem MOOC ist unbegrenzt und kann von einigen hundert bis zu mehreren zehntausend reichen (massive), die Teilnahme an einem MOOC ist kostenlos und unterliegt keinen Zugangsbeschränkungen (open), der Kurs findet ausschließlich im Internet statt (online) und ist als mehrwöchiger Kurs konzipiert (course), die einen festen

Start- und Endtermin haben; das schließt nicht aus, dass die Kursinhalte auch über das Kursende hinaus frei zugänglich sind.

Wenn diese Punkte im Kontext des Schulunterrichts betrachtet werden, wird klar, dass dies für ein traditionelles Unterrichtssetting nur bedingt geeignet ist. Auch müssen Lehrer/innen die Erlaubnis der Eltern einholen, wenn sich minderjährige Schüler/innen auf einer externen Plattform registrieren und haben nur eingeschränkte Möglichkeiten, die Aktivitäten auf der Plattform nachzuvollziehen. Nicht zuletzt ist ein MOOC so gestaltet, dass man sich im Diskussionsforum austauschen kann – nach Ablauf der Kurslaufzeit ist dieses Angebot in der Regel nicht vorhanden. Auch wenn ein MOOC für Schüler/innen konzipiert wurde, ist er nicht ohne weiteres im Schulunterricht einsetzbar.

5 Didaktisches (Re-)Design

Das didaktische (Re-)Design umfasst die Gestaltung des Lern-/Lehrsetting-Konzepts, die Entwicklung eines passenden Anreiz- bzw. Feedback-Systems sowie die Überarbeitung bzw. Gestaltung der Materialien. Diese Prozesse sind in der Umsetzung jedoch nicht immer so klar voneinander abzugrenzen, da sie sich z.T. auch wechselseitig bedingen (s. Abb. 5).

| Gestaltung des Lern-/Lehrsetting-Konzepts | Entwicklung eines passenden Anreiz- & Feedback-Systems | Überarbeitung/ Gestaltung der Materialien |

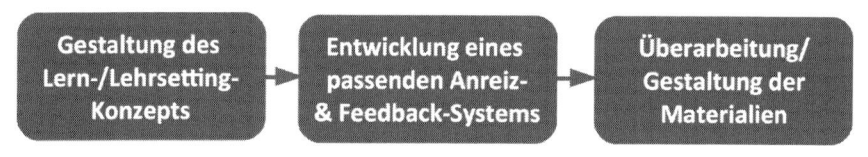

Abb. 5: Prozesse des didaktischen (Re-)Design im Detail

5.1 Gestaltung des Lern-/Lehrsetting-Konzepts: Der Arbeitsplan

Als Grundlage für das offene Lern-/Lehrsetting im Präsenzunterricht wurde ein Arbeitsplan für die Schüler/innen erstellt, mit dessen Hilfe sie während des Unterrichts ihr Lernen koordinieren können (vgl. Abb. 6). Wie in der Abbildung erkennbar, ist der Arbeitsplan in sechs Bereiche eingeteilt, welche den Schüler/innen einen thematischen Überblick über die zu lernenden Inhalte geben sollen.

Didaktisches Re-Design von Open Educational Resources

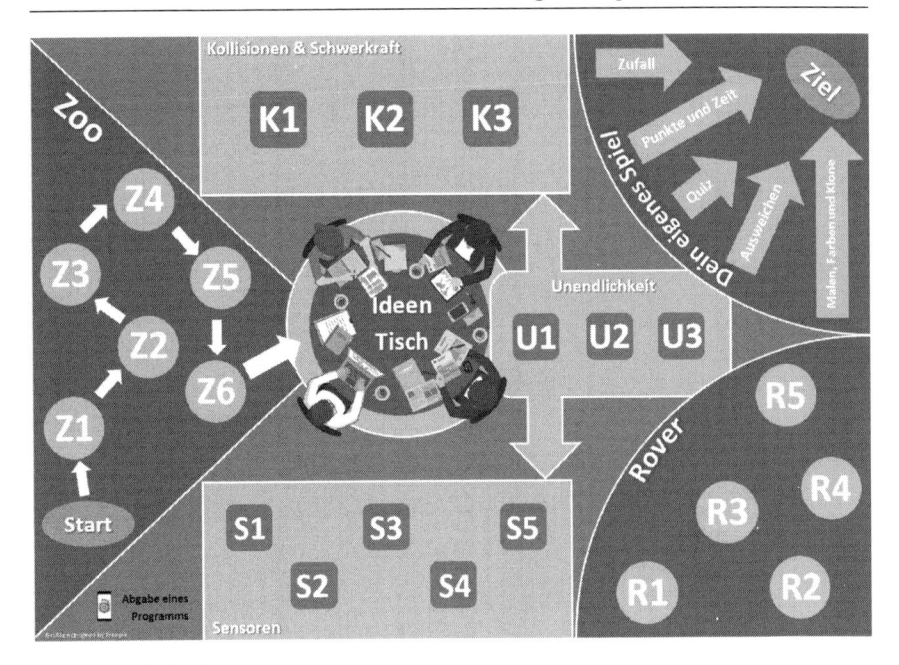

Abb. 6: Arbeitsplan

Diese Bereiche entsprechen grob den im MOOC vorgegebenen Kapiteln und fügen zusätzlich, den selbst konzipierten Bereich „Rover" hinzu in dem die Schüler/innen mithilfe der App Pocket Code einen kleinen Roboter programmieren können. Dabei steht jedes Feld (z. B. Z1 oder R3) für ein Arbeitsblatt, dass die Schüler/innen selbstständig und eigenverantwortlich bearbeiten sollen.

Die Auswahl, welche Bereiche die Schüler/innen dabei bearbeiten, wird ihnen überwiegend selbst überlassen, lediglich ein Startpunkt und ein Endpunkt wird durch den Arbeitsplan vorgegeben. Des Weiteren müssen nicht alle Bereiche und Aufgabenblätter von den Schülerinnen und Schülern bearbeitet werden. Die Auswahl, was und wie viel sie bearbeiten, liegt dabei in der Eigenverantwortung der Schüler/innen.

Für die Präsenzphase wurde auch ein „Ideen-Tisch" eingeführt. Dieser ist auf dem Arbeitsplan in Abbildung 6 zu erkennen. Er stellt in der offenen Lernumgebung, einen realen Ort da, welcher den Schüler/innen dazu dient, Ideen zu sammeln und mit den Lehrpersonen in Kontakt zu treten. Dabei können sie sich auch mit anderen Schüler/innen aus anderen Schüler/innen-Gruppen austauschen. Der Ideen-Tisch ist Anlaufstelle für jegliche Fragen der Schüler/innen und dient als Orientierungshilfe und Inspiration für weitere Lernprozesse.

5.2 Entwicklung eines passenden Anreiz- und Feedback-Systems

Im Unterschied zum Online-Phase wird in der Präsenzphase nicht räumlich isoliert, sondern – wenn auch zu unterschiedlichen Themen – auch gemeinsam gelernt. Um Schüler/innen zusätzlich zu motivieren, wurde ein Punktesystem entwickelt, das zum einen dazu dient den Lernfortschritt zurückzumelden. Zum anderen werden die Schüler/innen in Gruppen aufgeteilt in denen sie, durch Bearbeitung der Arbeitsblätter, für ihre Gruppe Punkte sammeln können, was zusätzlich für Motivation sorgen soll. Dazu wurde bestimmt, dass es für die später vorgestellten Arbeitsblätter eine festgelegte Anzahl an Punkten zu verdienen gibt, die auf dem Blatt links unten vermerkt ist (siehe Abb. 8).

5.3 Entwicklung der Materialien

Ein Großteil der Lernvideos konnte unverändert übernommen werden. Lediglich der Bezug zum MOOC und die damit verbundene Nennung des Kursnamens musste gelegentlich aus den Videos geschnitten werden, um die Schüler/innen nicht zu verwirren. Auch die Abschnitte mit den Problemstellungen konnten, wie in Abbildung 7 erkennbar, zu einem großen Teil übernommen werden. So blieb der Inhalt unverändert und es musste lediglich die Formatierung dem allgemeinen Erscheinungsbild des neuen Lern-/Lehrsettings angepasst werden.

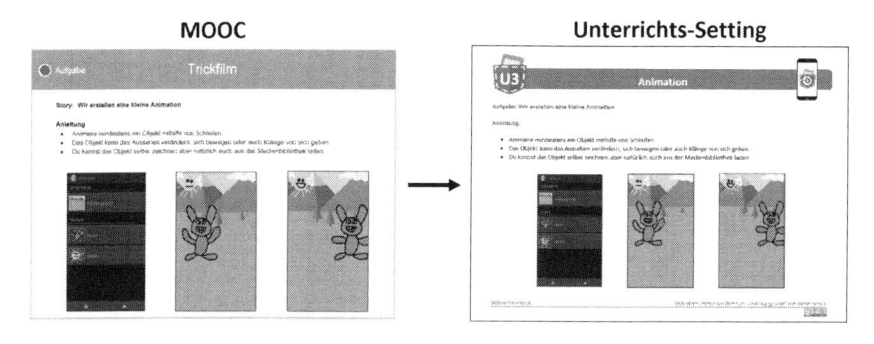

Abb. 7: Veränderung der Formatierung

Ein Vorteil des Präsenzsettings ist, dass es nicht auf automatisiertes Feedback eines Systems angewiesen ist, sondern dass Lehrer/innen eben diese notwendigen Rückmeldungen für offene Aufgabenstellungen geben können. Dies wurde bei der Entwicklung der Arbeitsblätter berücksichtigt, die teilweise auf den Quizzes des MOOC beruhen, jedoch häufig das Antwortformat auf offene Fragen verändert wurde (vgl. Abb. 8).

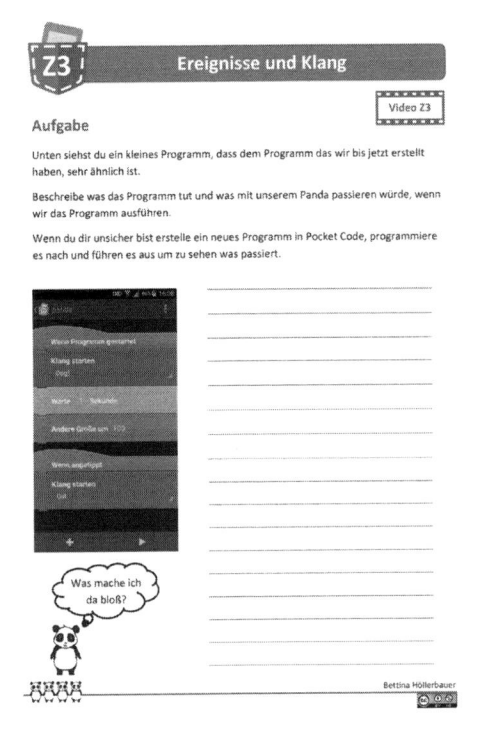

Abb. 8: Arbeitsblatt

6 Vorbereitung für den Schuleinsatz: Implementierung im schulischen Lernmanagementsystem

Um die Lernvideos und Materialien für die Schüler/innen strukturiert zugänglich zu machen, wird auf das schulische Lernmanagementsystem, in diesem Fall die Plattform Moodle, zurückgegriffen. Die Arbeitsmaterialien sind jedoch so geschaffen, dass sie auch in anderer Form, also anderen Plattformen oder Systemen, einsetzbar sind. Die übernommenen bzw. überarbeiteten und neuen Arbeitsmaterialien bestehen aus den in Tabelle 1 dargestellten Materialien.

Tab. 1: Übersicht Arbeitsmaterial

Material	Anzahl
Arbeitsplan	1
Übungsblätter	22
Lernvideos	41
Zugehörige Unterlagen	33
Beschreibungen der Bausteine	16

Die Materialien haben einen abschnittsweisen Aufbau und müssen den Schüler/innen auch in dieser Form präsentiert werden, da sie nur so einen guten Überblick über die einzelnen Bereiche und die darin enthaltenen Arbeitsblätter und Materialien haben. In diesem Fall wurde ein Moodle-Kurs im Themenformat mit sieben Abschnitten erstellt. Die sieben Abschnitte repräsentieren den Arbeitsplan und sowie die sechs Bereiche: „Zoo", „Unendlichkeit", „Rover", „Kollisionen und Schwerkraft", „Sensoren" und „Dein eigenes Spiel" (siehe Arbeitsplan Abb. 6). Jeder der sechs Bereiche ist wiederum in einzelne Abschnitte unterteilt. So besteht der Bereich Zoo zum Beispiel aus den

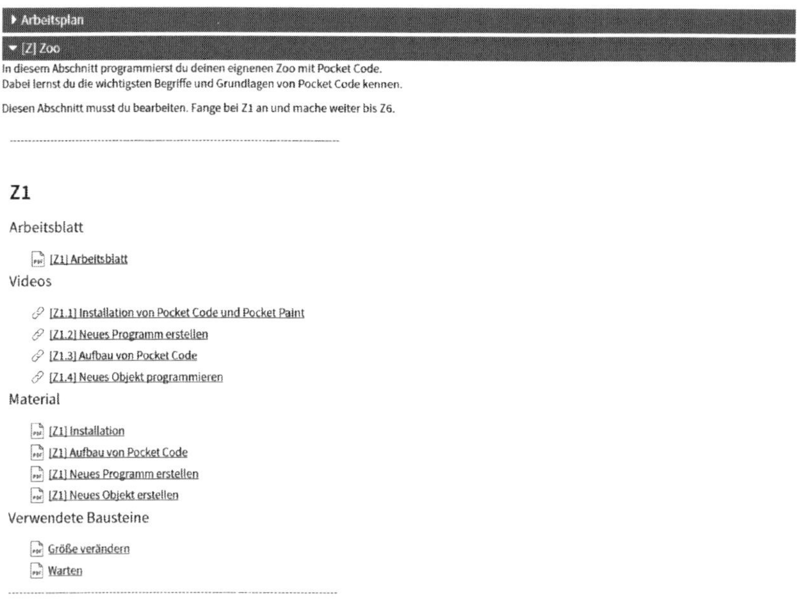

▶ Arbeitsplan
▼ [Z] Zoo
In diesem Abschnitt programmierst du deinen eignenen Zoo mit Pocket Code.
Dabei lernst du die wichtigsten Begriffe und Grundlagen von Pocket Code kennen.

Diesen Abschnitt musst du bearbeiten. Fange bei Z1 an und mache weiter bis Z6.

Z1
Arbeitsblatt
 [Z1] Arbeitsblatt
Videos
 [Z1.1] Installation von Pocket Code und Pocket Paint
 [Z1.2] Neues Programm erstellen
 [Z1.3] Aufbau von Pocket Code
 [Z1.4] Neues Objekt programmieren
Material
 [Z1] Installation
 [Z1] Aufbau von Pocket Code
 [Z1] Neues Programm erstellen
 [Z1] Neues Objekt erstellen
Verwendete Bausteine
 Größe verändern
 Warten

Abb. 9: Aufbau des Moodle-Kurses

Abschnitten Z1 bis Z6. Jeder dieser Abschnitte steht für ein Arbeitsblatt und die zu dessen Bearbeitung notwendigen Materialien, also den Lernvideos und Unterlagen. Die Materialien für die Station Z1, sind also im Themenbereich Zoo, im Abschnitt Z1 zu finden (siehe Abb. 9). Dies bietet eine übersichtliche und klare Struktur, in der sich die Schüler/innen einfach zurechtfinden. Den Überblick über die Materialien behalten sie dabei mit dem Arbeitsplan.

7 (Wieder-)Veröffentlichung der neuen Ressourcen

Als letzter Schritt folgt nun die Lizenzierung und Veröffentlichung der adaptierten Materialien. Die Ausgangsmaterialien wurden unter einer CC-BY-NC-Lizenz veröffentlicht, diese Lizenz zählt nicht zu den offenen Lizenzen im engeren Sinn, da sie eine kommerzielle Nutzung ausschließen, was im Bildungsalltag häufig ein Hindernis der Nutzung darstellt (wenn z.B. wie in der Nachhilfe eine Honorarvergütung vorliegt). Für die unveränderten Materialien ist diese Lizenz und die ursprüngliche Attribution beizubehalten. So wurde bei allen Lernvideos und den übernommenen Inhalten auf den Autor Stefan Janisch des MOOC „Learning to Code: Programmieren mit Pocket Code" verwiesen. Um es zukünftigen Nutzer/innen nicht zu kompliziert zu machen, wurden auch alle neuen Materialien, ggf. unter der Urheberin der neuen Materialien, unter der CC-BY-NC-Lizenz veröffentlicht, so wurde z.B. in den Fußzeilen der Arbeitsblätter der Name der Autorin und die Lizenz platziert. Am Ende wurde der E-Learning Kurs, von der Plattform Moodle exportiert und online veröffentlicht, um ihn anderen Personen zugänglich zu machen.[3]

8 Erfahrungen beim Re-Design im Überblick

In diesem Beitrag stand die Transformation bzw. der Remix von OER mit der Frage, ob und wie dies möglich ist, im Vordergrund. Insbesondere wurde der Übertrag von einem Lehrsetting in ein anderes in Betracht gezogen. Dabei wurden nicht zahlreiche unterschiedliche Ressourcen kombiniert, sondern die Materialien eines vorhandenen, gut gelungenen MOOC für ein offenes Lernsetting in der Schule ausgewählt, verwendet und ergänzt.

Wie die Umsetzung zeigt, gelang die Übertragung in eine neues Lern-/Lehr-Design und die Schaffung modifizierter OER. Abschließend möchten wir didaktische, praktische und rechtliche Erfahrungen zusammenfassen.

---

3 Moodle-Kurs: https://tc.tugraz.at/main/course/view.php?id=1415 (letzter Abruf März 2017)

Die didaktischen Herausforderungen bei der Umgestaltung lagen vor allem darin, die gelungenen MOOC-Materialien bestmöglich in das neue Lern-/Lehrsetting zu integrieren bzw. mit neuen Materialien zu einem gut vorbereiteten offenen Lernsetting zu ergänzen. Maßgeblich dabei waren Überlegungen dazu, die Aufgabenstellungen offen und herausfordernd zu gestalten, auch weil Lehrer/innen dazu Rückmeldungen geben können; das gemeinsame Arbeiten der Schüler/innen (in Gruppen bzw. am Ideen-Tisch) zu unterstützen sowie auch haptische Materialien (Arbeitsblätter) zur Verfügung zu stellen. Unverändert im Einsatz sind die Lernvideos des MOOC.

Praktisch stellt sich vor allem die Frage, mit welchem Aufwand die Überarbeitung und Neuentwicklung verbunden ist. Offene Lern-/Lehrsettings sind im Vergleich zum lehrerzentrierten Unterricht, in der Regel mit einem sehr hohen Vorbereitungsaufwand verbunden, da i.d.R. mehr Materialien ausgewählt und vorbereitet werden müssen. Eine Realisierung ohne die zahlreichen vorhandenen Lernvideos erscheint jedoch für eine einzelne Durchführung unrealistisch. Hier zeigt sich eine weitere Stärke von OER: Der Mehraufwand bei der Erstellung lohnt sich bzw. relativiert sich, weil viel mehr auf die entwickelten Ressourcen zurückgreifen können.

Aus rechtlicher Perspektive zeigt sich allgemein, dass die Lizenz der ursprünglichen Materialien die Weiternutzung stark beeinflusst, in diesem Fall wurde wieder auf eine einschränkende CC-BY-NC-Lizenz zurückgegriffen.

Durch die weitere Wiederveröffentlichung als Moodle-Kurs konnte die Stärke von freien Bildungsressourcen anschaulich demonstriert werden und als Modell dienen, OER umzusetzen und zu fördern. Es muss nur darauf hingewiesen werden, dass ein wesentlicher Schritt im gezeigten Modell das didaktische Re-Design (die Re-Didaktisierung) darstellt.

Literatur

Allert, H. & Richter, C. (2011). Designentwicklung – Anregungen aus Designtheorie und Designforschung. In M. Ebner & S. Schön (Hrsg.), *Lehrbuch für Lernen und Lehren mit Technologien.* Berlin: epubli. http://l3t.eu (10.07.2017).

Ebner, M. & Schön, S. (2011). Lernressourcen: Frei zugänglich und einsetzbar. In A. Hohenstein & K. Wilbers (Hrsg.), *Handbuch E-Learning: Expertenwissen aus Wissenschaft und Praxis* (S. 1–14). Köln: Fachverlag Deutscher Wirtschaftsdienst

Ebner, M. & Schön, S. (2016). Die Öffnung der Bildungsmaterialien als digitale soziale Innovation für die Wissensgesellschaft von morgen. In Scheer Wachter, *Digitale Bildungslandschaften.* IMC AG, Saarbrücken (S. 202–213).

Geser, G. (2007). *Open Educational Practices and Resources. OLCOS Roadmap 2012. Salzburg Research, EduMedia Group. Salzburg. Januar 2007.* URL: http://www.olcos.org/english/roadmap/ (27.02.2017).

Janisch, S. (2016). *Kursbeschreibung in: Learning to Code. Programmieren mit Pocket Code.* URL: http://imoox.at/wbtmaster/startseite/pcode2016.html (10.07.2017)

Janisch, S.; Ebner, M. & Slany, W. (2016). Pocket Code – freier Online-Kurs für Kinder. In: *Schule Aktiv, Sonderheft Oktober 2016*, CDA-Verlag (S. 43–46).

Kopp, M. & Ebner, M. (2015). *iMooX – Publikationen rund um das Pionierprojekt.* Weinitzen: Verlag Mayer.

Treeck, T. van; Himpsl-Gutermann, K. & Robes, J. (2013). Offene und partizipative Lernkonzepte. E-Portfolios, MOOCs und Flipped Classrooms. In: M. Ebner & S. Schön (Hrsg.). *Lehrbuch für Lernen und Lehren mit Technologien*, 2. Aufl. (S. 287–300), Berlin: epubli.

Wedekind, J. (2013). MOOCs – eine Herausforderung für die Hochschulen? In G. Reinmann, M. Ebner & S. Schön (Hrsg.), *Hochschuldidaktik im Zeichen von Heterogenität und Vielfalt* (S. 45–62). http://www.bimsev.de/n/userfiles/downloads/festschrift.pdf (03.03.2017).

Wiley, D. (2014). *The Access Compromise and the 5th R.* http://opencontent.org/blog/archives/3221 (03.03.2017).

Alexander Tillmann, Jana Niemeyer, Detlef Krömker

Einfluss von Vorerfahrungen und Persönlichkeitsmerkmalen auf das Lernen mit eLectures

Zusammenfassung

Vorlesungsaufzeichnungen (eLectures) stellen an vielen Hochschulen ein wesentliches Element im Rahmen von Digitalisierungsstrategien dar. Mit der Bereitstellung von eLectures und weiteren digitalen Materialien zu Veranstaltungen sowie technologiebasierten Kommunikationsmöglichkeiten reagieren die Hochschulen auf heterogene Voraussetzungen der Studierende und strukturell und individuell unterschiedliche Lebensanforderungen und -weisen, um möglichst vielen ein erfolgreiches Studium zu ermöglichen. Durch eine Diversifizierung der universitären Lernangebote erhöht sich die Wahrscheinlichkeit, die unterschiedlichen Lernvoraussetzungen der Studierenden zu treffen. Abhängig von ihren Erfahrungen, Interessen, Lernvorlieben, Lebensumständen usw. nutzen Studierende Lernangebote auf unterschiedliche Art und Weise. Im vorliegenden Beitrag analysieren wir im Rahmen einer empirischen Studie mit 827 Studierenden den Einfluss von Vorerfahrungen zum Lernen mit videobasierten Materialien und den Einfluss von Persönlichkeitsmerkmalen auf die Nutzung von eLectures und identifizieren unterschiedliche Nutzungstypen, -präferenzen und -gewohnheiten.

1 Das Lernen mit Vorlesungsaufzeichnungen

Die Nutzung von Vorlesungsaufzeichnungen (eLectures[1]) ermöglicht es Studierenden, verpasste Veranstaltungen nachzuholen, Veranstaltungsinhalte individuell zeit- und ortsunabhängig und in eigenem Lerntempo zu wiederholen, an Stellen, die noch nicht verstanden wurden, die Aufzeichnung zu stoppen und nachzuschlagen, sie mit KommilitonInnen zu diskutieren und so die eLectures als zusätzliches Material zum Lernen beziehungsweise zur Prüfungsvorbereitung zu nutzen (vgl. Kay 2012, Heilesen 2010). Die bisherigen Studien zur Nutzung der Vorlesungsaufzeichnungen demonstrieren, dass die Angebote als Ergänzung zu Präsenzveranstaltungen neue didaktische Möglichkeiten zur Bearbeitung der Lerninhalte und damit ein flexibleres, auf die individuellen Bedürfnisse

---

1 Wir nutzen die Begriffe „Vorlesungsaufzeichnungen" oder „eLectures" für Settings, bei denen im Hörsaal oder Seminar eine Live-Aufnahme angefertigt wird und neben dem Videobild auch Präsentationsfolien und Kapitelmarken angeboten werden.

der Lernenden ausgerichtetes Lehrangebot bieten (vgl. u.a. Tillmann et al. 2012 und 2014). Die von den Studierenden gewonnene Flexibilität bezieht sich dabei nicht allein auf Art und Weise des Lernens, sondern auch darauf entscheiden zu können, wann und wo gelernt wird (vgl. Kay 2012). Die Chancengleichheit der Studierenden wird dabei auf zwei Ebenen verbessert. Erstens durch die Lernprozessunterstützung für Studierende unterschiedlicher kognitiver Leistungsfähigkeit und zweitens durch Chancengleichheit in Bezug auf Zugang zum Lernangebot für Studierende, die bspw. in Elternzeit sind sowie für Studierende mit sonstigen strukturellen Benachteiligungen, wie bspw. lange Anfahrtswege zum Campus (vgl. Rust/Krüger 2011, Tillmann et al. 2012, 2014, 2016).

Darüber hinaus konnte in vorangegangenen Studien mehrfach gezeigt werden, dass das eLecture-Angebot von allen Studierendengruppen als wertvolles Lernmaterial wahrgenommen und von einem Großteil (in unterschiedlicher Intensität) genutzt wird. Besonders wertvoll erweist es sich für die Gruppe an Studierenden, die strukturell durch zusätzliche Verpflichtungen, lange Anfahrtswege und Nebenjobs besonders belastet sind und eine Flexibilisierung der Studienbedingungen zur Alltagsbewältigung dringend benötigen (Tillmann et al. 2015). Eine Studie von Brooks et al. (2014) bestätigt einen positiven Zusammenhang zwischen der kontinuierlichen Nutzung von eLectures und Prüfungsergebnissen.

Das Ziel der Goethe-Universität Frankfurt ist es, eLectures als zusätzliches Lernangebot bereitzustellen, um eine abwechslungsreichere und flexiblere Gestaltung individueller Lernräume für Studierende zu ermöglichen. Studierende haben damit die Möglichkeit, das eLecture-Angebot prinzipiell auch als Ersatz zum Veranstaltungsbesuch zu nutzen. Dies ist für die Gruppe von Studierenden, die zu Aufschiebeverhalten (Prokrastination) neigen (vgl. Schulmeister 2012) problematisch (vgl. Tillmann et al. 2016). So knüpft dieser Beitrag an dem vorangegangenen an, deren Ergebnisse u.a. zeigten, dass Studierende, die stärkere Prokrastinationstendenzen aufweisen, häufiger ihre Anwesenheit in Präsenz reduzieren und im Nachherein die Aufzeichnungen gar nicht oder nur teilweise ansehen und folglich die Veranstaltung auch deutlich weniger intensiv nachbereiten. Des Weiteren werden Lücken im Stundenplan von diesen Studierenden weniger für Lernphasen genutzt (ebd.). Bestimmte Merkmale von Studierenden beeinflussen also das Lernen mit eLectures.

Ein zentrales Ziel der hier vorgestellten Studie ist es, Zusammenhänge von Persönlichkeitsfaktoren und dem Studierverhalten in Verbindung mit eLectures sowie den Einfluss von Vorerfahrungen beim Lernen mit videobasierten Materialien zu identifizieren. Darüber hinaus stellt sich die Frage, ob Nutzungsmuster und -verhalten der Studierenden über die letzten Jahre hohe Ähnlichkeit aufweisen oder ob sich diese über die Jahrgänge verändern.

Folgende Fragestellungen bilden im Rahmen dieses Beitrags den Schwerpunkt:
- In welchem Zusammenhang stehen Vorerfahrungen im Lernen mit videobasiertem Lernmaterial mit der Nutzung von eLectures im Studium?
- Welche Persönlichkeitsmerkmale beeinflussen die Nutzung von eLectures als Lernmaterial?
- Wie wichtig ist den Studierenden die Verfügbarkeit der eLectures (als Erleichterung im Studienalltag, als Möglichkeit Fehlzeiten zu kompensieren oder als Alternative zur Lehrveranstaltung)?

2 Videomaterial und Stichprobe

Im Wintersemester 2016/2017 wurden an der Goethe-Universität Frankfurt 93 curriculare Lehrveranstaltungen (Vortragsserien) aufgezeichnet. Die Aufzeichnungen werden regulär direkt im Anschluss an die Präsenzveranstaltung hochgeladen und damit veröffentlicht (innerhalb von 24 Stunden). Je nach Bedarf werden die eLectures für die Studierenden in unterschiedlichen Formaten für zuhause oder unterwegs angeboten. Für die Aufnahmen werden die Systeme Vilea (mobile Sets) und Mediasite (feste Kamerainstallation) verwendet. Die Länge der Aufnahmen entspricht in der Regel den wöchentlich in Präsenz gehaltenen 45 bis 90 Minuten Vorlesungszeit. Das Display kann nach eigenen Präferenzen des/der Lehrenden mit Vortragsfolien, Videobild und Abspielleiste unterschiedlich aufgeteilt werden. Darüber hinaus werden die Videos meist durch Kapitelmarken unterteilt, so dass die Studierenden gezielt nach Stichworten bzw. bestimmten Inhalten suchen können.

An der hier vorgestellten Studie nahmen insgesamt 827 Studierende der Goethe-Universität teil, die im Wintersemester 2016/2017 Veranstaltungen besuchten, in denen eLectures als Ergänzung zur Präsenz angeboten wurden. Die Studierenden wurden mithilfe eines Fragebogens mit Items im geschlossenen und offenen Antwortformat im Rahmen einer Online-Umfrage mit dem Evaluationssystem EvaSys befragt. Die Daten stammen vornehmlich aus den naturwissenschaftlichen Fachbereichen der Hochschule. Der Anteil der weiblichen Studierenden beträgt 44 Prozent, der Anteil der männlichen 52 Prozent, 4 Prozent kreuzten bei der Frage nach dem Geschlecht „keine Angabe" an. Die Tabelle 1 gibt die Verteilung der Studierenden nach Fachsemestern wieder. Der Großteil der befragten Studierenden (83 %) befindet sich im ersten bis dritten Fachsemester und studiert einen Bachelor-Studiengang (77 %).

Tab. 1: Fachsemester der Studierenden im aktuellen Studiengang

1. FS	2. FS	3. FS	4. FS	5. FS	6.-8. FS	9. und höher
52%	7%	24%	4%	6%	5%	2%

3 Ergebnisse

Die Onlinebefragung der Studie enthielt drei Abschnitte. Der erste Abschnitt ist Teil der allgemeinen Lehrveranstaltungsevaluation an der Universität mit Angaben zur Lehrqualität der Veranstaltung, zum eigenen Lernverhalten und zu soziodemographischen Daten. Im zweiten Abschnitt wurden Persönlichkeitsmerkmale der Studierenden mithilfe des Big-Five-Inventory-10 (BFI-10) erfasst, das nach dem Fünf-Faktoren-Modell eine Messung der individuellen Persönlichkeitsstruktur erlaubt (Rammstedt et al. 2013). Das Fünf-Faktoren-Modell ist ein weit verbreitetes, validiertes und akzeptiertes Modell, das die Dimensionen *Extraversion, Verträglichkeit, Gewissenhaftigkeit, Neurotizismus* und *Offenheit für Erfahrungen* erfasst. (vgl. Rammstedt et al. 2013; De Raad 2000; Goldberg 1990; John/Naumann/Soto 2008).

Im dritten Abschnitt wurden Fragen zur Nutzung der eLectures gestellt. Dabei wurde detailliert nach Vorerfahrungen, Präferenzen und nach Nutzungs- und Lernverhalten in Verbindung mit eLectures gefragt. Zunächst wird ein Überblick über wichtige Ergebnisse der Studierendenbefragung gegeben. Der Fokus liegt dabei auf Ergebnissen, die in Verbindung mit der eLecture-Nutzung stehen. Darüber hinaus sind Daten zum Lernverhalten und zu Bewertungen aufgeführt, die im Zusammenhang mit der nachhaltigen Integration von eLectures in das Studienangebot von Bedeutung sind.

Im Mittel beträgt der Arbeitsaufwand der Studierenden für Veranstaltungen etwa vier Stunden pro Woche. Das eLecture-Angebot wird dabei durchschnittlich eine Stunde pro Woche zum Lernen genutzt. Die hohen Standardabweichungen zeigen, dass die individuellen Unterschiede bei der Lernzeit der Studierenden sehr groß sind. Die von den Studierenden aufgewendete Lernzeit mit eLectures von durchschnittlich einer Stunde pro Woche zeigte sich auch in einer der wenigen Studien, die konkrete Lernzeiten mit eLectures thematisieren (vgl. Zupanic & Horz 2002). Auch in dieser Studie streuen die Angaben zu Lernzeiten mit eLectures sehr stark (ebd.). Die Einschätzung zu der Frage, inwiefern eLectures als echte Alternative zu Präsenzveranstaltungen wahrgenommen werden, fällt in der hier vorgestellten Studie entsprechend der großen Streuung sehr unterschiedlich aus. Auch die Frage, ob der Lernerfolg bei der Nutzung der eLectures höher als beim Veranstaltungsbesuch ist, wird sehr unterschiedlich eingeschätzt. Jedoch werden eLectures einheitlich als gute Ergänzung des Lehrangebotes begrüßt, die eine spürbare Erleichterung im Studienalltag mit sich bringen.

Tab. 2: Deskriptive Statistik ausgewählter Items der Fragebogenbefragung

Item	MW	SD
Mein üblicher Arbeitsaufwand für diese Veranstaltung beträgt pro Woche zusätzlich zur Kursdauer (Minuten/Woche).	250.8	204.5
Ich lerne mit den eLectures zu dieser Veranstaltung durchschnittlich folgende Anzahl an Minuten/Woche.	53.3	67.3
eLectures sind eine gute Ergänzung des Studienangebotes (Skala 1-6).	5.5	0.9
Das Angebot der eLectures der Lehrveranstaltung bringt eine spürbare Erleichterung im Studienalltag.	5.1	1.3
eLectures stellen für mich eine echte Alternative für Präsenzvorlesungen dar (Skala 1-6).	3.6	2.0
Mein Lernerfolg ist bei der Nutzung der eLectures größer als bei dem Besuch der Präsenzveranstaltung.	3.2	1.8
Haben Sie bereits Erfahrungen mit dem Lernen/Arbeiten mit Videos (z.B. Erklärvideos, aufgezeichnete Vorträge) aus der Schule? (Skala 1-6)	2.8	1.9
Wie wichtig ist Ihnen bei der Nutzung der eLectures das Videobild der Dozentin/des Dozenten? (Skala 1-6)	4.5	1.6

MW: Mittelwert. SD: Standardabweichung. Alle Skalen sind positiv gepolt, d.h. der Wert 1 bedeutet immer keine Zustimmung, der Wert 6 volle Zustimmung der Befragten zu den Items.

Ein Drittel der Befragten hat bereits Erfahrungen mit dem Lernen/Arbeiten mit videobasierten Materialien (z.B. Erklärvideos, aufgezeichnete Vorträge) aus der Schule. Die Verfügbarkeit des Videobildes der Dozierenden ist 75 Prozent der Studierenden wichtig bis sehr wichtig.

3.1 Signifikante Zusammenhänge und Gruppenunterschiede

Zur Analyse von Zusammenhängen zwischen dem Verhalten von Studierenden bei der Nutzung von eLectures und möglichen Einflussfaktoren wie Vorerfahrungen oder Persönlichkeitsmerkmalen wurden bivariate Korrelationen der Fragebogenitems nach Pearson berechnet. Für Gruppenvergleiche wurden einfaktorielle Varianzanalysen mit Post hoc-Tests nach Scheffé durchgeführt (vgl. Döring & Bortz 2016, Brosius 2006). Im folgenden Abschnitt werden signifikante Korrelationen (r) bei Verwendung des zweiseitigen Signifikanzniveaus (ausgedrückt durch die Irrtumswahrscheinlichkeit p) sowie Gruppenvergleiche mit signifikanten Unterschieden von kleiner 0.05 diskutiert.

Die Ergebnisse zeigen, dass die investierte Zeit zum Lernen mit eLectures in hochsignifikantem Zusammenhang mit Vorerfahrungen zum Lernen mit videobasiertem Material steht ($r = 0.12$; $p = 0.006$). Der Zusammenhang zwischen den beiden Variablen ist zwar nicht so stark ausgeprägt, da die Lernzeit mit eLectures sicherlich noch von einer Reihe anderer Faktoren beeinflusst wird. Es wurde von vornherein nicht damit gerechnet, dass die investierte Lernzeit mit eLectures vollkommen durch die Vorerfahrungen zum Lernen mit Videomaterialien determiniert wird, wie es bei einer perfekten Korrelation der Fall wäre. Die eher schwache Korrelation schmälert die Bedeutung des Ergebnisses aber nicht, denn dass überhaupt ein systematischer Zusammenhang besteht, ist mit einer Wahrscheinlichkeit von 99.4% anzunehmen. Studierende, die schon mit videobasierten Materialien gelernt haben, haben offensichtlich überwiegend positive Lernerfahrungen mit dem Format gemacht, so dass sie in der neuen Lernsituation an der Universität an diese Erfahrungen anknüpfen und signifikant mehr Zeit in die Arbeit mit eLectures investieren als Studierende ohne Vorerfahrungen in dem Bereich.

Für Studierende, die bereits mehr Lernerfahrungen mit Video-Formaten haben, stellen eLectures eine angemessene Kompensation bei Überschneidungen im Studiengang dar ($r = 0.14$; $p = 0.004$) und stimmen zu, dass eLectures für sie eine echte Alternative für Präsenzvorlesungen darstellen ($r = 0.12$; $p = 0.002$). Darüber hinaus hat die Gruppe von Studierenden, die sich nach dem Besuch einer Präsenzveranstaltung einzelne Teile der Aufzeichnung anschaut, bereits mehr Erfahrungen mit videobasierten Lernformaten im Vergleich mit den Studierenden, die nach besuchten Veranstaltungen das eLecture Angebot gar nicht oder vollständig anschauen (ANOVA mit $F(2,670) = 4.80$; $p = 0.009$). Es lässt sich vermuten, dass Studierende mit Erfahrungen mit dem Video-Format bereits gelernt haben, gezielt das eLecture-Angebot für ihre Zwecke zu nutzen.

Die inferenzstatistischen Analysen geben zudem Hinweise darauf, dass die insgesamt aktiveren Studierenden das eLecture-Angebot intensiver genutzt haben. Studierende, die viel Zeit in das Lernen mit eLectures investieren, investieren insgesamt auch mehr Zeit in die Vor- und Nachbereitung der Veranstaltung ($r = 0.21$; $p < 0.001$).

Mittelwertvergleiche von Studierenden mit unterschiedlichem Nutzungsverhalten bestätigen die Hypothese, dass gewissenhafte Studierende das eLecture-Angebot intensiver nutzen. Bei dem Persönlichkeitsmerkmal *Gewissenhaftigkeit* (Rammstedt et al. 2013) steht der eine Pol für Zielstrebigkeit, Diszipliniertheit und Zuverlässigkeit und der andere für Nachlässigkeit, Gleichgültigkeit und Unbeständigkeit. Aus anderen Studien ist bekannt, dass hohe Ausprägungen auf dem Faktor Gewissenhaftigkeit in positivem Zusammenhang mit Lernleistungen stehen (Gibbons & Weingart 2001). Einfaktorielle Varianzanalysen der vorliegenden Studie zeigten, dass Studierende, die nach einer verpassten Präsenzveranstaltung die Aufzeichnungen vollständig anschauen, signifikant höhere Werte auf dem Faktor Gewissenhaftigkeit aufweisen ($F(2,711) = 18.49$;

p < 0.001) und das Aufzeichnungsangebot als Lernmaterial auch nach dem Besuch einer Veranstaltung vollständig nutzen (F(2,715) = 5.22; p = 0.006).

Ein weiterer Zusammenhang zwischen Persönlichkeitsmerkmalen des Big-Five-Inventory (Rammstedt et al. 2013) und dem Umgang mit dem eLecture-Angebot besteht zwischen der Dimension Neurotizismus und der Frage, ob das Angebot der eLectures eine spürbare Erleichterung des Studienalltags mit sich bringt. Die Dimension *Neurotizismus* differenziert Personen nach ihrer emotionalen Stabilität. Personen mit hohen Werten reagieren emotional labil und nervös, neigen zu Unsicherheit und sind ängstlich. Das Ergebnis stützt die Hypothese, dass eLecture-Angebote für unsichere Personen eine zusätzliche Sicherheit darstellen. Die Analyse zeigt, dass Studierende mit hohen Werten auf dem Faktor Neurotizismus in besonderer Weise eine Erleichterung ihres Studienalltags durch das eLecture-Angebot wahrnehmen (r = 0.124; p = 0.003). Zusätzlich ist unsicheren und ängstlichen Studierenden die Verfügbarkeit des Videobildes der Lehrperson wichtiger (r = 0.11; p = 0.007). Das Videobild verleiht dem Material eine höhere Authentizität (vgl. Kerres & Pressler 2013) und bietet unsicheren Studierenden vermutlich dadurch mehr Sicherheit, das „richtige" bzw. den für die Prüfung relevanten Stoff zu lernen. Darüber hinaus schauen Studierende, die zu Unsicherheit neigen, trotz des Besuchs der Präsenzveranstaltung das eLecture-Angebot meistens noch einmal vollständig an. Studierende, die die eLectures nach dem Veranstaltungsbesuch nicht oder nur teilweise anschauen, sind signifikant weniger ängstlich bzw. unsicher (F(2,713) = 3.68; p = 0.026).

3.2 Jahrgangsübergreifende Nutzung des eLecture-Angebots

In den vergangenen Jahren wurden jeweils im Wintersemester Befragungen zum eLecture-Einsatz im Rahmen der Allgemeinen Lehrveranstaltungsevaluation in Form eines Ergänzungsteils bei „eLecture-Lehrveranstaltungen" durchgeführt (ausgenommen im WS12/13, da dort die Lehrveranstaltungsevaluation aussetzte). Über einen Zeitraum von fünf Wintersemestern wurden somit den Studierenden jahrgangsübergreifend und kontinuierlich dieselben Fragen bezüglich ihrer Nutzung und ihrem Umgang mit eLectures gestellt. Beachtenswert ist, dass die Werte zu den Fragen, ob die Studierenden a) die eLecture anschauen, wenn sie die Veranstaltung verpasst haben, b) ob sie die eLecture noch einmal nach dem Besuch der Veranstaltung anschauen oder c) wofür sie sie im allgemeinen Nutzen (Antwortoptionen: „gar nicht", „zur Nach-/Vorbereitung", „zur Vorbereitung auf die Prüfung") über die Jahre hinweg sehr konstant bleiben (vgl. Tabelle 3,4 und 5).

Einfluss von Vorerfahrungen und Persönlichkeitsmerkmalen

Tabelle 3: eLecture-Nutzung der Studierenden, wenn eine Präsenzveranstaltung nicht besucht werden konnte. n: Anzahl der befragten Personen.

Item	WS11/12 (n=1043)	WS13/14 (n=2640)	WS14/15 (n=2542)	WS15/16 (n=1166)	WS16/17 (n=734)
In dem Fall, dass ich eine Präsenzveranstaltung nicht besuchen konnte, schaue ich mir das eLecture-Angebot meistens ...					
vollständig an	55,8%	56,9%	53%	43,2%	53%
teilweise an	31,1%	30,3%	33,7%	40,7%	34,7%
gar nicht an	13,1%	12,7%	13,3%	16%	12,3%

Tabelle 4: eLecture-Nutzung der Studierenden nach dem Besuch der Präsenzveranstaltung. n: Anzahl der befragten Personen.

Item	WS11/12 (n=1052)	WS13/14 (n=2648)	WS14/15 (n=2546)	WS15/16 (n=1171)	WS16/17 (n=740)
Nach dem Besuch der Präsenzveranstaltung schaue ich mir das eLecture-Angebot meistens ...					
vollständig noch einmal an	4,9%	6%	5%	4,2%	4,2%
teilweise noch einmal an	42,4%	35,2%	35,1%	35,6%	36,9%
nicht noch einmal an	52,7%	58,8%	59,9%	60,2%	58,9%

Tabelle 5: Angaben von Studierenden zum Nutzungszweck von eLectures. n: Anzahl der befragten Personen.

Item	WS11/12 (n=1172)	WS13/14 (n=3272)	WS14/15 (n=3006)	WS15/16 (n=1386)	WS16/17 (n=827)
Wofür nutzen Sie die eLectures? *					
gar nicht	15,5%	13,1%	11,9%	16,7%	14,3%
zur Nachbereitung der besuchten Veranstaltung	47,1%	38,1%	42,2%	37,4%	38,6%
als Alternative zum Besuch der Veranstaltung	49,7%	43,8%	59,9%	40,9%	49,1%
zur Vorbereitung auf die Prüfung	46,5%	48,5%	50%	45,2%	56,7%

Erläuterung: *Mehrfachnennung möglich

Die hohe Konstanz bei den Angaben von Studierenden über mehrere Jahrgänge hinweg spricht für eine hohe Validität beobachteter Nutzungsmuster. Die Anteile derjenigen, die das eLecture-Angebot gar nicht nutzen, die das Angebot teilweise nutzen oder vollständig, je nachdem ob eine Präsenzveranstaltung verpasst wurde oder nach dem Besuch einer Präsenzveranstaltung, verändern sich so gut wie nicht. Auch die Verteilung zu den Angaben, wofür die eLectures genutzt werden, variieren nur in geringem Maße. Darüber hinaus schätzen die Studierenden den Nutzen der eLectures zur Vorbereitung auf die Prüfung ebenfalls sehr konstant als hilfreich bzw. sehr hilfreich ein (Skala 1=gar nicht hilfreich, 6=sehr hilfreich). Der Mittelwert changierte jahrgangsübergreifend durchgängig von 4.9-5.2 bei einer Standardabweichung von 1.0-1.2. Aus unseren bisherigen Studien wissen wir, dass die Studierenden eLectures gerne als „Backup" nutzen, um in Prüfungsphasen „authentische" Wiederholungen der Veranstaltungen/Inhalte nutzen zu können (vgl. Tillmann et al. 2014).

4 Fazit und Ausblick

Die kontinuierliche Untersuchung der Nutzung des eLecture-Angebots verdeutlicht, dass die Nutzungsmuster und -zwecke über mehrere Jahrgänge hinweg recht stabil geblieben sind. Neben einer Gruppe von Studierenden von jeweils etwa 15 Prozent, die eLectures gar nicht zum Lernen oder Wiederholen nutzen, zeigen sich immer wieder vergleichsweise konstante Nutzungsmuster über die Jahrgänge von Studierenden. Dies könnte unter anderem an der allgemeinen Verteilung von Persönlichkeitsstrukturen bei Studierenden liegen, die im Zusammenhang mit dem Lernverhalten und der Nutzung von eLectures stehen. Die vorliegende Studie untersucht daher, in welchem Zusammenhang Persönlichkeitsmerkmale mit der Nutzung von eLectures stehen. Zudem wurde überprüft, inwiefern Vorerfahrungen der Studierenden zur Arbeit mit videobasiertem Lernmaterial vorliegen und welchen Einfluss dies auf Nutzungsgewohnheiten beim Lernen mit eLectures hat.

Zusammenhänge zwischen Persönlichkeitsmerkmalen und der eLecture-Nutzung konnten vor allem bei den Dimensionen Gewissenhaftigkeit und Neurotizismus des Big-Five-Inventory (Rammstedt et al. 2013) nachgewiesen werden. Inwiefern und in welcher Situation (bei verpasster Präsenzsitzung oder nach einer Präsenzsitzung) eLectures genutzt werden, wird durch das Persönlichkeitsmerkmal der Gewissenhaftigkeit beeinflusst. Darüber hinaus beeinflusst die Unsicherheit (Neurotizismus), Inhalte in Präsenz möglicherweise verpasst zu haben oder den prüfungsrelevanten Stoff nicht zu kennen, das Nutzungsverhalten. Gerade, weil davon auszugehen ist, dass die Persönlichkeitsstruktur recht stabil ist, bieten eLectures unsicheren und sehr gewissenhaften Studierenden mehr Sicherheit und einen auf ihre Bedürfnisse ausgerichteten Bildungsraum.

Es konnte darüber hinaus festgestellt werden, dass Studierende, die bereits Vorerfahrungen mit dem Lernen von und mit Videos haben, eLectures häufiger als Lernmaterial wählen. Studierende, die mit (Erklär-)Videos im Schulkontext bereits vertraut waren, schauen sich gezielter bestimmte Abschnitte der Videos an. Für sie stellen eLectures aufgrund der offensichtlich positiven Erfahrungen eine echte Alternative zu Präsenzveranstaltungen dar. Laut einer Studie von Klaus Rummler und Karsten Wolf (2012) ist der Anteil an Personen recht hoch, die bereits im Schulalter Video-Plattformen (wie Youtube) nutzen, um sich gezielt Informationen zu einem bestimmten Thema erklären zu lassen. Erklärvideos sind dabei zwar nicht mit eLectures als Format gleich zu setzen, erlauben es jedoch ebenfalls nach Sinn- und Inhaltsabschnitten, nach einer selbst gewählten Struktur und im eigenen Tempo in ruhiger Atmosphäre zu lernen. Dabei ist kritisch anzumerken, dass die bloße Verfügbarkeit des Lernmaterials noch kein erfolgreiches Studieren (mit oder ohne eLectures) bedingt. Studierende, die das Lernmaterial noch nicht für sich entdeckt haben oder bisher nicht optimal für sich nutzen (z. B. lediglich vor der Prüfung, statt kontinuierlich zu lernen), könnten beispielsweise über Inverted-Classroom-Szenarien an ein semesterbegleitendes, kontinuierliches Lernen herangeführt werden. Somit könnte an einer stärkeren Einbettung von videobasiertem Lernmaterial zum Beispiel durch Inverted-Classroom-Konzepte oder kleinere semesterbegleitende Tests zur Selbsteinschätzung des Lernstandes in Lehr- und Lernszenarien gearbeitet werden; auch im Hinblick auf die Prüfung, an der sich bekanntermaßen viele Studierende stark orientieren und im Sinne einer optimalen Passung von Lernzielen, Lernaktivitäten und Prüfung – wie sie im didaktischen Modell des „Constructive Alignment" (Biggs & Tang 2011) angestrebt wird. Ferner sei anzumerken, dass größtenteils Einführungsveranstaltungen aufgezeichnet werden und Erstsemester das Prüfungsaufkommen durch mangelnde Erfahrung noch nicht vollends überblicken können und gerade zu Prokrastination neigende Studierende zu Semesterende bei der Bearbeitung des Lernmaterials zeitlich in die Bredouille kommen (vgl. Tillmann et al. 2016). Die didaktische Einbettung mit Hilfe von Inverted-Classroom-Szenarien oder/und semesterbegleitenden (Selbst-)Tests sind Ansätze, der „ich schaue mir dann alles vor der Prüfung an"-Haltung zu begegnen.

Literatur

Biggs, J. B. & Tang, C. (2011). *Teaching for quality learning at university.* Maienhead: Open University Press.

Brooks, C.; Erickson, G.; Greer, J. & Gutwin, C. (2014). Modelling and quantifying the behaviours of students in lecture capture environments. *Journal Computer & Education,* 282-292.

Brosius, F. (2006). *SPSS14.* Heidelberg: Mtip.

De Raad, B. (2000). *The Big Five personality factors.* Seattle, WA: Hogrefe.

Döring, N. & Bortz, J. (2016). *Forschungsmethoden und Evaluation in den Sozial- und Humanwissenschaften.* Heidelberg: Springer.

Gibbons, D. E. & Weingart, L. R. (2001). Can I do it? Will I try? Personal efficacy, goals, and performance norms as motivators of individual performance. *Journal of Applied Social Psychology* 31, 624-648.

Goldberg, L. R. (1990). An alternative "description of personality": The Big-Five factor structure. *Journal of Personality and Social Psychology 59,* 1216-1229.

Heilesen, S. B. (2010). What is the academic efficacy of podcasting? *Comupter & Education* 55, 1063-1068.

John, O. P.; Naumann, L. P. & Soto C. J. (2008). Paradigm shift to the integrative BigFive trait taxonomy: History, measurement, and conceptual issues. In O. P. John, R. W. Robins und L. A. Pervin (Hg): *Handbook of personality: Theory and research.* (S. 114-158). New York: Guilford Press

Kay, R.H. (2012). Exploring the use of video podcasts in education. A comprehensive review of the literature. *Computers in Human Behaviour* 28, S. 820-831.

Kerres, M. & Pressler, A. (2013). Zum didaktischen Potenzial der Vorlesung: Auslaufmodell oder Zukunftsformat? In Reimann, G., Ebner, M. & S. Schön (Hrsg.) *Hochschuldidaktik im Zeichen von Heterogenität und Vielfalt.* (S. 79-98). Bad Reichenhall: BIMS.

Rammstedt, B.; Kemper C.; Klein, M. C.; Beierlein C. & Kovaleva A. (2013). Eine kurze Skala zur Messung der fünf Dimensionen der Persönlichkeit, Big-Five-Inventory-10 (BFI-10). *Methoden, Daten, Analysen* 7(2), 233-249.

Rummler, K. & Wolf, K.D. (2012). Lernen mit geteilten Videos: aktuelle Ergebnisse zur Nutzung, Produktion und Publikation von Online-Videos durch Jugendliche. In W. Sützl, F. Stalder, R. Maier & T. Hug (Hrsg.). *Media, Knowledge and Education: Cultures and Ethics of Sharing/Medien – Wissen – Bildung: Kulturen und Ethiken des Teilens* (S. 253–266). Innsbruck: University press.

Rust, I. & Krüger, M. (2011). Der Mehrwert von Vorlesungsaufzeichnungen als Ergänzungsangebot zur Präsenzlehre. In T. Köhler, J. Neumann (Hrsg.), *Wissensgemeinschaften: Digitale Medien – Öffnung und Offenheit in Forschung und Lehre* (S. 229-239). Münster: Waxmann.

Schulmeister, R.; Metzger, C. & Marten, T. (2012). *Heterogenität und Studienerfolg. Lehrmethoden für Lerner mit unterschiedlichem Lernverhalten.* In P. Freese (Hrsg.), PUR 123.

Tillmann, A.; Bremer, C. & Krömker, D. (2012). Einsatz von eLectures als Ergänzungsangebot zur Präsenzlehre. Evaluationsergebnisse eines mehrperspektivischen Ansatzes. In G. Csanyi, F. Reichl & A. Steiner (Hrsg.): *Digitale*

Medien – Werkzeuge für exzellente Forschung und Lehre. (S. 235-249) Münster: Waxmann.

Tillmann, A.; Niemeyer, J. & Krömker, D. (2014): Im Schlafanzug bleiben können. E-Lectures zur Diversifizierung der Lernangebote für individuelle Lernräume. In K. Rummler (Hrsg.): *Lernräume gestalten – Bildungskontexte vielfältig denken.* (S. 317-331). Münster: Waxmann.

Tillmann, A.; Niemeyer, J. & Krömker, D. (2015): Flexibilisierung des Studienalltags durch eLectures. In H. Pongratz & K. Reinhard (Hrsg.): *Digitale Medien und Interdisziplinarität: Herausforderungen, Erfahrungen und Perspektiven.* DeLFI 2015: Die 13. E-Learning Fachtagung Informatik der Gesellschaft für Informatik e.V. (GI), (S. 209-218), 01.-04.09.2015 in München.

Tillmann, A.; Niemeyer, J. & Krömker, D. (2016): „Das schaue ich mir morgen an" – Aufschiebeverhalten bei der Nutzung von eLectures; eine Analyse. In U. Lucke, A. Schwill & R. Zender (Hrsg.): *Fließende Grenzen.* DeLFI 2016: Die 14. E-Learning Fachtagung Informatik der Gesellschaft für Informatik e.V. (GI), (S. 47-58), 01.-04.09.2016 in Potsdam.

Zupancic, B. & Horz, H. (2002). *Lecture Recording and Its Use in a Traditional University Course: ITiCSE 2002.* Aarhus: Denmark.

Felix Saurbier

Lernen mit Videos: Das TIB AV-Portal als Repositorium für offene Lernressourcen

Zusammenfassung

Audiovisuelle Materialen gewinnen in Wissenschaft und Bildung zunehmend an Bedeutung. Um ihre Potenziale in Lernkontexten auszuschöpfen und Lernerfolge zu optimieren, sollten sie über interaktive Merkmale verfügen, die selbstbestimmte und aktive Lernszenarien fördern. Die Videos im TIB AV-Portal werden daher mittels automatisierter Analyseprozesse segmentiert und inhaltlich erschlossen, um die interaktive Verwendung audiovisueller Materialen für Wissenserwerb und -vermittlung in formellen und informellen Bildungskontexten bestmöglich zu unterstützen.

1 Einleitung

Audiovisuelle Medien gewinnen in Wissenschaft und Bildung zunehmend an Bedeutung. Historisch betrachtet handelt es sich um kein neues Phänomen, wurden neue Technologien doch stets dazu genutzt, wissenschaftliche Erkenntnisse und Bildungsinhalte breit verfügbar zu machen. Insbesondere in Bildungskontexten haben Bildton-Materialien stets eine wichtige Rolle gespielt. Mit der Digitalisierung potenzieren sich die Bereitschaft und die Möglichkeiten zur Aneignung von Lerninhalten in audiovisuellen Formaten jedoch nochmals. (Zorn et al., 2013)

Im Folgenden sollen daher zunächst Typen sowie die spezifischen Chancen und Herausforderungen audiovisueller Lernressourcen skizziert werden. Im Anschluss werden Maßnahmen zur Optimierung von AV-Medien vorgestellt, durch die sich Lernerfolge strukturell verbessern lassen können. Vor diesem Hintergrund wird im zweiten Abschnitt das TIB AV-Portal[1] für audiovisuelle Medien aus Wissenschaft und Lehre als Best-Practice-Beispiel für eine entsprechende Aufbereitung und Bereitstellung von AV-Materialien präsentiert.

---

1 https://av.tib.eu

2 Videos in Wissenschaft und Bildung

Im Bildungs- und Wissenschaftsbereich kommt eine Vielzahl von verschiedenen Formaten audiovisueller Medien zum Einsatz. Für die Hochschullehre haben Börner et al. eine umfassende Klassifikation erarbeitet, die neben E-Lectures u. a. auch Webinare, Tutorials, Lehrfilme und Vodcasts umfasst. (Börner et al., 2016)

Neben Videos, die im Kontext der Hochschullehre entstehen, haben audiovisuelle Medien jedoch auch im Kontext von Forschung und Wissenschaft an Bedeutung gewonnen. Verbreitet sind u. a. Mitschnitte von wissenschaftlichen Konferenzen, Aufzeichnungen von Experimenten und technischen Verfahren, Videos von Simulationen und Modellen sowie Video-Abstracts zu wissenschaftlichen Publikationen. Neben Ihrer Bedeutung für Wissenschaft und Forschung können auch diese Videoformate wertvolle Informations- und Lernressourcen in formellen und informellen Bildungskontexten darstellen.

Audiovisuelle Medien weisen dabei zahlreiche Vorteile gegenüber textuellen Medien auf. Denn aufgrund ihres dynamischen Charakters eignen sie sich insbesondere zur Repräsentation abstrakter Sachverhalte, räumlich-zeitlicher Zusammenhänge, dreidimensionaler Verhältnisse sowie komplexer Bewegungsabläufe und Verfahren. (Arnold et al., 2015; Back & Tödtli, 2012; Stöber & Göcks, 2009; van der Meij & van der Meij, 2015) Darüber hinaus ermöglichen sie es, auch in remoten Lernszenarien Authentizität und ein Gefühl der Nähe und Personalisierung zu vermitteln, während sie gleichzeitig neue Räume für individuell gestaltetes Lernen eröffnen. (Lackner, 2014; Tillmann et al., 2014; van der Meij & van der Meij, 2015; Zorn et al., 2013) Insbesondere in Ergänzung zur Präsenzlehre erlauben audiovisuelle Medien – z. B. in Form von E-Lectures – eine flexibilisierte Autonomie von gegebenen externen Faktoren und eine selbstgesteuerte Gestaltung des eigenen Lernprozesses. Lernort, -zeit, -tempo und -pausen können den eigenen Bedürfnissen entsprechend angepasst werden. (Arnold et al., 2015; Börner et al., 2016; Kinash et al., 2015; Tillmann et al., 2014)

Neben den genannten Vorteilen weisen audiovisuelle Lernressourcen im Hinblick auf individuelle Lernerfolge jedoch auch kognitionspsychologische Risiken auf. Entsprechend der „dual coding theory" kann davon ausgegangen werden, dass die simultane Aktivierung des auditiven/textuellen und des visuellen Rezeptionskanals ggf. in einer effektiveren Informationsprozessierung resultieren kann. (Jadin, 2013; van der Meij & van der Meij, 2015) Doch stehen dem zum einen die didaktischen Herausforderungen einer passiven Rezeptionssituation, mangelnder inhaltlicher Auseinandersetzung und einer verminderten Lernanstrengungen entgegen. (Arnold et al., 2015; Krüger et al., 2012; Merkt & Schwan, 2014a) Zum anderen kann der transiente Charakter audiovisueller

Medien und die damit verbundene extern gesteuerte Rezeptionssituation zu einer deutlich eingeschränkten Informationsverarbeitung durch Lernende („cognitive overload") und in Folge zu suboptimalen Lernergebnissen führen. (Jadin, 2013; Merkt & Schwan, 2014a, 2014b, 2016)

Um diesen negativen Effekten entgegenzuwirken, verweisen verschiedene Studien auf die Relevanz interaktiver Elemente und Kontrollmöglichkeiten für das Lernen mit audiovisuellen Materialien. Unter Nutzerkontrolle können dabei alle Formen der Einflussnahme auf den Abspielprozess verstanden werden. (van der Meij & van der Meij, 2013) Insbesondere durch die Kontrolle von Darbietungsgeschwindigkeit und -reihenfolge sowie der Inhalte lässt sich das passive Rezeptionssetting in eine aktives und selbstgesteuertes Lernszenario überführen. Die negativen Effekte der Videos inhärenten Transitivität können auf diesem Weg abgemildert und Lernergebnisse optimiert werden. (Merkt & Schwan, 2016; van der Meij & van der Meij, 2013) Besondere Bedeutung kommt dabei der Frage nach dem Nutzen fortgeschrittener digitaler Möglichkeiten zur direkten Lokalisierung von Informationen in audiovisuellem Material zu. Denn durch eine textuelle Ressource vergleichbare inhaltliche Indexierung und durch die Bereitstellung von Inhaltsverzeichnissen sowie Registern können das Auffinden von und der präzise Zugriff auf relevante Informationen wesentlich erleichtert werden. Zudem erlauben es derartige Hilfsmittel, die Darbietungsreihenfolge selbstständig festzulegen und Inhalte nichtlinear abzurufen. (Merkt & Schwan, 2016) In Ergänzung der didaktisch vorgegebenen Strukturierung von Lernressourcen können Videos auf diesem Weg einfach, aktiv und selbstgesteuert in einzelne Lernabschnitte unterteilt und Informationsblöcke individuell abgerufen werden. (Merkt & Schwan, 2014b; van der Meij & van der Meij, 2013, 2015)

3 Das TIB AV-Portal

Zur Unterstützung aktiver Rezeptions- und Lernprozesse weist das webbasierte AV-Portal der Technischen Informationsbibliothek (TIB) eine Vielzahl entsprechender Interaktionselemente auf. Entwickelt wurde das TIB AV-Portal in Kooperation mit dem Hasso-Plattner-Institut Potsdam und ist seit Frühjahr 2014 online verfügbar. Bereitgestellt werden derzeit rund 9.500 (Stand Mai 2017) qualitätsgeprüfte wissenschaftliche Filme aus den Bereichen Technik, Architektur, Chemie, Informatik, Mathematik und Physik. Darunter befinden sich Computervisualisierungen, Lernmaterialien, Simulationen, Experimente, Interviews sowie Vorlesungs- und Konferenzaufzeichnungen.

Wesentliches Merkmal des TIB AV-Portals sind vor diesem Hintergrund verschiedene automatisierte Analyseverfahren, durch die Videos inhaltlich feingranular und zeitbasiert erschlossen werden: In einem ersten Schritt werden die Videos zunächst segmentiert und in szenenbasierte Abschnitte unterteilt. Im zweiten Schritt erfolgt für jedes Segment eine Extraktion von Keyframes, auf deren Grundlage ein OCR-Transkript erstellt sowie eine Klassifikation mit vordefinierten Bildmotiven vorgenommen wird. Zusätzlich wird ein automatisches Sprachtranskript erstellt und mit den einzelnen Videosegmenten verknüpft. Im letzten Schritt erfolgt auf Grundlage der Transkripte ein semantisches Mapping auf die Gemeinsame Normdatei (GND), wodurch das Video auf Inhaltsebene differenziert verschlagwortet wird. (Hentschel, Blümel, & Sack, 2013; Strobel & Marín-Arraiza, 2015; Waitelonis, Plank, & Sack, 2016)

Dieses mehrstufige Analyseverfahren bildet die Grundlage, um Lernenden die präzise Lokalisierung und den Zugriff auf relevante Informationen in audiovisuellen Medien zu ermöglichen. Semantische Suchfunktionalitäten und eine Facettierung auf Basis der ermittelten GND-Entitäten resultieren erstens in größerer Präzision sowie Vollständigkeit der Suchergebnisse. Schlagworte, Bildmotive und Volltexttranskripte bilden zweitens einen zeit- und segmentbasierten Index, der es Lernenden zudem erlaubt, einzelne Videos gezielt inhaltlich zu durchsuchen sowie benötigte Informationen auf Segmentebene zu finden und aufzurufen.

Darüber hinaus ergeben sich aus der Segmentierung und einem drauf basierenden visuellen Inhaltsverzeichnis der Videos sowie den erzeugten Indizes zusätzliche Interaktionsmöglichkeiten und ein größeres Maß an aktiver Nutzerkontrolle. Relevante Videosegmente lassen sich einfach ermitteln, direkt ansteuern und in beliebiger Auswahl und Reihenfolge anschauen. Entsprechend der oben genannten lernpsychologischen Anforderungen können so Inhalt und Darbietungsreihenfolge audiovisueller Materialien individuell kontrolliert werden. Auf diesem Weg stellt das AV-Portal verschiedene interaktive Elemente bereit, die eine aktive Auseinandersetzung mit audiovisuellen Lernressourcen strukturell unterstützen und sich durch die Verringerung passiver Rezeptionsszenarien und des „cognitive overload" lernförderlich auswirken können.

Vor diesem Hintergrund bietet das TIB AV-Portal auch für Lehrende verschiedene Mehrwerte. Aufgrund der Verwendung offener Creative-Commons-Lizenzen können viele der bereitgestellten Materialen einfach und ohne rechtliche Hürden als Open Educational Resources (OER) für eigene Lehrveranstaltungen heruntergeladen und nachgenutzt werden (zur Problematik rechtlicher Einschränkungen vgl. Börner et al., 2016). Relevante Videos, Videosequenzen und Informationen lassen sich dank der automatischen Inhaltserschließung dabei präzise lokalisieren und sekundengenau referenzieren.[2] Die Qualitätsprüfung der Inhalte durch den wissenschaftlichen Dienst der TIB garan-

---

2 Durch die Verwendung von Digital Object Identifiern (DOI) und Media Fragment Identifiern (MFID) lassen sich die Videos im TIB AV-Portal stabil und sekundengenau verlinken und referenzieren.

tiert darüber hinaus – anders als bei vielen „kommerziellen" Video-Portalen – ein gleichbleibend hohes Niveau der Inhalte. (zur Qualität vgl. Bruder et al., 2015) Zudem sind viele Videos mit zusätzlichen Materialien – z. B. Konferenzbänden, Datensätzen oder Präsentationen – verknüpft, die ggf. als ergänzende Lehrressourcen herangezogen werden können.

4 Fazit und Ausblick

In verschiedenen Studien konnte gezeigt werden, dass der Erfolg audiovisueller Materialien in Bildungskontexten eng verbunden ist mit adäquaten Präsentationstechniken und Interaktionsmöglichkeiten. Das TIB AV-Portal stellt entsprechende Funktionalitäten in Kombination mit Verfahren der Qualitätssicherung und offenen Lizenzen bereits heute zur Verfügung, um Lehrende und Lernende gleichermaßen im Umgang mit AV-Materialien zu unterstützen. Vor dem Hintergrund des weiter zunehmenden Bedeutungszuwachses von AV-Ressourcen ist jedoch eine kontinuierliche Auseinandersetzung mit mediendidaktischen Konzepten und die fortlaufende Anpassung entsprechender Angebote und Services notwendig. Im Kontext des TIB AV-Portals werden daher im Rahmen eines nutzerzentrierten Prozesses die automatisierten Analyseverfahren, Informationsangebote und Interaktionsmöglichkeiten in den kommenden Jahren kontinuierlich weiterentwickelt und ausgebaut.

Literatur

Arnold, P. et al. (Hrsg.) (2015). *Handbuch E-Learning: Lehren und Lernen mit digitalen Medien* (4. erw. Aufl.). Bielefeld: wbv.
Back, A., & Tödtli, M. C. (2012). Narrative Hypervideos: Methodenentwurf zur Nutzung usergenerierter Videos in der Wissenskommunikation. In: G. Csanyi, F. Reichl, & A. Steiner (Hrsg.), *Digitale Medien – Werkzeuge für exzellente Forschung und Lehre* (Medien in der Wissenschaft 61), S. 65–74. Münster: Waxmann.
Börner, C. et al. (2016). Innovation in der Lehre – Sind Videos im Hochschulalltag angekommen? In: J. Wachtler et al. (Hrsg.), *Digitale Medien: Zusammenarbeit in der Bildung* (Medien in der Wissenschaft 71), S. 258–263. Münster: Waxmann.
Bruder, R. et al. (2015). Qualitätsbewertung von Lehr- und Lernvideos. In: N. Nistor & S. Schirlitz (Hrsg.), *Digitale Medien und Interdisziplinarität: Herausforderungen, Erfahrungen, Perspektiven* (Medien in der Wissenschaft 68), S. 295–297. Münster: Waxmann.
Hentschel, C., Blümel, I., & Sack, H. (2013). Automatic Annotation of Scientific Video Material Based on Visual Concept Detection. In: *Proceedings of the 13th International Conference on Knowledge Management and Knowledge Technologies*, S. 16:1–16:8. New York, NY: ACM.

Jadin, T. (2013). Multimedia und Gedächtnis. Kognitionspsychologische Sicht auf das Lernen mit Technologien. In: M. Ebner & S. Schön (Hrsg.), *L3T. Lehrbuch für Lernen und Lehren mit Technologien*. http://l3t.eu/homepage/das-buch/ebook-2013 (23.03.2017).

Kinash, S., Knight, D., & McLean, M. (2015). Does digital scholarship through online lectures affect student learning? In: *Journal of Educational Technology & Society* 18, S. 129–139.

Krüger, M., Steffen, R., & Vohle, F. (2012). Videos in der Lehre durch Annotationen reflektieren und aktiv diskutieren. In: G. Csanyi, F. Reichl, & A. Steiner (Hrsg.), *Digitale Medien – Werkzeuge für exzellente Forschung und Lehre* (Medien in der Wissenschaft 61), S. 198–210. Münster: Waxmann.

Lackner, E. (2014). Didaktisierung von Videos zum Einsatz in (x)MOOCs. Von Imperfektion und Zwischenfragen. In: K. Rummler (Hrsg.), *Lernräume gestalten – Bildungskontexte vielfältig denken* (Medien in der Wissenschaft 67), S. 343–355. Münster: Waxmann.

Merkt, M., & Schwan, S. (2014a). How does interactivity in videos affect task performance? In: *Computers in Human Behavior* 31, S. 172–181.

Merkt, M., & Schwan, S. (2014b). Training the use of interactive videos: effects on mastering different tasks. In: *Instructional Science* 42, S. 421–441.

Merkt, M., & Schwan, S. (2016). Lernen mit digitalen Videos. Der Einfluss einfacher interaktiver Kontrollmöglichkeiten. In: *Psychologische Rundschau* 67, S. 94–101.

Stöber, A., & Göcks, M. (2009). Die unberechtigte Angst vor der Konserve: Machen Vorlesungsaufzeichnungen und Podcasts die Präsenzlehre überflüssig? In: U. Dittler (Hrsg.), *E-Learning: Eine Zwischenbilanz. Kritischer Rückblick als Basis eines Aufbruchs* (Medien in der Wissenschaft 50), S. 117–132. Münster: Waxmann.

Strobel, S., & Marín-Arraiza, P. (2015). Metadata for Scientific Audiovisual Media: Current Practices and Perspectives of the TIB|AV-Portal. In: E. Garoufallou, R. J. Hartley, & P. Gaitanou (Hrsg.), *Metadata and semantics research. 9th Research Conference,* MTSR 2015 Manchester, UK, September 9–11, 2015. Proceedings (Communications in Computer and Information Science 544), S. 159–170. Cham: Springer International Publishing.

Tillmann, A., Niemeyer, J., & Krömker, D. (2014). „Im Schlafanzug bleiben können" – E-Lectures zur Diversifizierung der Lernangebote für individuelle Lernräume. In: K. Rummler (Hrsg.), *Lernräume gestalten – Bildungskontexte vielfältig denken* (Medien in der Wissenschaft 67), S. 317–331. Münster: Waxmann.

van der Meij, H., & van der Meij, J. (2013). Eight Guidelines for the Design of Instructional Videos for Software Training. In: *Technical Communication* 60, S. 205–228.

van der Meij, J., & van der Meij, H. (2015). A test of the design of a video tutorial for software training: Video for software training. In: *Journal of Computer Assisted Learning* 31, S. 116–132.

Waitelonis, J., Plank, M., & Sack, H. (2016). TIB|AV-Portal: Integrating Automatically Generated Video Annotations into the Web of Data. In: N. Fuhr et al. (Hrsg.), *Research and Advanced Technology for Digital Libraries. 20th International Conference on Theory and Practice of Digital Libraries* (TPDL 2016), Hannover, Germany, September 5–9, 2016. Proceedings (Lecture Notes in Computer Science 9819), S. 429–433). Cham: Springer International Publishing.

Zorn, I. et al. (2013). Educasting. Wie Podcasts in Bildungskontexten Anwendung finden. In: M. Ebner & S. Schön (Hrsg.), *L3T. Lehrbuch für Lernen und Lehren mit Technologien.* http://l3t.eu/homepage/das-buch/ebook-2013 (23.03.2017).

Michael Eichhorn, Ralph Müller, Alexander Tillmann

Entwicklung eines Kompetenzrasters zur Erfassung der „Digitalen Kompetenz" von Hochschullehrenden

Zusammenfassung

Die Entwicklung Digitaler Kompetenz ist für Hochschullehrende angesichts der Herausforderungen einer zunehmenden Digitalisierung der Hochschulen sowie der Gesellschaft von essenzieller Bedeutung. Der vorliegende Beitrag geht zunächst auf den Begriff der digitalen Kompetenz im Allgemeinen sowie im spezifischen Kontext der Hochschullehrenden ein. Weiterhin wird die Entwicklung eines Kompetenzrasters dokumentiert, mit dem sich die Digitale Kompetenz von Hochschullehrenden systematisch erfassen lässt. Darüber hinaus lassen sich auch hochschul- und mediendidaktische Weiterbildungsangebote auf dieses Raster hin ausrichten, um die Entwicklung Digitaler Kompetenz von Lehrenden gezielt zu fördern.

1 Einleitung

In der modernen Wissensgesellschaft gewinnen digitale Technologien beständig an Bedeutung und durchdringen diese inzwischen nahezu vollständig, sowohl im beruflichen wie auch im privaten Bereich. Auch gesellschaftliche Teilhabe erfolgt immer stärker über digitale Medien. Die Europäische Union trägt dieser Entwicklung Rechnung, indem sie den kompetenten und reflektierten Umgang mit digitalen Technologien als eine der acht Schlüsselkompetenzen für Life Long Learning ansieht (Europäische Union (EU), 2006). Die Entwicklung hin zu einer verstärkten Digitalisierung bringt auch für die Berufsgruppe der Hochschullehrenden eine Vielzahl neuer Herausforderungen mit sich. Für sie stellt sich somit die Frage nach dem Aufbau entsprechender Kompetenzen, mit denen sich die Herausforderungen der Digitalisierung bewältigen lassen. Der folgende Beitrag versteht sich als ein Arbeitsbericht über die Entwicklung eines Kompetenzrasters, mit dessen Hilfe sich Digitale Kompetenzen bei Hochschullehrenden erfassen und vergleichen lassen.

2 Was ist Digitale Kompetenz?

Im Folgenden soll zunächst versucht werden, den Begriff der Digitalen Kompetenz näher zu fassen. Insbesondere im deutschsprachigen Raum fand in der Vergangenheit häufig der Begriff der Medienkompetenz Verwendung, welcher vor allem auf die Arbeiten von Baacke (z. B. 1973 und 1996) zurückgeht. Danach ist Medienkompetenz eine besondere Form kommunikativer Kompetenz bzw. die Fähigkeit, alle Arten von Medien aktiv aneignend für das eigene Kommunikations- und Handlungsrepertoire einsetzen zu können. Baacke unterscheidet dabei die vier Dimensionen Medienkritik, Medienkunde, Mediennutzung und Mediengestaltung.

Der Medienbegriff war damals allerdings noch weitgehend ohne die digitale, interaktive Variante gedacht und zielte mehr auf die klassischen Massenmedien. Neuere Konzepte verwenden darum eher den Begriff der Digital Competence (Digitale Kompetenz), den Ilomäki, Kantosalo und Lakkala (2011) eingeführt haben und der sich zunehmend durchsetzt. Im Begriff der Digitalen Kompetenz wird deutlich, dass sich die Anforderungen an Medienkompetenz gewandelt haben und heute praktisch mit digitaler Kompetenz gleichgesetzt werden können. Eine sehr umfassende Definition des Begriffs findet sich bei Ferrari (2012, S. 3ff.): *„Digital Competence is the set of knowledge, skills, attitudes [...] that are required when using ICT and digital media to perform tasks, solve problems, communicate, manage information, collaborate, create and share content, and build knowledge effectively, efficiently, appropriately, critically, creatively, autonomously, flexibly, ethically, reflectively for work, leisure, participation, learning, socialising, consuming, and empowerment."*[1] Diese Definition, welche den Kompetenzbegriff von Weinert (2001) und Klieme (2004) auf das Feld des Digitalen anwendet, dient als Grundlage für die Entwicklung des hier vorgestellten Kompetenzrasters.

Das Konzept der Digitalen Kompetenz bezieht sich ursprünglich, ebenso wie der Begriff der Medienkompetenz, nicht speziell auf (Hochschul-)Lehrende, sondern nimmt die gesamte Gesellschaft mit ihren Bürgerinnen und Bürgern in den Blick. Auf die spezielle Situation von Hochschullehrenden geht Wedekind (2004, 2008, 2009) mit seinem Konzept der akademischen Medienkompetenz ein. Er orientiert sich dabei am akademischen Arbeitsplatz des Hochschullehrenden mit seinen drei Facetten der Lehre, der Forschung und Anwendung sowie der akademischen Selbstverwaltung. (vgl. auch Reinmann, Hartung, & Florian, 2013). Bei der Erstellung des Kompetenzrasters sollten darum die spezifischen Belange der Hochschullehrenden berücksichtigt werden, die mit dem Begriff der akademischen Medienkompetenz umschrieben sind. Da Medienkompetenz heute

---

1 Eine sehr gut zusammengefasste Übersicht über die verschiedenen Begrifflichkeiten wie Computerkompetenz, Medienkompetenz, digitale Kompetenz etc. sowie deren Definitionen findet sich bei Filzmoser (2016).

im Zeitalter digitaler Medien, jedoch vor allem Digitale Kompetenz bedeutet, wurde bei der Entwicklung des Kompetenzrasters mit dem Begriff der Digitalen Kompetenz gearbeitet.

3 Aufbau des Kompetenzrasters

Zur Beurteilung der individuellen Fähigkeiten von Hochschullehrenden im Umgang mit digitalen Medien braucht es eine Möglichkeit zur Erfassung der Digitalen Kompetenz. Gleiches gilt auch für die Entwicklung akademischer Weiterbildungsangebote, die auf einen Zuwachs der Digitalen Kompetenz Lehrender abzielen. Zu diesem Zweck soll ein Modell zum Einsatz kommen, welches zum einen umfassend genug ist, um die unterschiedlichen Facetten Digitaler Kompetenz abzudecken. Andererseits soll das Modell aber auch seinem Verständnis nach mehr sein als nur eine Auflistung von praktischen Fertigkeiten und kognitiven Fähigkeiten. Gleichzeitig soll es das Berufsbild der Hochschullehrenden in seiner Gesamtheit betrachten, da diese eben nicht nur Lehrende sind sondern auch wissenschaftlich Forschende, die darüber hinaus auch in stetigem Austausch mit der Scientific Community sowie der Gesellschaft stehen (vgl. Reinmann, Hartung & Florian, 2013).

Im Zuge der Entwicklung des Kompetenzrasters wurden verschiedene internationale Rahmen- und Kompetenzmodelle zur Beschreibung Digitaler Kompetenzen untersucht. Zu erwähnen ist hier insbesondere das Rahmenmodell TPCK (Technological Pedagogical Content Knowledge) von Koehler & Mishra (2006). Bei diesem Modell wird Digitale Kompetenz als ein Zusammenspiel der drei Bereiche fachspezifisches Wissen, Technikwissen und Pädagogisches Wissen beschrieben. Als weitere Inspiration diente das norwegische Modell „Digital Bildung" (Søby, 2003 und Krumsvik & Jones, 2013). Nach diesem Modell, welches vor allem Lehrkräfte an Schulen betrachtet, entwickelt sich der Aufbau digitaler Kompetenz in drei Stufen: Über die *Basic Digital Skills* zur *Didactic ICT-competence*, also dem didaktisch sinnvollen, reflektierten Einsatz digitaler Medien bis hin zur letzten Stufe, der *Learning Strategies*, bei denen die Lehrenden als Begleiter beim Kompetenzaufbau der Studierenden fungieren. Insbesondere dieses Modell diente als wertvolle Anregung bei der späteren Ausgestaltung des Kompetenzrasters sowie der verschiedenen Kompetenzstufen. Erwähnt werden soll hier außerdem noch das digi.kompP-Modell, welches in der österreichischen LehrerInnen-Ausbildung zum Einsatz kommt (Brandhofer, Kohl, Miglbauer & Nárosy, 2016), sowie das DIGCOMP-Framework der EU-Kommission (vgl. u.a. Ferrari, Punie & Brečko, 2013; Vuorikari, Punie, Carretero, & van den Brande, 2016; Gomez, Vuorikari & Punie, 2017). Die untersuchten Rahmenmodelle haben den Nachteil, dass sie nicht explizit Hochschullehrende als Zielgruppe adressieren. Entweder ist der beschriebene Kom-

petenzbegriff sehr weit gefasst, im Sinne eines digital mündigen Bürgers, wie beispielsweise im DIGICOMP-Modell. Andere Modelle zielen wiederum vorrangig auf Lehrende an Schulen, deren Berufsbild mit dem der Hochschullehrenden nicht deckungsgleich ist. Als Grundlage für die Entwicklung des Kompetenzrasters diente darum das Digital-Literacy-Framework des Joint Information Systems Commitee (JISC). Diese britische Organisation unterstützt Universitäten und Colleges mit digitaler Infrastruktur und berät akademische Einrichtungen beim Einsatz digitaler Technologien (JISC 2012, 2014). Das Digital-Literacy-Framework adressiert Lehrende an akademischen Einrichtungen und wird bereits von verschiedenen Hochschulen im angelsächsischen Raum eingesetzt. Auch an der Hochschule Luzern dient es als Bezugsmodell für einen hochschulweiten Strategieentwicklungsprozess (Holdener, Bellanger & Mohr, 2016). Das Modell beschreibt Digitale Kompetenz auf sieben Ebenen:
- Media literacy: *Critically read and creatively produce academic and professional communications in a range of media*
- Communications and collaboration: *Participate in digital networks for learning and research*
- Career and identity management: *Manage digital reputation and online identity*
- ICT literacy: *Adopt, adapt and use digital devices, applications and services*
- Learning skills: *study and learn effectively in technology-rich environments, formal and informal*
- Digital scholarship: *Participate in emerging academic, professional and research practices that depend on digital systems*
- Information literacy: *Find, interpret, evaluate, manage and share information*

3.1 Beschreibung des Kompetenzrasters

Das Digital-Literacy-Framework bot sich sehr gut als Ausgangspunkt für die Weiterentwicklung an, da es zum einen sehr umfassend die in der Ferrari-Definition beschriebenen Aspekte Digitaler Kompetenz abdeckt, zum anderen konkret auf Hochschullehrende abzielt. Für die Verwendung in dem Kompetenzraster erschien allerdings noch eine Erweiterung des JISC-Modells notwendig. Die Dimension der *Media literacy* deckt darin sowohl den Bereich der Medienproduktion und -distribution als auch die kritische, reflektierte Nutzung digitaler Medien ab. Da diese beiden Kompetenzausprägungen durchaus unabhängig voneinander betrachtet werden können, erschien eine Trennung dieser beiden Aspekte zweckmäßig. Das Kompetenzraster umfasst daher nun insgesamt acht Dimensionen:
- Bedienen und anwenden
- Digital informieren und recherchieren
- Digital kommunizieren und kooperieren
- Digitale Lehre

- Digitale Identität und Karriereplanung
- Digitale Wissenschaft
- Produzieren und präsentieren
- Analysieren und reflektieren

Diese Kompetenzdimensionen sind zwar unabhängig von einer Fachkultur beschreibbar, müssen jedoch innerhalb einer fachlichen Domäne individuell ausgebildet werden (vgl. Kerres, 2017). Um den aktuellen Stand der Digitalen Kompetenz sowie auch einen eventuellen Kompetenzzuwachs (z. B. nach einer entsprechenden Weiterbildungsmaßnahme) für die einzelnen Dimensionen erfassen zu können, wurden in dem Modell noch drei Kompetenzstufen eingeführt. Diese orientieren sich an der Lernzieltaxonomie nach Bloom (1976) bzw. Anderson und Krathwohl (2001) sowie an dem oben erwähnten Modell der „Digital *Bildung*" und unterteilen sich wie folgt:
- Stufe 1: Überblickswissen / Grundlagen
- Stufe 2: Praktische Anwendung im Lehr-/Lernkontext bzw. der eigenen Forschungstätigkeit
- Stufe 3: Weitergabe an Andere; Anleitung und Begleitung von Studierenden und/oder KollegInnen

Auf der Stufe 1 steht also vor allem die Wiedergabe und zum Teil das Verständnis (theoretischen) Wissens im Vordergrund. Sie entspricht damit den Taxonomiestufen „Wissen" und „Verstehen". Die zweite Stufe geht darüber hinaus und umfasst die konkrete praktische Anwendung und Nutzung. In der Bloomschen Taxonomie würde dem in etwa die Stufe „Anwenden" entsprechen. Bewusst wurde auf der Stufe 2 die Anwendung und Nutzung im Lehr- bzw. Forschungskontext herausgehoben, da hier oftmals ein gravierender Unterschied zwischen privater und beruflicher Nutzung besteht. So nutzen viele Hochschullehrende digitale Medien zwar im Alltag oder für das persönliche Wissensmanagement. Diese Nutzung geschieht jedoch oftmals oberflächlich und ohne eine reflektierte Auseinandersetzung, was dazu führt, dass digitale Medien und Technologien weit weniger als Werkzeuge für Lehre und Forschung zum Einsatz kommen (vgl. dazu auch Baumgartner et al., 2016 und Holdener et al., 2016). Die dritte Stufe im Kompetenzraster stünde dann komplementär zu den Taxonomiestufen „Analysieren", „Synthetisieren" oder „Evaluieren" – sie ist aber etwas anders gelagert. Ähnlich wie im Modell der „Digital *Bildung*" steht hier im Sinne eines Multiplikatoren-Ansatzes die Weitergabe des theoretischen Wissens sowie der praktischen Fertigkeiten im Blickpunkt. Während Lehrende auf Stufe 1 das entsprechende Wissen über digitale Medien haben und auf Stufe 2 dieses Wissen praktisch anwenden und nutzen können, so sind sie auf der Stufe 3 in der Lage, dieses Wissen und Können weiterzugeben und andere anzuleiten und zu befähigen, dieses ebenfalls zu erwerben. Eine grafische Darstellung des so entstandenen Kompetenzrasters stellt Abbildung 1 dar.

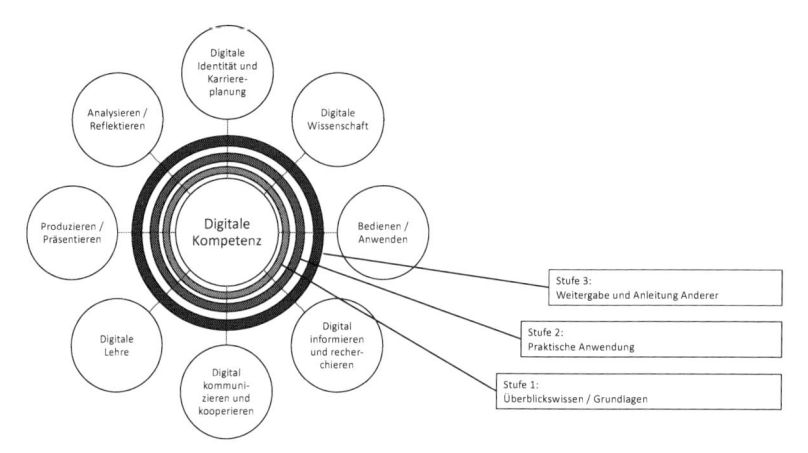

Abb. 1: Digitale Kompetenz bei Hochschullehrenden: Schematische Darstellung des Kompetenzrasters

Für jede der acht Dimensionen galt es nun, die einzelnen Themenfelder festzulegen, welche durch die jeweilige Dimension abgedeckt werden. Dabei wurde zunächst wieder auf die Beschreibungen aus dem JISC Modell zurückgegriffen, die dann gezielt konkretisiert und erweitert wurden. Somit ergab sich die folgende Themenverteilung auf den einzelnen Dimensionen:

Tab. 1: Verteilung der Themenfelder auf die einzelnen Dimensionen des Kompetenzrasters[2]

Dimension	Themenfelder
Bedienen und anwenden	PC-Kenntnisse, IT-Kenntnisse, Cloud Computing, Programmieren, Arbeitsorganisation, Umgang mit Lernplattformen und Autorensystemen
Digital informieren und recherchieren	Suchinstrumente, Suchstrategien, Literaturverwaltung, Wissensmanagement, Urheberrecht, Datenschutz
Digital kommunizieren und kooperieren	Online-Communities, Web 2.0, Social Media, Open Source, Open Access, Betreuung auf Lernplattformen, eTutoring, eModeration
Digitale Lehre	Begriffe (eLearning, Blended Learning, Distance Learning), Lerntheorien, Didaktisches Design, OER, eAssessment, Badges, Social Media
Digitale Identität und Karriereplanung	Social Media, Self-Marketing, Badges als Kompetenznachweise, Datenschutz, Persönlichkeitsschutz, Wissensmanagement
Digitale Wissenschaft	Open Access, Open Data, Big Data, Crowd Science, Digital Humanities, Digitale Wissenskommunikation, Communities of Practice
Produzieren und präsentieren	Bildbearbeitung, Screencasting, Podcasting, Video-produktion, Erstellen von interaktivem Content wie WBTs etc.
Analysieren und reflektieren	Medienanalyse, Medienkritik, Reflexion der eigenen Mediennutzung, Reflexion des eigenen Medieneinsatzes und des eigenen Lehr-Handelns, Reflexion des eigenen Lernprozesses

---

2 Die Auflistung der Themenfelder erhebt dabei selbstverständlich keinen Anspruch auf Vollständigkeit, sondern dient der ersten Konkretisierung der Dimensionen.

3.2 Ausgestaltung des Rasters mit Kann-Beschreibungen

Anhand der skizzierten Themenfelder, die in den jeweiligen Dimensionen abgedeckt werden sollen, wurde das Raster entsprechend ausgestaltet. Dazu wurden für jede einzelne Dimension Kann-Beschreibungen zu den drei Kompetenzstufen erstellt, um so zu einer differenzierten inhaltlichen Beschreibung Digitaler Kompetenz zu gelangen. Für die Ausformulierung der Kann-Beschreibungen wurde auf verschiedene Auflistungen von Schlüsselverben zur Kompetenzformulierung zurückgegriffen, welche direkt beobachtbare Handlungen beschreiben (u. a. Roloff, 2003 und Schermutzki, 2007). Im Folgenden wird die konkrete Ausgestaltung des Kompetenzrasters anhand der drei Dimensionen „Bedienen/Anwenden", „Digitale Lehre" sowie „Produzieren/ Präsentieren" exemplarisch dargestellt:[3]

Tab. 2: Kann-Beschreibungen für ausgewählte Kompetenzdimensionen

Kompetenzdimension: „Bedienen/Anwenden"	
Stufe 1: Überblickswissen/ Grundlagen	Er/sie verfügt über **grundlegende PC- und IT-Kenntnisse** sowie **Kenntnisse** zum Umgang mit dem Internet. Er/sie kann gängige Programme starten, Webanwendungen **aufrufen** sowie verschiedene Web 2.0-Werkzeuge wie z.B. Wikis, Blogs, Foren, Social Bookmarking bedienen. Er/sie **kann** gängige Lernplattformen **aufrufen** und deren typische Werkzeuge aus einer Lernendenperspektive bedienen. Er/sie kann relevante Autorensysteme und webbasierte Tools zur Content-Produktion sowie zur Kooperation/ Kollaboration Studierender (Cloud-Anwendungen) **benennen** und hinsichtlich ihrer Einsatzmöglichkeiten **vergleichen**.
Stufe 2: Praktische Anwendung	Er/sie kann geeignete digitale Medien und Werkzeuge **auswählen** und (technisch) **bedienen** sowie entsprechend einer didaktischen Konzeption **einsetzen**. Dazu zählen u. a. erste **praktische Erfahrungen** im Umgang mit Rechercheplattformen, Wissensdatenbanken und Lernplattformen. Weiterhin kann er/sie relevante Autorensysteme zur Produktion digitaler Medien **bedienen** und ausgewählte Kommunikations- und Kooperationstools, Soziale Netzwerke, Prüfungs- und Evaluations- sowie Portfoliowerkzeuge **handhaben**.
Stufe 3: Weitergabe an Andere (Anleitung/ Begleitung)	Er/sie kann grundlegende IT-Kenntnisse und Kenntnisse zum Umgang mit dem Internet **vermitteln** und Lernende im Umgang mit Lernplattformen sowie digitalen Werkzeugen wie Wikis oder Blogs **anleiten**. Weiterhin ist er/sie in der Lage, Lernende bei der Produktion eigener Materialien zu **unterstützen**, sowohl bei der Auswahl als auch beim Umgang mit geeigneten Werkzeugen, Hard- und Software.

---

3   Aus Platzgründen wird hier auf eine Darstellung der Kann-Beschreibungen für alle acht Dimensionen verzichtet. Das vollständige Kompetenzraster mit allen Kann-Beschreibungen ist online verfügbar unter: http://www.studiumdigitale.uni-frankfurt.de/ 65903024/Kompetenzraster_Digitale-Kompetenz-Hochschullehrende.pdf

Kompetenzdimension: „Digitale Lehre"	
Stufe 1: Überblickswissen/ Grundlagen	Er/sie kann **grundlegende** Lerntheorien **wiedergeben** und die wichtigsten Begrifflichkeiten und Abkürzungen rund um eLearning und Digitalisierung **benennen** sowie deren Bedeutung **erklären**. Er/sie kann verschiedene eLearning-Szenarien **beschreiben** und deren Mehrwerte **identifizieren**. Er/sie kann relevante Methoden des Online-Lehrens und Lernens **beschreiben**. Er/sie kann für ein geplantes Szenario geeignete Medien **zuordnen** und deren Eigenschaften und Potenziale zur Unterstützung von Methoden und Sozialformen **beschreiben**. Er/sie kann für die Konzeption von eLearning-Szenarien wichtige Planungsaspekte benennen.
Stufe 2: Praktische Anwendung	Er/sie kann Konzepte für den Einsatz von Online- oder Blended-Learning-Szenarien sowie für den Einsatz online gestützter Assessment-Formen **entwerfen** und solche Szenarien **durchführen**. Dazu kann er/sie das vorhandene Wissen über eLearning-Szenarien und deren Mehrwerte in die Praxis **transferieren**. Er/sie kann geeignete Methoden, Sozialformen und Medien **auswählen** und diese **anwenden**. Dabei kann er/sie die erforderlichen Planungsaspekte berücksichtigen.
Stufe 3: Weitergabe an Andere (Anleitung/ Begleitung)	Er/sie ist in der Lage, grundlegende Begrifflichkeiten rund um eLearning und Digitalisierung der Lehre zu **erläutern** und zu **vermitteln**. Er/sie kann das Wissen über Szenarien und Mehrwerte, sich daraus ableitende Methoden und Sozialformen sowie den adäquaten Einsatz geeigneter Medien erläutern und **begründen**. Mit Hilfe dieses Wissens ist er/sie in der Lage, andere bei der Planung und Konzeption von mediengestützten Lehr-Lernsettings **anzuleiten**, zu **beraten** und zu **unterstützen**.

Kompetenzdimension: „Produzieren/Präsentieren"	
Stufe 1: Überblickswissen/ Grundlagen	Er/sie kann relevante Formen digitaler Lehr-/Lernmaterialien **benennen** und anhand spezifischer Merkmale **identifizieren**. Dazu zählen u.a. WBTs, Screencasts, Podcasts, eLectures, Quizzes, Animationen, Online-Tests etc. Grundlegende Konzeptions- und Planungsschritte kann er/sie **wiedergeben** und **beschreiben**. Wichtige Produktionsschritte kann er/sie **benennen** und dabei unterschiedliche materielle und zeitliche Aufwände **erkennen**. Er/sie kann wichtige Werkzeuge zur Erstellung von digitalen Lehr-/Lernmaterialien **angeben** und den jeweiligen Content-Arten **zuordnen**.
Stufe 2: Praktische Anwendung	Er/sie kann die Erstellung digitaler Lehr- und Lernmaterialien **planen** und entsprechende Konzepte **entwickeln**. Dabei kann er/sie grundlegende Planungsschritte **ausführen**, wie z.B. die Erstellung von Grob- und Feinkonzept, Drehbuch und Storyboard oder Rapid Prototyping. Relevante Autorenwerkzeuge und Tools kann er/sie praktisch **handhaben**, um digitale Lehr/Lernmaterialien wie WBTs, Screencasts, Videos, Online-Tests etc. zu **erstellen** bzw. analoge Materialien mit Hilfe digitaler Medien zu **modifizieren**.
Stufe 3: Weitergabe an Andere (Anleitung/ Begleitung)	Er/sie ist in der Lage, andere bei der Planung, Konzeption und Produktion digitaler Lehr-/Lern- und Prüfungsmaterialien **anzuleiten** und zu **unterstützen**. Dabei kann er/sie die wichtigsten Planungsschritte (z.B. Grobkonzept/Feinkonzept/Drehbuch/Storyboard; Rapid Prototyping, Designbased Thinking-Ansätze etc.) **vermitteln** und anhand von (eigenen) Praxisbeispielen veranschaulichen. Er/sie kann den Umgang mit wichtigen Werkzeugen zur Erstellung digitaler, multimedialer Materialien vermitteln, Lernende darin anleiten sowie deren Produktionsprozess **begleiten**.

Die exemplarische Darstellung der drei ausgewählten Kompetenzdimensionen verdeutlicht den Aufbau und die Funktionsweise des Kompetenzrasters. Mit Hilfe der Kann-Beschreibungen werden die Themenfelder der einzelnen Dimensionen operationalisiert, so dass sich daraus ohne großen Aufwand Fragebögen zur Selbsteinschätzung durch die Lehrenden erstellen lassen. Gleichwohl ist durch den Fokus auf beobachtbaren Handlungen in den Kann-Beschreibungen gewährleistet, dass auch eine Bewertung durch eine*n Trainer*in oder Fortbildungsleiter*in erfolgen kann, beispielsweise nach Abschluss einer Fortbildungsmaßnahme oder nach dem Erwerb eines eLearning-Zertifikats.

4 Fazit und Ausblick

Das Kompetenzraster ist derzeit „Work in Progress" und wird laufend überarbeitet. Erstmalig zum Einsatz kommen wird es im Sommersemester 2017. Dazu werden alle Hochschullehrenden, die an eLearning-Fortbildungsangeboten von studiumdigitale, der zentralen eLearning-Einrichtung der Goethe-Universität Frankfurt, teilnehmen, untersucht. Im Rahmen einer Vor- und Nachbefragung werden mit Hilfe von Selbsteinschätzungen der Stand der Digitalen Kompetenz sowie der Kompetenzzuwachs durch den Besuch der Fortbildungsangebote ermittelt. Parallel dazu werden im Zuge eines multidimensionalen Ansatzes auch die ePortfolio-Reflexionen der Teilnehmenden hinsichtlich eines beobachteten Zuwachses Digitaler Kompetenz untersucht, inklusive einer Gegenüberstellung und Analyse von Selbst- und Fremdeinschätzung. Die Autoren versprechen sich davon eine Möglichkeit zur Anpassung und Verbesserung des Kompetenzrasters und seiner Beschreibungen: So ist zu erwarten, dass von den Lehrenden in den Reflexionen noch weitere Themenfelder genannt werden, die bisher in den Dimensionen des Kompetenzrasters noch nicht berücksichtigt wurden.

Mit Hilfe der so ermittelten Ergebnisse sollen schließlich auch die eLearning-Fortbildungsangebote an der Goethe-Universität in das Kompetenzraster eingeordnet werden. So soll es möglich werden, für jedes Fortbildungsangebot genau zu bestimmen, welche Kompetenzdimensionen damit in welchem Maße gestärkt werden.

Literatur

Anderson, L. W.; Krathwohl, D. R. & Bloom, B. S. (2001). *A Taxonomy for Learning, Teaching, and Assessing: A Revision of Bloom's Taxonomy of Educational Objectives.* London: Longman Publishing Group.

Baacke, D. (1973). *Kommunikation und Kompetenz: Grundlegung einer Didaktik der Kommunikation und ihrer Medien.* München.

Baacke, D. (1996). Medienkompetenz – Begrifflichkeit und sozialer Wandel. In A. von Rein (Hrsg.), *Medienkompetenz als Schlüsselbegriff* (S. 112–144). Bonn: Deutsches Institut für Erwachsenenbildung.

Baumgartner, P.; Brandhofer, G.; Ebner, M.; Gradinger, P. & Korte, M. (2016). Medienkompetenz fördern – Lehren und Lernen im digitalen Zeitalter. *Die Österreichische Volkshochschule. Magazin für Erwachsenenbildung, 67*(259), 3–9, http://magazin.vhs.or.at/wp-content/uploads/2016/12/OVH_Magazin_259_02_2016_MAIL.pdf, 20.02.2017.

Bloom, B. S., & Engelhart, M. D. (Hrsg.) (1976). *Beltz-Studienbuch: Vol. 35. Taxonomie von Lernzielen im kognitiven Bereich* (5. Aufl. – 17.- 21. Tsd). Weinheim u. a.: Beltz.

Brandhofer, G.; Kohl, A.; Miglbauer, M. & Nárosy, T. (2016). digi.kompP – Digitale Kompetenzen für Lehrende: Das digikompP-Modell im internationalen Vergleich und in der Praxis der österreichischen Pädagoginnen- und Pädagogenausbildung. *R&E-Source* (Oktober 2016), 38–51, http://journal.ph-noe.ac.at, 19.10.2016.

Europäische Union (EU) (2006). *Schlüsselkompetenzen für lebenslanges Lernen: Empfehlung 2006/962/EG des Europäischen Parlaments und des Rates vom 18. Dezember 2006 zu Schlüsselkompetenzen für lebensbegleitendes Lernen.* http://eur-lex.europa.eu/legal-content/DE/TXT/?uri=uriserv:c11090, 23.03.2017.

Ferrari, A. (2012). *Digital Competence in Practice: An Analysis of Framework s.* Sevilla: European Commission, http://ftp.jrc.es/EURdoc/JRC68116.pdf, 20.02.2017.

Ferrari, A.; Punie, Y. & Brečko, B. N. (2013). *DIGCOMP: A framework for developing and understanding digital competence in Europe. EUR, Scientific and technical research series: Vol. 26035.* Luxembourg: Publications Office.

Filzmoser, G. (2016). Wie wollen wir es nennen: Computerkompetenz, Medienkompetenz oder digitale Kompetenz. *Die Österreichische Volkshochschule. Magazin für Erwachsenenbildung, 67*(259), 14–19, from http://magazin.vhs.or.at/wp-content/uploads/2016/12/OVH_Magazin_259_02_2016_MAIL.pdf.

Gomez, S. C.; Vuorikari, R. & Punie, Y. (2017). *DigComp 2.1: The Digital Competence Framework for Citizens with eight proficiency levels and examples of use. EUR, Scientific and technical research series.* Luxembourg: Publications Office.

Holdener, A.; Bellanger, S. & Mohr, S. (2016). „Digitale Kompetenz" als hochschulweiter Bezugsrahmen in einem Strategieentwicklungsprozess. In H. Wachtler; M. Ebner; O. Gröblinger; M. Kopp; E. Bratengeyer; H.-P. Steinbacher et al. (Hrsg.), *Medien in der Wissenschaft: Band 71. Digitale Medien: Zusammenarbeit in der Bildung* (S. 65–74). Münster, New York: Waxmann.

Ilomäki, L.; Kantosalo, A. & Kakkala, M. (2011). *What is digital competence?* https://tuhat.helsinki.fi/portal/files/48681684/Ilom_ki_etal_2011_What_is_digital_competence.pdf, 20.02.2017.

JISC (2012). *Developing Digital Literacies: Briefing Paper,* http://www.jisc.ac.uk/media/documents/publications/briefingpaper/2012/Developing_Digital_Literacies.pdf, 13.10.2016.

JISC (2014). *Developing Digital Literacies: Overview,* https://www.jisc.ac.uk/guides/developing-digital-literacies, 13.10.2016.

Kerres, M. (2017). Digitalisierung als Herausforderung für die Medienpädagogik: „Bildung in einer digital geprägten Welt". In C. Fischer (Hrsg.), *Pädagogischer Mehrwert? Digitale Medien in Schule und Unterricht* (S. 85–104). Münster, New York, München: Waxmann.

Klieme, E. (2004). Was sind Kompetenzen und wie lassen sie sich messen? *Pädagogik, 56*(6), 10–13.

Koehler, M. & Mishra, P. (2006). Technological Pedagogical Content Knowledge: A Framework for Teacher Knowledge. *Teachers College Record, 8*(108), 1017–1054.

Krumsvik, R. J. & Jones, L. O. (2013). *Teachers´ Digital Competence in Upper Secondary School.* (Work in Progress), ICICTE Proceedings: http://www.icicte.org/Proceedings2013/Papers%202013/05-1-Krumsvik.pdf, 24.03.2017.

Reinmann, G., Hartung, S., & Florian, A. (2013). *Akademische Medienkompetenz im Schnittfeld von Lehren, Lernen, Forschen und Verwalten.* http://gabi-reinmann.de/wp-content/uploads/2013/07/AkademischeMedienkompetenz_Reinmann_Hartung_Florian.pdf, 13.10.2016

Roloff, S. (2003). *Schriftliche Prüfungen: Skriptum. Hochschuldidaktisches Seminar,* http://www.hochschuldidaktik.net/documents_public/A1_LP-Vorb-LZ_ttl0506.pdf, 24.03.2017.

Schermutzki, M. (2007). *Lernergebnisse – Begriffe, Zusammenhänge, Umsetzung und Erfolgsermittlung: Lernergebnisse und Kompetenzvermittlung als elementare Orientierungen des Bologna-Prozesses.* http://opus.bibliothek.fh-aachen.de/opus/volltexte/2007/232/pdf/schermutzki_bologna_6_a5_sw.pdf, 24.03.2017.

Søby, M. (2003). *Digital Competence: from ICT skills to digital "Bildung".* University of Oslo: ITU.

Vuorikari, R.; Punie, Y.; Carretero, S. & van den Brande, L. (2016). *DigComp 2.0: The digital competence framework for citizens. EUR, Scientific and technical research series: Vol. 27948.* Luxembourg: Publications Office.

Wedekind, J. (2004). Medienkompetenz an Hochschulen. In C. Bremer & K. Kohl (Hrsg.), *E-Learning-Strategien und E-Learning-Kompetenzen an Hochschulen* (S. 267–279). Bielefeld: Bertelsmann.

Wedekind, J. (2008). Medienkompetenz für (Hochschul-)Lehrende. *Zeitschrift für e-learning, 3*(2), 24–37.

Wedekind, J. (2009). *Akademische Medienkompetenz.* Schriftfassung der Virtuellen Ringvorlesung e-teaching.org vom 19.01.2009, http://www.e-teaching.org/projekt/organisation/personalentwicklung/medienkompetenz/Medienkompetenz_JW.pdf, 22.03.2017.

Weinert, F. E. (Hrsg.) (2001). *Leistungsmessungen in Schulen* (Dr. nach Typoskript). Weinheim u. a.: Beltz.

Claudia Bremer, Ingo Antony

Einsatz digitaler Medien für den lernerzentrierten Unterricht: Konzeption und Evaluation der Lehrerfortbildung „Lernkompetenz entwickeln, individuell fördern"

Zusammenfassung

Im Rahmen des Beitrags werden die Konzeption, Implementierung und Evaluation der Lehrerfortbildungsreihe *LEIF: Lernkompetenz entwickeln – individuell fördern* vorgestellt, deren Ziel es ist, Teams von Lehrenden verschiedener Schulen und Stufen darin zu unterstützen, selbstgesteuertes Lernen sowie die Individualisierung von Lernprozessen entsprechend dem jeweiligen Schulprofil weiterzuentwickeln und die Implementierung neuer Lehr- und Lehrmethoden im Unterricht zu erproben. Das Besondere ist dabei, dass nicht die Vermittlung und der Aufbau von Medienkompetenz im Mittelpunkt der Fortbildung stehen, sondern die Umsetzung selbstgesteuerter und individualisierter Lernprozesse, was hier vor allem mit Hilfe digitaler Medien angestrebt wird. Im Rahmen der wissenschaftlichen Begleituntersuchung wurden neben der Evaluation der Fortbildung Erhebungen zur Mediennutzung der Lehrkräfte vorgenommen und der Zusammenhang zwischen deren Lehrhaltung, Haltung zu Computern, Computerängstlichkeit und deren Einsatz digitaler Medien untersucht.

1 Einleitung

Im Rahmen einer auf breiter Basis nachgewiesener Wirksamkeit schulischen Unterrichts entsprechend einer konstruktivistisch orientierten Didaktik (Dubs 1995; Duffy & Jonassen 1992; Gerstenmaier & Mandl 1995) werden nicht nur soziale, sondern auch individualisierte und vor allem selbstgesteuerte Lernprozesse befürwortet, zu deren Umsetzung es jedoch neuer Unterrichtskonzepte bedarf (Reich 2005). In solche Konzepte lassen sich zur Unterstützung individueller Lernprozesse Ansätze eines systemisch-, ressourcen- und lösungsfokussierten Lerncoachings integrieren. Durch den ressourcen- und lösungsorientierten Ansatz werden individuelle Stärken- und Entwicklungspotentiale von Lernenden gezielt zur Entwicklung der in den Fach-Curricula vorgeschriebenen Kompetenzen genutzt (Lueger 2014). Der systemische Ansatz nimmt zudem die Gestaltungsbedingungen des schulischen Lehrens und Lernens mit in den Blick und beschränkt die Betrachtung von Handlungsmöglichkeiten nicht nur auf die einzelne Lehrperson und die Gestaltung von Unterricht, sondern bezieht z.B. auch Aspekte der Schulentwicklung, die Umsetzung im Team und die Beteiligung der Leitungsebene mit ein.

Ein immer wichtig werdender Auftrag von Schulen ist neben der Ausbildung von Fachkompetenz auch die Entwicklung von Lernkompetenzen für das lebenslange Lernen in der Informationsgesellschaft (Burow 2014). Zudem gewinnt auch der schulische Bildungsauftrag zur Entwicklung von Medienkompetenz an Bedeutung, welche zum kompetenten Umgang mit und Einsatz von digitalen Medien zur erfolgreichen Partizipation an modernen Wissensgesellschaften beiträgt (Aufenanger 2001, Baumgartner & Bauer 2012, Bundesministerium für Bildung und Forschung 2010, Gapski 2001, Herzig & Grafe 2007, Kultusministerkonferenz 2016, Tulodziecki 1998).

Dabei kann der kompetente Umgang mit und Einsatz von digitalen Medien wiederum zum Erwerb fachlicher und überfachlicher Kompetenzen beitragen (Kultusministerkonferenz 2012). Um diesen Anforderungen gerecht zu werden, ist zum einen bei Lehrkräften die Ausbildung von Medienkompetenz erforderlich, damit diese ihre Schülerinnen und Schüler auf die Chancen und Herausforderungen der zunehmenden Digitalisierung der Lebens- und Arbeitswelt vorbereiten können (Blömeke 2001, Tulodziecki 1997, Tulodziecki & Blömeke 1997). Zum anderen gewinnt die Befähigung der Lehrkräfte zur Umsetzung entsprechend konstruktivistisch orientierter Unterrichtskonzepte zur Unterstützung sozialen, individualisierten und selbstgesteuerten Lernens zunehmend an Bedeutung.

2 Konzept und Ziele der Fortbildung

2.1 Ziele, Konzept und Inhalte der Fortbildung

Vor diesem Hintergrund führt das Land Hessen seit drei Jahren eine einjährige Lehrerfortbildung durch, die das Ziel verfolgt, Lehrkräfte ausgewählter Schulen zu qualifizieren und damit Schulen dabei zu begleiten, selbstgesteuerte Lernprozesse und deren Individualisierung in Verbindung mit dem Einsatz digitaler Medien entsprechend ihres Schulprofils umzusetzen und weiter zu entwickeln (William 2011). Dazu werden ausgewählte Teams von Lehrenden aller Schulformen dabei unterstützt, die Implementierung dieser neuen Lehr- und Lernmethoden im Unterricht zu erproben und zu reflektieren. Mit Abschluss des Projekts haben die teilnehmenden Schulen die neuen pädagogischen Konzepte entweder in einer Klasse, einer Jahrgangsstufe oder in einem Ausbildungsgang eingeführt und erprobt. Zudem sind die teilnehmenden Projektteams in der Lage, selbstständig die Einführung eines entsprechenden Konzepts schulintern zu planen und umzusetzen.

Der Konzeption der Fortbildung liegt die Annahme zugrunde, dass vor allem der effiziente Einsatz digitaler Medien eine individuelle Lernbegleitung von Schülerinnen und Schülern möglich macht. Dabei werden vor allem Möglichkeiten eines produktorientierten schulischen Lernens behandelt, beim dem durch den Einsatz digitaler Medien zusätzliche Handlungsmöglichkeiten gewonnen werden. Wie schon bei der Nutzung sozialer Medien deutlich wird, erfahren auch hier die Lernenden eine erhöhte Selbstwirksamkeit, die in hoher Motivation und schlussendlich in nachhaltigem Lernen münden kann.

Zentrale Inhalte der Fortbildungsmaßnahme sind:
- Der *Aufbau von Medienkompetenz* bei den Lehrkräften zum Einsatz digitaler Medien wie z.B. einer Lernplattformen, einem E-Portfolio-System oder Cloud-Anwendungen im Unterricht. Diese Systeme werden im Rahmen der Fortbildung den Lehrkräften vorgestellt und von ihnen im Unterricht erprobt und dieser Einsatz kritisch reflektiert. Konzeptioneller Hintergrund dieses Ansatzes ist ein von der Hessischen Lehrkräfteakademie in Kooperation mit den Universitäten des Landes entwickelter Standard zur Medienbildungskompetenz von Lehrkräften, der konzeptionellen auf der Basis von Arbeiten von Blömeke (2001), Tulodziecki (1997), Tulodziecki & Blömeke (1997), Aufenanger (2001) u.a. entwickelt wurde (Arbeitsgruppe Neue Medien in der universitären Lehrerbildung 2005). Im Rahmen dieses Konzeptes wurden fünf Kompetenzdimensionen definiert, die neben der *Anwendungskompetenz (instrumentell-pragmatische Grundlagen)* zur Nutzung digitaler Medien, eine *fachliche Kompetenz* im Hinblick auf medientheoretische Grundlagen und die *Handlungs- und Gestaltungskompetenz* zur Gestaltung von Unterricht unter Einsatz digitaler Medien vorsehen (Bremer 2015, 2010). Des Weiteren umfasst das Konzept die Dimension *Medien und Schulentwicklung*, welche den Einsatz digitaler Medien in dem System Schule und so Aspekte der Entwicklung und Umsetzung von Medienkonzepten wie auch von Medienbildungskonzepten für Schülerinnen und Schüler umfasst, sowie die Dimension *Lehrerrolle und Personalentwicklung*, welche zum einen die mit dem Einsatz digitaler Medien im Unterricht oftmals einhergehende Veränderung des eigenen Rollenverständnisses und dessen Reflexion adressiert, zum anderen das Erkennen und Umsetzen des eigenen Weiterbildungsbedarfes wie auch einer entsprechenden Personalentwicklung an Schulen (ebd.). Im Kontext der hier beschriebenen Fortbildung widmet sich dieser erste Bereich vor allem den Dimensionen *Anwendungskompetenz* sowie *Handlungs- und Gestaltungskompetenz*. Im Gesamtvorhaben wird auch die Kompetenzdimension *Medien und Schulentwicklung* adressiert, wenn es z.B. um die langfristige Umsetzung und Integration des Vorhabens geht sowie die Dimension Rolle der Lehrperson (s. dazu den übernächsten Punkt).

- Der Einsatz digitaler Medien wird im Rahmen der Fortbildung auch als eine Möglichkeit behandelt, *Lehren und Lernen individualisierter und schülerzentrierter* umzusetzen. Dabei wird die Individualisierung von Lernprozessen im Sinne einer agilen Didaktik angestrebt, d. h. die Lehrkräfte wählen Methoden entsprechenden den jeweiligen konkreten Anforderungen aus und reagieren flexibel auf Veränderungen der Lehr- und Lernbedingungen (Arn 2016). Die Integration eines Ansatzes des *systemischen, ressourcen- und lösungsbasiertes Lerncoachings* zielt darauf ab, die Lehrkräfte zu befähigen, die Stärken und Entwicklungspotenziale von Lernenden zu identifizieren und an deren Förderung zu arbeiten. Dazu lernen die Teilnehmenden Ansätze zur Förderung des selbstständigen Lernens und Arbeitens durch lösungsfokussierte Lernprozessbegleitungen und Reflexionen kennen (Berg & Shilts 2005, Meier & Szabo 2008, de Shazer 2009, Jackson 2012). Im Rahmen der Fortbildung wird den Teilnehmerinnen und Teilnehmern durch ganz praktische Übungen ermöglicht, eigene Eindrücke und Erfahrungen mit Lerncoachings und der Bedeutung wertschätzenden Umgangs mit Lernenden zu sammeln und zu reflektieren.
- *Rolle der Lehrperson*: Im Rahmen der Fortbildung wird die Rolle des Lehrenden um die des Lernbegleiters erweitert, der Hilfe zur Selbsthilfe leistet und Lernenden in ihren Lernprozessen unterstützt. Dem liegt die Annahme zugrunde, dass Lernende dann ihr Potential ausschöpfen können, wenn sie den aktiven Part in ihren Lernprozess übernehmen Die Verantwortung für den individuellen Lernprozess liegt dann beim Lernenden und bedingt somit auch ein neues Rollenverständnis für den Lehrenden. Hiermit wird zugleich eine weitere Dimension des hessischen Konzepts der Medienbildungskompetenz adressiert, insofern die veränderte Rolle der Lehrkräfte im Kontext neuer Unterrichtsmethoden betrachtet wird, was hier auch nochmals speziell im Hinblick auf den Einsatz digitaler Medien thematisiert wird.
- *Produktionsorientiertes Lernsetting*: Zudem wird die Umschreibung von existierenden Handlungs- und Unterrichtskonzepten in produktionsorientierte Lernsettings vorgestellt und eingeübt. Dies umfasst die Nutzung mediengestützter Produktionsmethoden und die Gestaltung von Lernumgebungen für ein produktions- und projektorientiertes Arbeiten. Die Basis dieser Lernsettings bilden sogenannte Lernaufgaben, deren Produkte Lernende in ihrem E-Portfolio beschrieben und entlang der zu erwerbenden Kompetenzen reflektieren. Gleichzeitig werden Fachgespräche als formative Leistungskontrolle genutzt. Grundlage der Gespräche bilden die oben schon erwähnten lösungsfokussierten und ressourcenorientierten Gesprächstechniken des Lerncoachings.

2.2 Umsetzung der Fortbildung

Die Fortbildung erstreckt sich über einen Zeitraum von mehr als einem Jahr und umfasst 12 Workshoptage sowie Aufgabenstellungen, die individuell und in den Teams zwischen den Präsenzterminen bearbeitet und mit Hilfe der Lernplattform und des Portfolio-Systems unterstützt werden. Neben einzelnen Workshoptagen werden Blockveranstaltungen mit zwei bis drei Tagen Umfang durchgeführt, um eine starke Vernetzung der Teilnehmenden zu erreichen und den Lehrkräften einen gewissen Abstand zum Schulalltag zu ermöglichen. Die Phasen zwischen den Präsenzterminen werden für Reflektionen, den Wissenserwerb und Erprobungen im Unterricht genutzt, so dass eine integrierte Umsetzung der neu erworbenen Kompetenzen und deren Reflexion möglich ist.

Eine Besonderheit der Fortbildung liegt neben ihrer Umsetzung als Blended-Learning-Konzept in der Teilnahme der Lehrkräfte in Teams verschiedener Schulen, die sich um die Aufnahme in das Fortbildungsangebot bewerben. Die Schulen unterliegen einem Auswahlprozess, der neben der Zielsetzung der Schule zur Teilnahme an der Fortbildung auch deren Konzeption zur späteren Umsetzung der neu zu entwickelnden Unterrichtskonzepte und entsprechender Begleitangebote für die Schülerinnen und Schüler berücksichtigt. Das Fortbildungsangebot richtet sich dabei ausschließlich an Schulen, die sich verpflichtet haben, kompetenzorientierten Unterricht einzuführen bzw. bereits erste Schritte bei der Erstellung und Umsetzung entsprechender Schulcurricula eingeleitet haben. Zudem sollte an den beteiligten Schulen bereits eine Lernplattform im Einsatz sein, die auch zeitgemäße Werkzeuge des sozialen Lernens und Arbeiten bereitstellt. Die Teilnehmer müssen jedoch nicht unbedingt Erfahrungen mit dem Umgang mit den entsprechenden Plattformen vorweisen oder diese im Unterricht bereits einsetzen. Im Rahmen der Fortbildung werden mit Rücksicht auf hier meist sehr heterogene Teilnehmervoraussetzungen differenzierte optionale Angebote zum Handling mit Plattformen und anderen Medien angeboten. Eine weitere Besonderheit liegt analog dem Prinzip der *doppelten Vermittlungspraxis*[1] in der konsequenten Umsetzung des *Prinzips der Selbstähnlichkeit*: In der Fortbildung werden Methoden so umgesetzt, wie sie von den Lehrenden in ihrem eigenen Schulunterricht genutzt werden können, um diesen zur Unterstützung produktionsorientierter und individualisierter Lernprozesse zu gestalten und dabei analoge und digitale Medien entsprechend einzusetzen.

---

1 *Doppelte Vermittlungspraxis*, auch als Doppeldeckerprinzip benannt, bezeichnet das Erlernen einer Methode durch die Methode selbst.

3 Evaluation der Fortbildung und Ergebnisse aus Erhebungen in deren Kontext

3.1 Ziele der Begleituntersuchung

Die Fortbildung wurde 2015/16 in ihrem dritten Durchgang umfassend von der Goethe-Universität begleitet und evaluiert. Ziel dieser begleitenden Untersuchung war zum einen die Beurteilung der Fortbildung selbst durch die teilnehmenden Lehrkräfte und Erhebungen zur nachhaltigen Wirksamkeit der Qualifizierungsmaßnahme. Zudem sollten begleitend Aspekte wie die Zusammenhänge zwischen der vorhandenen Medienkompetenz der Lehrkräfte und deren Medieneinsatz in den Schulen, Veränderungen in ihrem Rollenverständnis und ihrer Lehrhaltung sowie Auswirkungen der privaten und schulischen Medienausstattung auf die Medienkompetenz der Lehrenden und den Medieneinsatz in den Schulen erhoben werden. Zentrale Fragestellungen waren dabei die Faktoren, die Einfluss auf die schulische Mediennutzung haben, und die Frage nach der Wirksamkeit der Fortbildung in Bezug auf Lehrhaltung und Mediennutzung.

3.2 Untersuchungsdesign

Im Rahmen der Begleituntersuchung wurden mehrere Erhebungen durchgeführt (s. Abb. 1): Eine quantitative anhand von Fragebögen, die bei allen teilnehmenden Lehrkräften im Rahmen der Auftaktveranstaltung als Pre-Befragung und nach Ende der Fortbildung als Post-Befragung erhoben wurde und anhand deren Veränderungen z.B. in Bezug auf die Lehrhaltung gegenüber der Anfangsbefragung erhoben werden sollte[2]. Zudem wurde eine eher qualitativ angelegte Befragung durchgeführt, die ebenfalls mit Fragebogen erhoben wurde, jedoch vorrangig offene Fragen enthielt. Zudem wurde jeder Workshop evaluiert, um die Qualität der einzelnen Workshoptage und deren Zusammenspiel zu erheben.

In der ersten Erhebung wurden anhand von Fragebögen die private und schulische Ausstattung mit digitalen Endgeräten sowie die bisherige schulische und private Mediennutzung erhoben. Zudem wurde mit Hilfe einer zielgruppenspezifisch adaptierten Fassung des *Approaches to Teaching Inventory* (ATI, Lübeck 2009) ein Instrument zur Erfassung von Lehreinstellungen eingesetzt. Darüber hinaus wurde mit den gut etablierten und bewährten *Big Five-Dimensionen* (BFI-10) die Persönlichkeit der Lehrkräfte (Rammstedt et al. 2013) und mit Hilfe des *Fragebogens zur inhaltlich differenzierten Erfassung computerbezogener Einstellungen* (FIDEC, Richter, Naumann & Horz 2010) die Einstellung

---

2 Im Rahmen dieses Beitrags werden die Ergebnisse der ersten beiden Befragungen behandelt.

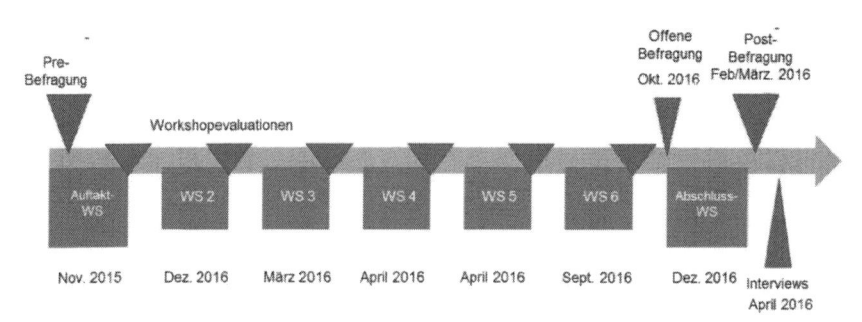

Abb. 1: Überblick über das Untersuchungsdesign: Zeitpunkte und Formate

der Lehrkräfte zu Computern und deren Computerängstlichkeit (COMA, ebd.) erhoben. Zur Erfassung der aktuellen Mediennutzung im Unterricht wurden die teilnehmenden Lehrkräfte in der Erstbefragung zum Einsatz spezifischer Computeranwendungen befragt (n=46). Darunter wurden gängige Office-Anwendungen wie Textverarbeitungs-, Tabellenkalkulations- und Präsentationsprogramme erfasst. Zudem wurde auch nach der Verwendung von Anwendungen wie Lernplattformen, Wikis und ähnlichen Tools zum vernetzten Arbeiten und Lernen gefragt. Zum besseren Verständnis der Mediennutzung bzw. der Einschätzung der Nützlichkeit des digitalen Medieneinsatzes im Unterricht wurde im zweiten Drittel der Fortbildung eine offene qualitative d.h. nicht standardisierte Untersuchung durchgeführt. Zum einen wurden hier auf Basis der Ergebnisse der ersten Befragung nach verschiedenen Faktoren gefragt, die den Einsatz von digitalen Medien im Unterricht von Lehrkräften zu beeinflussen scheinen, um hierzu ein besseres Verständnis zu erlangen. Zum anderen wurde nach konkret umgesetzten Unterrichtskonzepten gefragt, die die Teilnehmenden in den Befragungen beschrieben. Zudem wurde explizit nach den von den Lehrkräften wahrgenommenen Mehrwerte des Einsatzes digitaler Medien im Unterricht gefragt. An dieser zweiten, offenen Befragung beteiligten sich 14 Lehrkräfte. Die Antworten wurden mit Hilfe einer qualitativen Inhaltanalyse und eines induktiven Vorgehens kategorisiert (Mayring 2010).[3]

3.3 Untersuchungsergebnisse

Private und schulische Mediennutzung und Medienausstattung
Die erste Erhebung, an der sich 46 Lehrkräfte beteiligten, zeigte, dass die Lehrkräfte im Rahmen ihrer privaten Mediennutzung vor allem Textverarbei-

---

[3] Abschließend wurden noch ergänzende Interviews mit Schülerinnen und Schülern sowie Lehrkräften durchgeführt, die aufgrund der laufenden Auswertung nicht Teil dieses Beitrags sind.

tungsprogramme und das Internet nutzen, wobei Textverarbeitungsprogramm den Spitzenreiter der Anwendungen darstellt mit einer Nutzung von 95 % der Befragten „täglich oder beinahe täglich". Dagegen fällt die Nutzung von Tabellenkalkulations-, Präsentations- und Bildbearbeitungsprogrammen differenzierter dar und verteilt sich auf die verschiedenen Nutzungshäufigkeiten („täglich oder beinahe täglich", „mehrmals die Woche", „mehrmals im Monat" und „nie"). Anwendungen, die privat dagegen kaum genutzt werden, sind Video- und Audiobearbeitungsprogramme, und wie zu erwarten ist Programmierumgebungen, Datenbankanwendungen sowie Computerspiele. Interessant fällt die private Nutzung sozialer Netzwerke aus: Hier teilt sich die Gruppe in einige, die diese viel („täglich und „beinahe täglich") bis hin zu einer größeren Anzahl die diese „nie" nutzen mit mittleren Werten für „mehrmals in der Woche" und „mehrmals im Monat".

Im Unterschied zur privaten Mediennutzung fällt die schulische anders aus: Während sich die Nutzung von Video- und Audiobearbeitungsprogrammen sowie von Programmierumgebungen auch hier auf niedrigem Niveau bewegt, so fällt die Nutzung von anderen Anwendungen wie z.B. Textverarbeitungs-, Tabellenkalkulations- und Bildbearbeitungsprogrammen, dem Internet sowie Datenbanken und Computerspiele nochmals niedriger aus als in der privaten Nutzung und auch die schulischen Lernmanagementsysteme werden nur bedingt eingesetzt (fast 44 % nutzen diese nie, 23 % mehrmals im Monat und jeweils ca. 17 % „mehrfach die Woche" oder „täglich oder beinahe täglich"). Erste Hypothesen und Ergebnisse vergleichbarer Studien lassen vermuten, dass dieser Unterschied auch mit der schulischen Medienausstattung zusammenhängt (z.B. Bos et al. 2014a und 2014b). Im Rahmen der offenen Befragung bestätigten die Lehrkräfte diese These und nannten vor allem Unsicherheiten in Bezug auf das Urheberrecht und Datenschutz gefolgt von der oft unzureichenden digitalen Infrastruktur an den Schulen als die wichtigsten Hemmnisse für den Einsatz digitaler Medien. Die Ergebnisse der ersten Befragung zeigten, dass die Nutzung von Rechnern zum großen Teil in Computerräumen stattfindet und nur zum Teil über Notebooks/Laptops erfolgt, die auf mobilen Wägen als Klassensätze oder direkt im Unterrichtsraum verfügbar sind. Der Einsatz von Tablets wurde so gut wie gar nicht genannt. Auch in der offenen Befragung wurde vor allem die mangelnde technische Ausstattung an den Schulen bemängelt, die zwar vorhanden, aber häufig nicht auf dem neusten Stand sei. Auch wurde die mangelnde Ausstattung und Verfügbarkeit schneller WLAN-Accesspoints mehrfach Hemmnis für eine intensivere Mediennutzung genannt.

Mediennutzung, Einstellungen und Mehrwerte
Die schulische Medienausstattung kann jedoch nicht als einziger Faktor zur Erklärung der Mediennutzung herangezogen werden. So wurde auch die Einstellung der Lehrkräfte zu Computern und deren Einfluss auf den Einsatz

digitaler Medien im Unterricht untersucht. Hier zeigte sich, dass eine positivere Einstellung zu Computern (z. B. deren Wahrnehmung als „nützliches Werkzeug") mit einer höheren Nutzung von Medienanwendungen wie z. B. von Lernmanagementsystemen und Wikis verbunden ist. Lehrkräfte, die dagegen eine negativere Einstellung zu Computern haben, setzen diese Anwendungen auch weniger ein. Dies zeigte sich in der Befragung z. b. über deren Einschätzung des Computers als „unbeeinflussbare Technologie". Zudem zeigte sich auch, dass eine positive Einstellung zu Computern mit einer höheren Sicherheit im Umgang mit Computern einhergeht und vice versa. Und Lehrkräfte, die eine höhere subjektive Sicherheit in Bezug auf die Nutzung von Computern haben, nutzen diese auch verstärkt.

Gefragt nach den Potenzialen, die die Lehrkräfte mit dem Einsatz digitaler Medien im Unterricht verbinden, wurden im Rahmen der offenen Befragung vor allem Möglichkeiten zur Informationsbeschaffung aus dem Internet und zur Gestaltung und Veranschaulichung von Inhalten genannt sowie die Unterstützung des Erwerbs und der Entwicklung überfachlicher Kompetenzen und die Umsetzung selbstregulierter Lernprozesse. In Bezug auf den Einsatz von Lernplattformen nannten die Lehrenden vor allem die Umsetzung formativer Assessments zur Selbstüberprüfung durch den Lernenden ebenfalls als selbstregulierte Lernmöglichkeiten für die Schüler.

Folgerungen für Lehrerfortbildungen und Bewertung der Fortbildung
Eine Folgerung, die für die Gestaltung von Lehrerfortbildungen, die darauf abzielen, den Einsatz digitaler Medien im Schulunterricht zu fördern, abgeleitet werden kann, besteht darin, diese gezielt auf die Erhöhung der Handlungssicherheit im Umgang mit digitalen Medien und deren Erfahren als „nützliches Werkzeug" statt als „unbeeinflussbare Technologie" auszurichten und das Erleben von Nützlichkeit und Beeinflussbarkeit digitaler Medien im Unterricht im Rahmen solcher Fortbildungen sicherzustellen. Dies kann nicht alleine durch Anwendungsschulungen, sondern auch durch die Darstellung von erfolgreichen Unterrichtskonzepten, die mit Hilfe digitaler Medien realisiert wurden, erreicht werden.

Dass die Fortbildung selbst viele der gesteckten Ziele erreicht hat, zeigten die Ergebnisse der Postbefragung: Die Teilnahme an der Fortbildung hatte einen positiven Einfluss auf die Mediennutzung im schulischen Kontext. Knapp 70 % der Personen geben an, dass sich das Verhalten in Bezug auf die Mediennutzung verändert hat, nämlich in der Richtung, dass eine häufigere Nutzung von Online-Tools stattfindet sowie mehr Mut da ist, neue Programme auszuprobieren. Vor allem bei netzwerkbezogenen Anwendungen wie z. B. den Einsatz des Lernmanagementsystems und von Wikis waren am Ende der Fortbildung die deutlichsten Anstiege zu verzeichnen. Außerdem kann anhand der Angaben festgehalten werden, dass die Nutzung von Online-Tools wie Plickers und Prezi zugenommen hat, wobei auch mehr Lernprodukte mit Apps größere Anwendung finden. In der Laufzeit der Fortbildung ist zudem die Nutzung von Laptops im Unterricht ist leicht zurückgegangen, zugunsten einer stärkeren Nutzung von Tablets.

Auch bei den Einstellungen zu Computern konnten signifikante Veränderung verzeichnet werden: die Ergebnisse der Post-Befragung machen deutlich, dass die Schwierigkeiten im Umgang mit Computer aus und damit verbundene Befürchtungen deutlich nachgelassen haben und der Computer weniger als eine „persönlich unkontrollierbare Maschine" und „gesellschaftlich unbeeinflussbare Technologie" wahrgenommen wird.

4 Zusammenfassung und Ausblick

Die obigen Ergebnisse untermauern den Bedarf ausreichenden schulischen Infrastruktur, die auch modernen Standards standhält und bestätigten damit vergleichbare Studien zu Medienausstattungen an Schulen (Bos et al. 2014). Auch zeigt sich, dass die Ausstattung z.B. mit Tablets noch nicht zu deren Einsatz im Unterricht führt und oftmals noch eher klassische digitale Medien, wie Computerräume bzw. Laptops genutzt werden. Dies weist darauf hin, dass die Ausstattung mit entsprechenden Endgeräten auch mit der Entwicklung entsprechender Unterrichtskonzepte verbunden werden sollte und einer höheren Sicherheit der Lehrkräfte im Bereich von Rechtsfragen und Datenschutz.

Auf interessante Zusammenhänge weisen die Ergebnisse bezüglich der Computerängstlichkeit und Einstellungen zu Computern, die auf neue Anknüpfungspunkte in entsprechenden Lehrerfortbildungen hinweisen die ebenfalls über die Vermittlung von praktischem Handlungswissen der Gerätenutzung hinausgehen und die mit der Nutzung digitaler Medien verbundenen potentiellen Mehrwerte und subjektive Haltungen zum Ausgangspunkt nehmen.

Literatur

Arbeitsgruppe Neue Medien in der universitären Lehrerbildung (2005). *Standards und Modulstruktur für ein informations- und medienpädagogisches Studienangebot.* Erstellt/zusammengefasst von Werner Sesink. Internes Arbeitspapier. Darmstadt.
Arn, C. (2016). *Agile Hochschuldidaktik.* Weinheim/Basel: Beltz Juventa.
Aufenanger, S. (2001). Multimedia und Medienkompetenz – Forderungen an das Bildungssystem. In S. Aufenanger, R. Schulz-Zander & D. Spanhel (Hrsg.), *Jahrbuch Medienpädagogik 1* (S. 109–122). Opladen: Leske + Budrich.
Baumgartner, P. & Bauer, R. (2012). Didaktische Szenarien mit E-Portfolios gestalten: Mustersammlung statt Leitfaden. In G. Csanyi; F. Reichl & A. Steiner (Hrsg.).

Digitale Medien – Werkzeuge für exzellente Forschung und Lehre (S. 383–392). Münster u. a.: Waxmann.
Berg, I. K.; Shilts L. (2005). *Der WOW Ansatz,* Winterthur.
Blömeke, S. (2001). Analyse von Konzepten zum Erwerb medienpädagogischer Kompetenz – Folgerungen aus den Ansätzen von Dieter Baacke und Gerhard Tulodziecki. In B. Bachmair, D. Spanhel, C. de Witt (Hrsg.), *Jahrbuch Medienpädagogik* (S. 27–47). Opladen: Leske + Budrich.
Bos, W.; Eickelmann, B. & Gerick, J.; (Hrsg.) (2014a). *ICILS 2013 auf einen Blick.* Münster: Waxmann.
Bos, W.; Eickelmann, B.; Gerick, J.; Goldhammer, F.; Schaumburg, H. & Schwippert, K. (Hrsg.) (2014b). *ICILS 2013: Computer- und informationsbezogene Kompetenzen von Schülerinnen und Schülern in der 8. Jahrgangsstufe im internationalen Vergleich.* Münster: Waxmann.
Bremer, C. (2010). Projekt Lehr@mt: Medienkompetenz als phasenübergreifender Qualitätsstandard in der hessischen Lehrerbildung. In T. Knaus, O. Engel (Hrsg.): *Framediale – Digitale Medien in Bildungseinrichtungen* (S. 87–97). München: kopaed.
Bremer, C. (2015). Medienkompetenz in der hessischen Lehrerbildung. In M. Schiefner-Rohs; C. Tutor Gomez & C. Menzer (Hrsg.), *Lehrer – Bildung – Medien. Herausforderungen für die Entwicklung und Gestaltung von Schule* (S. 43–56). Baltmannsweiler, Schneider Verlag Hohengehren.
Bundesministerium für Bildung und Forschung (Hrsg.) (2010). *Kompetenzen in einer digital geprägten Kultur. Medienbildung für die Persönlichkeitsentwicklung, für die gesellschaftliche Teilhabe und für die Entwicklung von Ausbildungs- und Erwerbsfähigkeit.* Bonn, Berlin.
Burow, O.-A. (2014). *Digitale Dividende. Ein pädagogisches Update für mehr Lernfreude und Kreativität in der Schule.* Weinheim/Basel: Beltz Verlag.
De Shazer, S. (2009). *Worte waren ursprünglich Zauber. Von der Problemsprache zur Lösungssprache.* Heidelberg: Carl Auer.
Dubs, R. (1995). Konstruktivismus: Einige Überlegungen aus Sicht der Unterrichtsgestaltung. *Zeitschrift für Pädagogik* 41, 889–903.
Duffy, T. M. & Jonassen, D. h. (1992) (Hrsg.). *Constructivism and the Technology of Instruction. A Conversation.* Hillsdale: Erlbaum.
Gapski, H. (2001). *Medienkompetenz. Eine Bestandsaufnahme und Vorüberlegungen zu einem systemtheoretischen Rahmenkonzept.* Wiesbaden: Westdeutscher Verlag.
Gerstenmaier, J. & Mandl, H. (1995). Wissenserwerb unter konstruktivistischer Perspektive. *Zeitschrift für Pädagogik* 6, 867–888.
Herzig, B. & Grafe, S. (2007). *Digitale Medien in der Schule. Standortbestimmung und Handlungsempfehlungen für die Zukunft.* Bonn: Deutsche Telekom AG.
Jackson, P. Z. & Waldman, J, (2012). *Positive Gespräche: die Kunst konstruktiver Gespräche mit Lösungsfokus.* Aus dem Engl. von Netti Kutsche-Roch und Thomas Roch. Berlin: Pro Business.
Kultusministerkonferenz (2012). *Medienbildung in der Schule.* Beschluss der Kultusministerkonferenz vom 8. März 2012. https://www.kmk.org/fileadmin/Dateien/veroeffentlichungen_beschluesse/2012/2012_03_08_Medienbildung.pdf, 24.3.2017.

Kultusministerkonferenz (2016). *Strategie der Kultusministerkonferenz „Bildung in der digitalen Welt"*. https://www.kmk.org/fileadmin/Dateien/pdf/PresseUnd Aktuelles/2016/Bildung_digitale_Welt_Webversion.pdf, 24.3.2017.

Lübeck, D. (2009). *Lehransätze in der Hochschullehre*. Unveröffentlichte Dissertation. Berlin: Freie Universität.

Lueger, G. (2014). *Die Potenzialfokussierte Schule*. Wien: Verlag Dr. Günter Lueger.

Mayring, P. (2010). Qualitative Inhaltsanalyse. In: Mey & Mruck (Hrsg.), *Handbuch Qualitative Forschung in der Psychologie* (S. 601-613). Wiesbaden: VS Verlag für Sozialwissenschaften.

Meier, D. & Szabo, Peter (2008). *Coaching erfrischend einfach. Einführung ins lösungsorientierte Kurzzeitcoaching*. Luzern: Books on Demand.

Rammstedt, B.; Kemper, C. J.; Klein, M. C.; Beierlein, C. & Kovaleva, A. (2013): Eine kurze Skala zur Messung der fünf Dimensionen der Persönlichkeit. *Methoden, Daten, Analysen* 7(2), 233–249.

Reich, K. (2005). *Systemisch-Konstruktivistische Pädagogik*. Weinheim/Basel: Beltz-Verlag.

Richter, T.; Naumann, J. & Horz, H. (2010). Eine revidierte Fassung des Inventars zur Computerbildung (INCOBI-R). *Zeitschrift für Pädagogische Psychologie* 24(1), 23–37.

Tulodziecki, G. (1997). Neue Medien – neue Aufgaben für die Lehrerausbildung. In: G. Tulodziecki, S. Blömeke (Hrsg.), *Neue Medien neue Aufgaben für die Lehrerausbildung* (S. 155–160). Gütersloh: Bertelsmann Stiftung.

Tulodziecki, G. (1998). Entwicklung von Medienkompetenz als Erziehungs- und Bildungsaufgabe. *Pädagogische Rundschau* 52(6), 693–709.

Tulodziecki, G. & Blömeke, S. (1997). *Neue Medien neue Aufgaben für die Lehrerausbildung*. Gütersloh: Bertelsmann Stiftung.

William, Dylan (2011). What is assessment for learning? *Studies in Educational Evaluation* 37(1), 3–14.

Norbert Pengel, Andreas Thor, Peter Seifert, Heinz-Werner Wollersheim

Digitalisierte Hochschuldidaktik: Technologische Infrastrukturen für kompetenzorientierte E-Assessments

Zusammenfassung

In diesem Beitrag werden mit dem E-Assessment-Literacy-Tool *EAs.LiT* und dem Peer-Assessment-Tool *PAssT!* zwei plattformunabhängige Werkzeuge präsentiert, die hochschuldidaktisch bereits bekannte Verfahren workflowbasiert abbilden und zur Etablierung hochschulübergreifender Qualitätsstandards im Bereich E-Assessment beitragen sollen. *EAs.LiT* unterstützt bei der Formulierung von Learning Outcomes (Constructive Alignment), der darauf basierenden Erstellung und Begutachtung von Aufgaben sowie der kriterienbasierten semi-automatischen Zusammenstellung gleichwertiger E-Assessments. *PAssT!* bildet für Lernformate, in denen forschungs- und arbeitsmethodische Kompetenzen sowie der Erwerb kollaborativer und kommunikativer Kompetenzen im Hinblick auf wissenschaftliches Arbeiten zentral sind, den Workflow eines mehrstufigen studentischen Peer-Review-Prozesses auf Basis vorher gemeinsam festgelegter Kriterien ab, an dessen Ende eine Vorschlagsbewertung von Studienleistungen durch Studierende vorliegt.

1 Hochschuldidaktische Perspektive: Constructive Alignment und Assessment Literacy

Ein wesentliches Potential der Digitalisierung für die Hochschulbildung liegt darin, trotz großer Studierendenzahlen ein studierendenzentriertes und kompetenzorientiertes Studium zu ermöglichen. Eine Voraussetzung für die Entwicklung digitalisierter Hochschulen liegt in der hochschuldidaktisch fundierten technologischen Infra- und Supportstruktur, welche die Basis für verschiedene Lern- und Prüfungsszenarien vor dem Hintergrund des *shift from teaching to learning* darstellt. Die damit verbundene *Kompetenzorientierung* und *Studierendenzentrierung* als hochschuldidaktisch zentrale Themen des Bologna-Prozesses (Wildt & Wildt 2011) verlangen von Hochschullehrenden die Bereitstellung einer Lernumgebung, die Voraussetzungen für selbstorganisiertes und aktives Lernen schafft. Damit Studierende ihren Lernprozess entsprechend organisieren können, benötigen sie Informationen darüber „[…] what the individual knows, understands and is able to do on completion of a learning process. The achievement of learning outcomes has to be assessed through procedures based on clear and transparent criteria. Learning outcomes are attributed to individual educational components and to programmes at a whole" (European Union 2015, 10). Da Assessments das Lernverhalten von Studierenden auf verschiedenen Ebenen stark beeinflussen können (Cilliers, Schuwirth, Adendorff, Herman & Van der Vleuten 2010, Reeves 2006, Biggs & Tang 2011), kann durch eine sichtbare Kohärenz von intendierten Learning Outcomes, Lernprozess und Assessments dazu beigetragen werden, dass Studierende ihre Lernprozesse aktiv daran ausrichten. Diese Kohärenz von Lernprozessen und Assessments an Hochschulen (Constructive Alignment) bietet für die Studierenden den Rahmen für einen selbstorganisierten, aktiven und interaktiven Lernprozess (Klieme & Hartig 2007, Biggs 2003, Crisp 2011, Reinmann 2014, Brown et al. 2015, Erpenbeck & Sauter 2016).

Das Fachgutachten zur Kompetenzorientierung in Studium und Lehre für die HRK (Schaper 2012) hat hinsichtlich einer konsequenten Umsetzung von Kompetenzorientierung auf Defizite der Hochschullehre im Hinblick auf die kohärente Planung und Durchführung von Lehrveranstaltungen und Assessments hingewiesen. In diesem Zusammenhang können E-Assessments zu einem Instrument der Qualitätssteigerung entwickelt werden. Dabei spielt die Standardisierung von Prozessen und ihre konsequente Umsetzung in technologische Infrastruktur zur Prüfungserstellung, -durchführung und zum Prüfungsmanagement eine entscheidende Rolle für die Entwicklung sächsischer Hochschulen.

Das sowohl personell als auch organisatorisch-institutionell verankerte, strukturierte Wissen um (1) die Rolle, Wirkung und Bedeutung von Prüfungen in Lehr-Lern-Arrangements im Zusammenhang des Constructive Alignment (CA), (2) die kompetenzorientierte Gestaltung von Hochschulprüfungen, (3) die Verbesserung der Validität von Hochschulprüfungen, (4) die Sicherung der Qualität von Prüfungsaufgaben durch prüfungsdidaktisch und aufgabentechnisch optimierte Gestaltung und (5) die Sicherung der Qualität des gesamten Prüfungsprozesses durch die Optimierung des Workflows wird hier unter dem Begriff *Assessment Literacy* zusammengefasst. In Verbindung mit technischen und personellen Unterstützungsstrukturen sowie dem hochschulübergreifenden Wissens- und Erfahrungsaustausch von Lehrenden, u. a. in Form „fachspezifischer Kooperation bei der Erstellung ... von digitalen Prüfungsinhalten (insbesondere bei der ressourcenintensiven Entwicklung von Fragenpools)" (HFD 2015, 9), kann die Entwicklung und Verbreitung von *Assessment Literacy* zur Etablierung hochschulübergreifender Qualitätsstandards im Bereich E-Assessment beitragen. *E-Assessment-Literacy* konkretisiert dieses Konzept für technologiebasierte Assessments vor dem Hintergrund der Verknüpfung von Hochschuldidaktik, technologischer Infrastruktur und Hochschullehrenden.

2 E-Assessment-Literacy-Tool *EAs.LiT*

Um vor dem Hintergrund stark gestiegener Studierendenzahlen die Konzeption und Auswertung von E-Assessments qualitätsgesichert zu gestalten, wurde unter der Berücksichtigung der Konzepte *Constructive Alignment (CA)* und *Assessment Literacy* das plattformunabhängige, web-basierte E-Assessment-Literacy-Tool *EAs.LiT* im Rahmen eines vom Sächsisches Staatsministerium für Wissenschaft und Kunst (SMWK) geförderten Verbundprojekts entwickelt[1]. Es dient der kollaborativen, qualitätsgesicherten Erstellung von Aufgaben (Items) für E-Assessments[2].

Die bisher aus Learning-Management-Systemen (LMS) und Prüfungsplattformen bekannten Elemente zur Item-Erstellung wurden um die Definition von intendierte Learning Outcomes (ILO) und Anforderungsstufen sowie thematische Einordnung erweitert. Ein Begutachtungsprozess ermöglicht die Erstellung strukturierter Reviews zur Sicherung der Item-Qualität hinsichtlich fachlicher Richtigkeit, Relevanz und Formulierung. Des Weiteren unterstützt *EAs.LiT* die Erstellung von Item-Pools für Prüfungen durch eine interaktive, mehrdimensionale Datenexploration innerhalb des Item-Bestands basierend auf Strukturplänen für Prüfungen (Blueprints).

Vor der *Item-Erstellung* ist entsprechend dem CA die Formulierung von ILO vorgesehen. ILO sind konkrete und messbare Kompetenzen, welche sich auf einen konkreten Inhalt beziehen, thematisch kategorisiert werden und jeweils einer Anforderungsstufe bzgl. der Lernzieltaxonomie nach Anderson und Krathwohl (2001) zugeordnet sind. *EAs.LiT* unterstützt die Formulierung von ILO durch Textbausteine, z. B. für Einleitungssätze („Die Studierenden sind nach Abschluss der Lehrveranstaltung in der Lage, ...") sowie dem Bereitstellen von zur Anforderungsstufe passender Superverben (z. B. berechnen, prüfen oder übertragen für die Anforderungsstufe *Anwenden*). Zusätzlich zur Anforderungsstufe erlaubt *EAs.LiT* die Charakterisierung der Wissensdimension (Fakten-, Konzept- oder Prozesswissen), welche vom ILO adressiert wird. Um ein Item zu erstellen, kann ein ILO sowie ein *Item-Typ* ausgewählt werden.[3] Zusätzlich wird jedes Item einer Anforderungsstufe und Wissensdimension zugeordnet. Abschließend wird jede Frage thematisch klassifiziert. Die Zuordnung dieser Metadaten sind notwendig für die kriterienorientierte Zusammenstellung von Items für ein Assessment.

---

1 Verbundprojekt „Die Weiterentwicklung von E-Assessments für digitalisierte Hochschulen: Grundlegung und Verbreitung von E-Assessment-Literacy" (01.09.2015-31.12.2016)
2 Quellcode: https://github.com/andreas-thor/eal. Weitere Informationen unter http://www.easlit.de.
3 Der derzeitige EAs.LiT-Prototyp unterstützt die Item-Typen Single Choice und Multiple Choice; weitere Item-Typen werden perspektivisch ergänzt.

Der Prozess der *Item-Erstellung* wird durch ein *Peer-Review-Verfahren* begleitet, um die Qualität der Items zu gewährleisten. Wesentlicher Bestandteil ist die Einschätzung der Item-Bestandteile Vignette, Aufgabe und Antwortoptionen bzgl. fachlicher Richtigkeit, Relevanz für das ILO sowie Formulierung.

Die *Item-Verwaltung* wird arbeitsgruppenspezifisch durch eine Übersicht über alle Aufgaben mit wichtigen Attributen und Metadaten (u.a. Titel, Anforderungsstufe, Review-Status) sowie einen *Item-Explorer* und einen *Blueprint-Generator* ermöglicht. Letztere erlauben es, effektiv *Item-Pools* nach verschiedenen Kriterien zu generieren. Dadurch ist es möglich, (bedingungs-)äquivalente und hinreichend verschiedene Item-Pools automatisch generieren zu lassen, um insbesondere Prüfungen mit großen Kohorten in begrenzt-großen E-Assessment-Räumen durchführen zu können.

Der gesamte Prozess wird während der Bearbeitung versioniert, sodass jederzeit Änderungen nachvollzogen und rückgängig gemacht werden können. Erstellte Items lassen sich als *Item-Pool* für verschiedene LMS exportieren und dort für Prüfungen verwenden; bereits in einem LMS vorhandene Items können importiert und in *EAs.LiT* weiterverarbeitet werden.

3 Peer-Assessment-Tool *PAssT!*

Neben der inhaltlichen Aneignung von Wissensdomänen sind an Hochschulen forschungs- und arbeitsmethodische Kompetenzen sowie der Erwerb kollaborativer und kommunikativer Kompetenzen im Hinblick auf wissenschaftliches Arbeiten zentral. Vor dem Hintergrund des CA erfordern Module, die in diesem Maße akademische Kompetenzentwicklung fokussieren, komplexe, authentische Prüfungssituationen, die die Handlungsdimensionen in den Blick nehmen und Teil des studentischen Lernprozesses sind.

Peer-Assessments, hier verstanden als die (Vorschlags-)Bewertung von Studienleistungen durch Studierende, fördern die aktive Beschäftigung mit dem Lernstoff in komplexer Weise, schärfen das Bewusstsein für die Qualität eigener wissenschaftlicher Arbeit und fördern die Kompetenz von Studierenden im Bereich Wissenschaftskommunikation. Durch das Commitment über die Begutachtungskriterien wird der Bewertungsprozess transparent, die subjektiv erlebte Relevanz der Aufgabe kann erhöht und die Qualität des Feedbacks im Lernprozess erheblich verbessert werden. Neben diesem positiven Effekt auf den Lernprozess (Cartney 2010) sind positive Auswirkungen auf die Qualität des begutachteten Artefakts bekannt (Cho & MacArthur 2010). Das kompetenzorientierte Feedback der Peers kann die intrinsische Motivation und damit die erlebte Selbstbestimmung der Studierenden erheblich steigern (Reeve, Ryan, Deci, & Jang 2007).

PAssT! bündelt den erheblichen organisatorischen Aufwand für Peer-Assessment-Szenarien in einem Tool und ermöglicht es Hochschullehrenden, Lernen als sozialen Prozess niedrigschwelliger adressieren zu können. Es ist zum einen unabhängig von LMS einsetzbar und ermöglicht zum anderen diverse, auch pseudonymisierte Anwendungsszenarien durch die Verarbeitung verschiedener Artefakte.

Im Rahmen des Projektseminars „Analyse laufender Forschungsvorhaben" im Masterstudiengang „Begabungsforschung und Kompetenzentwicklung"[4] der Universität Leipzig werden seit einigen Semestern Peer-Assessments genutzt, um Studierende bei der Erstellung der Exposés ihrer Abschlussarbeiten zu begleiten. Studierende begutachten untereinander die Exposés ihrer Abschlussarbeiten auf Basis vorher gemeinsam festgelegter Kriterien in einem zweistufigen Verfahren.[5] Die Reviews der Studierenden stellen Vorschlagsbewertungen dar, die vom Seminarleiter supervidiert und bestätigt oder ggf. verändert werden. Studierende erhalten Punkte für ihre Exposés (vergeben durch die Reviewer) und die durch sie selbst angefertigten Reviews (vergeben durch den Seminarleiter). Ein sehr gutes oder exzellentes Ergebnis ist daher nur auf der Basis guter Exposés *und* guter Reviews zu erzielen. Die Studierenden arbeiten sich in ihrer Rolle als Reviewer mit hohem Aufwand in die Thematik des Exposés ein, welches sie begutachten sollen. Für die Studierenden in ihrer Rolle als Autor bedeutet das einen zusätzlichen Nutzen: sie erhalten zwei detaillierte und elaborierte Feedbacks sehr zeitnah zur Einreichung ihrer Exposés. Durch das zweistufige Reviewverfahren verbessern die Studierenden im Laufe des Semesters darüber hinaus ihre Fähigkeiten zur fachwissenschaftlichen Kommunikation, konstruktiven Kritik und kollegialen Zusammenarbeit in Wissenschaftsnetzwerken, die für den späteren beruflichen Alltag typisch sind.

PAssT![6] ermöglicht u. a. die Anpassung der Begutachtungskriterien, die Sammlung und Zeitsteuerung des Uploads der Texte und Abgabe der Reviews, informiert die Studierenden in ihren Rollen als Autor und Reviewer über den Prozessablauf, gewährleistet die Verwaltung der Reviews und der Punkte sowie die Dokumentation der Ergebnisse. Es ist bereits an der Universität Leipzig und der Technischen Universität Dresden verfügbar.[7]

---

4 http://home.uni-leipzig.de/masterbuk/ (10.07.2017)
5 Die Anzahl der Reviewer und Reviewstufen ist in *PAssT!* frei konfigurierbar.
6 Entwicklung im SMWK-Verbundprojekt „Neue Lehr-/Lernkulturen für digitalisierte Hochschulen" (01.09.2015-31.12.2016)
7 http://passt.mz.tu-dresden.de (10.07.2017) Bereitstellung des Webportals für weitere Hochschulen in Verbindung mit der Anknüpfung an das universitäre ID-Management via DFN möglich

4 Zusammenfassung und Ausblick

Ein wesentliches Potential digitalisierter Hochschulbildung liegt in der Nutzung von Technologien zur Vernetzung von Akteuren und Qualitätssicherung von Prozessen. In diesem Beitrag wurden zwei technologische Umsetzungen vorgestellt, die – entsprechend dem Leitgedanken eines offenen sächsischen Lernraums – zur Etablierung hochschuldidaktischer Qualitätsstandards beitragen sollen. Voraussetzung für die weitere Distribution ist u. a. die Kooperationsbereitschaft weiterer Rechenzentren, Datenschutzbeauftragten und E-Learning-Support-Einrichtungen.

Die Orientierung am *shift from teaching to learning* und *CA* stellt weiterhin einen Schwerpunkt von Vorhaben im Bereich technologiegestütztes Lernen und Prüfen dar. Um Erkenntnisse über die Bedeutung hochschuldidaktischer Ansätze für den Lernprozess zu erlangen, sollen zukünftig Lern- und Prüfprozesse durch geeignete Verfahren der Datenanalyse begleitet werden.

Literatur

Anderson, G. & Krathwohl, D. R. (2001). *A Taxonomy for Learning, Teaching, and Assessing. A Revision of Bloom's Taxonomy of Educational Objectives.* New York: Longman.

Biggs, J. (2003): *Aligning teaching for constructing learning.* URL: https://www.heacademy.ac.uk/sites/default/files/resources/id477_aligning_teaching_for_constructing_learning.pdf [14.03.2017].

Biggs, J. & Tang, C. (2011). *Teaching for quality learning at university. What the student does.* Maidenhead: McGraw-Hill and Open University Press.

Brown, M., Dehoney, J., Millichap, N. (2015). *The Next Generation Digital Learning Environment. A Report on Research.* URL: https://library.educause.edu/~/media/files/library/2015/4/eli3035-pdf.pdf [20.03.2017].

Cartney, P. (2010). Exploring the use of peer assessment as a vehicle for closing the gap between feedback given and feedback used. In: *Assessment and Evaluation in Higher Education*, 35(5), 551–564. URL: http://www.library.uwa.edu.au/__data/assets/pdf_file/0006/1888458/Cartney.pdf [11.03.2017].

Cilliers, F. J., Schuwirth, L. W., Adendorff, H. J., Herman, N. & van der Vleuten, C. P. (2010). The mechanism of impact of summative assessment on medical students' learning. *Advances in health sciences education.* 15(5), 695-715. URL: http://www.ncbi.nlm.nih.gov/pmc/articles/PMC2995206/pdf/10459_2010_Article_9232.pdf [10.03.2017].

Cho, K. & MacArthur, C. (2010). Student revision with peer and expert reviewing. In: *Learning and Instruction,* 20(4), 328–338. URL: http://ac.els-cdn.com/S0959475209000747/1-s2.0-S0959475209000747-main.pdf?_tid=de4929c6-177a-11e6-8001-00000aacb35e&acdnat=1462972896_207109f77d68adac-5cf472ef9253003d [10.03.2017].

Crisp, G. T. (2011). *Teacher's Handbook on e-Assessment. A handbook to support teachers in using e-assessment to improve and evidence student learning and outcomes.* URL: http://transformingassessment.com/sites/default/files/files/Handbook_for_teachers.pdf. [20.03.2017].

Erpenbeck, J. & Sauter, W. (2016). *Stoppt die Kompetenzkatastrophe. Wege in eine neue Bildungswelt.* Wiesbaden: Springer.

European Union (2015). *ECTS Users' Guide.* Luxembourg: Publications Office of the European Union. URL: http://ec.europa.eu/education/library/publications/2015/ects-users-guide_en.pdf [19.03.2016].

HFD (2015). *E-Assessment als Herausforderung. Handlungsempfehlungen für Hochschulen.* (Arbeitspapier 2) URL: http://www.hochschulforumdigitalisierung.de/sites/default/files/downloads/HFD_E-Asessment_als_Herausforderung_Handlungsempfehlungen_fuer_Hochschulen.pdf [21.03.2017].

Klieme, E. & Hartig, J. (2007). Kompetenzkonzepte in den Sozialwissenschaften und im empirischen Diskurs. In: M. Prenzel et al. (Hrsg.): *Kompetenzdiagnostik.* Zeitschrift für Erziehungswissenschaft Sonderheft 8 (S. 11-29). Wiesbaden: VS Verlag.

Reeve, J., Ryan, R. M., Deci, E. L. & Jang, H. (2007). Understanding and promoting autonomous self-regulation: A self-determination theory perspective. In: Schunk, D. h. & Zimmerman, B. J. (Hrsg.), *Motivation and self-regulated learning: Theory, research, and application.* Mahwah, NJ: Lawrence Erlbaum Associates Publishers, 223–244.

Reeves, T. C. (2006). How do we know they are learning? The importance of alignment in higher education. *International Journal of Learning Technology*, 2 (4), 294-309. URL: http://net.educause.edu/ir/library/pdf/eli08105a.pdf [20.03.2017].

Reinmann, G. (2014). *Prüfungen und forschendes Lernen.* URL: http://gabireinmann.de/wpcontent/uploads/2014/12/Artikel_Pruefungen2_ForschendesLernen_Dez14_Preprint.pdf [20.03.2017].

Schaper, N. (2012). *Fachgutachten zur Kompetenzorientierung in Studium und Lehre.* Hochschulrektorenkonferenz Projekt nexus. URL: http://www.hrk-nexus.de/fileadmin/redaktion/hrk-nexus/07-Downloads/07-02-Publikationen/fachgutachten_kompetenzorientierung.pdf [15.03.2017].

Wildt, J. & Wildt, B. (2011). Lernprozessorientiertes Prüfen im „Constructive Alignment". In: Berendt, B., Voss, H.-P. & Wildt, J. (Hrsg.): *Neues Handbuch Hochschullehre. Lehren und Lernen effizient gestalten.* [Teil] H. Prüfungen und Leistungskontrollen. Weiterentwicklung des Prüfungssystems in der Konsequenz des Bologna-Prozesses. (H6.1, 46). Berlin.

Petra Bauer, Jasmin Bastian, Thomas Peterseil, Tim Riplinger

MINE. Mobile Learning in Higher Education

Zusammenfassung

In vielen Bereichen des informellen und non-formalen Lernens ist der Einsatz von Mobile Learning ein fixer Bestandteil. Im Bereich des formalen Lernens an Hochschulen gibt es allerdings einen hohen Bedarf an didaktischen Einsatzszenarien zur Nutzung dieser neuen Technologien (Hochschulforum Digitalisierung 2015). Dabei wird Mobile Learning durch den Einsatz unterschiedlicher mobiler Endgeräte wie Smartphones, Tablets und Notebooks definiert (Gikas & Grant 2013). Berücksichtigung findet auch die Nutzung von freien und offenen Wissensressourcen sowie das räumlich und zeitlich flexible Lernen und Arbeiten. Zusätzlich sind die Entwicklung einer offenen Feedbackkultur und neue Formen der Leistungsfeststellungen ein wichtiger Bestandteil (Sung, Chang & Liu 2016). Das europäische Lehr- und Forschungsprojekt *MINE – Mobile Learning in Higher Education* leistet einen Beitrag zur aktuellen Debatte um die Potenziale mobilen Lernens an Hochschulen und trägt zur Entwicklung von Lehr- und Lernszenarien für diesen Bereich bei.

1 Ziele des Projekts

Das Projekt hat das Ziel, in einem ersten Schritt Grundstrukturen für mobile Lernszenarien in der Hochschullehre zu erarbeiten bzw. zu adaptieren und didaktisch aufzubereiten. Diese werden in einem zweiten Schritt an den teilnehmenden Institutionen umgesetzt und evaluiert. Die Ergebnisse werden in Form einer Szenariensammlung publiziert (OER). Grundsätzlich sollen die Szenarien möglichst praxisnah, niedrigschwellig umsetzbar und an unterschiedlichste Fachinhalte anpassbar sein. Darüber hinaus werden Studierende von Anfang an in die Erprobung und Evaluation eingebunden, denn das Ziel der Ermöglichung von Mobile Learning ist vor allem die Steigerung der Partizipation der Lernenden am Lernprozess.

Basierend auf diesen Ergebnissen wird ein Curriculum für Lehrende an Hochschulen erstellt (OER), das die für den Einsatz von mobilem Lernen notwendigen Kompetenzen umfasst. An allen teilnehmenden Institutionen werden anschließend Kurse durchgeführt, in denen diese Kompetenzen vermittelt werden. Lehrbeispiele (Szenarien) sollen Lehrenden dabei helfen, Elemente des mobilen Lernens in ihre eigenen Lehrveranstaltungen einzubauen und somit eine Entwicklung zum selbstorganisierten und selbstgesteuerten Lernen zu ermöglichen.

Übergreifendes Ziel ist – neben der Entwicklung der Materialien – die Veränderung der Lehre und der Rolle von Lehrenden und Lernenden. Damit geht es im Schwerpunkt auch um den Erwerb von Kompetenzen zum selbstgesteuerten und selbstorganisierten Lernen.

2 Strategische Partnerschaft

Das dreijährige Projekt wird durch Erasmus+ gefördert und im Rahmen einer strategischen Partnerschaft von europäischen Hochschulen realisiert: Pädagogische Hochschule Oberösterreich, Linz, Österreich; University Aberdeen, UK; Universidade Aberta, Lissabon, Portugal; Tallin University, Estland; Rhodos University, Griechenland; Johannes Gutenberg-Universität Mainz, Deutschland

Teilprojekte dieser Partnerschaft sind:
- Projektwebseite: http://blog.mine-project.eu/:
  Erstellung einer Projektwebseite, die ebenfalls die Anforderungen für mobiles Lernen erfüllt. Die Seite wird mit anderen Seiten vernetzt, die einen thematischen Bezug haben.
- Curriculum für Hochschullehrende und Studierende zu Mobile Learning:
  Das Projektteam erstellt gemeinsam ein Curriculum für Mobile Learning-Weiterbildungen an Hochschulen.
- Internationalisierung in Studium und Lehre:
  Durch die enge Zusammenarbeit der sechs Hochschulen wird die Internationalisierung der Lehre gefördert. Einzelne Methoden werden an mehreren Hochschulen zeitgleich erprobt und ein Erfahrungsaustausch angeregt.

Literatur

Gikas, J. & Grant, M.M. (2013). *Mobile Computing Devices in Higher Education: Student Perspectives on Learning with Cellphones, Smartphones & Social Media*: http://www.sciencedirect.com/science/article/pii/S1096751613000262 (10.07.2017).

Hochschulforum Digitalisierung (2015). *Diskussionspapier. 20 Thesen zur Digitalisierung der Hochschulbildung*: https://hochschulforumdigitalisierung.de/sites/default/files/dateien/HFD%20AP%20Nr%2014_Diskussionspapier.pdf (10.07.2017)

Sung, Y. T., Chang, K. E., & Liu, T. C. (2016). The effects of integrating mobile devices with teaching and learning on students' learning performance: A metaanalysis and research synthesis. *Computers & Education*, 94, (S. 252-275).

Nicole Labitzke, Anna Heym, Daniel Bayer

Lehrideen vernetzen – ein Kooperationsprojekt der Hochschule Mainz und der Johannes Gutenberg-Universität Mainz

Zusammenfassung

In einem richtungsweisenden Kooperationsprojekt arbeiten die beiden Mainzer Hochschulen, Johannes Gutenberg-Universität Mainz und Hochschule Mainz, an der fach- und hochschulübergreifenden Vernetzung der Lehrenden, um so den produktiven interdisziplinären Austausch über innovative Lehrideen anzuregen. Das Ergebnis dieser gemeinsamen Entwicklungs- und Konzeptionsarbeit wird ab Herbst 2017 die Online-Plattform www.lehrideenvernetzen.rlp.net sein, die zukünftig vom Virtuellen Campus Rheinland-Pfalz (VCRP) als zentrale Landeseinrichtung für E-Learning betrieben wird.

1 Anlass

An beiden Mainzer Hochschulen sind in den letzten Jahren zahlreiche innovative Lehrprojekte und mediendidaktische Modelle entwickelt worden, die einen erheblichen Mehrwert auch in anderen Fächern darstellen könnten. Verschiedene Projekte haben es sich zum Ziel gesetzt, einen Austausch der Lehrenden zu didaktischen Themen anzuregen, um so einen interdisziplinären Transfer innovativer Lehrideen zu fördern (vgl. GLK 2013, vgl. Beyer & Rathje 2013).

Zur Förderung eines Transfers innerhalb der Hochschule sind die technischen und strukturellen Bedingungen von immenser Bedeutung (vgl. Wilkesmann 2007, S. 16f.). Die Online-Plattform *Lehrideen vernetzen* ermöglicht durch einen niedrigschwelligen, alltags- und praxisnahen Zugang den Austausch zwischen Lehrenden über erprobte Szenarien, Modelle und Lehrprojekte in einem Peer-to-Peer-Modell. Sie ist eine orts- und zeitunabhängige Ergänzung der bereits vorhandenen lokalen bis regionalen Vernetzungsveranstaltungen der Hochschulen. Zur Förderung des Transfers von Lehrideen auf andere Fachkontext wird den Lehrenden die Expertise der Hochschuldidaktik und der Medienproduktion zur Verfügung gestellt.

2 Die Plattform

Ziel ist es, mit *Lehrideen vernetzen* eine Online-Plattform zu bieten, die Lehrende dazu anregt, sich mit neuen Ideen auseinanderzusetzen und mit Kolleginnen und Kollegen in Austausch über didaktische Themen zu treten. Die Inhalte der Plattform werden auf unterschiedlichen Wegen generiert: ein Redaktionsteam erstellt einerseits Beiträge zu didaktischen Themen, andererseits werden konkrete Lehrideen als user-generated-content von Lehrenden selbst eingegeben. Lehrideen können sowohl innovative Projekte als auch die Erfahrungen mit didaktischen Methoden in der eigenen Lehre sein – gemeinsam haben sie jedoch, dass sie auf den Erfahrungen der Lehrenden in ihrem Fachkontext beruhen. Zu jeder Lehridee gibt es die Möglichkeit, die Rahmenbedingungen (Studiengang, ECTS, Ressourcen etc.) sowie eine ausführliche Beschreibung einzusehen. Um den Transfergedanken zu unterstützen, können Lehrende anderer Studiengänge ihre Erfahrungen zu dieser Idee aus der Sicht ihres Fachkontextes schildern und Beiträge kommentieren.

Um den Nutzern der Plattform das Auffinden von Beiträgen zu erleichtern, bietet *Lehrideen vernetzen* mehrere Zugänge – Themen, Herausforderungen und die Volltextsuche. Auf den Themenseiten gibt ein kurzer wissenschaftlicher Text einen Einstieg in ein didaktisches Thema (z. B. Blended Learning), anschließend werden Lehrideen aufgelistet, die thematisch relevant sind und die Verbindung zwischen Theorie und Praxis herstellen (z. B. Online-Selbsttest auf OpenOLAT). Die Herausforderungen behandeln handlungsrelevante Fragen (z. B. Was macht eine gute Multiple-Choice-Frage aus?) und werden vom Redaktionsteam aufbereitet. Auch hier werden relevante Lehrideen verlinkt. Die dritte Zugangsweise stellt die Volltextsuche dar, über die sowohl Begriffe im Fließtext als auch Schlagworte gefunden werden können. Die Suchergebnisse werden in einer facettierten Suche angezeigt, die die Kategorien der Plattform transparent darstellt.

Ein weiteres Kernelement der Plattform ist die Vernetzungsfunktion, wie sie bereits aus anderen Sozialen Medien bekannt ist. Auf der Startseite, dem eigenen *Dashboard*, werden in einem News-Stream die neuesten Beiträge der Lehrenden angezeigt, denen man selbst folgt.

3 Ausblick

Zu Beginn ist die Plattform nur für Lehrende der beiden Hochschulen geöffnet. Angestrebt wird jedoch die Öffnung für weitere Hochschulen. Zusätzlich zum Online-Angebot werden hochschulübergreifende Informations- und Vernetzungsveranstaltungen stattfinden, die den unverzichtbaren Face-to-Face-Austausch zwischen Lehrenden unterstützen sollen. Das Projekt steht in engem

Austausch mit ähnlichen Plattformprojekten an Hochschulen wie Darmstadt, München oder Karlsruhe. Hier findet bereits eine aktive Vernetzung in einer gemeinsamen Arbeitsgruppe statt.

Literatur

Beyer, A. & Rathje, B. (Hrsg.) (2013). *Methodik für Wirtschaftswissenschaftler. Neue Lehr- und Prüfmethoden für die Praxis.* München: Oldenbourg Verlag
Gutenberg Lehrkolleg (Hrsg.) (2013). *Gute Lehre – von der Idee zur Realität. Innovative Lehrprojekte an der JGU.* Bielefeld: UVW.
Wilkesmann, M. (2007). *Wissenstransfer(s) in der Organisationsform Universität.* Dortmund: Universitätsbibliothek Dortmund.

Tilman-Mathies Klar, Bernard Robben, Bardo Herzig, Heidi Schelhowe

Interaktionsdesign in Bildungsräumen für reflexive Erfahrung am Beispiel einer interaktiven Schwarminstallation

Zusammenfassung

Digitale Medien weisen mit den in ihnen implementierten programmierbaren Modellen einen spezifischen Bildungswert auf. Am Beispiel einer interaktiven Installation wird untersucht, welche Eigenschaften interaktive Digitale Medien beinhalten sollten, um einen Zugang zu den implementierten programmierbaren Modellen über die eigene Erfahrung und über reflexive (Lern-)Prozesse zu ermöglichen.

1 Theoretische Einordnung

Mit Bezug auf den Ansatz von Kalantzis und Cope gehen wir davon aus, dass Lernen in der Interaktion mit Digitalen Medien als ein Prozess „of connecting the stuff of the mind to the stuff of the world" (Kalantzis & Cope, 2005, S. 70) verstanden werden kann. Die handelnde Auseinandersetzung mit (virtuellen und physikalischen) Gegenständen und die damit verbundene Bedeutungszuweisung werden über Teilprozesse des Erfahrens, des begrifflichen Denkens, des Analysierens und des Anwendens modelliert. Aus pädagogischer Perspektive ist es wichtig, das Digitale Medium als Lernumgebung so zu gestalten, dass über die experimentelle Erfahrung mit dem sinnlich-erfahrbaren, perzeptiven Interface und mit den im Medium implementierten Modellen die Konstruktion eigener mentaler Modelle (vgl. Dutke, 1994) angeregt und unterstützt wird. Zentrale Elemente dieser (Lern-)Prozesse sind die eigene Erfahrung und die Reflexion (vgl. Schön, 1987).

2 Beispiel Schwarminstallation

In einer interaktiven Installation werden über einen Beamer Lichtpunkte (Schwarmindividuen, Boids) auf den Boden projiziert, die sich nach den Boids-Regeln als Schwarm verhalten (vgl. Reynolds, 1987). Durch die Interaktion des Schwarms mit einer auf die Projektionsfläche tretenden Person verändert sich – abhängig von deren Bewegung – das Verhalten des Schwarms. Die Simulation ermöglicht das körperliche Eintauchen in den Interaktionsraum, d.h. in die durch das simulierte Modell projizierte Wirklichkeit. Es entsteht ein Wechselspiel von ‚diving-in' und ‚stepping-out' (vgl. Ackermann, 1996), in dem Prozesse des Wahrnehmens und Konkretisierens, des Abstrahierens und Verstehens miteinander verschränkt werden.

3 Designprinzipien

In einer Evaluation wird das Interaktionsverhalten von Lernenden in der Interaktion mittels Videoanalyse und der Methode des ‚Lauten Denkens' unter der Frage ausgewertet, inwieweit das Digitale Medium zum eigenen Handeln und zur Reflexion anregt und welche mentalen Modelle die Lernenden aus der Erfahrung im Schwarm generieren. Erste Auswertungen zeigen, dass Designprinzipien für reflexive Erfahrung entlang folgender Fragedimensionen formuliert werden sollten:
a) Wie kann ein Möglichkeitsraum gestaltet werden, der experimentelle Interaktionen mit den (digitalen und physischen) Objekten unterstützt?
b) Wie können unterschiedliche Repräsentationen des digitalen und physikalischen Raums differenzierte Verhaltensweisen der Lernenden evozieren?
c) Wie können Modelle sichtbar, einsichtig und begreifbar werden?
d) Durch welche Designprinzipien lässt sich ein dynamischer, experimenteller und reflektierender Umgang mit dem Digitalen Medium gestalten?
e) In welcher Art und Weise sollten die Räume gestaltet werden, damit diese auch soziale Interaktion der Lernenden untereinander fördern?

Literatur

Ackermann, E. (1996). Perspective-Taking and Object Construction: Two Keys to Learning. In Kafai, Y. B. & Resnick, M. (Hrsg.), *Constructionism in practice. Designing, thinking, and learning in a digital world* (S. 25-35). Mahwah, NJ: Lawrence Erlbaum Assoc.
Dutke, S. (1994). *Mentale Modelle: Konstrukte des Wissens und Verstehens.* Göttingen, Stuttgart: Verlag für Angewandte Psychologie.
Kalantzis, M. & Cope, B. (2005). *Learning by Design.* Altona: Common Ground Publishing.
Reynolds, C. (1987). *Flocks, Herds, and Schools: A Distributed Behavioral Model.* Paper für SIGGRAPH 1987: Proceedings of the 14th annual conference on Computer graphics and interactive techniques, Anaheim, July 27-31, 1987.
Schön, D. (1987). *Educating the Reflective Practitioner – Toward a New Design for Teaching and Learning in the Professions.* San Francisco: Jossey-Bass.

Daniel Klug, Elke Schlote

Entwicklung einer Web-Applikation zur Analyse von audiovisuellen Medienangeboten im Schulunterricht

Zusammenfassung

Die Entwicklung der Web-Applikation (Arbeitstitel: *trAVis school*) zielt auf den Bedarf an adäquaten computergestützten Programmen zur schulisch-didaktischen Analyse audiovisueller Medienprodukte. Die Web-Applikation setzt entsprechende Lehrplanforderungen um und bietet fächerspezifisches und kollaboratives Arbeiten mit Musikvideos, Filmausschnitten etc. im Schulunterricht an. Ziel ist es, die Medienkompetenz der SchülerInnen zu erweitern und die Interaktion zwischen LehrerInnen und SchülerInnen zu vereinfachen und zugleich zu stärken. Die Web-Applikation wird im Demo-Panel als Alpha-Version vorgestellt.

1 Lehrplananforderungen vs. Lehr-Lern-Programme

Zur Förderung der Medienkompetenz der SchülerInnen sehen Lehrpläne in Deutschland, Österreich und der Schweiz v.a. in den Fächern Musik, Kunst, Geschichte und im (Fremd-)Sprachenunterricht vor, dass Musikvideos, Werbespots, Filme etc. in ihren Bauweisen, Funktionen, Wirkungsweisen und Gestaltungsformen behandelt werden (vgl. Klug 2015). Für die Umsetzung im Schulunterricht fehlen jedoch geeignete computergestützte Lehr-Lern-Programme. Wissenschaftliche Analyse-Tools (z.B. ELAN, Feldpartitur, trAVis), kostenfreie Musik- und Filmsoftware (z.B. Audacity, iMovie, Final Cut Pro) und mobile Apps (z.B. GarageBand, Songs2See) bieten nur wenig Analysemöglichkeiten bzw. sind sie für den schulisch-didaktischen Einsatz zu komplex oder zu spielerisch. Für sinnvolles kollaboratives Arbeiten müssen zudem weitere Standardprogramme (z.B. Evernote, Dropbox) integriert werden, die Durchführung interaktiver Arbeitsaufgaben verläuft meist über zusätzliche Lernplattformen (z.B. Lernraum, Educa²Net).

2 Konzept einer Web-Applikation zur Analyse audiovisueller Medienprodukte im Schulunterricht

Mit der geplanten Web-Applikation sollen audiovisuelle Medienprodukte im schulischen Unterricht fächerspezifisch analysiert, kollaborativ erarbeitet und didaktisch vermittelt werden können. Die Web-Applikation wird derzeit im Rahmen des vom Schweizerischen Nationalfonds geförderten Forschungsprojektes „Entwicklung und Evaluation einer Web-Applikation zur Analyse von audiovisuellen Medienangeboten" (Laufzeit: 2016–2019) am Seminar für Medienwissenschaft, Universität Basel unter Einbindung von LehrerInnen und SchülerInnen entwickelt. In Interviews mit LehrerInnen wurde der Bedarf an computergestützten Lehr-Lern-Programmen im Schulunterricht erhoben und darauf aufbauend eine erste Version der Web-Applikation konzipiert. Diese wird zurzeit unter Begleitung des Forschungsteams von SchülerInnen und LehrerInnen getestet, evaluiert und Ende 2018 fertiggestellt.

2.1 Verwalten und Organisieren von didaktischem Material

In der Web-Applikation können die LehrerInnen ihr didaktisches Material verwalten und teilen und Aufgaben für die SchülerInnen erstellen und freischalten. So können Aufgabenstellungen spezifisch für Klassenstufen und Fächer erstellt und über die Zeit angepasst und kooperativ weiterentwickelt werden. SchülerInnen können über die erledigten Aufgaben ein individuelles Portfolio zusammenstellen. Daten werden automatisch auf einem zentralen Server gespeichert. Die Web-Applikation wird kostenfrei und zeit- und ortsunabhängig zugänglich sein, so können Analysen z. B. im Unterricht gestartet und in Heimarbeit von den SchülerInnen fortgesetzt und von den LehrerInnen rückgemeldet werden.

2.2 Funktionen und Arbeitsszenarien

Videos werden von der Festplatte oder per Link in die Web-Applikation hochgeladen. Somit können vorgegebene wie auch von den SchülerInnen recherchierte oder produzierte Videos analysiert werden. Die Analyse des Videomaterials erfolgt in einem gleichzeitig sichtbaren Arbeitsfenster, in dem individuell Notizen zu den Ereignissen in Bild, Text und Ton des Materials festgehalten und mit Dateien (z. B. Fotos, Notensätze) ergänzt werden können. Über Hashtags, die von der LehrerIn zur Auswahl vorgegebenen oder selbstgewählt werden, den Timestamp einer Notiz und den angezeigten User-Namen können die Notizen geordnet und verglichen werden. Dies ermöglicht es den LehrerInnen direkt im Programm individuelle Rückmeldungen im Gesamtkontext der Aufgaben zu geben. Durch die Feedback-Funktion der LehrerInnen und die Kommentar-Funktion der SchülerInnen wird kollaboratives Lernen und Arbeiten ermöglicht. LehrerInnen können die gesamten Eingaben einer Klasse zusammenführen und je nach Vermittlungszusammenhang präsentieren und diskutieren.

Literatur

Klug, D. (2015). (Er-)Forschendes Lernen mit Hilfe von Web-Applikationen: Analyse audiovisueller Medienprodukte im Musikunterricht. In S. Schmid (Hrsg.), *Musikunterricht(en) im 21. Jahrhundert. Begegnungen – Einblicke – Visionen* (S. 201–212). Augsburg: Wißner.

Tobias Hasenberg, Manuel Wagener

Virtuelles Möglichkeitsdesign für die universitäre Lehrer*innenbildung – ViDe SCOPE

Die universitäre Lehrer*innenbildung agiert an der Schnittstelle zweier spezifischer binnenpluraler Settings: im Bildungsraum Hochschule, aber ausgerichtet auf das kompetenzorientierte Durchdenken und inzwischen auch praktische Erfahren des Bildungsraums Schule. Welche Rolle aber können virtuelle Raumarrangements in dieser Doppel-Raum-Konfiguration einnehmen? Erweitern sie jeweils nur einen der beiden Räume oder besitzen sie das Potential, beide Räume noch stärker zusammenzudenken?

Dieser Frage gehen Mitarbeiter*innen der „Competence Labs" der „Zukunftsstrategie Lehrer*innenbildung" an der Universität zu Köln aus den Bereichen der Mediendidaktik und der Didaktiken der Gesellschaftswissenschaften im Rahmen des Projekts „Virtual Design – Sources & Competencies for Open-Possibilities-Education (ViDe SCOPE)" nach. Ziel ist die Entwicklung von virtuellen Hybridräumen für den fachdidaktischen gesellschaftswissenschaftlichen Bereich des Bildungsraums Hochschule *und* die korrespondierenden Fach-Bereiche im Bildungsraum Schule. Denn der Einsatz solcher Settings ist – im Unterschied zum voranschreitenden Einsatz digitaler Medien an sich – in Schule und Hochschule noch weitgehend ein Desiderat.

Im Sinne einer Multifunktionalität sollen die SCOPE-Settings potentiell sowohl (mehr-)fachdidaktische Kompetenzen von Lehramtsstudierenden und Fach-Kompetenzen von Schüler*innen fördern als auch die Diagnose ebendieser Kompetenzen für beide Zielgruppen ermöglichen. Dabei geht das Projekt aus von einem komplexen, mehrdimensionalen Verständnis des Kompetenzbegriffs (Weinert, 2001) und zielt darauf ab, Forschungserkenntnisse zu Serious Games (Michael/Chen, 2006), Game-Based-Learning und virtuellen Tutoring Systems (Lester et al., 2013) mit fachdidaktischen Ansätzen innovativ zu kombinieren.

Neben der (mehr-)fachdidaktischen Bildung *im* und *über* den im Virtuellen simulierten vergangenen, gegenwärtigen oder zukünftigen Real-Raum geht es insbesondere auch darum, auf Herausforderungen der turbulenten sozialen Gegenwart für die Gesellschaftswissenschaften zu reagieren und Möglichkeiten der Förderung von Kontingenz-Kompetenz (Herwig-Lempp, 2004) bei Lehramtsstudierenden und Schüler*innen auszuloten. Im Sinne einer „Open-Possibilities-Education" wird Kontingenz-Kompetenz dabei im Projekt verstanden als Fähigkeit und motivationale Bereitschaft, Progression auf der Zeitachse nicht als sich verengende Regression auf der Möglichkeitsachse aufzufassen, sondern als sich weitenden Raum, der offen für Ideen und eigenaktiv gestaltbar ist – und bleibt.

Als Pilotprojekt des Gesamtprojekts fungiert „ViDe HistRoom", das Design eines Historical Rooms als Explore-Hesitate-Decide-Setting speziell zur Förderung und Diagnose historischer Kompetenzen, konkret von Verortungskompetenz (zeiträumliche Orientierung durch Dechiffrieren von Zeitraum-Zeichen), Wahrnehmungskompetenz (Gautschi, 2009) und Orientierungskompetenz (Orientierung als Entscheiden im Kontext des Zeitraums) (Barricelli/Gautschi/Körber, 2012).

Der in Entwicklung befindliche „HistRoom" basiert auf einem Blending-Konzept (Fromme/Biermann/Unger, 2010), das im Sinne einer umfassenden Kompetenzförderung virtuelle Elemente selbstgesteuerten Lernens mit realräumlichen Elementen kooperativen Lernens (Seminar, Unterricht) verschränkt. In einem ersten Schritt erfolgt aktuell die Realisierung als niedrigschwelliges, hypothetischerweise motivational anregendes (Lester/Sabourin, 2014) Game-Design-Szenario mit Er-Perspektive. Im zweiten Schritt ist eine vergleichend zu evaluierende Umsetzung als Virtual-Reality-Szenario mit Ich-Perspektive geplant.

Die Konzeptionierung erfolgt sukzessive im Bildungsraum Hochschule, also gemeinsam mit Lehramtsstudierenden. Im Demo-Video wird das Vorgehen skizziert. In einem ersten Schritt erstellen die Studierenden in der Game Engine Unity 3D von Unity Technologies (Menard, 2011) einen virtuellen Raum. Hierzu fügen sie Objekte der historischen Situation hinzu, arrangieren diese und lernen dabei den Umgang mit der Game Engine kennen. In einem zweiten Schritt bearbeiten die Studierenden Elemente eines vorprogrammierten virtuellen Raums und ergänzen – angepasst an den historischen Kontext – weitere Ressourcen (Text/Audio). So erstellen sie sukzessive eine Szene, die einem/einer Spieler*in genügend Spuren gibt, um eine forschende historische zeiträumliche Verortung zu ermöglichen. Das skizzierte Verfahren in zwei Schritten bietet den Vorteil eines niedrigschwelligen Zugangs, da die Nutzung des ursprünglichen Programmier-Codes keine weitreichenden Programmierkenntnisse erfordert. Dem liegt die didaktische Annahme zugrunde, dass Virtual Design-Kompetenz als fakultativer Teil der Medienkompetenz von Geschichtslehrer*innen die Entwicklung der essentiellen Kompetenz, historisches Zeit-Raum-Bewusstsein zu haben und bei den Schüler*innen fördern zu können, katalysiert. Die kreative, fachkompetenzbasierte Programmier-Tätigkeit wird durch die Studierenden im Seminarkontext kritisch reflektiert und das Produkt in Hinblick auf Unterrichtskontexte im Bildungsraum Schule beurteilt. Die Evaluation der Zwischenstufen des „HistRooms" – vor der Erstpilotierung mit Schüler*innen – erfolgt durch Video Game Essays von Studierenden.

Das Demo-Video findet sich unter: https://youtu.be/siACpuXka9g

Literatur

Barricelli, M., Gautschi, P. & Körber, A. (2012). Historische Kompetenzen und Kompetenzmodelle. In M. Barricelli, P. Gautschi & A. Körber (Hrsg.), *Handbuch Praxis des Geschichtsunterrichts* – Bd. 1 (S. 207-235). Schwalbach/Ts.: Wochenschau.

Fromme, J., Biermann, R., Unger, A. (2010). „Serious Games" oder „taking games seriously"? In K.-U. Hugger & M. Walber (Hrsg.), *Digitale Lernwelten. Konzepte, Beispiele und Perspektiven* (S. 39-57). Wiesbaden: VS.

Gautschi, P., Hodel, J. & Utz, H. (2009). *Kompetenzmodell für „Historisches Lernen" – eine Orientierungshilfe für Lehrerinnen und Lehrer*. Fassung August 2009: http://ernst-goebel.hoechst.schule.hessen.de/fach/geschichte/material_geschichte/allpaed_geschichte/kompetenzorientierunggu/litkompetenzorientierunggu/Gautschi-Kompetenzmodell_fuer_historisches_LernenAug09.pdf. (10.07.2017)

Herwig-Lempp, J. (2004). Stich-Wort: Kontingenz (S. 396-397). *Kontext 4*.

Lester, J., Ha Eun, Y., Lee, S., Bradford, M., Rowe, J. & Sabourin, J. (2013). Serious Games Get Smart: Intelligent Game-Based-Learning Environments (S. 31-45). *AI Magazine 34/4*.

Lester, J. & Sabourin, J. (2014). Affect and Engagement in Game-Based Learning Environments (S. 45-56). *IEEE Transactions on Affective Computing 5/1*.

Menard, M. (2011). *Game Development with Unity*. Boston: Cengage Learning Emea.

Michael, D. & Chen, S. (2006). *Serious Games: Games that educate, train and inform*. Boston: Thomson Course Technology.

Weinert, F. E. (2001). Vergleichende Leistungsmessung in Schulen – eine umstrittene Selbstverständlichkeit. In ders. (Hrsg.), *Leistungsmessungen in Schulen* (S. 18-31). Weinheim/Basel: Beltz.

Autorinnen und Autoren

Ammenwerth, Elske, Univ.-Prof. Dr., ist Professorin für Medizinische Informatik an der UMIT – Priv. Universität für Gesundheitswissenschaften, Medizinische Informatik und Technik. Sie ist Gründerin und Sprecherin der Arbeitsgruppe Hochschuldidaktik an der UMIT und derzeit beauftragt mit der Konzeption des online-basierten Universitätslehrganges „Health Information Management" (www.umit.at/him).

Antony, Ingo, leitet das Sachgebiet II.3-1 „Hessischer Bildungsserver – Pädagogische IT-Dienste" an der Hessischen Lehrkräfteakademie in Frankfurt. Seine Arbeitsschwerpunkte liegen auf dem Gebiet der Medienpädagogik, dem Entwurf und Einsatz digitaler Lernumgebungen sowie der Lernkompetenzentwicklung für Schule und Fortbildung. Bis zum Sommer 2016 hat er begleitend zu seiner Lehrtätigkeit an einem Oberstufengymnasium eine Vielzahl medienpädagogischer Projekte und Fortbildungsreihen zur Unterstützung der Medienbildung an hessischen Schulen entworfen und durchgeführt. Weitere Informationen zu den Arbeitsschwerpunkten: http://t1p.de/Lernen20.

Arnold, Oliver, ist studierter Informatiker und setzt sich als wissenschaftlicher Mitarbeiter im Bereich Lehre und Forschung für die Entwicklung und Realisierung bausteinbasierter Lerneinheiten und zur Qualitätsverbesserung der Lehre mittels E-Learning ein.

Bastian, Jasmin, Jun.-Prof. Dr., ist Juniorprofessorin für Erziehungswissenschaft mit dem Schwerpunkt Medienpädagogik an der Johannes Gutenberg-Universität Mainz. Ihre Forschungsschwerpunkte bewegen sich u.a. in den Bereichen des Lernens und Lehrens mit digitalen Medien (z.B. Digitale Bildung, Lernen mit Tablets, Mobile Learning, Open Online Learning) sowie der Nutzung digitaler Medien in der Familie, Kita, Schule und Hochschule.

Bauer, Petra, Dr., ist Wissenschaftliche Mitarbeiterin in der AG Medienpädagogik am Institut für Erziehungswissenschaft der Johannes Gutenberg-Universität Mainz. Langjährige Tätigkeit in der beruflichen Erwachsenenbildung und außerschulischen Jugendbildung. Promotion zu Einführung von E-Learning in Unternehmen. Aktuelle Arbeitsschwerpunkte: Lehren und Lernen mit neuen Medien, E-Learning in der Erwachsenenbildung, Filmbildung, Hochschuldidaktik.

Bayer, Daniel, ist Teil des Medien & Lehre-Teams der Hochschule Mainz. Er arbeitet im Projekt Digitale Lehre, das es sich zum Ziel gesetzt hat das Lehren und Lernen mit neuen Medien und innovativen Ideen zu fördern. Neben der Unterstützung von Lehrenden bei der Konzeption und Umsetzung von digitalen Lehr-/Lernszenarien zählen auch hochschulweite und -übergreifende Projekte zum Wissenstransfer in der Lehre zu seinen Arbeitsschwerpunkten.

Bodemer, Daniel, Prof. Dr., leitet das Fachgebiet Psychologische Forschungsmethoden – Medienbasierte Wissenskonstruktion an der Universität Duisburg-Essen. Er beschäftigt sich mit der Analyse bildungsrelevanter Kommunikations- und Verarbeitungsprozesse in selbstregulierten, computervermittelten und/oder kollaborativen Szenarien sowie mit den Möglichkeiten einer kognitionspsychologischen und mediendidaktischen Unterstützung dieser Prozesse: www.uni-due.de/psychmeth/.

Bremer, Claudia, Goethe-Universität Frankfurt am Main, berät und unterstützt Lehrende, Unternehmen und Bildungseinrichtungen rund um den Einsatz digitaler Medien in Lernprozessen, bei der Konzeption und Umsetzung von E-Learning-Szenarien und -Strategien. Ihre Forschungsschwerpunkte liegen in den Bereichen E-Learning, Medienkompetenz und Organisationsentwicklung. 2009 bis 2014 war sie Geschäftsführerin von studiumdigitale, der E-Learning-Einrichtung der Goethe-Universität, seit 2015 ist sie als Wissenschaftlerin am Interdisziplinären Kolleg Hochschuldidaktik der Goethe-Universität Frankfurt tätig und seit 2014 Mitglied des Hochschulforums Digitalisierung. Weitere Informationen: www.bremer.cx.

Dehne, Julian, studierte in Passau European Studies mit Schwerpunkten Politik, Jura und Informatik, und in Potsdam Informatik und Politische Bildung auf Lehramt. Seit 2012 arbeitete er als wissenschaftliche Hilfskraft und seit 2014 als Mitarbeiter am Lehrstuhl für komplexe multimediale Anwendungsarchitekturen. Seine Forschungsschwerpunkte sind Evaluation von E-Learning, Forschendes Lernen mit digitalen Medien und kompetenzorientierte Didaktik.

Ebner, Martin, Priv.-Doz. Dr., ist Leiter der Abteilung Lehr- und Lerntechnologien an der Technischen Universität Graz und ist dort für sämtliche E-Learning-Belange zuständig. Weiters forscht und lehrt er als Medieninformatiker am Institut für Interactive Systems and Data Science rund um technologiegestütztes Lernen. Seine Schwerpunkte sind e-Learning, m-learning, Social Media, Learning Analytics und Open Educational Resources. Er bloggt unter http://elearningblog.tugraz.at und weitere Details finden Sie unter http://www.martinebner.at.

Egetenmeier, Armin, M.Sc., studierte Wirtschaftsmathematik an der Universität in Ulm. Er ist seit 2013 als akademischer Mitarbeiter am Grundlagenzentrum der Hochschule Aalen tätig, welches sich hochschulübergreifend mit der fachlichen Betreuung der Studierenden in der Studieneingangsphase, vorrangig in den mathematischen und naturwissenschaftlichen Grundlagefächern befasst. Ein

Schwerpunkt seiner Arbeit ist die wissenschaftliche Begleitforschung. Weitere Informationen: www.hs-aalen.de/glz.

Eichhorn, Michael, Dipl-Ing., M.A., studierte Medientechnik sowie Medien und Bildung an der Hochschule Mittweida und der Universität Rostock. Seit 2014 arbeitet er als wissenschaftlicher Mitarbeiter im Bereich Mediendidaktik bei studiumdigitale, der zentralen eLearning-Einrichtung der Goethe-Universität Frankfurt. Er berät Lehrende an Hochschulen, Schulen und Bildungseinrichtungen zum Einsatz digitaler Medien in Lehre und Unterricht und leitet dazu verschiedene Fortbildungen und Seminare u.a. zur Planung von eLearning-Veranstaltungen, zu Einsatzmöglichkeiten von Lernplattformen und Audience Response Systemen, zur Erstellung digitaler Lehr-Lern-Medien sowie zu Open Educational Resources. Seine Forschungsschwerpunkte sind die Digitale Kompetenz von Lehrenden, die Einsatzmöglichkeiten von Audience Response Systemen sowie die Digitale Barrierefreiheit.

Felderer, Michael, PD Dr., ist Senior Researcher am Institut für Informatik der Leopold-Franzens-Universität Innsbruck. Seine Forschungsgebiete umfassen Software Engineering und Security Engineering. Er wirkt an der Konzeption und Evaluierung des online-basierten Universitätslehrganges mit.

Feuerstein, Michael S., M.Sc., studierte Wirtschaftsinformatik an der Wirtschaftsuniversität Wien. Von 2009 bis 2014 war er als Software Entwickler für die E-Learning Plattform der WU (Learn@WU) tätig, und hauptverantwortlich für die technische Entwicklung und Integration des Systems zur Aufnahme und Übertragung von Vorlesungen. Er lehrt seit 2014 im Bereich der Informations- und Kommunikationstechnologien und ist seit 2015 wissenschaftlicher Mitarbeiter am Institut für Wirtschaftsinformatik und Neue Medien (Prof. Dr. Gustaf Neumann) an der WU. Sein Dissertationsvorhaben widmet sich dem Thema "Technology Design for Collaborative Learning".

Golubski, Wolfgang, Prof. Dr., ist Professor für Informatik an der Westsächsischen Hochschule Zwickau. Seine Lehrtätigkeiten umfassen Software-Systementwicklung, Software-Qualität und moderne Konzepte der objektorientierten Programmierung.

Grimm, Frank, Prof., lehrt als Professor für Informatik an der Westsächsischen Hochschule Zwickau. Neben der Lehre in seinem Berufungsgebiet Rechnernetze ist er in der Programmierausbildung tätig und an der Verbesserung der Präsenz- als auch Online-Lehre interessiert.

Günther, Dorit, Dr., studierte Informationswissenschaft, Anglistik und Philosophie an der Universität des Saarlandes und University of Maryland. 2005 promovierte sie mit einer Arbeit zur Gestaltung von virtuellen Räumen für den wissenschaftlichen Diskurs („Encountering Nietzsche on the Internet"). Seit 2006 ist sie wissenschaftliche Mitarbeiterin an der Technischen Universität Kaiserslautern, aktuell arbeitet sie im BMBF-Projekt „Selbstlernförderung als Grundlage". Ihre Arbeitsschwerpunkte sind Mediendidaktik, Lernräume und Lerncoaching.

Haack, Matthias, M. Ed., studierte Lehramt an berufsbildenden Schulen an der Leibnitz Universität Hannover. Während seines Studiums war er als studentische Hilfskraft sowohl in der Mathematik für Ingenieure als auch in den Grundlagen der Elektrotechnik als Übungsleiter tätig. Seit 2016 ist er als Wissenschaftlicher Mitarbeiter am Zentrum für Didaktik der Technik an der Leibniz Universität Hannover tätig. Sein Forschungsschwerpunkt ist der Einsatz von digitalen Medien in Lehr- und Lernarrangements in der Hochschulbildung.

Haas, Maria, Mag. rer. nat, studierte Lehramt Informatik und Informationsmanagement an der Technischen Universität Graz und Lehramt Englisch an der Universität Graz. Derzeit arbeitet sie an der TU Graz in der Abteilung Lehr- und Lerntechnologien und ist zuständig für innovative Lehr- und Lernformen.

Hackl, Werner, Ass.-Prof. Dr., ist Assistenz-Professor für Medizinische Informatik an der UMIT – Priv. Universität für Gesundheitswissenschaften, Medizinische Informatik und Technik. Seine Forschungsprojekte liegen im Bereich der Sekundärdatenanalyse und der Datenvisualisierung sowie im Bereich von Learning Analytics. Er wirkt an der Konzeption und Evaluierung des onlinebasierten Universitätslehrganges mit.

Hasenberg, Tobias, ist Wissenschaftlicher Mitarbeiter der „Competence Labs" der „Zukunftsstrategie Lehrer*innenbildung" der Universität zu Köln. Er betreut Projekte an der Schnittstelle von Sozialwissenschaften, Geographie und Geschichte (Social Lab). Seit 2016 promoviert er mit einem interdisziplinären Projekt zur Theorie und Empirie des Historischen Erzählens.

Herzig, Bardo, Prof. Dr., ist Hochschullehrer an der Universität Paderborn für „Allgemeine Didaktik, Schulpädagogik, Medienpädagogik", Direktor des Zentrums für Bildungsforschung und Lehrerbildung (PLAZ).

Hetzner, Sónia, arbeitet als wissenschaftliche Mitarbeiterin am Institut für Lern-Innovation der Friedrich-Alexander-Universität Erlangen-Nürnberg. Im Rahmen des Projekts QuiS (Qualität in Studium und Lehre) ist sie bei der Koordination verschiedener Projekte tätig. Des Weiteren berät und unterstützt sie Hochschullehrende beim Einsatz digitaler Medien in der Lehre.

Heym, Anna, studierte Buchwissenschaft und BWL mit dem Schwerpunkt Wirtschaftsinformatik. Sie ist derzeit wissenschaftliche Mitarbeiterin im Zentrum für Audiovisuelle Produktion (ehem. Medienzentrum) der Johannes Gutenberg-Universität Mainz, wo sie als Koordinatorin des Projekts Lehrideen vernetzen tätig ist.

Hofhues, Sandra, Jun.-Prof. Dr., ist seit 2015 Professorin für Mediendidaktik/ Medienpädagogik im Department Erziehungs- und Sozialwissenschaften der Humanwissenschaftlichen Fakultät der Universität zu Köln. Zuvor war sie an verschiedenen deutschen Universitäten und Hochschulen in der Hochschul- und Mediendidaktik in Forschung, Lehre und Third Space tätig. Von 2013 bis 2015 forschte sie z.B. als PostDoc für „Digital Education" am Lehrstuhl für Hochschuldidaktik an der Zeppelin Universität Friedrichshafen. Aktuell erforscht sie mit Kolleginnen im BMBF-geförderten Verbundprojekt You(r) Study, wie eigensinnig Studierende digitale Medien für ihr akademisches Studium nutzen. Zudem ist sie Verbundprojektleitung des Praxis- und Entwicklungsprojekts OERlabs. Weitere Informationen unter: www.sandrahofhues.de.

Höllerbauer, Bettina, studiert Lehramt Informatik und Informationsmanagement an der Technischen Universität Graz und Lehramt Mathematik an der Universität Graz. Im Rahmen ihrer Diplomarbeit beschäftigt sie sich intensiv mit dem Thema „Programmieren für Schüler/innen".

Hörbst, Alexander, A.o. Univ.-Prof. Dr., ist Leiter der eHealth und Innovation Unit an der UMIT – Priv. Universität für Gesundheitswissenschaften, Medizinische Informatik und Technik. Seine Forschungsprojekte liegen im Bereich von eHealth-Architekturen. Er wirkt an der Konzeption und Evaluierung des online-basierten Universitätslehrganges mit.

Irle, Gabriele, Mag., ist wissenschaftliche Mitarbeiterin am Leibniz-Institut für Wissensmedien (IWM) in Tübingen und gehört der Arbeitsgruppe Wissenskonstruktion an. Sie ist seit 2017 im Projekt „Digital Learning Map 2020" tätig, das Erfolgsfaktoren und Vernetzungsstrategien für digitale Hochschulbildung erforscht. Gabriele Irle ist Informationswissenschaftlerin und studierte an der Universität Hildesheim Internationales Informationsmanagement, Psychologie und Betriebswirtschaftslehre. Sie promoviert an der Universität Hildesheim im Fachbereich Sprach- und Informationswissenschaften und forscht zum Themengebiet Information Seeking.

Jambor, Thomas N., Dr. M.Sc., studierte Elektrotechnik an der Universität Hannover. Während seiner anschließenden Promotion absolvierte er das Masterstudium „Technical Education" an der Leibniz Universität Hannover. Nach dem Vorbereitungsdienst und einer Tätigkeit an einer Berufsbildenden Schule wechselte er an das Zentrum für Didaktik der Technik, an dem er als wissenschaftlicher Mitarbeiter für die Lehre im Bereich der Fachdidaktik und der Studieneingangsphase verantwortlich ist. Zu seinen Forschungsschwerpunkten gehört die Unterrichtsforschung und die Gestaltung der Studieneingangsphase.

Jokiaho, Annika, Dr., arbeitet seit 2006 an der Pädagogischen Hochschule Ludwigsburg an der Stabstelle Neue Technologien für Lehre und Verwaltung. Seit 2016 leitet sie das ERASMUS+ Projekt Advanced Use of Technologies in Higher Education (AduLeT) mit 7 Partnern das als Ziel hat, Hürden für den Einsatz von E-Learning in der Hochschullehre zu identifizieren und Lösungsmaßnahmen zu entwickeln. Aktuelle Forschungsschwerpunkte sind medien- und hochschuldidaktische Fragestellungen insbesondere in Zusammenhang geeigneter Lehrmethoden und "faculty preparedness" für die Online-Lehre. Momentan führt sie eine Studie mit der UNC Charlotte zur Selbsteinschätzung der Lehrkompetenz für Online-Lehre durch.

Klar, Tilman-Mathies, Dipl.-Päd., ist Wissenschaftlicher Mitarbeiter an der Universität Paderborn, in der Arbeitsgruppe von Prof. Herzig: „Allgemeine Didaktik, Schulpädagogik, Medienpädagogik".

Klug, Daniel, Dr., ist seit 2012 wissenschaftlicher Assistent am Seminar für Medienwissenschaft der Universität Basel. Er studierte Soziologie und Theater, Film- und Medienwissenschaft an der Universität Wien und promovierte an der Universität Basel zum Thema der Konstruktion von Audiovision in Musikvideos. Weitere Schwerpunkte in Forschung und Lehre sind u.a. Reality-TV, Musikfernsehen, Analyse audiovisueller Medienprodukte und qualitative Mediensoziologie. Daniel Klug ist Mitentwickler des Transkriptionsprogramms trAVis (www.travis-analysis.org). Aktuell ist er im vom Schweizerischen Nationalfonds (SNF) geförderten Projekt „Entwicklung und Evaluation einer Web-Applikation (trAVis-school) zur Analyse von audiovisuellen Medienangeboten im schulischen (Musik-)Unterricht" tätig (https://populaerkultur.unibas.ch). E-Mail: Daniel.Klug@unibas.ch.

Krieg, Sebastian, M.Sc., hat Mathematik an der Universität Stuttgart studiert. Seit 2016 ist er als akademischer Mitarbeiter am Grundlagenzentrum der Hochschule Aalen tätig. Ein Schwerpunkt seiner Arbeit ist die Entwicklung und Umsetzung einer elektronischen Lernumgebung im Bereich Mathematik-Grundlagen. Außerdem ist er Mitglied im Arbeitskreis der Hochschulen für angewandte Wissenschaften im Hochschulnetzwerk Digitalisierung der Lehre Baden-Württemberg (HND BW). Weitere Informationen: www.hs-aalen.de/glz.

Krömker, Detlef, Prof. Dr., studierte Elektrotechnik in Bielefeld und danach Informatik an der Technischen Hochschule in Darmstadt. Dort promovierte er im Fachgebiet „Graphisch-Interaktive Systeme". Seit Dezember 1999 ist er Professor für Grafische Datenverarbeitung im Institut für Informatik der Goethe-Universität Frankfurt. Forschungsschwerpunkte: Authoringprobleme in Multimedia, E-Learning, Learning Analytics und Visualisierung. Krömker ist Vorstandssprecher der zentralen eLearning-Einrichtung studiumdigitale der Goethe-Universität.

Köhler, Thomas, Prof. Dr., studierte Psychologie und Soziologie in Jena und Swarthmore (USA) und promovierte in der Kommunikationspsychologie an der Friedrich-Schiller-Universität Jena. Nach einer Juniorprofessur an der Universität Potsdam nahm er 2005 den Ruf auf die Professur Bildungstechnologie an der TU Dresden an. Dort ist er zudem Direktor des Medienzentrums und Sprecher des Arbeitskreises E-Learning (Beirat) der Landesrektorenkonferenz Sachsen.

Labitzke, Nicole, studierte Publizistik, Soziologie und Amerikanistik. Sie promovierte im Fach Journalistik mit einer medienwissenschaftlichen Arbeit über das Tagesprogramm des deutschen Privatfernsehens. Während dieser Zeit war sie als Dozentin in verschiedenen Fächern tätig. Sie ist Mitglied im Forschungsschwerpunkt Medienkonvergenz der Universität Mainz. Ihr Forschungsinteresse galt in diesem Rahmen vor allem partizipativen Erzählformen wie Alternate Reality Games und den sich ändernden Relationen zwischen Medieninstitutionen und ihren Nutzern. Nicole Labitzke leitet derzeit das Zentrum für Audiovisuelle Produktion (ehem. Medienzentrum) der Johannes Gutenberg-Universität Mainz, wo das Projekt Lehrideen vernetzen angesiedelt ist.

Löffler, Axel, Prof. Dr., hat an der Universität Paderborn im Fach Elektrotechnik promoviert. Danach hat er als Systemingenieur für Satellitentechnik (Firma EADS-Astrium, Friedrichshafen) und als Entwicklungsingenieur (Firma Bosch, Stuttgart) gearbeitet. Er ist seit 2009 Professor für Mathematik, Physik und Systemdynamik im Studiengang Wirtschaftsingenieurwesen der Hochschule Aalen und leitet das Grundlagenzentrum. Forschungsinteressen liegen in den Anwendungen der Systemdynamik, insbesondere in den Bereichen Erneuerbare Energien und Lernprozesse. Weitere Informationen: www.hs-aalen.de/glz.

Lucke, Ulrike, Prof. Dr.-Ing. habil., hat seit 2010 den Lehrstuhl für Komplexe Multimediale Anwendungsarchitekturen am Institut für Informatik und Computational Science der Universität Potsdam inne. Zudem ist sie Chief Information Officer der Hochschule. Ihr Forschungsinteresse liegt auf der Interoperabilität in komplexen, heterogenen IT-Infrastrukturen, insbesondere mit Blick auf mobile Technologien und deren Potenzial für die Adaptivität von IT-Systemen, mit einem Schwerpunkt im Anwendungsfeld E-Learning.

Ulrike Lucke war mehrere Jahre Sprecherin der Fachgruppe E-Learning in der Gesellschaft für Informatik (GI); 2013 wurde sie ins GI-Präsidium gewählt und ist dort seit 2015 im Präsidiumsarbeitskreis E-Science aktiv. Von 2011 bis 2016 war sie Mitglied im Vorstand der Konrad-Zuse-Gesellschaft, von 2014 bis 2016 Mitglied im Beraterkreis Technik und Entwicklung der HIS eG, seit 2016 ist sie stv. Vorsitzende des Hochschul-CIO e.V. In verschiedenen Forschungsprojekten hat sich ihre Arbeitsgruppe insbesondere mit interdisziplinären Aspekten des E-Learning auseinandergesetzt. Weitere Informationen unter http://www.uni-potsdam.de/multimedia/.

Macholdt, Janna, Dr., studierte von 2002-2007 Agrarbiologie an der Universität Hohenheim in Stuttgart. Nach Abschluss des Studiums arbeitete sie als Projektmanagerin bei der Deutschen Landwirtschaftsgesellschaft in Frankfurt am Main und bei der Syngenta Agro GmbH in Maintal. Von 2009 bis 2013 promovierte sie im Fachgebiet für Acker- und Pflanzenbau an der Humboldt-Universität zu Berlin. Das Thema Ihrer Dissertation war „Zur Sortenbewertung von Winterroggen und Winterweizen unter Standortbedingungen im nordostendeutschen Tiefland". Nach der anschließenden Elternzeit ist sie seit November 2015 als wissenschaftliche Mitarbeiterin (Postdoc) an der Professur für Pflanzenbau, Institut für Pflanzenbau und Pflanzenzüchtung I, an der Justus-Liebig-Universität Gießen tätig.

Maier, Ulrike, Dr., hat an der Universität Dortmund im Fach Mathematik promoviert. Danach hat sie an Lehrstühlen für Mathematik (Universitäten Dortmund und Gießen), am Fraunhofer-Institut für Algorithmen und wissenschaftliches Rechnen (SCAI, Sankt Augustin) sowie am Lehrstuhl für Optoelektronik (Universität Mannheim) und am Kommunikations- und Informationszentrum der Universität Ulm gearbeitet. Schwerpunkte waren neben der Lehre auch Forschungsprojekte der Industrie. Seit 2012 arbeitet sie am Grundlagenzentrum der Hochschule Aalen. Neben der fachlichen Betreuung von neuen Studierenden ist die wissenschaftliche Begleitforschung ein Schwerpunkt der Arbeit. Weitere Informationen: www.hs-aalen.de/glz.

May, Birgit, Dr., arbeitet an der Stabstelle Neue Technologien für Lehre und Verwaltung an der Pädagogischen Hochschule Ludwigsburg. Aktuell koordiniert sie das ERASMUS+ Projekt Advanced Use of Technologies in Higher Education (AduLeT) mit 7 Partnern. Sie ist Sprecherin der E-Learning Arbeitsgruppe (ELAK) aller pädagogischen Hochschulen in Baden-Württemberg und vertritt die pädagogischen Hochschulen im hochschulartenübergreifenden Arbeitskreis (HÜA) des Projektes Hochschulnetzwerk Digitalisierung der Lehre Baden-Württemberg (HND BW). Ihre Forschungsschwerpunkte sind E-Learning Engineering und die Entwicklung von interaktiven Lehr- und Lernmaterialien sowie Online-Kursen.

Mock, Anne, arbeitet als Referentin im Prorektorat Lehre an der FOM Hochschule für Oekonomie und Management. Zugleich arbeitet und forscht sie als Doktorandin an der Universität Duisburg-Essen im Fachgebiet Psychologische Forschungsmethoden – Medienbasierte Wissenskonstruktion. Dort beschäftigt sie sich mit der Wahrnehmung Anderer in computervermittelten kooperativen und/oder kollaborativen Szenarien und Zusammenhängen von Wahrnehmung Anderer mit Motivation und Kompetenzerwerb: www.uni-due.de/psychmeth/.

Moskaliuk, Johannes, ist Diplompsychologe und arbeitet als Professor für Psychology and Management an der International School of Management in Frankfurt und Stuttgart. Außerdem ist er assoziierter Wissenschaftler am Leibniz-Institut für Wissensmedien in Tübingen. Er untersucht das Potential von Internet und Web 2.0 Medien für Lernen und Kooperation und Einfluss der Digitalisierung auf Führung und Kommunikation.

Müller, Antje, Dipl.-Medienwirtin, ist seit seit 2012 E-Learning-Beraterin im Qualitätspakt-Lehre-Projekt „Einstieg mit Erfolg 2020: Gezielte Beratung – Individuelle Betreuung – Integrierte Lehre" an der Justus-Liebig-Universität Gießen. Als Mitarbeiterin in der Arbeitsgruppe Medien und E-Learning am Hochschulrechenzentrum unterstützt sie Lehrende und Studiengangwei-terentwicklungen durch Beratungen, Lehrcoachings und Schulungen bei der Realisierung von E-Learning-Angeboten sowie Blended-Learning-Ansätzen. Zuvor war sie in der Technischen Universität Darmstadt im Arbeitsbereich „Allgemeine Pädagogik – Schwerpunkt Bildung und Technik" tätig.

Niemeyer, Jana, M.A., B.A./M.A.-Studium in Kulturanthropologie/Europäische Ethnologie an der Goethe-Universität Frankfurt am Main, Schwerpunkt Medienanthropologie. Seit 2013 ist sie wissenschaftliche Mitarbeiterin der zentralen eLearning-Einrichtung studiumdigitale im Bereich Mediendidaktik und Evaluation. Sie übt Lehraufträge am Institut für Kulturanthropologie und Europäische Ethnologie aus.

Pengel, Norbert, M.Ed., ist wissenschaftlicher Mitarbeiter an der Professur für Allgemeine Pädagogik der Universität Leipzig. Neben seiner Lehrtätigkeit im Bereich Lehramt ist er in Projekten zur Weiterentwicklung von E-Assessments und Digitalen Medien in der Hochschulbildung tätig. Aktuell beschäftigt er sich mit der Entwicklung personalisierter digitaler Lernumgebungen.

Peterseil, Thomas, arbeitet seit 1999 an der Pädagogischen Hochschule Oberösterreich als Lehrender im Bereich der Medienpädagogik tätig. Neben der Lehrtätigkeit gehört die Mitarbeit sowie die Koordination von EU Projekten zu den Arbeitsbereichen. Aktuelle Arbeitsschwerpunkte: mobiles Lernen im

Hochschulkontext, OER und das Lehren und Lernen mit digitalen Medien an Hochschulen.

Preißler, Inske, Dr. Phil., Studium der Pädagogik mit dem Schwerpunkt Bildung und Beratung, Koordinatorin der Studieneingangsphase an der Leibniz Universität Hannover in der Fakultät für Elektrotechnik und Informatik. Leitete von 2011 bis 2015 das Zentrum für Hochschuldidaktik und Qualitätsmanagement in der Lehre an der TU Clausthal. Trainerin für hochschuldidaktische Themen.

Riedel, Jana, ist wissenschaftliche Mitarbeiterin in der Abteilung Digitales Lehren und Lernen am Medienzentrum der Technischen Universität Dresden. Seit 2013 ist sie als wissenschaftliche Mitarbeiterin in verschiedenen Projekten beschäftigt. Sie ist Referentin und Koordinatorin des Zertifikatskurses E-Teaching.TUD. Zuvor hat sie an der HTW Dresden bereits verschiedene E-Learning-Projekte koordiniert und neue E-Learning-Szenarien an der Hochschule erprobt. Ihre Interessen liegen in den Bereichen digital gestützte Lehr-/Lernszenarien und selbstgesteuertes Lernen.

Riplinger, Tim, M.A., ist Wissenschaftlicher Mitarbeiter in der AG Schulentwicklung der TU Kaiserslautern unter der Leitung von Jun.-Prof. Dr. Mandy Schiefner-Rohs. Forschungsschwerpunkte sind die Lehreraus- und -weiterbildung sowie Digitalisierungsprozesse unserer Gesellschaft. In seinem aktuellen Forschungsprojekt wird versucht, den individuellen Umgang von Studierenden mit digitalen Medien zu erforschen und zu verstehen.

Robben, Bernard, Dr., ist Wissenschaftlicher Mitarbeiter in der Arbeitsgruppe dimeb (Digitale Medien in der Bildung) an der Universität Bremen.

Rudloff, Christian, ist Hochschullehrer an der Pädagogischen Hochschule Wien am Institut für Hochschulmanagement und Lehre am Institut für Elementar- und Primarbildung im Fachbereich Bewegung und Sport. Er leitet zahlreiche Seminare im Bereich Bewegung und Sport und hat an der Entwicklung des Curriculums des Masterstudienganges Science, Health and Sport mitgearbeitet. Derzeit studiert er an der Fachhochschule Burgenland, Fachbereich „Masterstudium Angewandtes Wissensmanagement". In seinem praktischen Meisterstück und in seiner Masterthesis beschäftigt er sich mit dem Einsatz von E-Learning-Modellen im Sportunterricht an Hochschulen.

Rüth, Marco, ist Doktorand und wissenschaftlicher Mitarbeiter der Abteilung für Sozial- und Medienpsychologie an der Universität zu Köln. Zuvor absolvierte er ein Studium der Kognitionswissenschaften an der Universität Osnabrück (B.Sc.) sowie ein Studium der Neuro- und Verhaltenswissenschaften an der Universität Tübingen (M.Sc.). Seine aktuellen Forschungs- und Lehrschwerpunkte sind E-Learning- und E-Teaching-Szenarien und deren Evaluation sowie Aufmerksamkeits- und Gedächtnisprozesse in E-Learning und E-Assessment.

Saurbier, Felix, ist Mitarbeiter im Kompetenzzentrum für nicht-textuelle Materialien (KNM) an der Technischen Informationsbibliothek (TIB) Hannover. Zuvor war er wissenschaftlicher Mitarbeiter an der Universität Bielefeld, dem Leibniz-Institut für Europäische Geschichte in Mainz, dem Staatsarchiv Hamburg und Bibliotheksreferendar am Kommunikations-, Informations-, Medienzentrum (KIM) in Konstanz. Zu seinen Arbeitsschwerpunkten gehören u.a. die Weiterentwicklung der Linked Open Data-Services des TIB AV-Portals und die Entwicklung von Dienstleistungen im Bereich Open Educational Resources.

Schelhowe, Heidi, Prof. Dr., ist Hochschullehrerin an der Universität Bremen für „Digitale Medien in der Bildung" und Leiterin der Arbeitsgruppe dimeb.

Schiefner-Rohs, Mandy, Jun.-Prof. Dr., ist seit 2013 Juniorprofessorin für Pädagogik mit Schwerpunkt Schulentwicklung am Fachbereich Sozialwissenschaften an der TU Kaiserslautern. Sie war zuvor an verschiedenen Universitäten in Deutschland und der Schweiz im Bereich Hochschuldidaktik und e-Learning tätig. Aktuell forscht sie in verschiedenen Projekten an der Schnittstelle von medien- und (hoch-)schulpädagogischen Fragestellungen insbesondere im Zusammenspiel der Themenbereiche Medienbildung und -handeln in Institutionen, forschungsorientiertes Lehren und Lernen sowie Professionalisierung von Lehrer*innen. Weitere Informationen unter: http://about.me/mandy.rohs.

Schlote, Elke, Dr., ist wissenschaftliche Mitarbeiterin (PostDoc) im vom Schweizerischen Nationalfonds (SNF) geförderten Projekt „Entwicklung und Evaluation einer Web-Applikation (trAVis-school) zur Analyse von audiovisuellen Medienangeboten im schulischen (Musik-) Unterricht" am Seminar für Medienwissenschaft der Universität Basel/Schweiz (https://populaerkultur.unibas.ch). Nach Abschluss des 1. Staatsexamens in Deutsch und Biologie promovierte sie 2009 an der Universität Konstanz mit einer soziolinguistischen Arbeit zum Sprachgebrauch von Jugendlichen und Erwachsenen. Von 2007 bis 2016 war sie am Internationalen Zentralinstitut für das Jugend- und Bildungsfernsehen (IZI) beim Bayerischen Rundfunk, München u.a. Projektleiterin von Studien in den Forschungsbereichen „Bildungsfernsehen" und „Migration/Diversity". E-Mail: Elke.Schlote@unibas.ch.

Schmidt, Claudia, arbeitet als wissenschaftliche Mitarbeiterin am Institut für Lern-Innovation der Friedrich-Alexander-Universität Erlangen-Nürnberg. Im Rahmen des Projekts QuiS (Qualität in Studium und Lehre) berät und unterstützt sie Hochschullehrende beim Einsatz digitaler Medien in der Lehre.

Schön, Sandra, Dr., ist Erziehungswissenschaftlerin, forscht bei der Salzburg Research Forschungsgesellschaft zu innovativen Formen des Lernens und des Arbeitens mit dem Web und leitet beim BIMS e.v. unregelmäßig medienpädagogische Projekte. Ihr Fokus liegt auf Technologien, Materialien und Werkzeugen, die unkompliziert und kostenfrei nutzbar sowie im besten Fall offen zugänglich sind – allen voran offene Bildungsressourcen. Details unter: http://sandra-schoen.de.

Schön, Martin, Dipl.-Päd. (Univ.), ist Geschäftsführer des BIMS e.V. und Mitarbeiter der Abteilung Lehr- und Lerntechnologien der Technischen Universität Graz. Sein Forschungsschwerpunkt sind statistische Analysen und multivariate Auswertungsverfahren im Feld von Learning Analytics.

Seifert, Peter, ist Leiter der Abteilung "Medien- und Informationstechnologie" am Medienzentrum der TU Dresden. Er erhielt sein Diplom in der Informatik 2008 im Themengebiet Webservices/Business Processes. Er hat als wissenschaftlicher Mitarbeiter und Softwareentwickler für verschiedene Universitäten in Deutschland und Großbritannien, unter anderem die LMU München und das Sainsbury Laboratory gearbeitet. Seine Kenntnisse und Erfahrungen in der Entwicklung von Web Portal Systemen und Informationssystemen reichen von generischen Multipurpose-Frameworks bis hin zu hoch spezialisierten Lösungen und decken unter anderem verschiedene Bereiche der Kommunikationswissenschaften, Bioinformatik, Ingenieurwissenschaften, E-Learning und digitale Kollaborationen sowie Datenschutz und Datensicherheit ab.

Sesselmann, Katja arbeitet als wissenschaftliche Mitarbeiterin am Institut für Lern-Innovation der Friedrich-Alexander-Universität Erlangen-Nürnberg. Im Rahmen des Projekts QuiS (Qualität in Studium und Lehre) berät und unterstützt sie Hochschullehrende beim Einsatz digitaler Medien in der Lehre.

Stender, Birga, ist Hochschul- und Wissenschaftsmanagerin, Geschäftsführerin der Fakultät für Elektrotechnik und Informatik der Leibniz Universität Hannover. Zuvor Leiterin des Kanzlerbüros an der TU Berlin und Organisationsberaterin bei HIS Hochschul-Informations-System.

Thor, Andreas, Prof. Dr., ist Professor für Datenbanksysteme an der Hochschule für Telekommunikation Leipzig (HfTL). Seine Lehre findet seit vielen Jahren vorranging in Form von Blended Learning statt. Ein Schwerpunkt seiner Forschung im Bereich E-Learning sind Verfahren zur Qualitätssicherung und automatischer Bewertung von E-Assessment-Aufgaben. Prof. Thor ist Inhaber des sächsischen E-Teaching-Zertifikats und Vertreter der HfTL im Arbeitskreis E-Learning der LRK Sachsen.

Tillmann, Alexander, Dr., studierte Geographie mit dem Schwerpunkt Geoökologie an der Universität Mainz und promovierte an der Goethe-Universität Frankfurt im Fachgebiet „Didaktik der Geographie". Seit 2006 ist er wissenschaftlicher Mitarbeiter der zentralen eLearning-Einrichtung studiumdigitale und beschäftigt sich vor allem mit Evaluationen und wissenschaftlichen Begleituntersuchungen zur Einführung digitaler Medien in Schule und Hochschule. Er übt Lehraufträge im Fachbereich Geographie aus. Forschungsschwerpunkte sind die empirische Bildungsforschung mit Fokus auf mediendidaktische und fachdidaktische Fragestellungen im Rahmen von Digitalisierungsprozessen sowie einer Bildung für Nachhaltige Entwicklung.

Wagener, Manuel, arbeitet als technischer Leiter des Media Labs der „Competence Labs" und als Trainer für Workshops zum Tablet-Einsatz in Schulen. Er begleitet Lehramtsstudierende als Tutor und Mentor im Rahmen der Unterrichtsmethode „learning by teaching" bei der Gestaltung von Unterrichtskonzepten.

Wollersheim, Heinz-Werner, Prof. Dr., ist seit 1993 Inhaber der Professur für Allgemeine Pädagogik an der Universität Leipzig. Arbeitsschwerpunkte sind Begabungsforschung, Hochschuldidaktik, E-Assessment und Potentiale digitalisierter Hochschulbildung. Seit 2004 führt er ununterbrochen Large-Scale-E-Assessments im Bereich von Massenstudiengängen (Lehramtsausbildung) durch und verfügt über umfangreiche Expertise in diesem Bereich. 1999-2002 war er Sprecher des SFB 417, 2009-2011 koordinierte er das SMWK-geförderte Verbundprojekt iAssess.sax, 2015-2016 das Verbundprojekt E-Assessment-Literacy. Er war 2012 bis 2017 Vorsitzender des Wissenschaftlichen Beirats des Hochschuldidaktischen Zentrums Sachsen (HDS) und ist stellvertretender Sprecher des Arbeitskreises E-Learning bei der LRK Sachsen.

Zepf, Stefanie, arbeitet als wissenschaftliche Mitarbeiterin am Institut für Lern-Innovation der Friedrich-Alexander-Universität Erlangen-Nürnberg. Im Rahmen des Projekts QuiS (Qualität in Studium und Lehre) berät und unterstützt sie Hochschullehrende beim Einsatz digitaler Medien in der Lehre. Schwerpunkte liegen in den Bereichen Mediendidaktik und E-Assessment.

General Chair

Prof. Dr. Christoph Igel (Deutsches Forschungszentrum für Künstliche Intelligenz DFKI | Technische Universität Chemnitz)

Steering Committee

Prof. Dr. Stefan Aufenanger (Johannes Gutenberg-Universität Mainz)
Claudia Bremer (Johann Wolfgang Goethe-Universität Frankfurt)
Prof. Dr. Günter Dörr (Universität des Saarlandes)
Priv. Doz. Dr. Martin Ebner (Universität Innsbruck)
Dr. Marc Göcks (Multimedia-Kontor Hamburg)
Prof. Dr. Thomas Köhler (Technische Universität Dresden)
Priv. Doz. Dr. Malte Persike (Johannes Gutenberg-Universität Mainz)
Prof. Dr. Günter Daniel Rey (Technische Universität Chemnitz)
Dr. Carsten Ullrich (Deutsches Forschungszentrum für Künstliche Intelligenz DFKI)
Prof. Dr. Martin Wessner (Hochschule Darmstadt)
Prof. Dr. Heinz-Werner Wollersheim (Universität Leipzig)

Reviewer

Dr. Steffen Albrecht (Karlsruhe Institute of Technology)
Dr. Dimitra Anastasiou (Luxembourg Institute of Science and Technology)
Prof. Dr. Ben Bachmair (UCL Institute of Education)
Dr. Petra Bauer (Johannes Gutenberg-Universität Mainz)
Christian Berger (Pädagogische Hochschule Wien)
Dr. David Boehringer (Universität Stuttgart)
Sabina Brandt (Universität Basel)
Dr. Gottfried Csanyi (Technische Universität Wien)
Prof. Dr. Claudia De Witt (FernUniversität in Hagen)
Marc Egloffstein (Universität Mannheim)
Prof. Dr. Christian Glahn (Hochschule für Technik und Wirtschaft Chur)
Andrea Gumpert (Technische Hochschule Dresden)
Britta Handke-Gkouveris (Universität Hamburg)
Prof. Dr. Bardo Herzig (Universität Paderborn)
Prof. Dr. Klaus Himpsl-Gutermann (Pädagogische Hochschule Wien)
Prof. Dr. Sandra Hofhues (Universität Köln)
Dr. Peter Holzwarth (Pädagogische Hochschule Zürich)
Prof. Dr. Reinhard Keil (Universität Paderborn)
Prof. Dr. Michael Kerres (Universität Duisburg-Essen)
Prof. Dr. Detlef Krömker (Johann Wolfgang Goethe-Universität Frankfurt)
Dr. Maren Lübcke (Zürcher Hochschule für Angewandte Wissenschaften)
Prof. Dr. Kerstin Mayrberger (Universität Hamburg)

Dr. Wolfgang Müller (Pädagogische Hochschule Weingarten)
Dr. Jörg Neumann (Technische Universität Dresden)
Dr. Angela Peetz (Universität Hamburg)
Dr. Christoph Rensing (Technische Universität Darmstadt)
Prof. Dr. Matthias Rohs (Technische Universität Kaiserslautern)
Dr. Klaus Rummler (Pädagogische Hochschule Zürich)
Prof. Dr. Mandy Schiefner-Rohs (Technische Universität Kaiserslautern)
Dr. Sandra Schön (Salzburg Research)
Dr. Eva Seiler Schiedt (Universität Zürich)
Dr. Judith Seipold (London Mobile Learning Group)
Prof. Dr. Jörg Stratmann (Pädagogische Hochschule Weingarten)
Prof. Dr. Christian Swertz (Universität Wien)
Dr. Anne Thillosen (Leibniz-Institut für Wissensmedien)
Dr. Alexander Tillmann (Johann Wolfgang Goethe-Universität Frankfurt)
Dr. Benno Volk (Universität Zürich)
Dr. Klaus Wannemacher (HIS Institut für Hochschulentwicklung)
Prof. Dr. Karsten Wolf (Universität Bremen)

Gesellschaft für Medien in der Wissenschaft (GMW e.V.)

Medien sind mehr denn je Werkzeug und Objekt der Wissenschaft. So kann die Bedeutung der digitalen und Online-Medien im Kontext des wissenschaftlichen Lehrens und Forschens kaum überschätzt werden. Die GMW e.V. hat sich zur Aufgabe gemacht, diesen Veränderungsprozess reflektierend, gestaltend und beratend zu begleiten. Dabei begreift sich die GMW e.V. als internationales Netzwerk zur inter- und transdisziplinären Kommunikation zwischen Theorie und Praxis im deutschsprachigen Raum. Anwender und Forschende aus den verschiedensten Disziplinen kommen durch die GMW e.V. miteinander in Kontakt.

Mitte der 1990er Jahre begründete die GMW e.V. zusammen mit dem Waxmann Verlag die Buchreihe „Medien in der Wissenschaft", woraus Ihnen hier ein weiterer Band vorliegt. Im Fokus der Buchreihe stehen hochschulspezifische Fragestellungen zum Einsatz digitaler Medien. Für die GMW e.V. geht es dabei um die gestalterischen, didaktischen und evaluativen Aspekte dieser Medien sowie deren strategisches Potential für die Hochschulentwicklung, weniger um deren medien- und informationstechnische Seite. AutorInnen und HerausgeberInnen mit diesen Schwerpunkten sind eingeladen, die Reihe für ihre Veröffentlichungen zu nutzen. Informationen zu Aufnahmekriterien und -modalitäten sind auf der GMW-Webseite unter www.gmw-online.de zu finden.

Jährlicher Höhepunkt der GMW-Aktivitäten ist die europäische Fachtagung im September. Dabei wechseln sich deutsche, österreichische und Schweizer Hochschulen als Veranstalter ab. Die Konferenz fördert die Entwicklung medienspezifischer Kompetenzen, unterstützt innovative Prozesse an Hochschulen und Bildungseinrichtungen, verdeutlicht das Innovationspotential digitaler Medien für Reformen an den Hochschulen, stellt strategische Fragen in den Blickpunkt des Interesses und bietet ein Forum, um neue Mitglieder zu gewinnen. Eng mit der Tagung verbunden waren die jährliche Ausrichtung und Verleihung des MEDIDA-PRIX durch die GMW e.V. für herausragende mediendidaktische Konzepte und Entwicklungen in den Jahren 2000–2008 unter Schirmherrschaft und mit Förderung der Bundesministerien aus Deutschland, Österreich und der Schweiz.

Seit 1997 werden die Beiträge der Tagungen in der vorliegenden Buchreihe publiziert, seit 2011 wird der Tagungsband zusätzlich in digitaler Form und seit 2014 bereits vor der Tagung in einer kommentierbaren Fassung bereitgestellt.

Die GMW e.V. ist offen für Mitglieder aus allen Fachgruppierungen und Berufsfeldern, die Medien in der Wissenschaft erforschen, entwickeln, herstellen, nutzen und vertreiben sowohl in Form einer individuellen wie auch einer institutionellen Mitgliedschaft. Für diese Zielgruppen bietet die GMW ein gemeinsames Dach, um so die Interessen ihrer Mitglieder gegenüber Wissenschaft, Öffentlichkeit, Politik und Wirtschaft zu bündeln.

GMW-Mitglieder profitieren von folgenden Leistungen:
- Reduzierte Teilnahmegebühr bei der GMW-Jahrestagung sowie Gratis-Tagungsband unabhängig vom Besuch der Tagung,
- Nachwuchstagung einmal jährlich sowie Sonderkonditionen für Tagungen von Netzwerkpartnern,
- Öffentlichkeitsarbeit rund um das Thema Medien in der Wissenschaft über unseren Blog unter www.gmw-online.de sowie die Möglichkeit, kostenfrei Ihre Presserklärungen beim Informationsdienst Wissenschaft IDW herauszugeben

Informieren Sie sich, fragen Sie nach und bringen Sie Ihre Anregungen und Wünsche ein. Wir freuen uns, Sie als individuelles oder institutionelles Mitglied in der GMW e.V. begrüßen zu können!

Für den Vorstand
Thomas Köhler, Claudia Bremer
im Juli 2017